现代日本简史

JAPAN STORY

Christopher Harding

[英] 克里斯托弗·哈丁 著

周劲松 译

四川人民出版社

图书在版编目（CIP）数据

现代日本简史 /（英）克里斯托弗·哈丁著；周劲松译. -- 成都：四川人民出版社，2025.7
书名原文：Japan Story
ISBN 978-7-220-13279-7

Ⅰ.①现… Ⅱ.①克… ②周… Ⅲ.①日本-现代史 Ⅳ.①K313.4

中国国家版本馆 CIP 数据核字（2023）第 095545 号

原书名：Japan Story：In Search of a Nation，1850 to the Present
Copyright © Christopher Harding，2018
四川省版权局著作权合同登记号图字：21-25-69

XIANDAI RIBEN JIANSHI
现代日本简史
［英］克里斯托弗·哈丁　著　　周劲松　译

出 版 人	黄立新
特约编辑	陈　欣
责任编辑	王卓熙
装帧设计	李其飞
责任印制	周　奇

出版发行	四川人民出版社（成都市三色路 238 号）
网　　址	http://www.scpph.com
E-mail	scrmcbs@sina.com
新浪微博	@四川人民出版社
微信公众号	四川人民出版社
发行部业务电话	（028）86361653　86361656
防盗版举报电话	（028）86361653
照　　排	四川胜翔数码印务设计有限公司
印　　刷	成都市东辰印艺科技有限公司
成品尺寸	143mm×210mm
印　　张	17.75
字　　数	305 千
版　　次	2025 年 7 月第 1 版
印　　次	2025 年 7 月第 1 次印刷
书　　号	ISBN 978-7-220-13279-7
定　　价	88.00 元

版权所有·侵权必究
本书若出现印装质量问题，请与我社发行部联系调换
电话：（028）86361656

目　录

序章　晴美与平作 / 001

PART ONE
缝补，撕裂（19世纪50年代至20世纪10年代）
 1　日本走向世界 / 019
 2　血税 / 046
 3　跳舞内阁 / 063
 4　幸福之家 / 085

PART TWO
反抗即沃土（20世纪00年代至20世纪30年代）
 5　争夺世界 / 111
 6　东方梦魇 / 138
 7　大逃亡 / 165

PART THREE
引领亚洲，脱离亚洲（20世纪20年代至20世纪40年代）
 8　"自力"、"他力"、国家权力 / 193
 9　粉墨登场 / 217
 10　"神之咆哮" / 239

PART FOUR
现代性 2.0？（20 世纪 40 年代至 20 世纪 60 年代）

  11 新生 / 273

  12 蓝色音符 / 289

  13 光明生活 / 315

PART FIVE
扭曲的愿景（20 世纪 50 年代至 20 世纪 90 年代）

  14 展示癖 / 345

  15 拉动引线 / 382

  16 涌动的群山 / 402

PART SIX
振奋精神（20 世纪 90 年代至 21 世纪 10 年代）

  17 讲故事 / 427

  18 碎片 / 454

后记　三个和尚，一个萨满，一个摇滚明星 / 497

大事纪要 / 504

致谢 / 519

参考文献注释 / 522

序章　晴美与平作

我的和服，铁锈的颜色。京都中心，汽车在我身边呼啸而过。我与朋友坐在车里，面前是堆得如小山一般的煮鸡蛋。姐姐的病房。我站在那里，静静望着她睡在水蓝色的床单上。她在皱眉。花园里有好多花儿。某个人的手指。咖啡馆里的三个男人。又看到了花儿——一大片黄色的花儿。飞机上。一株榕树。一家印度人开的书店，架子上满是书，我担心它们会掉落在我的头上。一个男子取下了他的眼镜……

晴美停止讲述，睁开了眼睛。有灰尘浮动的光亮中显出一张脸：疲惫，却又透着高雅，鬓发呈浅灰色。一条黑色围巾被塞在黑色丝质的和服里。

"你病了。你很痛苦。"

男子的声音有些模糊，听不太分明；好多年前，他的视力就不行了，如今，不断地咳嗽似乎让他的行动和说话都有些难以为继。然而，它却是晴美听到过的最柔和的声音。没有简单地递给她一张诊断书，也没有把她当作病案随便聊起。有人看着她，这样一种方式以前是没有过的，包括她自己在内，从来没人采用这样一种温柔的方式。许多年后，晴美依然记得那个声音，它有如清凉的水，被输送给干涸与脆弱至极的大脑和身体，她担心即使是最轻微的碰触自己也承受不起。

这个声音属于古泽平作，一位虔诚的佛教徒，也是日本第一位弗洛伊德式的心理治疗学家。濑户内晴美躺在卧榻上，而他坐在她身后的一把椅子上，大多数时候都默不作声，只是任由她恣肆地将想法、图像、忧虑等随意地、不加取舍地向着这静默释放。

晴美与平作，两个人的生活在 20 世纪 60 年代有过几个月的交集，他们都经历了日本动荡的现代时期。作为 20 世纪初期的孩子，平作的心被回响在他家附近田野上的枪炮声撩拨得发烫。职业的、征募来的新型日本军人正在操演，他们穿着欧洲式样的军装，留着刚毅的小胡子。全副武装的西方蒸汽军舰在这个国家的海岸线附近展示武力，面对这种威胁，他们急急忙忙地要奠定一代日本军人的荣光。这支军队在甲午海战中获胜，之后

序章　晴美与平作

又打败了俄国，震撼人心的胜利被永久记录在生动的招贴画和纪念邮票中，平作以及千万个像他一样的孩子看着它们，心中久久无法平静。一个世纪多的时间之后，已经80岁的晴美会抗议自己国家那种褪了色的使命感。核能在2011年的三大灾——地震、台风和核泄漏——之后，再次被冒险使用，她认为，这会进一步动摇人民对于日本及其领导人的信心。提议修改日本的"和平宪法"、鼓吹对于东亚的新一轮自以为是的愿景，在她看来，也无非真正政治发展方向的一个糟糕又危险的替代品罢了。

平作与晴美，两个人都生活在对现代日本反思与忧虑的边缘。两人见面时，晴美40岁，是一个正处在最低潮期的小说家，而她所生活的城市则如日中天、生龙活虎，但这座城市的一大片，曾在仅仅20年前化为灰烬。东京现在是日本"经济奇迹"的脉动中心。音乐与时尚铺满酒吧与大街，批评家们欢呼着文学与戏剧黄金时代的来临，崭新的新干线超级快速列车脱颖而出，成为日本进步的象征，世界各地的运动员和体育迷准备向着这座城市进发，这座城市是举办奥运会的第一座亚洲城市。

晴美近几年终于走出了"离婚羞耻"。她成功地击败了对她早期作品中存在淫秽描写的指控——文学大部分情况下仍然是男性作家的世界，女性作家的细腻写作并不一直都受到欢迎。此外，她还在东京知名的作家、艺术家圈子中建立了朋友关系。她很快便站在三岛由纪夫旁边，见证他按响川端康成家的门铃。三岛由纪夫手里攥着一瓶用来庆祝的清酒，用力到指节发白，却还是强迫自己冷静下来与川端康成一起庆祝后者获得诺贝尔奖，而他觉得，这奖本该是他的。竞争上游的男人们相互争执，使得晴美在与他们的交往中感悟颇丰，由此写出了她的杰作之一：《夏之终结》。

不过后来她开始让自己的朋友感到担忧。那种讽刺挖苦中刨根问底的谈话风格越来越浓，已经近乎偏执。她起了话头却停不下来，有时会拉拉杂杂持续一整个晚上。一天，当她在东京一家专卖店里精神恍惚地想要上电梯的时候，差点摔伤自己。

她就是这样来到了这间老旧的咨询室，卧榻和椅子都很有些年头，见证了一个伟大的产业逐步走向边缘乃至慢慢消逝的命运。平作书架上的作品骄傲地代表了 20 世纪 30 至 50 年代的最高心理学水准——一系列曾让人充满激动之情的曙光，它们中大半都被新一代心理学家和治疗师忘记了。拉上了帘子的窗户外面是东京郊外的田园调布。战前，日本曾希望像英美的"花园城市"那样沿着行道树修建惠而不费的房子，而今，它们早已变成达官显贵云集的又一处比弗利山庄。

在过去的 30 年中，平作曾经接待过这里以及来自更远地方的成百上千人。农民、妓院老板、公务人员、女学生、寿司店厨师等都曾出现在晴子现在躺的卧榻上。但他没法宣称这个国

序章　晴美与平作

家都认可弗洛伊德。即便是现在，美国文化全面覆盖日本的音乐和银屏、大中小学、时尚和政治、经济模式，而对美国的心理分析与治疗的迷恋却多少已经成为明日黄花。透过窗户，这个日渐衰老的男子迷惘地看着自己的同城同胞，他们对流行音乐、电视和超短裙说"Yes"，却大都对弗洛伊德为他打开的那个精彩纷呈的内心世界说"No"。

平作只是迷惘而已，却并不惊讶。他生命中的两个偶像——西格蒙德·弗洛伊德以及日本中世纪佛宗亲鸾——都曾有过教诲，人，甚至整个社会，都深深眷恋于其自身形象，以至于他们不能也不愿看到其他东西。他们深陷关于"他们是谁""他们要干什么"那些故事而无法自拔。这一点很好理解。一个好的故事让生命有了价值。它帮助人们将过去、现在和未来的事件、焦虑梳理成连贯而意义明了的整体。但是，珍贵的故事如此有力，以至于人们必须遭受痛苦才能讲出这样的故事，而且，要深入这些故事或者阔别这些故事，也会痛苦。同时，尽管一个故事可能让一个生命或一个民族得以塑造，却会以不断地失去对自身、对家园进行观察、思考和想象的能力作为代价。

平作窗外的世界——平和、富裕、热闹、安全——为讲好一个特别扣人心弦的关于日本的故事提供了助力。在这个国家的主流政治和媒体中，这是一种强大的力量，它在海外也受到广泛认可（实际上，这个故事就部分成型于海外），这种内外合力，让这个故事奇妙得让人难以放弃。这个故事，几乎算是一个道德寓言，讲述了一个成功的、筚路蓝缕方才获得现代化的传奇。一个似乎谦卑的亚洲国家迅速而充满抱负地崛起，各方面堪与西方先进海洋帝国比肩；很快，它沦入腐败和残忍，遭受应得的毁灭；但之后它再度腾飞，成为亚洲的经济巨人，这来自高科技与顺从的工薪阶级的汗水，以及后来由旅游业和樱花、杰出的动漫和扮"萌"的流行文化等所构成的"软实力"。

日本在 20 世纪的崛起、衰落与重振充满戏剧性又足够真实。但是，这本身并不能解释，日本国内和海外何以如此不可动摇地执着于这样一个日本故事，它不过是从 19 世纪开始的彼此矛盾又甚为复杂的无数证据之上的又一叠加之物而已。当战后的繁荣年代最后变成 20 世纪 90 年代的萧条——有对金融前途的担忧，更有中国崛起带来的顾虑和后来铮铮作响、一声响过一声的人口定时炸弹（老龄化社会、低出生率）——日本人心中有一种深层的恐慌感。这并不是政客们以及大多数媒体要他们相信他们正生活于其间并正为之而奋斗的那个国家。这种惊奇也存在于国外，同时伴随着的还有对于现代化故事的一种执念。尽管对日本经济困境的报道不绝于耳，但"日本"一词

序章　晴美与平作

仍持续与霓虹灯标牌、人潮涌动的交通枢纽、奇异风尚，以及通过塑料成型和电子电路所制造的最新产品紧密相连，引发人们的无限遐想。即使是这个国家的社会问题也显示出极具现代性的特色：年轻人以宠物咖啡馆取代了人际交流；机器人为老年人提供照料服务。

这个故事的力量源自何处？首先，来自外界对日本寄予的巨大期望；这种期望从19世纪下半叶就诞生并且从未真正消退，即希望看到西方模式的现代化和现代化所宣称的种种主张在日本得到验证：对物质世界和社会世界的理解与控制能力迅速提升，尽管一路走来不无颠簸与逆折；生活水准持续提高；但凡涉及人类思想和行为中失当或令人不安的内容，最终都被驱逐至博物馆、纪念物和历史著作中。第二个力量来源是日本人对缩小差距所抱有的巨大希望，他们致力于清除19世纪中期的日本与西方的批评家们所谓的"封建余毒"，填平与欧美主要工业、贸易和军事强国之间的鸿沟。

日本不是一次而是两次成为现代性的典型。第一次是在20世纪转折点上，当时的西方看到前武士们突然开始投身于从银行业到电车驾驶再到民主政治等文明化城市事务，心中不无好奇又心满意足。第二次正值晴美与平作见面的"光明生活时代"。这两次之间的那段充满高压意识形态和军事冲突的时期被降格为前进路上的"小颠簸"。"黑暗山谷"这个流行语将其描述得淋漓尽致——这个阶段纷扰不断但只是暂时的,很快就能被穿越,并被抛在身后。

西方观察家们倾向于用亮丽的色彩来描绘日本,在赞颂其令人振奋的现代性的同时,也推崇其文化(从古代诗歌到电影制作)中所蕴含的深邃与细腻的洞察力。这是关于日本的第二个具有影响力的故事,就像现代化故事那样,是通过日本和西方的共同努力发展起来的。它讲的是一块"格外受神明庇佑的土地",其人民和文化在漫长岁月中展现出独特的天赋,这种天赋得以延续,是因为日本始终致力于在接纳外来思想的同时,清醒地保持"日本之所以为日本"的特质。

中国在第二个故事中一直很有分量。一些人对中国之于日本文化的影响十分敏感——从稻米种植到书面语言,从佛教思想和建筑到人民生活和统治者治理国家的价值观——竭力要在"理性的中国人"和"更为直觉的、诗意的日本人"之间划出清晰的界限。另一些人则把朴素低调的日本式精致与现代早期欧洲贸易商那种商业攫取和野蛮主义两相对比,认为他们巨大的远洋轮船中装的全是毫无价值的小玩意儿。

现代西方技术,从蒸汽动力到机械工具,给这些大胆的讲故事的人带来的不过是短暂的思考停顿。很快就有人宣称,这

序章 晴美与平作

些让人惊奇的物质发展只能以牺牲西方的灵魂为代价。西方浪漫主义者很快发现，"东方"的哲学和美学如此让人心醉，于是，在他们的推波助澜下，国家"例外主义"的发展史上出现了一个充满希望的子情节：精神破产的"西方"被一个远在亚洲的国家所拯救，这个国家一直恰如其分地看重并保有直觉的智慧、对自然的亲近。在日本，现代化将实现，而且没有欧洲和美国明显具有的那些可悲的副作用——贪婪、自大以及贫民窟。

20世纪的中间几十年里，随着美国先是出现在日本门口，又在之后的七年里实际上跨过门槛自行其是，关于美国和日本之间的鸿沟——"自我"以及诸多心理类型的差异——被大肆渲染。美日在家庭结构、育儿模式、行为规范甚至如厕习惯上的不同，都得到了探索和思考。美国人被说成是个人主义的、好决断的、理性至上的"非此即彼"的人；而日本人更喜欢群体的怀抱、规则和模糊性，有一种西方人常将其误认为缺乏主动或者没有能力作出决定的那种从小被灌输的"亦此亦彼"的敏感性。

这些年来，诗人、知识分子、政治家、士兵和心理学家都为建构各种样式的第二个故事出力，到了晴美与平作的时代，大众媒体和旅游业被寄望于为之作出重要贡献。日本国内外的民众几乎无法相信这个国家从战争创伤中恢复的速度。当东京奥运会于1964年秋天盛大开幕，当伊恩·弗莱明在自己的

"007"系列作品中的一部（《雷霆谷》）把日本选作背景地并设定了一个日本女郎为梦幻爱情对象，一个面向国内和国际的庞大市场被打开了，学者们能够一探何以造就日本的神奇。日本的旅游和广告公司开始鼓励本地人和游客，不仅要看这个国家的一些事物，而且要将其视为特别的存在。

这两个故事不只是对日本诸多重大事件的阐释。事实上，这个国家现代史上有很多事都取决于它们塑造现实的力量：它们或单打独斗，或不稳定地相互融合（这个国家会成为现代性一个既普遍又"独特"的标志吗？），同时又压制关于日本的种种不同描述——关于那些与之不太适应的人、事和行动的描述。

*

晴美之所以找平作，是因为自己的故事开始让她不堪重负。当她在卧榻上慢慢放松，她感受到的不是失落，而是一种解脱。她发现不是要活着，而是要经历；不是出生，而是被某件事带着前行；不是她的计划、方案或者她过去常常关心的这个世界上的一切，而是生活中剩下的部分：丰富、积极、让她永不停息的那些东西。在一个故事里生活了多年之后，晴美学会了去想象，如果不是这样，自己会怎样？区别竟然有那么大。

在之后的十年中，她从弗洛伊德转向卡尔·荣格，从基督

序章　晴美与平作

教转向佛教，她剃光了头，受戒成为一名尼姑。她的名字变成了濑户内寂听，本人也成了日本最为著名的佛教徒之一，在新世纪中，她视为己任的是鞭挞自己国家中表现拙劣的政客、安慰痛苦的人群。她常常感激平作，在她的公共演说和单独谈话中，都认为是他启迪了自己的生活方式。尽管大多数日本人慢慢开始知道她的名字，但很少有人知道平作的名字，而他们二人有着相同的使命：服务于现代的、功能失调的故事。

这种精神和心理方面的工作颇为适合这个国家以及晴美与平作相逢的这个时代。人们总是按照故事去追求、教导和生活。但是在日本现代时期的大部分时间里，这种需求呈现出一种罕见的紧迫感和强度。在19世纪中期，一个之前严密控制自己与外部世界交往的国家戏剧性地被迫加强交流——在枪炮之下向着西方"开放"，而此刻正值欧洲殖民主义如日中天、美国扩张主义滥觞。极端地缺乏战略安全，加上蜂拥而至的各种观念——从科学技术到哲学、政治和艺术——带来了两个相关而且持久的危机：独立危机和身份认同危机。

日本伟大的小说家夏目漱石把自己国家的经历比作一个被火警铃声惊醒并从床上跳起来的人。这种冲击塑造了即将到来的数十载岁月。人们的生活受到史无前例的干预，这些干预来自为"日本屹立世界"这种抱负和焦虑奔忙的领袖们。关于

011

"国家紧急状态"的修辞几乎是日本直到20世纪中期不变的生活特征。这些领袖们致力于利用新技术——从全国性的教室网络到工厂、讨论团体和传单——让人民留下深刻印象：外面虎视眈眈，面对这种威胁，必须建设一个统一而目标明确的现代国家。

除了被迫在不断演变发展的国家故事中扮演其被分配好的角色——否则可能随时代不同而被视为"自私""反社会""非日本"甚至是"叛国"的——现代的日本人还必须自己筛选出关于国内与国外、历史与当今的令人眼花缭乱的见解。其中的机遇与挑战在变革迅疾的19世纪末期最早也最为深刻地被感受到，尤其是对新兴的中产阶级来说，他们孜孜以求理性的塑造，认为它会为混乱的当下带来秩序和新面貌，为未来提供让人振奋的规划。

到20世纪初，东京的转型被鼓吹者和批评家当作标杆，为日本其他地方未来发展的预兆。充满怜爱地浏览完19世纪50年代歌川广重为这座城市完成的《名所江户百景》木刻艺术作品，一个悲观主义者或许会望向窗外，得出"换了天日"这个伤心的结论。曾经，河水缓缓经过垂柳畔、彩虹般的木桥下，经过偶尔徒步出游、手握纸伞的家人，柔和地汩汩流淌——如今取而代之的，是装着铁轮的黄包车吱吱嘎嘎，马车的马蹄不停地踢踢踏踏，交通喧嚣鼎沸。曾经，澄碧的天空下，房屋并不高大，敞开前门迎客的店铺，白日的鸟儿与风筝，晚上散发

序章　晴美与平作

着微光的灯笼，并无打扰之嫌，只是让天空越发显得高远——如今取而代之的，是越来越糟糕的建筑噪声，建筑的样式、材料和品质也五花八门，不仅慢慢吞噬着街道的空间，而且向上高高刺入天际，建筑立面冒出国旗、店招和广告画，电报线路从砖墙成卷地窜出来，与街道上空的有轨电车线缆一道，形成一张厚实的蛛网。还有人！在歌川广重的画里，你看到的人一手就能数得过来。但是在这里，他们从这个国家的各个地方蜂拥而来，熙熙攘攘、摩肩接踵，自有轨电车进进出出，忙着从事说不清道不明的种种……

这并不仅仅是规划不足的城市化进程的问题，也并不是对新生事物的纯粹憎厌。日本现代化故事的早期建构者在这座城市中看到的是进步的方方面面，而其他人所体会到的则是强加的不适和乱象。他们的现代化遭际并非一个自然发展过程，而是一种"东西"，一种舶来品。他们试图接触它，描述它的轮廓，回忆它的"从前"，确认它可能的"以后"；探究它的逻辑，搜寻在其周遭或底下还有什么地方被落下——没有被它污染。就像当年英殖民地的本地人那样，四下寻觅还有什么文化景观没有受到英国殖民主义的侵染——家庭生活的隐私、精神信仰、女性纯洁的心灵——日本的小说家、哲学家、民族学家等都在寻找某种可以历经这种入侵仍能够延续下来的方式。

这个国家的评论家对于那些不能或不想随流而动的人有着深刻的兴趣。个人的伤痛被认为是可以解读为社会成功或错误走向的符号。从19世纪70年代起，日本的报纸就开始讨论神经衰弱及其与现代生活之间的关系：新类型的政务工作，让人们被动适应进而深陷其中的不断加快的生活步伐，吃、穿、阅读和某些行为处事方式，以及建设这个国家的过程中各种各样的公共责任。后来关注焦点慢慢转移到生存压力上，认为这对年轻人影响尤为大，到20世纪30年代，人们越来越多地谈到日本第一代工薪阶层的焦虑，消费主义社会迫使他们想要获得其所不能负担的更多东西。他们的命运是在挤满乘客的列车上循环往复，一边是不稳定的工作，工作中，他们的技能被当作商品而非才干；另一边是被"冰一般分隔"气氛侵蚀的家庭生活，家庭生活之所以如此，与其说是因为有总是怪罪他们的妻子，还不如说是因为存在着一个让这些妻子梦想得不到满足的社会。人们可以看到由此而来的绝望，1930年出版的《工薪族：焦虑年代》一书作者如是说，他们要么在新的城市舞厅中"躁狂地舞蹈"，要么"默默地忍受"。

针对现代性的病症，各种身体的、饮食的、精神的和心理的"疗药"登上广告。20世纪30年代更加入了极端的政治"解决方案"：暴力清除正在潜入亚洲的英美影响。他们觉得正是这

序章　晴美与平作

种东西让人们脱离了自己的文化根脉。然而，正如理论家们所说，日本的悲哀无法通过武力来根除。尽管科学、体育、技术、商业和艺术方面所取得的世界级成就很快占据战后报纸的各个版面，但通过分析人们的痛苦来为治愈社会病找到线索的工作却从未停歇。年轻人得到了特别的关注，从20世纪60年代的"拒绝上学"到21世纪初的"蛰居族"：人们（大多数为男性）通过将自己关在家中来逃避或弃绝社会。日本准备在2020年第二次举办夏季奥运会[①]之际，"过劳抑郁"和"过劳死"却常见诸报端——人们为了某种公民或公司的理想拼尽全力，以至于让自己身心俱疲，甚至死亡。

这个国家一个半世纪以来一直在与自己缠斗，为了正确的指引故事而寻寻觅觅。这一过程覆盖了政治、音乐、艺术、哲学、国内外的冲突、家庭和工作生活、舞蹈、宗教、文学、民俗及电影。而这还在继续。

本书在总体上对这些斗争进行探索，反映这一路以来的种种故事：它们如何播种，如何生长，又如何像枝蔓一样四下伸展，支撑或缠绕整个社会；它们如何遭遇未曾料想到的转折；它们会

[①] 2020年东京奥运会受COVID-19（新型冠状病毒）影响而推迟举办，实际举办时间为2021年7月21日至2021年8月8日。——编注

如何失去又重新获得。这些，在21世纪之初，似乎比在任何时候都更为重要。我们现在知道，"现代化"会走向不可预见的道路，"现代性"会呈现出惊人的多样性，"国家意志"可能会以令人恐惧的速度瓦解，这迫使个人或整个民族不得不再度思考。现代日本提供了一个极具说服力的案例，展示了这种既存在于我们所有人身后，也存在于所有人前方的斗争。

*

每个治疗时段结束，晴美都会在平作家的大门处停留片刻，穿上鞋子。"他会赞扬我的和服或手提包，"后来她回忆说，"可惜，从来没有赞扬过我的外貌……"对于平作那代人而言，这些是基本的绅士风度。不过晴美觉得这些是他们每次会面时最后的、根本的要素：某种程度上，这是一种提醒，提醒她，自己是以一种更宽宏也更丰富的方式被看待，胜过她本人看待自己的方式——提醒自己还有更多值得被看见的东西。

故事是一种非常人性化的妥协。我们既不能简单地不加质疑地生活在其中，也无法完全领悟它们、看懂它周围的一切，或者自主决定该在多大程度上受其束缚。在两者之间的夹缝中生活和发展，对于国家以及个人而言，需要的是不懈的努力。但是，正如晴美所发现的，这就是我们唯一拥有的家园。

PART ONE

第一部分

缝补，撕裂

19 世纪 50 年代至 20 世纪 10 年代

① 日本走向世界

会面结束时,日本"获赠"了一小块白布。美国海军准将马修·佩里将指令递给与之谈话的武士,并且告诉他一个消息,自己将越过大西洋,沿着非洲和印度航行,最终沿着中国海岸,航行而来。指令由美国总统米勒德·菲尔莫尔发出,写在牛皮纸上,用蓝色丝绒束好,放在镶金的红木匣子中被呈递上来。总统以温和、尊敬的语气,希望日本天皇这位"伟大而善良的朋友"敞开自己的国土——与之通商、建立邦交并为过往的美国舰船提供燃料、食品和饮水等给养。

佩里1853年7月这次盛装登场之行远比其总统的文辞更为有力。在纽约公共图书馆里读过有关日本的资料后,他逐渐相信，唯有强势展现武力和意图，才能使其人民感受深刻。因此，当他在邻近江户海湾的门户处登陆时，他足足用了100名水手、100名海军陆战队队员和两支军乐队的排场。他的身边是舰队中挑出的两位面目狰狞的彪形大汉，全身佩戴着专门为了这个场合准备的特别武器。

主人数量远远多过客人。成千上万名武士列阵在海滩和附近山岗上；马上的，马下的，都带着刀剑、梭镖和枪械。但在佩里眼中，他们不过是渺小的弱旅，乱哄哄的队列中尽是不敢正眼看这些外国访客的本地村夫。佩里觉得，自己一方与之形成鲜明对比，浑身洋溢着力量与纪律，尽管其中一些人因为被昨晚日本木匠忙着修建欢迎他们的亭子所发出的声音打扰而有些缺觉。大炮轰响，表明先进的军事力量或许就在那边的大海上。这边的海滩上，威严的《万岁！哥伦比亚》音乐声把这种效果变得至为完美。

然后佩里就献上了那块白布。整个仪式都在红地毯上进行——不辞辛劳地使用了荷兰人作为中介——其间，在转交木匣子的时候放出了那个消息。一旦您拒绝我国总统大方的请求，佩里清楚地表示，就会有战争发生。这东西您投降的时候会用得着。

阐明了重点，佩里表示，自己下一年会回来听回话，之后

PART ONE　缝补，撕裂

便带着四艘威武的炮舰航向大海。船壳涂着沥青，两支烟管喷着浓烟，日本老百姓们将其叫作"黑船"——被视为黑暗日子即将来临的恶兆。

统治日本的德川幕府及其同盟正处在混乱之中。他们避免与美国人发生直接的冲突，武士们手中有200年"枪龄"的燧发枪含而不发（也可能根本就没有装弹），眼看着最新的蒸汽动力技术消失在远方。他们对于日本边界和内政的掌控现在不时地有所失控了。这些外国人貌似彬彬有礼，实则咄咄逼人、挥之不去，一位日本评论家称之为"围绕米饭的苍蝇"，这似乎成了压垮日本的最后一根稻草。

开头是何等的不一样。16世纪后半叶，三大领主经过不懈努力，让国家重新归入统一的治理，此后是几百年大名之间各种混战冲突。德川家康是三大领主中的最后一位，1600年取得关原大捷，并在三年之后从京都的天皇那里正式获得"征夷大将军"的封号，进而着手征服天皇、地方上的对手以及国外的势力。

德川与天皇一道，把文化用作政治麻醉剂。日本的首都京都，被作为雅致的学问、礼仪和诗歌的圣地保留下来，然而也仅此而已。对于任何觊觎权力的争执或觅求，德川武士阵营都

021

虎视眈眈。很快，大批军队被派驻皇居附近可能产生威胁的地方，始终保持警醒的德川将其安置在新建的二条城——它以所谓的"夜莺地板"建造，人踏上去就会发出类似鸟鸣的声音，让企图实施暗杀的家伙难掩形迹。

德川幕府把总部设在一个叫作江户的曾是渔村的地方，17世纪起，江户作为国家权力中心迅速发展起来。在这里，他们平整了山丘，为洼地填上了土，动用了成千上万劳力从一个遥远的半岛搜来了花岗石，用驳船把这些巨型石料运到江户，然后打磨堆砌成一个陡直的环状防御带，拱卫着有着巨大城堡的内城。越来越多的人口围绕内城安家、开店、过活，对城外的行人而言，内城的生活仍然是一个谜，拼命昂头望也看不真切。很少有人能靠近那复杂的精心架构的廊道、金箔屏风、秀丽的绘画和散发着香味的木材，日本"第一家庭"正是在这样的环境中着手打造和统治一个国家。

日本的大名，地方上的地主——17世纪初约有200人——被德川以威逼利诱的方式拴在一纸文书上。轮换参觐制要求大名及其手下每隔一年必须来到这个新兴的实质上的首都，住进呈辐射状新建于内城外的居所——关系越近，居所就越靠近高耸的内城。江户人口很快就达到了50万；武士们住在"上城区"；为之服务的住在"下城区"。如果大名轮到在自己庞大独

PART ONE 缝补，撕裂

立领地中的高门大宅中居住，那么，自己的妻小那一年就必须作为人质留在江户。

轮换参觐制有明显的监管优势——这一制度确立之后，任何时候都有一半的大名居住在江户，其中大部分都在内城的视线之中，然而这却让许多勋贵破了产。在携带仆从（有的仆从上千）往返领地与江户之间的路途上，他们耗资不菲，而居住江户，为了身份而大兴土木，更是费用高昂。此外，大将军还要大名供奉金钱和劳力：用于修建桥梁、圣祠和二条城之类的城堡，或者加固海防。作为回报，大将军承认并保障他们的领地，这意味着大名们不必像近几百年来那样时刻提防着自己的邻居。

至于外国势力，德川幕府的策略是武力威胁支撑之下的小心筹划。16世纪后半叶，伊比利亚贸易商和传教士在日本相当活跃，后者，尤其是耶稣会士，因为只对宗教方面的东西感兴趣，很少参与政治和利润丰厚的贸易，而迅速获得了名声。到1600年，信教人数（据传教士的统计）已经接近30万之众，就像在亚洲其他地方一样，有权有势者提供了很大助力，为之带来大量信徒。对日本而言，这些人就是被福音书和抱着在与葡萄牙人的贸易中获利这种期待所打动的大名。担心这种混杂的信仰会削弱对自己的忠诚，加上有流言说欧洲开始把日本女人卖作奴隶并把间谍乔装为传教士（为了入侵而在这个国家四下打探消息），早在1578年，大将军丰臣秀吉就曾下令驱逐所有外国传教士。十年之后，他在长崎把26名基督徒钉上十字架，其中包括6名非日本人，以此作为对其他人的警告。

短暂的中断之后，新的德川幕府开始理政。17世纪10年代开始了新一轮迫害，1636年更发布命令，极其清晰地表明了幕府的立场：

> 凡日本大小船只，凡日本国民，均不得擅自出国；违背此条者尽皆处死……凡海外归来者尽皆处死。凡发现基督教教士者，可获赏银400至500银币。凡鼓吹天主教教义者或有此恶名的"南蛮"（指葡萄牙人和西班牙人），将被监禁。葡萄牙人全族及其母亲、保姆并其任何附从，均将放逐至澳门。

基督教教堂和修道院被焚烧，入境的传教士被砍头，富裕的信教家庭被流放。从17世纪40年代开始，充满商业头脑的荷兰人发现自己成了唯一被接受的欧洲人：他们不像信奉天主教的葡萄牙人那么贪求这个国家的信众和金银——贵金属的贸易流失成了幕府的另一担忧。但即使是荷兰人，也不得不小心翼翼，避免踩过界限。他们在进入长崎海湾那些船上所进行的操演年年如是。水手们做好了把枪炮弹药以及船上的舵和帆交给幕府的打算。《圣经》被藏在木桶中，钉上钉子，待到船离开日本海域才会拿出来。

经过随后几十年之久的尝试，才有少数欧洲人成功地在西方和日本的医学和植物学方面建立起初步的联系。但是，大多数情况下，日本只允许荷兰人作为商人出现在长崎，做点小生意，玩玩弹子球，喝喝咖啡（咖啡是因为荷兰人而于17世纪90年代在日本出现），或许还能找一两个本地女人做伴——这些活动都局限在一个叫作出岛的人工小岛，这座小岛像一柄扇子，有唯一的一座桥与长崎连通，桥上还有卫兵守卫。在日本，荷兰人没有旅行的权利，不能参与政治活动，更不用说传教了。

幕府的权力笼罩着之后的两百年，他们想要讲述的有目的、合法的唯一故事，是关于他们自身以及一个新近统一的日本的，这个日本建立在坚实的基础之上：军事专制，巨量成捆的、税赋惊人的稻谷，错综复杂的法令条例和禁奢法规，可利用的佛教的广泛影响力，寺庙林立，新儒家思想（受欢迎的是其重点——"孝"），以及史无前例的和平诞生出的众多果实。为什么佩里会在1853年碰到军容不整、拿着博物馆物件般枪支的军队？理由之一是：在过去的两个半世纪中，西方的大部分时间都花在彼此反复厮杀的战争技术淬炼之上，日本则主要是在自我发展。

"定居农业"在先前几十年的动荡中荒废后，重新开始受到重视。从清酒到丝绸生产，家庭手工业已经繁荣起来，海上贸易在整个群岛铺开，从北面着兽皮的阿伊努人到南面亚热带地区的琉球群岛无不投入其中，贸易甚至通过荷兰人被跨海延伸到中国和朝鲜乃至更远的地方。这个国家一小部分孩子在主要是由寺庙或者地方领主开办的学校里或在小型私人机构之中接受教育。旅游者走在新建的道路上，手拿导游手册，寻找着名胜古迹。版画和讽刺故事出现了，在众多艺术中，是这两种形式与时俱进地记录下江户、大阪和京都等地的城市生活，并使之充满生气。行政手段——来自高层的命令和判断，来自下层的、以五户左右为单位的有组织的自我监督——发展到近乎艺术形式的程度。

幕府的稳定是以牺牲变通为代价的，日常生活的方方面面都有法规，甚至细致到不同社会阶层的人该如何吃饭穿衣：武士穿华丽的丝绸，市民（商人和工匠）穿更朴素的布料，下层农民穿粗棉布。很长一段时间里，这些规定似乎是一个被战火撕裂的国家为了恢复平衡所必需的。但它们是如此脆弱，难以很好应付更长期的变化，到 19 世纪早期，它们似乎撑不住了。

日本发现，领导权弱化、经济衰退以及农作物周期性歉收，让自己困扰不堪。随着下层出身的农民和商人日渐富裕，而武士家族——因为薪俸不足以及被禁止从事有利可图的职业——沦入贫困，社会处在动荡之中。

农业收成不好，货币体系波动，让全国哀声一片。但有些人还是能挨得过去。幕府可以依靠大名的大米或金钱；大名则压榨其武士家臣。商人可以涨价或者改变兑换比例，富有的家庭可以对境况差一些的家庭提出新要求或解除有价劳役。但是，对于那些处在底层的人，就只剩下了绝望。饥荒和流离失所有时如此严重，以至于政府开始采取严格监控手段，如为了避免乡村生产力损失而要求怀孕妇女堕胎，为了保证家中子女能够活下来而要求年轻母亲杀婴（用耕作中的"间苗"来代称）。

当时新儒家道德学说中的一条指导性原则是"相互性"。在社会秩序中，就像在每个家庭中一样，上位者可以对下位者提要求，但下位者也可以对上位者提要求。对上是敬奉，对下是关爱。这在实践中意味着，反抗关爱不够的上层是一种权利，甚至是一种义务，为的是恢复社会秩序。德川幕府统治日本的后期，领袖们眼中的敌人——成千上万的反抗者，其实正是它自己所造成的结果：反抗者自认为，他们并不是反抗诚信、无私、自律这些传统价值观，而正是在严格实践它们。

最麻烦的是，西方人又一次开始挑起矛盾。1808年，一艘荷兰船被看到驶入长崎海湾，这比平常时节略晚了一些。一小队居住在出岛的荷兰人划着小船过去迎接——结果立即被抓住了。这实际上是一艘英国船：打着荷兰旗帜作为掩护的皇家海军费顿号。年轻的船长发布简洁的命令，要求为这艘船提供给养，这样自己就会饶过荷兰人的命。他还威胁说要摧毁海湾中其他船只，并因此进行了一次恐吓性的枪炮齐射。荷兰人和日本人慌慌张张地进行海岸防卫：老掉牙的大炮大都无法开火，士兵屈指可数。增援部队还没到，地方长官就拿出了补给，而风也来得正好，让费顿号轻松愉快地驶离了海湾。

地方长官剖腹自杀，对这次外国骚扰的调查也开始了，调查中，日本人才恍然大悟，美国现在已经成为一个独立国家。原来，是荷兰人为了自己的利益而蒙蔽了他们。出于类似理由，日本人对法国大革命同样知道得太晚，而且所听到的描述也尤为具有误导性。因为这个国家的闭关锁国政策，除了从自私自利的荷兰人那里得到加工过滤而来的信息，日本人几乎没有了解世界大事的任何渠道。

不过，不能单单指责荷兰人。日本官方很少尝试从过去一个半世纪中游历丰富的欧洲人那里打探消息。在一年一度的江户朝拜中，荷兰人发现自己之所以受到邀请，是为了匍匐觐见、

PART ONE　缝补，撕裂

舞蹈娱乐而非言谈正事。日本人觉得荷兰人的身体和仪态无不滑稽可笑，荷兰人的头发是红色的，荷兰人穿着荷兰厚底木屐，于是以为荷兰人就像狗一样长着后跟无法触地的脚。母亲们小声吓唬孩子，称魔鬼般的臭气熏天的荷兰人会把他们抓走。

幕府在1720年放松了对输入西方知识的管制，开放了"兰学"（经荷兰人传入日本的学问）之路——这些学问家聚集在长崎附近，希望从通过出岛输入日本的书籍、工艺品和艺术品中汲取知识。医生杉田玄白（1733—1817）持续若干时辰不眠不休地研读荷兰解剖学著作，与朋友一道通过单词在插图旁边的位置和出现的频率来猜测其含义。玄白曾回忆，自己花了"一个漫长的春天"去思考一个简单的句子："眉毛是长在眼睛上方的毛发。"他甚至对被处死的罪犯进行尸体检验——在他那个时代，这非常罕见——为的是拿开膛破肚的躯干与中国人和荷兰人所做的描述进行对比。中国人的记叙偏离了事实，荷兰人的记叙则准确无误。

但是这类信息的分享需要始终小心谨慎。尽管"兰学家"抗议说，自己获得新知识是为了促进地方或国家的利益（在玄白那里，是为了保障领主的身体健康），江户的大将军仍极为敏感，坚决不许其碰触自己在政策和安全方面的特权。军事学者林子平指出，一个由众多小岛构成之国，无法把安全寄托在诸如《孙子兵法》（前 5 世纪）之类扎根中国学术的那些战术上，它们主要关注的都是辽阔的内陆。相反，日本应该维系一支强大的海军，建设可靠的海岸防卫力量。让林子平烦恼的是，自己的书《海国兵谈》（1787）被焚毁，刻版也被销毁。他本人被软禁起来，很快就在深深的绝望中过世了。

日本国内也有声音，试图对日益加剧的外来威胁发出警告。世界强国直到 19 世纪都不和日本打交道，不是因为害怕，而是对其毫无兴趣，从印度到中国再到东南亚地区，可选的实在太多了。现在这一切结束了。18 世纪，俄国人开始大规模东进，横跨大陆，来到太平洋，并最终向长崎进发，寻求贸易机会（尼古拉·雷扎诺夫携带沙皇亚历山大一世的信件，受命于 1804—1805 年驻扎长崎六个月，之后满载而去）。19 世纪以来，美国人一直在西进，一直抵达同一广袤蓝色大洋的另一边，脑袋里对日本的想法应与俄国人毫无二致。菲尔莫尔总统在 1853 年给天皇的信中骄傲地写道，自己的国家"从大洋到大洋"进行拓展，其"伟大的加利福尼亚州"的位置"就在您国土的正对面"。

邻居们现在不再是能轻松打发或对付的了，江户的艺术家葛饰北斋似乎把握住了这个时刻，在 1830 年创作出 36 幅描绘富士山的作品。有一些绘画中，整个景致完全以富士山为主体，

PART ONE　缝补，撕裂

这座山以完美的渐进梯度将视线向着天空方向牵引。在另一些画作中，它是安静祥和的背景，描述德川日本的和平、自信、高度文明：人民在建造、加工制作、买卖、捕鱼，或慵懒地倚靠在寺庙露台上欣赏巍峨的山峦。

但是，其中一幅的富士山似乎有些不同。富士山远远地收入背景之中，画框中是汹涌的波涛，动荡起伏、兽爪一般的浪头成了景物的主体。三只小船在波浪中颠簸前行，桨手身形太小，让人无从捕捉其想法。他们或许是在驯服掌控波涛汹涌的大海，为航行可能开启的机遇兴奋不已；又或许是在如墙般巨浪到来、威胁着要吞噬他们的那一刻紧张地蹲下身躯，为了宝贵的生命不断挣扎。

1600年之后，众多大名、武士家臣以及普通百姓默默接受国家的新政策，但与其说是因为对德川家族的特别喜爱，不如说是对战争的厌倦。在那些从没学会爱戴幕府的人中，最重要的是两个大藩的统治者：九州岛南部的萨摩藩，本州岛最西端的长州藩。

萨摩藩管辖日本西南诸多地区，经济富裕，而且与中国和朝鲜积极通商——不露声色地打破了德川对日本与外界接触的控制。战士们在每年的关原大战周年祭上会全身着甲，前往鹿儿岛城堡旁的寺庙，反思是什么为其带来了划时代的败仗。在长州，母亲们会让男孩子睡觉时双脚朝东——对江户的一种羞辱——并且告诉他们即使在梦中也不要忘了关原大战。

在佩里的到访之后，德川幕府越是显得虚弱，这种记忆就越是变得鲜活；被夺走的权力，总是可以被夺回来的。长州藩大名家中有个传统，新年第一声公鸡啼鸣之时，高级藩臣就会出现在家主面前。家主会问："反抗幕府的时候到了吗？"他们会答："为时尚早。"这样的应答似乎从未改变。但是，现在不同了。

*

1854年，佩里带着他的军舰又来了，就像他承诺过的那样。幕府得出结论：此种情形下它能够给出的答案只有一个。讽刺成为日本人从现代西方手中最先学到的东西之一：500名美国水手和海军陆战队队员环绕在侧，海上还有10艘全副武装、载有超过千人的军舰犹自虎视眈眈，日本代表坐下来，在《日美亲善条约》上签字，如此才会使得"友谊"不至于行差踏错。三支美国乐队奏响了庆祝的海军军乐。

这份条约签订于一个后来称之为横滨的小渔村，加上1858年所签订的包括贸易内容在内的后续条约，让国际洪流打开了日本的大门。很快，英国、俄国、法国以及其他国家提出了同

PART ONE　缝补，撕裂

样的诉求。就像在中国和其他地方一样，他们谋求进入日本市场，享有受保障的低关税以及"治外法权"承诺：非日本人在诸如横滨之类"条约港口"犯罪，将按照自己国家的而非日本的法制进行审判。

当关于外国人侵略和傲慢的故事流传在条约港口以及其他地方，紧随而来的是政治不安与经济恐慌。1858年成立的五人"外国事务委员会"波折不断，仅仅10年间就换了足足74人，委员们努力应对日本在海外新获得的且并不想要的知名度。年轻一辈、出身低层和中层的武士中开始出现"志士"（意为"有高远之志者"），他们中有许多人来自包括萨摩和长州在内的西南藩国。既然这个国家的领袖们似乎对付不了外国人，无法带领这个国家前进，于是这些活动家们决定作出直接的干预：对其政敌加以震慑，对在条约港口安家的非日本人发起攻击。

19世纪60年代供职于日本的英国外交官厄尔尼斯特·萨托汇报说，这几年中，"死于剑客之手"已经是公认的危险，自己为此而购买了左轮手枪、火药、子弹和火帽。他说，没人敢不带武器离开驻地，大多数人睡觉的时候枕头下面都放着一支枪。

对外国人的猎杀，最突出的是1861年7月的几次事件。劳伦斯·奥利芬特被派驻在江户的英国公使馆，一天晚上，当他欣赏着从头上划过的流星时，突然听到狗叫，随后是日本警卫

的警报声。他冲出房间,沿着一条阴暗的走廊跑过去:

> 正当我拐弯的时候,我撞到一个高个的黑色身影,他双手举过头顶,紧握着一把双刃剑。我只模糊看到他戴着面具,似乎身上穿有盔甲。我根本来不及细看,剑就劈了过来,我退后一步躲开,一边拿出自己的鞭子迎了上去,一边大声喊叫。他没有发出任何声音,我们的对峙持续了一两分钟……

公使馆的其他人拿着枪冲了进来。在日本卫兵的帮助下,他们经过一整个刀光剑影的夜晚,打退了进攻者。天亮了,严重受伤的奥利芬特才发现,真正救了他的命的是营房屋顶上的木头横梁,横梁被剑劈得快散架了,而剑本来是劈向他的。

志士发起的攻击实际上只有几十起而非数百起,受害者大多是被认为与外国人勾结或以其他方式参与了叛国性错误外交政策的日本人。影响更为深重的,其实是他们以其行动所营造的那种危机氛围,以及"变革的时机已经成熟"这种越来越强的感觉,如同 1600 年,在眼下的 19 世纪 60 年代中期,在西南藩国中,这种感觉尤其突出。对西方技术的兴趣太少太晚,在外来压力应对方面力所不逮,两相混杂,使得幕府深陷泥泞之中。与之同时，经济管理不善，参与全球经济却只获得通货膨胀、失业、饥荒的早期回报。城市和乡村的骚乱此起彼伏，此外，还有世纪末关于世界更迭的预言以及充满宿命论色彩的狂欢——大吃大喝，寻欢作乐。歌里唱的是："末世狂欢?！谁还在乎?！"

萨摩和长州的领袖人物开始自行其是，利用萨摩与西方贸易商——包括苏格兰商人托马斯·布莱克·格洛夫，他以长崎作为基地——所建立的关系，购买并随后制造新式枪炮和军舰。两个藩于1866年秘密结盟，同意如果幕府将其意志强加于他们时，双方将彼此帮助，而幕府当时正拼命组建和重新装备自己的军队。但他们无须担忧。那一年江户针对长州所派出的惩戒武装根本没有给人留下任何印象——最精锐的军队需要镇守江户和大阪以防止骚乱愈演愈烈，而一些藩国公然拒绝提供兵力——长州人自己就能解决掉威胁。大将军德川庆喜发现，自己在军事、政治和经济方面毫无建树，而京都中有影响力的朝臣（从前他们只能奉德川家康之命去作诗填词）认为，从一个已经真正而彻底丧失权力控制的家族手中拿回权力缰绳的时候到了。

1867年，来自土佐的领袖与萨摩和长州结盟，劝说庆喜下台，庆喜并不情愿地接受了。坐在家康多年前修筑的辉煌的二条城中，庆喜放弃了杰出的先辈得来不易的头衔。作为交换，他希望自己可以成为新大名内阁的首脑。然而，1868年初，萨摩和长州的激进分子在京都发动政变，控制住年幼的明治天皇，唆使天皇宣布自己全面恢复权力。德川家族的土地被全部没收，庆喜被迫卷入全面冲突。

这场所谓的"戊辰战争"一直持续到1869年，反对德川家族的军队随着武士和全国各地征召而来的平民加入而蔚然壮大。德川的军队被迫退向北方，盘踞阿伊努岛，在那里，他们建立了一个短期的、半独立的政权（领袖完全由选举产生），直到1869年夏向反叛武士们自称的"帝国军队"投降。

回到南方，新时代在前一年已经开始。过去，日本的年号是由封建朝廷的官员们决定的，一位天皇统治期间就会变动几次。现在，年号只会随新天皇的更替而变化，为"一世一元制"。这个新时代和这位新天皇被称为"明治"，意为"向明而治"①。

承载着所有寄托的这位年轻人于1868年底——这一年是"明治元年"——被赶出优雅而舒适的京都，被耀武扬威地带到

---

① 取自《周易·说卦》："圣人南面而听天下，向明而治。"——编注

江户，安置在一度属于德川家族的那座恢宏城堡之中。这座城市在零星抵抗和时而犯罪中和平投降，获得了一个新名字：东京，即东边的首都。在这里，天皇被包装成一个管用的名义上的领袖——算是雏形中的国家叙事的核心。

新政权的《五条誓文》颁布于 1868 年，刻意使用了一种普遍且具安抚意味的口吻，其要点包括：

1. 广泛建立协商会议，一切事务由公共讨论决断。

2. 不分高低地团结所有阶层，致力开展国家事务管理。

3. 普通民众同文武吏员一般，都被允许自由发声，以杜绝怨恨不满。

4. 打破从前陋习，一切尽基于自然的公正律法。

5. 向全世界寻求知识，用以强大皇家根基。

这个高尚的理想必然伴随着不高尚和更为紧要优先的东西。"富国强兵"的指导性原则得以确立。日本必须避免继曾经强大的中国之后，被列入西方殖民主义"待办事项"清单，必须寻求修订屈辱的、已被广泛认为是"不平等条约"的国际贸易协定。新的日本政权及其故事如果不是在彻底的恐慌之中，就是在深刻的焦虑之中被缔造，其中亦不乏强大而热切的决心。

每种资源，包括人力，都被奉献给了"自强"这一要务。一支高效的军队当然需要与时俱进的硬件，这也意味着建构工业能力的金融、原材料、技术、公共设施和专业知识。日本的学生和学者、商人和外交家为寻找这一切而走遍世界。1868年之后，在日本国内，一小撮叛乱者变身而来的政治家负责对国家权力进行史无前例的集中，他们是：来自萨摩的大久保利通、森有礼、西乡隆盛，来自长州的木户孝允、山县有朋和伊藤博文，来自土佐的板垣退助，来自肥前的大隈重信。这些人及其同盟一道，复兴了太政官这个具有若干世纪历史的行政机构。他们把地方大家族管辖的成百上千个日本旧藩国，变成了最终由新首都控制的50个县——在新首都的霞关，他们成立了欧洲式样的若干管理部门（包括工部省、农商务省和文部省），制定国家政策，发布国家命令。

整个19世纪70年代，改革如火如荼。新银行体系开始把日元确立为国家货币，取代了德川时代的小判。政府和私人资本联合，为未来高科技采矿和包括棉纺、缫丝在内的工业奠定了基础。电报和邮政服务得以建立，全国性的学校教育体系也通过1872年的《教育基本法》开始推动。学生们穿着普鲁士人所喜欢的那种有着闪亮纽扣的军装式制服，首先是从美国教科书中，其次是从日本历史和传说中的榜样那里——不仅有善良的酱油小贩，还有了不起的德川家康（他的后代让这个国家每况愈下，但他本人却是值得尊敬的国家建设者）——学到现代价值观念。如果教育不能胜任，以法国为样本建立的东京警察部队就会出面约束天皇的臣民。

铁轨开始有限地投入运营，车站那种砖头和玻璃结构的房子成了现代建筑的典范。以前，税是根据收成多少和地方规定，可以用稻米支付的，现在是以土地为核心评估，用现金支付。又引入了征兵制，海军以志愿兵为主，其建制学习英国皇家海军模式，陆军建制学习法国模式，后来又改学明显更为先进的普鲁士模式——日本人对1870—1871年的普法战争进行过认真的观察，如今他们敏锐地关注着欧洲以及其他地方发生的事情。

这项任务的规模极为巨大，国人都牵涉其中，日本人口飞速增长，到20世纪初注定达到4200万，这一项数字超过了英国或法国。但是，作为现代化的相对后来者——这是日本第一代领导人对自己的定位——所具有的优势之一，是不仅可以从其成功中学习，而且可以从其明显的失败中学习：避免伦敦的贫民区、遮天蔽日地笼罩在利物浦上空的煤霾（一位日本官员称这是"悲哀而可怜"的英国工业化历史），避免把政治权力过度赋予普通大众（这种做法对英法的制度产生了不利影响）。

一切都可以提前进行评估，之后再加以调整，以便适应这个新国家的需要以及不断变化的自我形象。邮政系统以英国邮政总局的模式设定。但是，英国邮政总局可以雇用女性担任副局长、邮递员和勤务员,日本却决定自己的体系只用男性。东京的交通尚在建设当中,其人口因不能完全信任的乡村移民的涌入而膨胀,因此在当初的巴黎模式基础上增加了密集的警务亭,每处设1—2名警员,居民要找警察更容易了,反过来,警察要找居民也更容易。

虽然日本领导者们达成共识,要采取实际措施增强国力,国家须目标统一,但是,对保障安全和修订条约之外的目标,看法却不尽一致。争论、试错以及方向转变,这些,就政治高层和整个国家而言,对于未来的日子意义重大。有时,看似现代的因素主导了国家能力建设的决策。1872年花费巨资兴办的缫丝厂,单从经济上考虑,以木材作为燃料,简单设计就能够适用。通过这种方式,日本可以让一项重要的外贸产业相对快速地发展起来。但是,木材让人想起过往,太原始了。现代西方用的是煤炭(尽管德川时代的日本也以煤炭生产闻名,美国总统菲尔莫尔在给天皇的信中就专门提到过),所以新厂必须使用煤炭,而且要使用法国的煤炭。同时,厂子还必须是综合性的现代化设计,结果日本国内很少有人会操作,出了问题能够解决的人就更少了。

在其他地方,现代化可能纯粹是心血来潮。明治初期的日本人或许可以从意大利人和美国人那里学到更多,但关键时刻,这两个国家被战火撕裂，使得英国、法国和普鲁士更能够提供模式和知识。在新的东京大学，日本第一位也是最有影响力的医学教师埃尔文·冯·巴尔茨，是因为在莱比锡与一位日本病人的偶遇而被招聘来的。尽管许多日本人出国学习世界最优秀的知识，但大多数人的游学其实是在对"什么是最佳""哪里能够找到最佳"等非常局限的了解中规划出来的。时间经常只有几个月，所以，建立的联系与得到某位著名欧洲学者的认可，比实际上学到的东西还要重要。

日本对于自己边界的认定也是一件并不明确、尝试为之的事情。根据当时的逻辑，大国必定是殖民的、文明化的，于是群岛北部和南部的领土成了殖民试验田，在试图将其居住民同化为真正"日本人"（这是一个尚在发展中的概念）和与之保持距离之间徘徊不定。带来的结果是，北方的阿伊努和南方的琉球国发现自己的家园被并入日本，被分别叫作北海道和冲绳县，而这里的人却是边缘人群。"本土"日本人通过贬抑这些族群的历史与习俗来界定自身的"文化优越性"。

这些领土行动一方面是为了寻找自然资源和新兴市场，以推动经济增长；另一方面是保障自己的安全和影响的势力范围。西方强国很难在不显得虚伪的情况下反对日本。朝鲜半岛尤其因太靠近日本西南方，让日本感觉如鲠在喉般不舒服：山县有朋就说过，它是"指向日本心脏的一把匕首"。然而，一旦日本的影响开始扩展到亚洲内陆，一个关键问题就来了：它的影响到哪里才是尽头？

*

前几天走在长崎的路上，我又一次遇见会让初到日本的欧洲人觉得震惊的全然没有礼貌的事情。一个小顽童，坐在整洁而宽敞的住房门口，看见外国人走来就发出警报。我经过时，他们全家人都冲到街上盯着我看，这很有趣。

我很清楚地记得自己看到的是三代之家。有两名老年妇女，一名无疑是老年男子；之后是男主人和他妻子；最后是六七个男孩女孩，6岁到18岁不等。他们所有人全身赤裸，而且全然没有意识到这一点，只是瞪大眼睛盯着我。走过一小段之后我回头望，他们仍然在门口安静地聊天，我想，他们是在评论我的相貌。我搞不清楚他们吃饭时是否会穿上衣服。

——历史学家、旅行家爱德华·巴林顿·德·方布兰克，19世纪60年代访问日本

PART ONE　缝补，撕裂

19世纪60年代起，一种强有力的感觉在日本蔓延，那就是，世界的眼睛在看着自己。一系列新办的杂志和报纸有大量专题探讨其他国家是如何做事情的——从策划派对到规划城市，从抚养孩子到售卖保险。人们觉得，细节或许不同，但文明国家必须坚持的某些标准还是要有的。

所以，诸如爱德华·巴林顿·德·方布兰克之类外来客人的啧啧之声值得探究。人们急切呼吁对在公共场合的裸体沐浴或当街乱尿须加以制止。更深远的是，寻求一个新的国家目标——很快就有政治精英之外的人参与其中——具有两种可能互相冲突的压力：其一是要重新发现某种失落或被遗忘的东西——毕竟，1868年被宣传为是"恢复"天皇统治而非革命；其二是想要得到外国的认可。西方人对日本最早也最深刻的印象正是这些压力的产物。在新渡户稻造的畅销书《武士道：日本的灵魂》（1900）中，武士文化被骄傲地宣传为欧洲骑士传统的日本等同物——这本书以英文出版，专门写给外国人看。大致也是这个时候，禅宗被重新包装，让其在显示日本直觉式精神力量的同时，又迎合西方人对体验式而非教条式宗教的渴望。

早期，日本尝试根据"和魂洋才"即"日本精神，西方技术"这一基本原则来引导日本的现代化。但是人们很快发现，精神和技术并不容易区分或分离。精神塑造了技术；社会和政治机构在某种程度上源自对人类最根本本质的假设，以及什么对个体和集体而言自然而有利。而且，科学和工程上的成就同样与以人为本的基础和梦想紧密相连。反过来，技术也塑造精神。教育体系、劳务市场、传媒、医学、政府安排，所有这些东西创造出各个时代的各类人。

一心想要解决这些挑战性问题的知识性出版物和社团开始蓬勃发展，学者、记者、政治家、商人和新兴民事服务成员一窝蜂地投身其中。"明六社"——于明治时期的第六个年头成立——聚集了当时最有影响力的评论家。福泽谕吉将上一代保守的儒家学者痛斥为"浪费粮食的书袋"，同时满含热泪地回忆诸如杉田玄白之类充满求知欲望的"兰学"先驱。他倡导注重实用和务实的日本式学问，认为这才有利于从根基出发创造一个现代国家，而不是简单比照某些"已经完工"的外国样式舶来品。其他明六社著名成员还包括：日本现代教育体系的奠基者，先后担任驻美国和驻中国大使的森有礼；为日本读者筚路蓝缕地引进西方哲学知识并对其进行分类的哲学家西周。

这一切谈论之中，"日本精神"与其说是一个站得住脚而且得到认同的参照点，不如说是一个战斗口号。它为这个走向世界的过程提供了一种有用的修辞光彩，一种统一和自然的感觉，而实际上，这个过程是短期实用主义、精英自我利益、实验与妥协种种的混合物，以及匆忙构建新秩序中的临时决策。它还提供了一种方式，把两种无法兼容的新兴的现代日本形象融为一体：现代化的亚洲先行者；一个因历史、文化、感性和血脉而远异于其他国家的地方。难怪新国家"分娩阵痛"的著名记录者、小说家夏目漱石觉得这个概念特别难以捉摸：

> 东乡元帅拥有日本精神，本地鱼贩子也有日本精神，骗子和杀人犯也有日本精神。既然它是一种精神，那么它就始终是暧昧模糊的；没有哪个日本人不把它挂在嘴上，但没有人真正地见过它。

"日本精神"如此，日本的故事在这一刻也是如此。对为数不少、世界各地的支持者而言，明治领袖正在实施世上最艰苦和深思熟虑的国家改革。对国内的各种新锐批评者而言，从19世纪70年代中期直到80年代初期，这个国家要么缺乏明确的自我意识，要么在快速获得一种不受欢迎的形象：一个西方生活的亚洲复制品，靠农民和工厂女工汗流浃背地为之提供经济支持；一个新的政治自由似乎一度指日可待却又被剥夺的地方；一个由冒牌者领导和居住的国家。

② 血税

任何无法取得学校老师支持的新政府都会面临困境。1884年，西南方冈山的一位年轻老师见证了自己和母亲为从家中跑出来的妇女所开设的一座小型学校被当地政府关闭，只因一些教职员工和学生敢于在一个夏天的傍晚参与政治集会。这位老师叫景山英子。一年之后，她计划把炸药走私到朝鲜，希望在那里发动暴力政变，并最终将民主带到日本。

景山不是在1884年走上激进路线的唯一的人。群马县位于东京北面，在其以东几百公里的地方，又出现了一位学校老师——三浦桃之助，他帮助召集成百上千的农民、土匪、猎户和相扑手在群山之中进行训练。他的计划是利用即将到来的皇

PART ONE 缝补，撕裂

室出访攻击地方政府军队，抓获几个天皇的高级官员。同时，就在与群马县毗邻的埼玉县，多达3000名老师、工匠、商人和农民某天齐聚一座乡村祠堂，身着临时军装——白色缠头带、短褂、紧身长裤——手持包括来复枪、刀剑和竹矛在内的各种武器。他们听着据传是土匪的人发表演说，把自己叫作"穷人军"……

尽管整个19世纪70年代，东京的新治国精英都在按照自己的计划重建日本事务，这个国家的许多人却打定主意，对于1868年的维新到底应该具有什么蕴意得有自己的说法。教师、农民和其他平民致力于在喧嚣的19世纪80年代中期申诉自己的主张。但首先，日本的领袖们不得不面对严重不满的武士阶层。

僵化的德川阶级制度把武士置于农民之上，农民之下是工匠，然后是商人，而社会最底层的是"非人"（流浪者、某类歌舞艺人、刽子手等）以及所有的"秽多"——他们因为所从事的皮货加工产业与死肉关系密切而被认为不干净。人们按照财富和地位分为判若鸿沟的社会阶级，武士们通过大体和平的德川时代尝试适应从战士工作转为办公室工作——为其领主充当政务下属。每天早晨，长短剑仍被他们自豪地佩在腰间，但

047

随着时间消逝越发用不到了。"武士道"不是中世纪战争的产物，而事实上是早期现代和平的结果。自17世纪出现以来，它就更多地和服务、勤俭、荣誉及艺术追求，而非与暴力冲突紧密相关。

到18世纪晚期，低阶层的武士尤其感觉到，这些美德并不能让他们生活得更好。薪俸一直是每况愈下：它们无法支撑自己跟上通货膨胀，有时缺钱花的大名还会在支付薪俸时先就跟他们"借钱"。同时，在江户和大阪之类城市中，他们周围粗俗的商人阶层似乎囤积了大量财富，并享受着大部分乐趣。一些武士借酒浇愁——家人尴尬地将其囿于木笼之中的故事比比皆是，其他人则典当了盔甲，或者咬牙切齿地同意把女儿嫁给商人。

1868年的维新没能够改善这一切，尽管其领导者本身就是武士。来自旧萨摩藩的失意武士于1873年成了重要的领袖人物，当时，西乡隆盛背弃东京的太政官——因其派系发动朝鲜战争的计划破产愤而离职——回到今鹿儿岛县的家乡那舒适温泉的怀抱。这个地方的"私学"开始如雨后春笋般冒出来，在年轻学子们眼中，西乡是一位英雄。他与他们一道工作，希望在最后一代"天生的武士"消亡之前，将某种旧式的武士价值观传承给他们。

在西乡从前的首都朋友看来，这些学校非常像军事训练营。

除了学习汉语、法语和英语,"学校教育"还教授武器和枪炮的使用。来自日本新式警察部门的间谍于 1876 年末被派去做调查。一些探员被抓住讯问,流言开始四处传播:至少其中一人坦白说政府打算暗杀西乡。恰好此时,政府派遣一艘军舰到鹿儿岛搬运军需品,这足以让西乡的支持者相信,如果真要对东京采取行动,不在此时又更待何时。

西乡本人并未宣布起义。他同意去东京"抗议"和"诘问",1877 年初带着 1.2 万学生兵就出发了。一路上,随着其他人的加入,人数很快就达到了 4.2 万。害怕事情会更加糟糕——尤其是西乡的人在熊本城堡对政府军发动过一次攻击之后——东京从其招募的新军中派出了上万名士兵来阻止他。

武装冲突爆发,时间持续了几个月,6000 名政府军士兵被杀,叛乱者的死伤人数则是其 3 倍之多。最终,日本新政府取得胜利。因为它能够为己方提供现代化武器,每天生产轻武器弹药 50 万发(尽管花费高昂),而叛乱者不得不用他们旧有的东西。政府用一艘三菱蒸汽轮船公司的船运送军队和给养,船上的美国舰长后来回忆说,自己所看到的收缴的叛军武器是旧式火绳来复枪以及堆到 10 英尺高的旧刀剑。

当受伤的西乡撤退到一处洞穴剖腹自杀,这场被称为"西南战争"的叛乱便宣告结束。这是 19 世纪 70 年代的系列起义中最后也最大的一次,发动它们的武士曾经希望"1868"将是一种重塑而非推翻自己世界的方式——他们曾经认为尽管很快就取得了各项成就,新秩序却尚未定型。

他们错了,至少就其自身的阶层而言是错了。他们的薪俸起初几乎占到了政府开支的三分之一;开始是对其进行削减,到了1876年变成了政府债券——常常是轻易就被用掉的小额债券。武士被鼓励成为商业企业家,但是,尽管有的人成功了,许多人却失败了。报纸上,老派的武士一开始就不被喜欢——傲慢、诡辩、虚张声势,他们被认为是早该被日本抛弃的德川时代的毒瘤,其一塌糊涂的"武士道商业管理"被大肆取笑。

然而在一些地方,西乡被当作英雄,最终在其死后得到了天皇的追赦。这个世纪结束之前,一座西乡的塑像得以骄傲地耸立在东京的上野公园。武士阶层或许已死去并消逝,但武士理想——无论是好是坏(更多时候是坏的)——在现代日本还有长长的未来。

*

1868年之后的几年,出现了数百起农民骚乱,他们担心严格的新税制所带来的冲击——尤其是在收成不好的时期。在冈山,人们发起让旧领主复职的运动,因为他过去收的税更低。

因为类似原因，广岛的村民试图让被剥夺了领地的大名及其随从不要走。

东京的国家领导阶层与生活在乡村的日本大众之间的沟通很不顺畅，尤其是诸如福泽谕吉等受过教育的城里人根本看不起农村人——他宣称他们令人可悲的无知实际上是在"请求压迫"。明治一代领导人通过各种尝试来改善这种境况，劝导人们听从他们对日本的规划。但是他们的行动可能适得其反——让乡村更加疏远，甚至激化矛盾。

一项早期举措是于1870年发起的"大教宣布运动"。佛教僧侣和神道教教士被作为流动政治干员派往全国各地，宣传三大思想：敬神爱国、天条人道、忠诚和服从于天皇和朝廷。到1876年，超过1万名"传道者"被招募来宣传，而宣传内容实际上被归结为三个朴素的要点：缴税、送孩子上学、服兵役。同时，日本无数的神社被统一在单一的国家框架之中，按照重要性排出了位置，伊势神宫居首，其他神社都要遵照它所制定的礼仪。这也成了新统治者向人民传递宗教或政治消息的一种手段。

不幸的是，"大教宣布运动"并没有被广泛地、很好地接受。人们抱怨说，布道词无趣，教导者呆板，始终在彼此辩论——神道教和佛教的传道者经常在所谓的"国家教义"中夹杂宗派偏见。一群武士气愤至极，以至于跑到"要义研究所"，想要放火把它烧掉。

日本治国精英们的另一个选择，就像其西方同行一样，是扶植保皇派的新闻产业。明治时代早期，大多数具有影响力的报纸都与统治集团有关。保守派的《东京日日新闻》同意报道皇室新闻，一度成为领导层中长州派的官方喉舌。但越来越多的，大型国家级报纸不仅鼓励民族凝聚力，而且揭露精英们对于日本未来应该是什么样子缺乏共识。

教育和兵役，是日本农村与新政权发生联系的两种最终的重要方式，同样是一把"双刃剑"。到19世纪70年代中期，日本已经有大约2万所小学，其中大多兴办于寺庙或私人家中。但是，许多人并不认为有什么好处：缴额外的税，长时间失去子女的劳力，且没有明显证据表明毕业后能够找到工作，看上去并非一笔划算的买卖。此外，在早期，课程和教师培训尚未完善，使得像后来运送炸药的景山之流也可以成为教师，教育和政治之间的界限也被弄得模糊不清。

每个男子须在军中常规服役三年，随后服预备役四年，这一要求同样不受欢迎——1873年的《募兵法》行文中，毫无必要地牵扯到外国文化让人厌恶尤甚："西方人称此为'血税'……因为人们实实在在地是用鲜血在保卫自己的祖国。"于

PART ONE　缝补，撕裂

是很快就有传言说，政府现在真是要从服役者血管中抽血卖到国外去，说不定是当作葡萄酒一样。有些人甚至宣称，自己看见穿白大褂的人带着巨大的玻璃罐子在乡村到处游荡。这充分说明了日本乡村许多人对新政权迅速增加的时间和财富要求的厌倦，以及他们对新政权的动机的怀疑程度。随后出现了涉及好几万人的暴力抗议，所攻击的对象——高利贷者、富有农民、商人、学校、政府经营的机械厂，以及地方政府办公室——明显反映出人们颇为广泛的怨恨之情。

当诸如此类麻烦爆发，乡村领导者会尽力向官方进行抗议，就像德川时代那样。他们表示：不应该要求乡下的穷人一下子就要为如此多新鲜却又目的不明的政府举措出资；税赋必须依据于土地的产能；乘人之危大幅涨息的高利贷者应该被严加处置。然而规则似乎已经变了。有些协商还可以进行，尤其是由具有影响力的地主所作出的质询。但是，曾经会导致难堪局面和引起反思的个别性的乡村抗议，现在只会被枪击、驱散和镇压。行政官员、警察和新的募兵常常都不再是本地人，他们没有知识、权力或意愿来解决问题。他们都是遥远的中央政权的代理人，这些只是他们的工作而已。

最终，宣示怨恨的唯一方式就是寻找能够直接影响中央政权的路子，尤其是通过某种代议制政府。19 世纪 70 到 80 年代

053

初，日本各地的人民都得出了这样的结论。

1879年，一个名为千叶卓三郎的人在距离东京不远的一个叫五日的山地小镇找到了小学教师的工作。十年前，他是北撤的德川武士中的一员。后来他居无定所，研究医学和佛教净土宗的教义，加入了俄罗斯东正教（当时在日本北部有少量传播），并在后来成为一位天主教教士的助手。在五日市，他有了一个全新的发现。从五个当地村落而来的一群农民正在进行最不寻常的夜晚篝火讨论：他们打算为日本起草宪法。

千叶关于这些讨论的记录在若干年后被发现，与之一道被发现的还有被虫蛀过的关于英国、法国和德国宪法的一堆书籍，书的空白处有千叶用红笔所写的评述。令人难以置信的是，五日市的"宪法"竟然不是唯一的文稿：后来找到的证据表明，整个日本，这类"宪法"有30多部。"自由民权运动"方兴未艾，类似千叶发起的这种小型政治团体普遍兴起。人们在1868年之前和之后的经验、对未来的期望、长期以来对统治者和被统治者之间应正当交往的信念，再加上输入的西方模式和概念，许多这类团体汲取以上内容，倡导一种君主立宪制，希望民权能够被仔细阐释和保障。

这一切让刚刚走出武士叛乱和内部分歧的日本领导者们承受着巨大压力。板垣退助于1873年和西乡一道离开了太政

PART ONE　缝补，撕裂

官——他除了对关于朝鲜的政策不满，还对萨摩与长州的人把持国家政治充满厌恶。1874 年，板垣请求天皇建立代议制议会。尽管这一请求短时间里没有任何结果，他本人却成为自由民权运动的领导人。1881 年，政府被迫实施一项长久计划，在日本冒险实施某种程度的代议制民主。天皇发布诏书，承诺在 1890 年前立宪。几天前，板垣退助组建了"自由党"。第二年"立宪改进党"成立，该党领导人是另一位太政官的前成员——大隈重信。

板垣、大隈及其联盟将其政治之根扎在对西方政治观点的译释中。板垣团体更喜欢法国革命的理想，而大隈团体则是按照英国的宪政思想建构。像千叶和他的朋友们一样，这些精英领导下的党派竭诚地制定日本宪法的根本原则，还尽力地让公众熟悉这些新颖的、外来的概念。"自由"是道德的还是形而上学的？它在某种超凡的意义上关系到运动吗？"权利"是干什么的权利？为什么需要权利？要反抗的是谁？

厘清含义的努力在这里交织着危险——可能导致含混、误解、催生错误的幻想或者惹怒重要的盟友。要寻找一个与法文 *liberté*（自由）对应的词，需在至少四个选项之间小心衡量。自主（*jishu*）表示自己做主；不羁（*fuki*）是无拘束；自由（*jiyū*）和自在（*jizai*）表示的是不受限制地遵循自身的意图。

055

最后两个词接近于人们所需要的东西，但是却不幸地带有以牺牲他人来行自身之道的内涵。这使得福泽谕吉和其他拥护"自由"者面临艰难的斗争：既要使之得到尊重，同时还要防止其演化为无政府状态或野蛮思想的"自由"。在"自由"胜出——并被用作板垣政党的名字——之后很久，"自由"的拥护者仍旧受到攻击，指责其只顾自己而忽视其他人和国家的需要。之后几十年的日本，就像世界其他地方一样，最受钟爱的反对新思想的方式就是：把政见不同与反社会行为混为一谈。

这些新政治团体的出现及其活动家高涨的热情，让身处雪崩式经济危机之中的东京领导者感到担忧。1881年，旧领主债务以及武士薪俸的支付，襁褓之中的现代国家面对的不平等条约下的恐怖贸易条款，击败西乡隆盛萨摩叛乱所付出的高昂代价，如此种种把新政府带到了破产边缘。外国贷款——除了一条铁路线的贷款外——并非可选项：日本领导人只需要放眼世界就会发现，与欧洲列强打交道的故事，尤其是在埃及，都是以投资进入开始，以殖民化结束。于是，紧急通货紧缩政策被启动了。

通过猛烈削减流通货币的数量和增税，国家的财政状况和日本工业的近期前景最终得到了挽救。但是，随着大米和丝绸价格的暴跌，日本乡村大多陷入深重的债务。人们发现，自己被迫靠新的、高息的贷款来偿还好景时期为投资现代化设备欠下的旧债。怒火在升级，日本领导人不得不快速平衡使用胡萝卜与大棒。板垣是一位天才演说家，但他也有弱点，即容易被适时提供的贿赂所动摇：一次是在自由党成立之前，他被引诱重新加入政府；另一次是在该党对国家的冲击于1882年达到高峰之时，他接受到欧洲考察的官方全额资助——尽管并不清楚他是否意识到政府在资助他这次行程中的作用。其他民权活动家则遭遇到消息越来越灵通、资源越来越充足的警察。许多政治的或"讲座式"的聚会常常被武力破坏。为了保证不受打扰，有些团体甚至在江河湖泊上的驳船中召开会议。

紧张的氛围在加剧，在乡村尤为显著，正是在如此局势之下，景山英子这位冈山的小学教师搬到东京，与朋友一道策划为朝鲜革命运动筹资。她的这一举动给激进的自由民权运动领导人以及自由党成员大井宪太郎留下了深刻印象。起初，大井对让一个年轻女人加入自己的计划不无怀疑。1885年下半年，景山被要求协助团体把炸药从大阪运送到长崎。在长崎，他们再越境到朝鲜，加入希望建设一个崭新的改革派政府那些活动家之列。

但关于朝鲜的计划传开了。大井、景山和其他人在长崎一家旅馆等船期间被一网打尽。警察来时，景山试图装作对这个计划一无所知，但在她的床上发现了一封与之有牵连的信。在审讯过程中，她仍然坚持说自己只是到长崎观光。在警方的言语刺激之下：像她这样自称有原则的女人，难道不是应该坦白自己的行动吗？景山说出了要点，泄露了秘密。

在所谓的"大阪事件"中——之所以如此取名，是因为计划最早是在大阪酝酿出来的——总共有200人于1885年被逮捕。景山英子以颠覆国家、拥有武器和煽动暴乱的罪名被判监禁，成了现代日本第一个因为国际政治活动而入狱的女性。后来，她在著述中回忆起去往伊势半岛的旅程：美丽而让人心情激荡的景色，因为"我那件柿子色的紧袖口（监狱）服装以及……一条捆绑在腰间的绳子"而有些失色。

大井则不甘心默默接受审判。他劝说法庭给他三天时间让他说出自己的动机，在演说中，他宣称自己所做的一切都是为了朝鲜的民主。他说，不管如何，朝鲜人，就像普通日本人一样，现在正处在西方侵略和国内反动精英的压迫之下；他相信，在日本，权力只是在1868年从一个狭隘自私的团体转到了另一个狭隘自私的团体那里罢了。法官不为所动，判了他六年监禁。他进行了上诉，声称自己受到了政治迫害，结果是他们把他的刑期加到了九年。

PART ONE　缝补，撕裂

大井利用狱中时间发展自己的政治理念，1889年他得到（大幅）提前释放，于是继续尝试选举政治和武装起义。他把"大阪事件"中留存下来的一个炸弹提供给了一个极端民族主义团体，这个团体反对日本外务大臣大隈重信——大隈受到诱引，重新回到了政府圈子——视其做法为对西方列强的绥靖行为。炸弹炸掉了大隈重信的一条腿。

报纸上，景山英子被吹捧为"日本的圣女贞德"，在狱中，她阅读大井写给自己的情书，帮助其他服刑女人学习读写，同时开始为日本女性权利发声。她认为，这是那些自负的男性激进分子仍然相当忽视的东西，本来可以用在政治事业上的钱，却被他们欢天喜地地拿去酗酒、买春。

政府对政治讨论的打压断送了景山最初的小学教师生涯，而其教师同行三浦桃之助则是（乡村激进分子眼中）政府为了支持非法城市领导权而严重戕害乡村经济的牺牲品。1884年，在希望高利贷公司延迟偿还的请求失败之后，他开始在群马县进行筹备和训练。他与大井宪太郎等自由党激进派有联系，与包括山田襄之助在内的黑帮也有交道。山田由于深度卷入非法的赌博行业，像三浦一样，这些年被各种政府政策弄得焦头烂额。政府的通货紧缩让他赌场的客人口袋干瘪。新的反赌博法一年之中就让群马县受罚人数超过千人。消费市场的不稳定又让山田的丝绸事业损失惨重。

在政府加强警察力量之时，与暴民合作是有用的。1884年4月，三浦帮助过一个黑帮分子藏身于自己的储物间里，这个黑帮分子刺死了一个监视赌博窝点的警察。月底，他的帮忙就得到了回报：三浦和其他人开会时，警察闯入会场，当时他们正在唱着"天空中下着血雨"的歌曲，山田带着100多位兄弟及时现身，使得警察被迫撤离。

后来，正是在山田的家中，策划出了一个更大的事件，准备在5月1日天皇莅临铁路新段启用仪式时动手。但是，当一群数量异常多的人聚往火车站的时候，地方警察开始有所怀疑。谨慎起见，他们叫停了剪彩仪式。三浦的团体于是执行第二方案：他们在几周之后聚集了成千上万农民，攻击本地贷款公司的老板，抢劫附近一些富裕农民，并发动了一次突袭警察局的行动。然而他们所预料的增援队伍没能到来，最后，包括三浦在内的许多袭击者都被逮捕。景山在铁窗之中教书写字之时，获判七年监禁的三浦也开始了艰辛的劳役。

在"群马事件"达到高潮的仅仅几个月之后，埼玉县秩父市境内的"穷人军"便开始对国家和人们的生活现状表达愤怒。和群马一样，丝绸价格暴跌所产生的伤害性冲击，加上关于政治权利和政府责任的要求，为武装叛乱的人员召集创造了潜在

PART ONE　缝补，撕裂

的广阔基础。3000人志愿奋力涌向乡村集合点，指挥官——曾经的黑帮分子田代荣助——将其划分成两个营，分别展开行动。两个当地镇子很快被攻陷，政府办公室和高利贷者的家受到攻击（据说，除了土地抵押之外，田代本人还在三家不同贷款公司有欠账），物资被偷走——尽管留下了有"革命总部"印鉴的收据。以其新据点为中心，"穷人军"开始向邻近村庄派出招募队伍，有时自称其来自自由党。

但是，就像萨摩、大阪、群马等地的事件一样，"秩父事件"也证明：新政权在其政治打算上尚未达成清楚认识，但在其内部安全上却管控森严。警察和军队冲进来，除了因为其中一些人带来的子弹和枪支型号不合而输掉过一两场小规模战斗，他们很快就把这场杂牌军的叛乱镇压下来。几天时间就完事了：30余人死亡，200人被捕，还有200人逃亡。田代被抓获，被关在竹笼中押解，成了被判死刑的七人之一。

*

保守派报纸《东京日日新闻》把参与"秩父事件"的人不屑地视为"坏透顶的赌徒与激进的流浪汉"。另外一家报纸把矛头对准高利贷者被毁的账簿，表示整个事情无非出于个人私利而已。这些解读非常重要：城市读者构成了越来越大的选民团体，报纸在塑造他们关于日本遥远乡村、地方所发生事情的思考方面，越来越具有影响力。日本不断演变发展的现代化故事中，不被接受的"局外人"，今天是把好人带坏的赌徒和欠债者，明天就可能是受了太多教育的女性、反叛的社会主义分子、不受控制的产业工人与唯利是图的政客和商人。

同时，报纸对1884年和1885年各个事件的反应暴露出的城乡之间的脱节感，在20世纪会更为严重。城里人太晚才认识到，食物和兵源都主要来自乡村，如果乡村过得不幸福，那会意味着什么。

现在，城市居民想得最多的是高层政治、文化以及如何与外部世界相处。既然激进运动大都在19世纪80年代中期被镇压，那么，负责任的政治应该是什么样子？为什么不平等条约还在？是这个国家的领导者们化费太多时间力求生活得像外国人一样，以至于忘记了如何强硬对待他们吗？日本会不会失去自己的文化记忆，并因此而对未来应该是什么样子缺乏清醒的意识？

③

跳舞内阁

　　海军乐队奏响音乐，客人们盛装登场。男男女女身穿欧洲时尚款式舞会长裙和绅士罩衫，展示着长时间专门学习而来的舞姿。能够舒缓精神的德国啤酒和美国鸡尾酒就在随手可取的地方，厨房里的法国大厨正在准备法式盛宴，每道菜都是有品位的美食家从全法文菜单上精挑细选而出。英国进口而来的香烟味道醇厚，吞云吐雾中，整个体验那么圆满。

　　在旁边的其他房间里可以玩弹子球和扑克，甚至还有一条专门为来回漫步而设计的廊道。但楼上的舞厅才是核心地带，里边迅速地被东京的国际名流和社会精英填满，煤气灯将在一年一度天皇生日舞会上通宵跳舞的他们的脸庞映照得熠熠生辉。

这就是1883年斥巨资建成的鹿鸣馆，考虑到日本在19世纪80年代窘迫的经济条件，其堪称奢靡到让人恶心。这个地方旨在提供一个日本精英同具有影响力的外国人平等交往的平台；它的名字取"呦呦鹿鸣"之意，出自颂扬与他人共度珍贵时光的一首中国诗歌。

这幢建筑的支持者称道其恢宏而且国际范儿的设计：以阳台和柱廊为亮点的一座巨大灰色楼宇，出自英国建筑师约西亚·康德的出色构想；贬斥者则认为，它纯粹是世界各地特点的大杂烩，胡乱堆砌在日本松、池塘与古老的石灯笼之间，这是为奇怪至极的适得其反的国家政策立下的一座纪念碑，是日本在短短几年之中如何迷失与如何疏离自身历史和文化的一个灰浆铸就的暗喻。

在私人家庭中，也有越来越多的类似的社交聚会。1887年，在当时最有影响力的治国精英之一伊藤博文①家中举办的化装舞会——号称"日本第一"——最是声名显著。仙后、海盗与妖怪、甲壳虫及蝴蝶相谈甚欢，伊藤博文自己装成一个威尼斯贵族，他女儿装成一位意大利农家女郎。那个晚上在枝形吊灯下

---

① 1841—1909年，日本近代政治家，"明治宪法之父"，1885年起四任首相，执政期间曾发动中日甲午战争，强迫清政府接受《马关条约》，侵占中国领土台湾，并将朝鲜置于日本统治之下。1909年被朝鲜爱国义士安重根刺杀。——编注

到底发生了什么始终是个谜。但礼仪这种东西似乎是不存在的，后来有传言说，伊藤试图诱奸一位已婚妇女。

伊藤，以及他来自长州的童年好友和同事，执掌鹿鸣馆的井上馨，都希望利用盛大的社交场合来向世界展示日本取得了何等的进步。他们还希望显示出，譬如，日本中下层人士与外国人是如何正当交往的，已经不再是 19 世纪五六十年代中对其一度有过的开枪行刺、舞刀弄剑。

但是，到 19 世纪 80 年代晚期，在日本记者和评论家的眼中，鹿鸣馆却成为一小撮骗子所持的可笑而且有害的妄想的代名词。太政官在 1885 年变成了政府内阁制——井上是外务大臣，伊藤是日本第一任首相——某些有才的讽刺家瞄准这个机会，编出了一个说法："跳舞内阁"。这个说法一针见血。

部分原因是人们对不雅行为的感知。日本记者和他们的国际同行一样，擅长以表达道德焦虑为借口，沉溺于猥亵的细节描写：

> 美女头枕男人肩头，娇媚的面庞转向男人的耳朵。她白嫩的手臂圈着男人的脖子，随着她呼吸汹涌而起伏的乳房触碰着男人的胸膛。她的双腿和男人的双腿像纠缠的松树一般彼此相交。男人强壮的右臂环绕着女人的背脊，每一步他都将她更紧地压向自己的身体。

美女眼波熠熠地始终望着男人,却又眼神迷离地一无所见。音乐让她灼热,但她却听不到任何声音。她只听到遥远瀑布的回响,就像行走在梦里,她的身体紧紧贴着男人的身体。当女人处在这种状态,淑女那种天生的羞怯又在哪里呢?

但是,真正让批评家们关注的低俗不仅是社交或性方面的,更是文化方面的。这些派对,按照40年后《日本时代》的一篇回顾文章中的说法,集中体现了这个时代"引进西方风俗习惯的疯狂劲头"。伊藤的化装舞会尤其"让公众震惊":"那些看到首相和其他官员穿着奇装异服的人,觉得这是一场疯狂而愚蠢的活动。"

来到日本的西方游客也发现了值得大加嘲讽的素材。法国漫画家乔治·费迪南德·比约在日本生活了约20年,本地女士学舞厅舞蹈以及精英文化的自恋为其提供了广泛的素材。在他的一份速写中,两个穿着欧洲服装的日本人望着镜子自我欣赏——镜中回望他们的却是两只猴子。另一位法国人,皮埃尔·洛提,认为鹿鸣馆的日本客人沦入了对欧洲文化的"可耻模仿",尤为不屑地把这幢建筑比作法国温泉小镇上的赌场。

缝补，撕裂

西方人对日本与西方的早期文化交流的讽刺是双向的，其中很多是长期移居海外者嘲弄自己家乡人初次漫游"东方"的各种粗俗举止。特别受欢迎的嘲弄对象是富有的游客，他们有钱没品位，钟爱假货，希望一切都可以用钱买到。长居日本的奥斯曼·爱德华兹按照《扬基歌》的调子针对这种人作了一首打油诗：

> 杜德尔·彭要离开日本，
> 东西装了好几吨；
> 一旦船回芝加哥，
> 老乡们羡慕得直哆嗦。

> 丝绸、割绒、旧锦缎，
> 样样不可等闲看。
> 古色古香青铜器，
> 京都商人的新工艺。

对于日本人来说，他们关注伊藤及其同事晚上干什么是有极为严肃的政治语境的。这些自命不凡的新日本领袖人物还是没有把前一代人那些饱受诟病的不平等条约修订过来。这一问题的重要性以及外国人对日本到底怎么想，在1886年变得清楚了。当时，一艘从横滨开往神户的叫作诺曼顿号的货轮触礁沉没了。船上的英国和德国船员靠安全艇获救，而20名印度和中国船员以及25名日本乘客却被留在了波涛之中。25名日本人都死了。

井上馨下令展开紧急调查，却发现自己被不平等条约规定的治外法权束缚得死死的。英国调查团豁免了船长约翰·威廉·德雷克，认为其没有做错什么。直到井上被迫向英国驻日法庭提起诉讼，才让德雷克最后被判处了三个月的监禁，而死者家属的赔偿请求则继续被驳回。一家愤怒的日本报纸以大量细节报道了整个事件，《东京日日新闻》上，一位作家指责德雷克对待日本乘客"像货物一般"。

直到在1894—1895年一次历时不长的交战中击败自己从前的文化导师中国，日本才最终在可以接受的条件下达成了条约修订。正如海军准将马修·佩里所认为的那样，日本只会在强大的武力展示前低头，反过来似乎也是一样：小心翼翼的文质彬彬遭受西方的讥讽，赤裸裸的军事实力展示获得了成功。

在日本精英将鹿鸣馆当作与外国文化接触的一个充满希望的地点时，日本中下层阶级则拥有条约港口和新首都的街道。

PART ONE　缝补，撕裂

这些地方一直吸引着来自全国的人们，他们乘坐马车和铁轮人力车穿梭其间。

1872 年大火之后，东京银座被重新建设成为以砖瓦结构和煤气照明为特色的模范街区，可以看到自认为"现代"的男男女女穿着各种各样的服装在这里游走。这是给予假名垣鲁文这种"简单轻松文学"作家的一份礼物：罩在长裤上的和服；天晴下雨都能见着的格子伞；经济不宽裕又想赶时髦的人身上蹩脚的二手西装；人们有时装作看时间的样子，只为显示那块招人发笑的便宜金表。

除了周日和圣诞节，为日本城市街头生活的节奏和景观作出主要贡献的是流行风尚——或者，按照巴塞尔·霍尔·张伯伦这位在东京帝国大学任教的英国教授的说法，是"时尚狂热"。

1873 年流行的是兔子。日本从前没有这种小啮齿动物。因此，当作为新奇之物被引进的时候，它们的价格高得令人难以置信，一只竟然要价 1000 美元。每天都有人以 400—500 美元的价格进行投机交易……1874—1875 年流行的是斗鸡……1886—1887 年流行的是华尔兹和盛大葬礼。之后的一年差别很大，流行的

069

是催眠、桌灵转和占卜；1888年让摔跤从粗俗活动变成了时尚，而开此先河的是……当时的首相。1889年，日本本土娱乐、传统服装和排外风潮等普遍复兴。这是"伟大的反动之年"。1893年，整个国家都为福岛上校骑马横穿西伯利亚而疯狂了。1896年是集邮。1898—1900年是花园派对……

还有一阵流行发出吱嘎声的粗革皮鞋——可以买到用"唱歌皮革"做成的特殊鞋垫。好奇的城里人吃肉，不是因为医学原因，而是为了搞清楚肉是否为西方成功的要素之一。戊辰战争中，受伤的士兵吃牛肉帮助恢复，后来牛肉就成了陆军和海军菜单上的永久保留内容。从军队开始，"吃牛肉"延伸到民间，而在东京，因为供应受制于传言中的"武士道商业管理"，这种向着民间的延伸稍有延迟。相关经营者对待顾客傲慢无礼，为了操纵价格不知羞耻，质量控制上非常松懈，他们的企业很快就被气得面红耳赤的官员关门大吉。然而，高级餐馆的西方客人很快就获得了一种温暖的文化优越感，因为他们看到，日本人耐心却笨拙地用刀叉把牛排戳得满盘子乱转。更粗陋些的餐馆给顾客提供筷子：这些餐馆空间逼仄、蒸汽腾腾——被称为"炖菜馆子"——正在尝试用味噌和酱油之类日本人熟悉的调味品来腌制牛肉。这一切很快就流行起来：到 1877 年，东京人发现，可挑选的吃牛肉的地方有差不多 600 家。

其他地方，更为激进的现代化建议被提出：将英语作为"官方语言"，将基督作为"官方信仰"，甚至出现了有组织的跨国婚姻——人们猜想，无论是什么人推动着西方人坐着壮观、骇人的蒸汽船登陆日本，如果想让其注入日本人的血管中，这是最直接的办法。

这些想法过于极端，从来就不可能实现。同时，一些人认为这种发展趋势让人忧虑不安。现代性似乎使得他们所珍惜的自己国家悠久过往中优雅而如画的东西变得空洞：那些歌舞伎戏剧、诗歌、历史、小说、音乐和时尚，以及仍然构成主要景观的艺术和建筑风格讲述的有力的、经典的故事。难道这些事物现在只是国际博览会的素材——从 1873 年的维也纳开始，政府和企业家们在博览会上热情推销"日本"。日本的过往，难道只是杜德尔·彭塞满屋中那些艺术品的来源吗？

如果不是这样，那么，能够真正融合现代西方及日本美学和道德遗产那个关于日本的宏大叙事到底在哪里呢？对于心理分析学家古泽平作的父亲那一代人而言，在 19 世纪末的那些年中努力工作时，"和魂洋才"（即"日本精神，西方技术"）实际上成为其自身存在中的一种分裂。城市中产阶级男人可能上班穿西服，下班穿和服；住的房子，表面是"西式"，内里则是"日式"。在报纸上，他可能读到评论说，自己国家做事情的方式，与英国或者德国相比，如何让人焦虑。如此这般分裂而焦躁的人格如何能够得到修正？现代性如何能够得到安顿？

这里呼吁的是真正的道德和文化奉献，而不只是浅薄的实用主义和令人尴尬的故作风雅，后者常被批评家们拿来与日本领袖们联系在一起，这些人长期在国外旅行，并在此过程中形成外来的诸多感受，和民众格格不入。在对这些事情充满担忧的男男女女看来，19世纪80年代中期的问题，并不是他们的首相怯懦地戴着威尼斯贵族的面具，而是面具后面的这个人似乎只是个冒牌者。

*

> 行至苇塘边
>
> 见白霜落于鸭翅
>
> 在寒意袭人的傍晚
>
> 心底涌起对你的思念，大和！

这些诗行被认为是706年一位皇室成员所写，收在这个国家第一部著名诗集《万叶集》中。这部作品约在7世纪中期至8

PART ONE 缝补，撕裂

世纪编成，收录4000多首诗歌，包括从宫廷文化到下层人民艰辛生活的丰富内容——尽管书中的"农夫"和"战士"都是宫廷诗人以他人生活为题材的想象性创作。自然，尤其是四季的更迭，无处不在，既是背景，也是荣光易逝的隐喻：嬉戏之愉悦、伤逝之哀戚、对生命生机勃发又衰老而亡那种循环的短暂一瞥。人生被认为是短暂的、季节性的、忧伤的。

日语是这样一种"极其易于押韵"的语言——因此必须注意避免诗歌流于庸俗——在这里与一种更宏大的美学理念融为一体。这种美学以极简而含蓄的手法激发出人们的知性与情感，结果是形成一种以31个音节样式的短歌为核心的诗歌传统，其常常采用的形式是：5—7—5—7—7。上面这首诗的日文原本格式为：

葦辺行く（ashi e yuku）

鴨の羽がひに（kamo no hagahi ni）

霜降りて（shimo furite）

寒き夕へは（samuki yūhe ha）

大和し思ほゆ（yamato shi omohoyu）

073

在新的、现代化的国家中,这样一种文学是否有用,成了整个明治时代热烈论战的话题。在伊藤举办化装舞会的那一年,一篇关于"改造日本文学和短歌"的文章指出,日本诗歌至少必须要变得阳刚一些——"生出一种勇武的精神来"。其他批评家则建议完全废除传统样式。

不过,在日本,诗歌长期以来就与王室生活相互关联,故被认为十分珍贵,不容丢失。人们更赞成改造而不是全然弃绝。从前的御歌所在1869年得以重建,还举办了名为"歌御会始"的新年诗歌大赛,1874年后,普通人也被允许参与写诗。从19世纪80年代开始,优胜的诗歌作品被印在日报上,出自皇室和普通人的作品并排着出现。在其一生之中,明治天皇本人——无疑是在御歌所的帮助之下——据说写了九万首诗。与此同时,政府雇请俳句诗人,帮助他们为大众书写新的"国家道德":天皇、税赋、征兵制。松尾芭蕉是德川时代的伟大俳句诗人,不折不扣地成了神——人们尊之为"诗歌之神"。

诗歌作为一种鲜活的形式被保留下来,部分推动力可以追溯到德川晚期诸如本居宣长的日本国学家之流。他声称在古代和经典日本诗歌与散文中找到了对于生活之美无所拘束的回应,这与"呆板的中国诗歌"截然不同——在他看来,中国诗歌干巴巴地说理,过于在意行为方面的条条框框。多种多样的"日本式"审

PART ONE　缝补，撕裂

美在本居生前身后得到发展，但总体上，是三种张力界定了它们，使得它们充满活力，每一种都将其力量赋予其他两种。

第一种张力处在情感及其精细的控制之间，体现在短歌这种诗歌中，在"能剧"主要角色所使用的面具设计中也能看出。第二种张力处在复杂性与低调的乡村质朴之间，后者近乎孤独（侘寂）——陶艺师或神社建筑师运用高明的技艺，让其成品散发出一种其所由之而出的原始、稚拙的黏土或木头之感。在禅宗的影响之下，茶道自14世纪被发展起来，茶道中，精致的中国茶壶和茶盅被换成了来自日本备前等地的陶器，这些陶器因为其自然、并不完美、"古拙"的样子而知名。最后一种张力处在对生活的享受与意识到自然中的一切都转瞬即逝之间。这种意识，常常被称为"物哀"，与其说是一种不幸、悲伤的情绪，不如说是一种被世界所打动的值得珍视的人的能力。

拥有一位能够在自己的诗歌中欣赏和表达这一切的现代天皇是尤其重要的，因为在本居之类思想家眼中，这把日本的审美与情感（这是一个方面）与国家的古老和神话历史及其"帝国血统"（这是另一个方面）联系在了一起。早在8世纪初，在《万叶集》编定之前不久，就有两本编年史出现：《古事记》和《日本书纪》。作为日本现有的最古老正史，它们出现在王国正在形成的时代——大和时代，虽然这个王国未涵盖现代日本的全部领土,但是明治天皇却能够回溯自己的家族脉络至这一时期。

《日本书纪》提供了一个让日本有了骄傲资格的创世故事。它讲到,神祇伊邪那岐与伊邪那美兄妹在一块"漂浮的大陆"上创造出一个国家。伊邪那岐将自己的投枪投向海洋;当他将其收回时,枪尖上滴下的水变成了小型岛屿。从伊邪那岐的身体中,后来出现的神祇还包括太阳女神大日孁贵以及她的兄弟风神须佐之男。大日孁贵被指派统治高天原,她命令自己的孙子琼琼杵尊平定和统治这块漂浮的大陆,并赠予他三件宝物:一面铜镜、一柄宝剑和一块勾玉。琼琼杵尊的重孙子神武在约公元前 660 年成了这块土地上的第一任天皇,以此为起点,《日本书纪》追溯了约千年的皇室发展脉络,直到 7 世纪,这一路的延续之中不时可见神话的影子。

关于日本在世界上具有独特地位这些有力的、古老的证据,被平田笃胤之类的思想家赋予了新的生命,平田表示,通过某些仪式,每个时代的天皇都能够让自己的子民与神祇沟通,在他们身上唤醒本居所谓的"大和之心"。

这些观念通过各种方式渗入现代,方式之一是 19 世纪 80 年代陆羯南所主张的,他是《日本》这份报纸的编辑,深具社会影响力,他坚持认为,日本有自己特别的行为和政治形式,这些形式自然地、有机地历经岁月长河而形成，其价值和真理的推演并非科学理性（科学理性的现代物化，本身就是关乎文化，而非自然或必然性），而须诉诸情感。

他认为，这些形式在政治上、在心理上，都是把日本建设成为一个具有竞争力的现代国家所不可或缺的。"如果一个国家的文化，"陆羯南写道，"如此深地受到其他国家影响，以至于完全丧失其独特性，那么，这个国家定然会失去其独立根基。"这是跳舞内阁时代一个带有力回响的警告：如果作为日本人，我们的结果是身着外国华丽服饰蹦蹦跳跳，一味模仿外国礼仪和处世行为，那么，我们的领袖害怕发生的国家殖民化，将兵不血刃地取得成功。

陆羯南还希望自己的读者深刻记住，所谓"西方"是不存在的：每个西方国家都拥有自己特别的天赋，有自己的成功之道，并且为世界发展作出自己的贡献。他坚持认为，国家之间多样又互补的天赋才是真正而且具有创造力的国际主义精神，日本必须起到自己的作用，而不是仅仅满足于借鉴和模仿。

陆羯南的观点被三宅雪岭加以发挥，后者在一篇题为《日本：真、善、美》的文章中说，为了自己国家的美好而努力就是为了人类的美好而努力。对于日本人而言，这意味着利用作为第一个与现代西方在经济和技术方面平等的亚洲国家的独特机遇，深入挖掘自己的文化，寻找能够与西方人倡导和践行的生存方式相平衡的生存之道。他还说，日本也应该通过提升军事力量追求平衡，让亚洲国家不再害怕被欧洲殖民主义践踏。

对于深得人心的陆羯南以及三宅之类思想家，洞察出这一思想的精粹细节在19世纪80年代和90年代具有紧迫的优先性。贯穿日本历史、审美和情感生活中的"国民性"究竟是什么呢？天皇制度在保证其存续中该起什么样的恰如其分的作用呢？

于是，到19世纪80年代为止，日本发现自己至少有三种有力却又相互冲突的理想。一些自由主义者认为，追求目标的过程中并不排斥暴力手段，认为就政治和权利方面的问题而言，日本必须大力向美、英、法等国家学习。他们相信，这个国家的领导者在其权力上过于舒适，有可能背弃1868年的伟大承诺。新民族主义思想对西方文化持更为批判的立场，试图提炼和鼓吹某种国民性，以之作为教育、行为规范和政策制定的基础。这两种方法都明显而且自觉地着眼于未来，尽管其对"进步"及其如何实现的看法有着本质性差异。

最后，还有传统的保守主义者，譬如天皇的侍讲元田永孚。元田把儒家标准和人际关系模式中大量的善看作所有时代里成功社会的基础。因为担心自己国家的未来，他于1879年起草了天皇法令，警告说，"外国文明"的"唯一价值在于会集事实和技术"。他说，这使得他们并不注意诚挚和德行，而这方面儒家仍然堪称最佳指引。

在许多日本人心中，这三种思想的元素交织在一起，这个时代因为著名思想家的政治大转向而闻名。时机在帮助解决现代日本各种争执不下的看法方面起着至关重要的作用。传统派和新民族主义派发现自己拥有影响力——在报纸上，在天皇的耳朵边。而此刻，日本的政治领袖正在制定人们翘首期盼已久的宪法。

*

1885年从太政官到内阁的过渡，为一份文件的出台和颁布做好了准备，这份文件的编订是在没有公众讨论的情况下展开的（针对这一点，其捍卫者敏锐地指出，美国宪法就是这样），但是小心翼翼地参照了欧洲的成败得失。伊藤在19世纪80年代早期去过欧洲，回来的时候学会了两件关键的事：如何像俾斯麦一样拿雪茄，如何改造普鲁士的君主立宪制，使之适合日本的特殊情况——用伊藤的话说，就是神圣的天皇掌管一个"庞大的乡村社会"。

1889年，《大日本帝国宪法》颁布，它被称为天皇赐予的礼物，国家主权以其神圣先祖作为基础——正如日本两部古代编年史中所言。2月11日为此举行了庆祝仪式,首先是天皇造访神灵殿,这是东京新建皇居中最神圣的地方。在这里,天皇向太阳女神、皇室之母承诺,自己会保护日本古老的政府形式并捍卫这一新增加的内容。他在古老神灵面前重复这一诺言,随后在神社中稍事参拜。之后,信使被派往全国各地的神社和圣地,把消息传递给神祇以及已故的1868年明治维新领导人。

接下来,天皇把仪式袍服换成了现代欧洲君主的军装,进入了皇居大殿,国家和县市政治家、贵族、新闻界代表在那里恭候着他。他宣读了一篇简短发言稿,把新宪法递给——字面上是"赐予"——日本首相。一条专设的电报线路把刚才发生的事情通报给外边的卫兵,101声礼炮鸣响——停泊在品川和横滨的战舰火炮声以及鞭炮的噼啪声、寺庙钟声对之作出了回应。

根据新的宪法,天皇是武装部队最高司令,可以任命所有司法人员、上议院(或称贵族院)以及内阁成员。下议院即众议院在有限选举基础上选举产生:选民只占成年男性中的5%,主要根据年龄(25岁以上)和纳税额确定。1890年,新宪法实施后的第一个选举年,选民大约有45万人,只占到日本总人口的1%多一点。众议院被设置为在治理中发挥影响力而非决定性作用,负责、起草法律(这一职能与各部及可靠、保守且忠诚的贵族院共享)以及通过年度预算。

对于明治时期的领导人，如伊藤博文，尤其是他的强硬派长州盟友山县有朋（他认为政党政治是一种不道德的权力争夺，而"公众舆论"则是一个几乎不合法的概念）来说，国会的真正目的实际上是双重的。首先，它是一种安全的方式，让那些有主见的人感到自己重要且有效；其次，它是另一种方式（与学校、征兵、报纸和天皇敕谕一起），将真正掌权者的意志传达给公众。真正的权力掌握在行政机构手中：即内阁及其国务大臣，他们与众议院保持分离（"超然"是更常用的术语），并独立于司法机构的任何干预。在新宪法下，民选政治家唯一真正的影响力是拒绝通过年度预算。

人民的自由，在名义上，是非常广泛的，包括发起运动、财产、言论、信仰、集会以及通信隐私等方面的自由。但这一切都要受到法律或者（弹性非常大的）关于公共安全的考虑制约。

日本第一次全国范围的选举是在1890年，选民的投票率达到了97%。截至1890年，有经过改造的"自由党"和"立宪改进党"两大团体，人民的怒火——政府领袖未能修改不平等条约，富有农民和商人须缴纳高额税赋——由他们来传导；富有农民和商人构成了选民及其新当选代表的主体。新当选代表大都很年轻——三分之二不到43岁。从此，日本有了一个传统，同一批人，甚至是他们的儿子或其他亲属，一次又一次地担任公职。其他的新选举传统还包括政府贿赂议员（1892年山县有朋为此从皇室那里得到了大约100万日元），以及利用警察和暴徒试图篡改关键的选举结果。任何党派，只要成员或盟友控制了内务省，就不会在众议院选举中折戟。

难以预先知道，宪法在实际中会如何运作。就明治宪法而言，拥有"超然"而非政党内阁的早期影响是，行政机构与众议院之间以及众议院的各党派之间出现的战线。很多时候，众议院要让某个国务大臣下台，就会使用其对预算的审批权来达成目的。必要的话，政府会在未经批准的情况下续用上一年度的预算，但在一个成本飞涨的时代这远远不是一个理想的解决办法。

有时众议院火冒三丈是可以理解的。自1885年建立以来的25年中，内阁政府看上去很像从前的太政官。日本首相几乎始终是在萨摩—长州人士及其衣钵弟子构成的小圈子中转来转去。伊藤博文四任首相，山县有朋两任。来自萨摩的建筑师松方正义，著名的激进分子，于19世纪80年代激进推行通货紧缩的人，在此时期也两度出任首相。桂太郎（长州人，山县有朋的弟子）和1868年之前的贵族西园寺公望二人也是如此。黑田清隆（萨摩人）和大隈重信（佐贺人）各担任过一次首相。

1890年颁布的《教育敕语》帮助宪法所代表的传统派和新民族主义分子取得了胜利。教育是天皇所热衷的，他长期鼓励自己的老师元田永孚著书，向年轻人灌输对皇室的孝顺和忠诚。致力于教育领域的元田，再加上被同代人称为"伊藤博文的智囊"的井上毅，三人共同拿出了1890年的法令作为回应，把新儒家的道德观念和国学理想表露得无比清楚：

尔臣民当孝于父母，友于兄弟，夫妇相和，朋友有信；

恭俭持己，博爱及众，修学习业，以启发智能，成就德器，进而广于公益，开展世务；

常遵国宪，时遵国法，旦有缓急，则义勇奉公，以佐天壤无穷之皇运。

敕语的抄本被发到所有学校，学生要对其鞠躬并每日齐声背诵。敕语以及天皇肖像要确保免遭火灾或其他一切灾难，为此不惜付出一切代价——哪怕是人的生命：有记录说，为了让这些"圣物"不受损害，有校长牺牲了。

但是，像宪法一样，天皇敕令也是极具意识形态性的文件，可能被用于不可预见的用途。它们提供了若干标准，个人可能不仅用它们来约束自己，而且用它们来约束其他人，拥有权力者尤其是这样。对那些参加了1889年初的新宪法颁布仪式的人而言，奇怪的是，在日本富有影响力的文部大臣森有礼竟然没有出席。不过，这件事有很好的理由：他刚刚遇刺，马上就要死了。行刺者留下了一张纸条，指责森有礼的伊势神宫之行亵渎了神圣的存在，冒犯了皇室。据说，森有礼在进门的时候没有脱鞋，后来又用手杖挑开帘子偷看，而帘子本来就是为了不让人们窥视八咫镜（日本古代编年史上提到的三件神器之一）。随后展开的调查表明，刺客的说法站不住脚，但是，对政治家这种"爱国式"刺杀才刚刚开始。这之上还有远超过政治家权力的更高的权威和标准，以后还有足够真诚的说法来为最暴力的行为辩护。

在这不期而至的死亡到来的前几年，森有礼与妻子离了婚。他们尝试了一种"平等婚姻"，但是森有礼宣称，这让他的妻子变得"轻浮而怪异"。日本对现代性的早期试验绝不仅仅关乎宏伟场所、公共空间和重大事件，也有亲密关系和家庭范围内的种种尝试和错误。家庭不再是听任外面一切发生、独善其身的避难所。它是一口坩埚，在这里，许多男女第一次面对领袖为他们所指定的道路上种种深刻的不确定性。

④

幸福之家

1908年3月,平冢明子已经不再盼着邮件到来。今天的是一件小包裹。打开包裹,她发现是一位陌生人寄来的成套色情照片。又有几次,除了有语带嘲讽地向她求婚的信件,还有不正经的提议。平冢在佛教冥想会中的一位朋友来到她家,提出要娶她,但显然是出于同情。记者也来了,在她门口吵吵闹闹,然后在报纸上把她乱写一气:道德败坏的家庭破坏者,应该被送到贫民窟去;毒害年轻人的家伙;无耻的忘恩负义的小人;疯女人。她不久前毕业离开的日本女子大学安排了一位传话人当面告诉她,学校的校友会已经将她除名。

这就是罪恶的代价。平冢严重冒犯了一个关于日本女性品质的故事，这一故事通过最近几十年的发展，此时在城市社会的许多地方（至少在公开场合）引发了强烈的情感共鸣。这一叙事的力量，在于其综合了各种女性美德——来自全世界，也来自日本古老的阶级制度——并通过一种全方位的文化传播方式得以强化：法律、警察、学校、报纸和杂志、小说和幻想，当然还有家庭。

如果宪法和《教育敕语》曾让一些人担心是对1868年《五条誓言》所表达的抱负的一种倒退，那么，新出台的1898年定稿的"明治民法"同样如此。曾经日本似乎可能会采取法国样式的民法典，甚至请了索邦大学一个叫作古斯塔夫·埃米尔·布瓦松内德·德·封塔拉比的人来提供建议。不过，有官员担心过分强调个人权利和私人财产可能危及家庭作为基本社会单位的地位，随之危及孝道和敬祖这些在当时普遍被认为是上个时代的珍贵自然遗产。事实上，传统家庭一直是人们的幻想：上个时代那种家庭常常居住着许多直系亲属之外的成员，譬如妾、收养来的子女、学徒和仆人，并未提供日本早期现代化人士所看重的那种相对稀有的、文明化了的隐私。这种现代官方思想的大部分出自实用主义考虑：以等级制度、协作和公共责任为前提的社会，更有利于取得日本领导者们所觊觎的快速的经济和军事成功。

PART ONE 缝补，撕裂

在新的规划里，家庭（而非个人）是国家的基本法律单位。家庭权力从父亲传给长子，拥有对25岁以内的女儿和30岁以内的儿子的主婚权。在新的户籍制度下，所有家庭都必须在官方机构登记家庭成员，未登记的家庭成员则无法享有法定权利。

就像当时欧洲许多地区一样，女性是没有男性所享有的法律和教育权利的。在日本，她们被禁止在法庭作证、提起法律诉讼，或者未经丈夫允许而涉及金融或商业事务——她们所受约束，与法律上的"准无行为能力人"等同。女性可以在遭受极端暴力或被抛弃的情形下提出离婚，但不能以丈夫通奸为由。男性在上述情形下都有权提出离婚，而且可以要求判处奸夫奸妇两年监禁。如果婚姻终结，孩子是属于家庭的，并因此仍然和家庭一道生活。妻子则是要离开的那个人。

要想对之作出任何改变的女性将面临一场艰难的斗争。她们没有投票权，1890年之后仍被禁止参与所有政治活动。女性通常待在家里，警察上门亦不罕见，因为日本警察在女性活动和行踪方面扮演着"家长"的角色，会把执法和道德指引结合在一起进行。

法律和警察对女性权利加以约束，国家官僚体制则竭力要明确她们的义务。在一个几乎一直处于战时状态的国家中——实际冲突时期更多是节奏的变化而非性质的改变——男性、女性、孩子都统统被看作国家的生产性资产。而资产是需要开发、打磨和保护的。男孩子被当作各行各业的后备力量，最优秀的需要在日本的帝国大学或私立大学学习，女孩子则被要求阅读"家政学"之类书籍。她们要学习关于洗衣做饭、家庭财务、卫生等方面的知识，为以后建立和操持自己的家庭做准备。不过，大学教育是触不可及的。相反，职业教育倒在一段时间里达到机构性女子教育罕有企及的高峰。

把这一切解释成女性不如男性重要，会低估日本政治精英的雄心。当文部大臣森有礼倡导说中产阶级女性应该成为"贤妻良母"，他并不是要把她们赶出公共领域，而是极大地扩展了这个领域。文部省于1887年发布的《明治女大学》一文中就说："家庭是一个公共空间。"

"家庭"与"家庭主妇"是日本19世纪晚期迅速发展变化的观念：在谦逊节俭的武士之妻形象之上，嫁接了乡村女性的勤劳实干精神，再加上一系列英美家庭观念，这些观念通过舶来词"hōmu"[①]得以体现。

亲英派基督徒、《女学杂志》编辑岩本善治视普及这个词为己任，他认为"hōmu"的意思是建立一个安定的家庭环境，

---

① 写作"ホーム"，来自"home"一词。——编注

其中，家庭真正的、充满爱意的核心——父母和子女——能够蓬勃成长，全力挣脱从前那种家庭束缚：仆从、旁系或收养成员等，这些人被认为损害了真正的家庭情感和凝聚力。

多代同堂之家绝无消失的危险，但是，一个城市中产阶级理想得以越来越牢固地确立起来——后来更扩展到全社会范围——"家庭"是一个道德、卫生的环境，不受陌生人和不良影响的侵蚀，同时对公众利益保持开放，有益于父母培养健康的帝国子民。它的精神体现在"家庭"（字面意思是家和花园）这个新词汇之中，该词在 20 世纪之交的出版热潮中广为人们所知。除了报纸上的"家庭"专栏，还有 1892 年创办的《家庭杂志》，1903 年创办的《家庭之友》，后者后来改版成为极具影响力的《妇女之友》。相关建议面面俱到，从菜谱到家庭基本用品的价格无所不包，另外还带领读者在成功政治家和商人妻子所经营的"模范"家庭中进行对真实生活的虚拟拜访。

这类叙述也出现在 1901 年出版的《家庭之快乐》这本书中，里边描述的是每周六下午 3 点举行的"家庭聚会"。在家主的房间中备好了茶，家人鱼贯而入，每个人进来的时候都会正式问候。随后是家主大声朗读报纸，让他的父母、兄弟姐妹、孩子轮流学习了解各种知识。读报之后是喝茶、品小吃，之后弹起十三弦古筝，一个小男孩唱起了国歌。这种"家庭时光"

的活动，有时还有发表演说、讲述见闻逸事、围观家中新生儿等。

日本商界充分利用了这一机遇。建筑师和房屋修建者造出来的房子，力求让家人更有效地与仆人和客人分开，当然家人是不能分隔开的：人们不认为自己需要个人空间。厨房设计让主妇可在靠墙或移动的工作台上站立操作，以便更有效率。日本第一台燃气饭锅1904年开始登上报纸广告，广告语是"只需一根火柴"和"无需女佣自来熟"，后边这句口号深得人心，于是这种东西后来就被叫作"自来熟"。同一年，三越百货作为日本第一家百货公司开张，成了店铺、产品展示、旅游点、儿童游乐场甚至学术交流沙龙的综合体，将消费文化置于一种更宏大、目的鲜明的视野中。舆论的焦点话题被登载在三越百货自己所办的杂志上。

明治时代的家庭无法逃避这一切，即使在小说中也不行。男性作家在作品中展示作为儿子的形象，他们往往对母亲充满浪漫化的想象，而非真正了解她们。他们拼命地把女性和母性特色当作自己社会、情感甚至精神方面的慰藉。许多日本男孩在离家多年之后仍然深深思念着母亲。古泽平作的弗洛伊德式自由联想通常都会回到自己的母亲身上：在进入20世纪之时与她一道沐浴；他从寄宿学校返家时，她展露笑容，为他制作米酒，米酒很甜，他喝完之后会把杯子都舔干净，"就像一个幼儿，"他回忆说，"刚开始向吃硬质食物过渡。"

孩提时代与母亲共浴还帮助小说家谷崎润一郎走上了自己的写作生涯——他的一生都在充满渴慕地描写女性：

> 她大腿的肌肤如此惊人的白皙而细腻……我发现自己惊奇地看着她的身体。我觉得，我越是看，她的皮肤就变得越白……上个世纪的女性并不常暴露于光线和空气中：她们把自己的身体包裹在宽大的衣袍中，按部就班地生活在即使是正午也显得阴暗的屋子里。这无疑就是她们皮肤细腻的原因。我二十六七岁了，母亲的皮肤仍然细腻得让人惊叹。

通过这种方式，母亲、妻子、情妇、姐妹、女儿会发现，她们都被禁锢在神座上，被迫成为每个男性关于日本现代性的终极答案；成为弥补每一种失落的手段。失败的婚姻甚至也有理想的形态：受苦的妻子，美丽而坚忍，在中国和日本文学的数世纪的歌颂之后，成了明治时代男性小说中的典范。

女性写作这种新兴潮流带给读者深刻、惊喜或者震撼等各种感受。清水紫琴在1889年来到《女学杂志》，她刚经历了自己的第一段婚姻，这段婚姻因丈夫的不忠而以离婚告终。她的第一篇小说《破碎之戒》就发表在该杂志上，她把婚姻描述为抽签。她指出，男人有家庭之外的生活，因此抽到坏签不一定就是决定性的或者灾难性的；女性却没有那么幸运。

不同于逆来顺受的妻子，清水的作品提供了一个新的形象：一个逃脱了自己的婚姻才算真正开始其人生的女性。故事中，母亲教导自己的女儿要谦卑，不要让家中来访者看到自己，并为自己的女儿介绍中国传记中女子为了彰显坚贞甚至不惜自残的故事[1]。母亲过世后，她才能够打开一个由书籍和杂志构成的新世界。她曾尝试着去改变她的丈夫，但后来选择与他离婚，她不接受悲伤是女性处境中一个与生俱来的部分。

作为记者，清水对主张女性只能得到狭隘实用教育的那些主流男性作出了批判（他们明白这是不对的，但却不能放弃其中明显的好处），揭露民权运动家们在公开场合为了女性权利而斗争，然而在家里却"颐指气使，凌驾于自己的妻儿之上"。有些人以大力反对卖淫而博得名声，但却心安理得地光顾妓院。自由民权领袖大井宪太郎忙着旅行、写作、参与社会活动，同时又享受着相当"繁忙"的私生活——清水本人付出了代价才

---

[1] 指成书于西汉时期的《列女传》中古代烈女的故事。——编注

发现这一点。

清水最好的朋友之一是景山英子,"大阪事件"中被逮捕的冈山小学老师和炸药运送人。景山和大井因为1889年新宪法颁布而来的大赦而提前出狱。人们用欢呼和鲜花在大阪车站迎接她。当天下午,当她与父亲坐着人力三轮车回来的时候,这一幕再次上演。第二天,她再次来到车站迎接被释放回家的大井。他的狱中情书最终打动了她:景山与他开始同居,还生了一个孩子。但是大井拒绝给她所希望的平等婚姻,一天,她从他那里收到一封奇怪的信,信中,他问候她的健康状况并坦白对她的爱。景山感到很奇怪:自己身体很好啊。

原来是大井把两封不同的信弄混了,把本打算给清水的信送给了景山,大井与清水是情人关系,两人也生了一个孩子。清水则收到本打算给景山的信。两个女人的友谊突然走到了尽头,清水再一次经受了精神崩溃(大井的信是在追问她的前一次崩溃情况)。为了更好的未来,两个女人都离开了大井。

再婚之后,清水继续写她为人称道的作品,但是想要避免妥协却非易事。一个几年之前利用《女学杂志》谴责明治时代婚姻的女人,现在在为杂志的"家庭"专栏写稿了。她的文章中不乏"如何选择乳母"以及"美味红薯"之类的题材。她丈夫在欧洲工作五年之后回来了,不久之后,清水就完全停止了写作。有传言说，她是被迫"封笔"的。她的儿子由重后来在一次交流中回忆说，清水曾提议在家重新开始写作。她的丈夫回答说："哈！可惜昔日的天才今天已经成了愚蠢的主妇。"

*

在学校教育或者杂志专栏之外，"家庭"的终极内容是日本皇室所提供的。盛大的仪式提供了理想的机会，其中最为盛大的仪式之一是1889年的宪法颁布仪式。在东京，节日花车在街道的绿色拱廊下逶迤穿行，沿街的建筑物装饰着彩旗和灯笼。人们在花车边漫步，吃着米饼和柑橘。相扑手在相互角力。清酒香气四溢，极为现代的灯光秀灯火辉煌，甚至好几人因过量饮酒而丧命。

埃尔义·冯·巴尔茨——东京帝国大学医学教授，几乎称得上是全然不经意地被一个日本交换生从莱比锡招聘而来——冷静地思考着这样一个问题：今天在东京街头游逛的人中，到底有多少人知道宪法中说了些什么。但是，显然，问题的关键不在这里。内容远远没有仪式来得重要：日本家庭原型的庆祝可以追溯到很久之前，甚至可以追溯到神祇投枪枪尖滴落的海水水滴创始日本之时。选择2月11日作为仪式日子是刻意为之的：建国纪念日是创立于1873年的全国性假日，为的是纪念日

PART ONE　缝补，撕裂

本第一位天皇神武天皇加冕，研究《古事记》和《日本书纪》的专家们认定那是在公元前660年。

然而，日本思想家们基于西方"有机政府"理论所发展起来的理想的"家族国家"，要被这个民族所接受起初并非易事，他们习惯把帝国机构当作遥远而出尘的存在。为了改变他们的思想，花费了大量的时间和金钱。明治天皇乘坐车辇（更确切地说，是坐着轿子）巡游全国，于1868年底从京都到东京，他或许是第一位看到富士山的日本天皇。

在19世纪70年代早期的这一次巡游中，镰仓和江之岛的居民根本就不相信自己看到了真正的天皇。有人则抱怨说，如果是大名及其随从经过，有可能让街头摊子生意火爆，但天皇不会影响到太多的人，所以清扫街道根本不值得。这种态度似乎很常见。有一年，警察发现，自己领到的任务是"鼓励"人们走出家门来为天皇的生日公开庆祝。

至少对年轻的一代可以进行培养。天皇巡视的时候，或许成年男子们在背地里磨蹭，妇女们在喂奶，孩子们则被要求排成直线，鞠躬并高唱《君之代》——这首歌于1888年被定为日本国歌，其旋律最初由一位名叫约翰·威廉·芬顿的英国军乐队指挥仓促创作，旋律过于欢快，很快就被某种更为合适的旋律取而代之。

095

临到宪法颁布之日，由于担心公众对天皇过于热情，如何恰如其分地表现这个盛大日子成为众所关心的事情。合唱《君之代》成为一个自然而然的选择，但是除了学校里的学生，日本并没有大型合唱的传统。欢呼或许是更好的方法。文部大臣森有礼建议欢呼"hōga"，这个词的意思是"崇敬的祝愿"。但这个词的发音和"ahō ga"（意思是"白痴"）有相混淆的危险。鉴于日本的讽刺家们喜欢搞文字游戏，似乎这么做太冒险了。相反，"天皇陛下万岁！"这句古老的欢呼经过修饰和调整，得到了宣传和普及。

*

如果说，一种新型意识形态的效果可以通过其反对者最终如何大肆地反对它来判断，那么，"幸福之家"——从普通家庭到皇室——截至20世纪初期可谓成绩斐然。许多激进分子发现自己陷于这样的境地：要么被迫与之合作，要么恣肆采取行动来反对它。后一种情形中，1908年发表的一篇题为《第一个敌人》的杂志文章非常具有代表性：

> 我们进入社会之后所碰到的第一个敌人是父母和主人……是的，父母是孩子的敌人，主人是仆人的敌

人。如果你真的热爱正义与自由,你必须打败……你的父母。

一份名为《世界妇女》的杂志——活跃于这一时期的三份妇女杂志之一——因为登载这篇文章而遭受巨额罚款,以至于无法负担起想要发表时政文章须向官方缴纳的为数 500 日元的保证金。于是它被迫变成"学术期刊",结果是,当其不可避免地超出"简明报道新学术"这个范围时,被处以新一轮的罚款(编辑也被判入狱监禁)。

被关进监狱的这个男人叫作石川三四郎,在一种融合了爱情、骑士精神和出版实用主义的产物的引领之下,他把自己的名字挂在了这份实际上是景山英子最新创办的杂志上。自从离开大井宪太郎之后,景山又一次结婚了——在这一过程中得到了新的姓氏"福田",之后她以福田英子之名更为人所知——育有三个孩子,经历丈夫早逝的痛苦之后,她把自己的孩子带到了石川的收养之家——这是一个日本的社会主义者小团体。

这个团体中,包括石川在内,许多人信奉基督教,现在,福田会与石川一道去东京大学旁的教堂做礼拜。他们受到社会福音运动的吸引,由此视耶稣为人格理想的化身,在他们眼中,这是这个时代政治中缺失的东西。日本的社会主义者,无论是否是基督徒，在其早期的斗争中都采取了一种坚强有力的方法，为的不是推翻资产阶级，而是要在日本确立体面正派、有追求目标的中产阶级，并且希望有一天每个人都能够加入其中。

然而，女权仍旧是许多男性激进分子的盲点。回到19世纪80年代，一位男士如果与女活动家岸田俊子同台演讲，他会觉得尴尬，以至于最后一刻会装作牙疼溜走——这让岸田向集会者发起质问，到底是什么样的男士，才会"只要一看见女人就牙疼得如此厉害"。记者们更好地证实了这一点：岸田的许多演讲都没有历史记载，因为报纸上对它们的报道主要集中在她所穿的服装上了。岸田本人很能理解这些事情背后的险恶用心。从旧式德川时代的"男尊女卑"主题，过渡到鹿鸣馆时代的"女士优先"的绅士风度，不过是一次小小的改头换面罢了。"哎，你们男人们啊……，"岸田叹息道："你们老是谈改革，却不谈革命。"

现在，又一代人过去了，日本的社会主义者组织聚焦女性的会议时——为了绕过法律禁区，他们小心翼翼地称之为"学术讲座"——男人们很少出席。同时，尽管福田英子的团体倾向于把这个联系紧密、长期处于危险境地的组织想象成一个"大家庭"，但是，比起进出监狱时有同志送迎，福田发现，自己更受益于被大家尊称为"妈妈（mother-in-law）"，而其他女人——不论是否嫁给组织成员——都只是"妻子"而已。似乎总是由女性成员来担负做饭的责任，一位成员在写给组织所办杂志的文章中说，自己有很多东西要表达，然而此刻却不得不走进厨房去准备晚餐。

在别处，日本社会主义者似乎着重于刻画明治女性形象来争取女性加入自己的队伍：一个人写道，女性应该"爱上社会主义"，这明显是基于女性受着浪漫主义辖制的观点；其他人则展开探索，认为女性的性格特征——仁慈、温和、充满同情心——如何使其适宜社会主义事业。

福田的杂志《世界妇女》是借助在创作自传的过程中所获得的专业知识而兴办起来的——她的自传《我的半生》，1904年出版后重印多达40次——这份杂志的目的是推动一项严肃的、义无反顾的政治议程。它首要的"日程"是向禁止妇女参与政治这条法律宣战，从而使得明治时代与女性相关的所有其他问题——从教育到卖淫再到纳妾——有可能得到有效的解决。它向妇女们介绍她们在民法之下所享有的权利（以及她们的许多软弱之处）。它刊登关于全世界妇女争取选举权运动的文章，提醒日本妇女，她们并不孤单。

议会中，为了让妇女参与政治会议而进行的法律修订斗争在众议院取得了成功，但一直受到贵族院保守派的阻挠，这非常鲜明地体现了宪法起草者的初衷。福田在旁听席上目睹该法案以300∶4被投票否决，后来，她谴责贵族院的男人们顽固、无知并缺乏逻辑思维能力。直到1922年这件事才最终取得胜利。

一些人认为像福田的杂志那样经常与警察发生冲突对于运动的公信力有潜在的好处。目击与执法部门的小型冲突，包括有一次社会主义者的赏樱会演变成了暴力活动（或许是该活动的不合时宜而造成了警方的介入），也许是展现不公、说服新人相信某项事业进步本质的一种有效手段。但是，在1908年其杂志被处罚金之后，福田还是以穷困潦倒告终，她上午为孩子煮饭洗衣，下午贩卖和服布料谋生。此时，福田——曾经的景山，小学教师、炸药运送人、社会主义者，有时又是激进的基督徒——正遭受脚气病的折磨，但她仍完成了最后一篇文章。《妇女问题的解决方案》发表于1913年，它公开提出，现在唯一能真正实现妇女解放的方法是推行彻底的共产主义。

福田的告别之文就像一支爆竹，所以登载这篇文章的杂志，其2月刊毫不意外地立刻遭到了查禁。编辑的父亲很不高兴，但并不觉得惊讶。他的女儿，平冢明子，才真正让自己的家庭蒙羞。这件事发生在五年前，1908年，也正因此事，平冢的邮箱被塞满了各种令人不快的东西——色情照片、假模假式的结婚请求。而一切开端于一封奇怪的信，信中有以下想法：

> 任何女人，她死去的那一刻，就是她生命中最美的一刻。我要杀了你。我是一个画家。我是一个诗人。我是美的使者。我必须看到你死的那一刻，这将是你生命中最美的一刻。

说出这番话的人脑袋大得出奇，和身体不成比例，他的肢体动作就像他的说话方式一样笨重呆板。或许在他课堂上的平冢眼中，他就是这个样子。森田草平是一个被称为"闺秀文学会"的妇女文学社团中的西方文学讲师。读了平冢发表在该社团杂志上的第一部小说《爱的末日》之后，森田越来越深刻地感到妻子的沉闷乏味以及自己事业的乏味。相比之下，《爱的末日》中的女人简直有一种本性的力量：她从情人的床上跳下来，犀利又无情地质询对方两人无法达成共识的所有问题，无视他的求婚，又毅然抛弃了他奔赴自己作为高中教师的独立生涯。

这个时期的大多数日本小说，尤其是作者的第一部小说，都深深具有自传色彩。因此，在《爱的末日》的作者平冢那里，森田觉得自己面对面地看到一个人驱赶着词句的马车，冲散了刻板的女性理想形象，这个人就像是径直从他所教的戏剧譬如邓南遮的《死亡的胜利》或者易卜生的《玩偶之家》中而来。

在小说与真实生活之间徘徊的还有森田心中的计划，他想象着自己的余生"在堆满积雪的库页岛上的一座孤单监狱中，看着自己身上发生的各种变化"而慢慢地消磨掉。在1908年3月21日写给平冢的信中，他说，自己想要让她知道，现在到时候了，她该和自己一道逃跑，并且被杀掉。

这一点让平冢被森田吸引，尽管他有许多毛病，譬如在公园里浪漫地散步时会被树根绊倒。她认为，他身上某种"不负责任的嬉戏精神"触动了她。她背上包就冲出门去与森田见面了，身上带着家中祖传下来的一把匕首，他可以用它来做他该做的事情。

两个人一道离开东京，先是坐火车，后来是坐人力三轮，一直向北旅行，经过埼玉县的大宫来到栃木县北部山区的盐原。最后，他们跌跌撞撞地徒步走上一条积雪覆盖的山路。夜幕降临，他们在一块陡峭的石崖边将写给彼此的信淋上威士忌酒，点火烧着。森田挥舞着匕首，却突然哭喊说自己无法杀死任何人，甚至是平冢（这似乎有点恭维的意思在里面）。他把裹在黑色皮套中的匕首扔进黑色的山谷，瘫倒在雪地上，号啕大哭。

平冢劝他站起身来，于是后半夜两个人一直在雪中跋涉，

PART ONE　缝补，撕裂

直到第二天被几个警察发现并送回家中。森田开始写他的自传体小说《煤烟》，平冢怀疑他把这整个事情当作了写作的灵感；平冢则要面对怒气冲冲的父亲和几个激动不已的记者。两个受过高等教育的才子佳人不仅冲动地擅自出走，而且人们普遍地（也是错误地）认为他们两个有香艳的私情。实际上，平冢拒绝了森田的求欢，让他下辈子也别想。一旦人们知道了真相，就有耻笑式的评论说：这个男人在两次关键时刻都无法拔出他的匕首。

　　对平冢的道德指控喧嚣一时，唯恐不够全面。然而，编撰这些指控内容的报纸，同样是它们，却在仅仅几年之后，就为平冢的新杂志《青鞜》打起了广告。把为女儿结婚所积攒的钱用来办妇女文学月刊，或许并不是她父亲的第一意愿。但是，这份划时代的创刊号终究还是在1911年问世了，开篇词是平冢写的——现在她用了笔名"雷鸟"——最吸引人的是里面的一首诗，这首诗从此在日本女性主义历史上具有崇高的地位，她写道：

　　　　起初，女性是太阳，是一种真正的存在。
　　　　现在，女性是月亮。
　　　　她经由他人而活，借他人的光而闪亮。

第一行让读者想到，尽管日本的"国之家族"或许有天皇作为首脑，但其起源的核心是一位女神。《青鞜》——无论是杂志还是相关社会团体——想要充作一种手段，通过它，日本女性那长期蒙着阴影的光华能够最终得以展现。

始于文学事业，旨在让女性作家有机会集聚、磨炼和展示才华，便很难避免带上政治色彩。1912年，一篇关于吉原红灯区实地访问的误导性报道引起一片哗然（这一次遭遇的不是恶意邮件而是石块），有感于此，平冢在《中央公论》这份极受尊重的杂志上写了一篇开拓性的文章，题目是《新女性》：

> 我是太阳……每日都是新的。"新女性"诅咒"昨日"……不满足于被压迫的旧式女性生活：被愚昧化，当男人的奴隶，只被自私的男人当作肉块。新女性努力摧毁旧的道德和法律，它们都是为了便利男人而设。

第二年，在《青鞜》上，在其第二期因为发表福田拥护共产主义的文章而被禁的几个月之后，平冢全盘摒弃了文学隐喻，直白地谴责了"幸福之家"对日本女性的压迫：

PART ONE　缝补，撕裂

> 所谓的女性美德只是为了男人的便利而存在。许多妻子不过是其丈夫白日的奴隶、夜晚的妓女罢了……如果爱来自这样的婚姻，那只不过是一种谎言，不过是关于利益和便利的多方面算计下的结果罢了。

在其每次的整顿行动中，因为明治时代的家庭理想，警察温和地对待主要由中产阶级女性构成的《青鞜》群体。他们公开表示，他们是对之感到失望而非愤怒。最新的这篇文章发表之后，《青鞜》的两个成员被叫到东京警察厅的特别高等警务科听训。在那里，她们得知，这次的（四月）特刊不会被查禁，但是她们要小心，不得再以这种方式"扰乱日本女性的传统美德"。

平冢没有理睬这个建议，并将文章重新出版成书。这一次，书马上就遭到了查禁。但此时，"新女性"这只精灵已经完全、真正从瓶中被放出来了。平冢对女性提出挑战，要求她们释放自己的创造精神，直面"不道德、不合法、不合理的婚姻制度"，这种挑战真正地触动了她们，使其坚实地走入20世纪20年代乃至之后的岁月。

105

*

　　如果上中产阶级的文学女性在明治时代结束时地位有所提升，那么，她们政治左翼的姐妹们则截然不同。日本社会主义者努力在1901年组织起来，却受到警察阻碍，警察在其成立的几个小时之后就查封了社会民主党。第二次努力是在1906年——这次是日本社会主义党——它仅仅持续了一年。之后，具有影响力的声音开始主张放弃议会，转而直接行动。

　　一位叫作菅野须贺（又名须贺子）的女权运动家所采取的就是这样的方法。她第一次在1908年的"赤旗事件"中被抓，这是一个相当小众的事件，一群抗议者打着写有"无政府主义"和"无政府共产主义"的旗帜游行，警察充分利用这个机会对他们中的一些进行抓捕，展示出强硬的态度。报纸对这次审判的报道并未把菅野当回事：

> 　　法官问："你的目标是无政府主义吗？"菅野须贺子回答说："是的，我是无政府主义者，我的想法是不断变化的。"她穿着个性十足的箭头纹丝绸和服，系着紫色的缎带，却说着这件大逆不道的事情……

PART ONE　缝补，撕裂

终其一生，冷漠的女性、暴力的男性、警察、法官和记者给了她恶劣的待遇，1910年菅野发现自己被卷入一个试图除掉日本最重要的象征——天皇——的计划之中。

此时，诸如工厂里的工人兼共同策划者的宫下太吉等无政府主义信徒都相信这一理论：天皇故事只不过是亲政府的理论家编织出来并由国家训练出来的教师们加以推广的一个神话。他们提出极端的另类历史，大肆诋毁日本历代天皇的形象，将其当作吸血鬼、杀人犯、小偷以及幕府将军手中的傀儡。

宫下制造并成功试爆了一个炸弹，经过抽签，扔炸弹的"荣誉"落在了菅野头上。一切都计划完毕。但是，宫下的朋友背叛了他，向警察告了密，而警察对宫下早就进行了监视。锡罐和炸药被发现，很快，宫下、菅野和其他谋划者被抓捕。在1910年举行的秘密审判中，菅野用随便的口吻提及她的谋杀对象：

> 睦仁天皇与历史上的其他天皇相比，看上去是亲民的，是个好人。尽管我对他觉得抱歉，但是，就他这个人而言，作为天皇，他是人民所遭受经济剥削的主要责任人。从政治上说，他是所犯一切罪行的根源。同时，从理智方面而言，他是迷信的根本缘由。我的结论是，处在这样一种地位上的人必须被杀死。

天皇注定要活到 1912 年他的自然死亡之日，他宾天之时，单就公众哀悼的规模，就足以证明，在"幸福之家"体制中以及更为广泛地在官方的国家故事中，他所发挥的作用。要被杀死的，是菅野，以及其他 11 个人。

菅野的死刑判决书于 1911 年 1 月 18 日下达。临执行的一周里，菅野给她的朋友们写信，主要内容是拒绝监狱牧师的服务（尽管她信奉基督教多年），以及向监狱教诲师、一位姓田中的男子提出请求：

> 我描述了我想要的棺材样式以及殓衣要求。我怕天皇支持者和高唱爱国主义的人可能对我掘墓鞭尸。当此事发生时，我不愿自己看起来太寒酸。

1 月 25 日，在她写下"为了希望的微光而牺牲我小小的身体"之后的几天，菅野就登上了绞刑架。她坐下来，脸上蒙着一块白布。两条细细的绳索套在她的脖子上。当支撑她的脚踏板突然被抽走的那一刻，据说她喊出了 1889 年那句伟大的、团结家庭的口号的另一个版本："我们为主义而死——万岁！"

PART TWO

第二部分

反抗即沃土

20 世纪 00 年代至 20 世纪 30 年代

5

争夺世界

　　1465 年的冬天,一群人,总共大约 150 名,在寒冷中聚向靠近某个山顶的地方,手里拿着武器。他们整队出发,进入山下面的大城市,城里的一些建筑被他们点着,燃烧起来。

　　他们一周前发给这些建筑里的居民的警告信中充满谴责,说这些居民欺负了城里"无知"和"卑微"的人,用错误的思想把这个地方弄成乱糟糟的一团。这必须停止。不管怎么说,那些无知、卑微的人——无论是这一世的行为举止和缴纳税款,还是来世——都该由他们来关心。

　　这些人转身离开,大火燃烧发出的噼噼啪啪的声音打消了他们的疑虑,他们心满意足地认为这种做法传递出一种不容忽视的意义:"暴发户"是不被容忍的。这个城市周围的其他人喜欢按照舒适度、方便度或自己的事业来划分世界:可见的与不可见的,政治与宗教,军事指挥与道德引领,彼此不容混淆。但是山里的人们更明白这一点,被彻底打败的觊觎者们也明白这一点,他们的总部正在陷入一片火海:这是一个神祇、自然和人类社会相互深刻联系的世界。真正理解并说服享有它赋予你的种种权利和特权的其他人,就是真正的力量。分享是不存在的。

攻击者们回到比叡山,回到寺庙和佛教僧侣的日常生活。山下的建筑物属于竞争对手净土真宗,它们焚烧过后的气味在京都的空气中飘荡。山上,僧侣的生活环境中不无贵重木材和石头、铜、银、金,它们见证了几个世纪以来的香火兴盛和来之不易的特权,对此,他们始终坚决捍卫,不惧任何敌人。

他们的宗教是一种经过改造的外来宗教。在 6 世纪中叶,佛教从中国和朝鲜来到大和宫廷,当时,日本的国家政体尚未健全,其领导人正忙于将其整合到一个可以将根源追溯到神祇的宇宙般超级宏大的结构中。彼岸的中国皇帝在为天道的得失而烦恼,此岸的日本君主则被视作"天之子""人间的神"。

佛教早期的倡导者尽力要与之相匹配。朝堂担心佛教在这片土地上的存在会冒犯神祇,一系列自然灾害的来袭似乎证实了这一点。一尊从朝鲜带来的佛像旋即被扔进运河。供奉它的那间寺庙也被毁掉。

但佛教坚持了下来，僧侣为不无怀疑的宫廷进行祈祷、举行仪式，以求护国禳灾。时间久了，这种关系发展成了王道与佛法的结合体：皇家的法律与佛家的规条密不可分，如俗语所说，就像"鸟的翅膀"或"车轴上的轮子"。在民间，人们接受了佛教普及化的祈祷和实践，将其看作加在乡村动荡生活上一层额外的保护。在一个无法预知的世界之中，你要做好万全准备。并且，人无法指望在一个终极意义上不可知的世界中去解决生活中种种大问题，唯一能做的是明智地综合多种部分答案。

几个世纪的发展使得佛教和神道教不断靠近，它们的神祇和仪式场所也逐渐融合。神道教的故事和礼仪关注纯洁性、庄稼和动物的丰饶以及自然中流动的生命力。佛教因其对彼岸世界的洞察力以及那种能够连通两个世界的仪式而逐渐得到重视。佛教思想甚至跻身 7 世纪初期创立的 17 条宪法，这个政体自称为"日本"（Nihon）：太阳之源。马可·波罗最终将这个名字的中文译文——"日本"（Jihpen）——带回了欧洲。

从亚洲大陆游学而归的日本学生，带回来最新的经文和礼仪知识，以及开始改变日本景观的艺术和建筑观念。低矮的茅草屋处于新建的多层庙宇的阴影之下，这些庙宇以巨木为顶，镶嵌着琉璃瓦，内部恢宏，安放着珍贵的画像和令人敬畏的雕像。

到1465年，建立于9世纪早期，规模庞大、势力强大的比叡山天台宗，其属下的僧兵们发现有许多成就值得庆祝。但他们也将失去很多，譬如，广阔的领土、金钱、对信众想象力和良知一定程度上的掌控力，以及通达山下城市以及更远处平原地方政治势力的渠道。保住这一切是一项几乎不可能完成的复杂任务。它涵盖念经和祷告、僧侣仪式和佛经研修；居民生活区中的教育和政府职位上的各项工作；葬礼；监视寺庙领地上的民众和物产；经营从商业到打仗乃至烧毁对手基础设施在内的各种副业。

在过去两百年左右的时间里，像净土真宗这类新的、自觉的改革主义教派的出现，使这一切变得更加艰难了。但天台宗遭遇的更大的挫折，也是日本所有宗教团体的一次教训，此时还没有到来。就在天台宗僧兵下了比叡山去实施他们"特殊正义"行动的地方，仅仅一个多世纪后，1571年，一位让人无比害怕的军事领袖来了，他将从此地登上比叡山实施自己的统治。正致力于统一这个国家的织田信长，对宗教组织在这个充满战争疮痍的国家插手政治感到恶心和厌倦，于是率领一支武士军队对着僧侣们建造的一切一路劈砍焚烧。数千人死亡。数百座寺庙被夷为平地。

尽管日本佛教教派在十个世纪的时间里于艺术领域、精神

PART TWO　反抗即沃土

和现实政治、基本演算方面取得了种种成就，但基本的法则似乎并未改变。他们依旧依靠政治和公众的支持来维持生存，而这些支持来之艰辛、失之容易，充满诱惑，常常难与他们所鼓吹的价值观协调一致——他们倡导的是慈悲，是避免与物质世界的悲喜有所牵绊。他们将带着这个包袱，进入一个竞争残酷、极不确定的现代时代。

*

1885年，东京大学的一个学生决定背叛养活他的人。井上圆了背叛了为他提供教育资助的人们，背叛了他父亲的职业——他父亲曾一度非常希望儿子在学业有成后，能追随自己的脚步，做一个佛寺里的大师。作为第一代上大学的少数日本人之一——东京大学是第一所大学，也是最负盛名的大学，八年前才创办而成——井上圆了的难以捉摸和自我放纵或许是可以被原谅的。一个有抱负的年轻人，发现一所大学和一座繁荣的城市能提供的一切，和自己的乡下出身产生出某种距离——甚至带着点蔑视意味——是非常自然的事情。但实际上并不是这回事。正是为了挽回父亲的世界，井上圆了才将之抛弃。

那个世界在若干年里举步维艰。佛教在日本16世纪统一化的进程中幸存了下来，并从1603年开始，作为德川政权的一部分继续享有极大的特权。但是，自从19世纪60年代这个政权触礁以来，佛教各个教派就苟延残喘了。早些时候就有迹象表明大麻烦就要到来：对佛教权力和特权的愤懑；本土思想老是拿佛教在日本的"移民"身份说事，有人公开说，它是"低级印度思想"的产物。后来，当为新日本鼓与呼的知识精英寻找国家在追赶西方的过程中障碍重重的原因时，他们关注到，佛教在经济和想象力方面束缚了日本人民。

新的精英杂志上满是痛悔的反思。近几个世纪，西方民族一直忙于发展，他们的技术先进到让一些日本人觉得近乎魔幻。他们已然塑造出了一个严格符合其自身利益的全球秩序，以至于有一段时间，似乎日本最大程度上所能希望的，无非当被一个或者多个外来帝国瓜分之时，能够比中国受到的打击稍微轻一些。而在同一时期，日本则大部分被佛教领袖"糟蹋"了，他们暴力攫取和保卫自己的巨额财富，煽动阴谋和冲突，榨取民脂民膏，用关于"世界"的一派胡言让大众沦入无知、受到羞辱。

对国家造成严重损害的报应终于来了。复兴的神道教为新国家提供了一套宗教支持——从基础故事到作为核心象征的天皇——佛教已经不再被需要了。因此，1868年发布的一项政策颠覆了长达千年的传统：神佛分离令——神道教与佛教的分离。

神社和寺庙将不再共享圣地。神祇不再承担双重责任——佛陀和菩萨都被视为"迦微"（kami），"迦微"是佛陀和菩萨的显灵。佛教寺庙将失去德川幕府赋予他们的珍贵的、获利颇丰的为地方出生、婚姻和死亡进行登记这一特权。人民的税收将被投入经过复兴和重新整顿的神道教基础设施建设。

还有更糟糕的事情。某些地方对佛教的愤怒——主要由有志投身于神道教者所煽动——在19世纪70年代早期，把"神佛分离"变成了"废佛毁释"运动："灭佛教，毁佛像！"佛教寺庙遭到攻击，佛经和其他珍贵物品被抢劫，其中一些落入西方博物馆馆长之手。塑像被斩首，土地被没收，数以万计的寺庙要么倒闭，要么被毁。成千上万的僧侣和尼姑被迫还俗，进入世俗的婚姻和荤食世界。

到了这个时候，净土真宗已经从1465年的大火中恢复了过来，成了日本最大的佛教组织。它的东西两个分支很快作出反应，想要与1868年后的国家现代化领导人缓和关系：提供贷款；修路；派遣随军僧侣；从釜山到上海，通过派遣传教徒到大陆各地传教，支持日本在亚洲的稳步势力扩张。

他们经受住了"废佛毁释"运动暴风雨的冲击，19世纪70年代中期，一旦明确政府"大教宣布运动"的真正目标是促进神道教成为国教，净土真宗觉得退出这个饱受诟病的运动已足够安全。看到一场文化大战即将来临，而教育可能成为其主要战场，于是他们忙着着手建立自己的小学、寄宿制中学、大学，在这些地方，他们可以向有前途的年轻知识分子和未来的领导人灌输其观点。

1858年出生于一间净土真宗寺庙的井上圆了，正是试图再次保证佛教在日本的地位而作出这些匆忙努力的产物。他是净土真宗东支派到东京大学接受先进教育的第一人。年长的佛教徒希望通过抱团取暖、整顿集体行为和鼓励培养一个更好的佛教徒阶层，以在这个新时代存活下来，井上圆了则试图去拥抱，甚至去塑造那个时代的整体精神。

井上圆了眼前的一切突然都有待商榷。整个世界都在酝酿着、散发着无数问题：关于真理、救赎、知识、政府的角色和国家的命运，关于日本人民在历史和未来的价值和使命。小小一个僧徒并未做好准备来面对这场战争——井上圆了受戒于1871年，他如今宣称，他为以光头和佩念珠的形象出现在公众面前感到"羞愧"，他认为，光头和念珠所表示的无非偏执和轻信罢了。

相反，在东京大学学习时，他发现生命的重大问题已成为从西方引进的现代样式的系列学科研究，包括自然科学。他们所探索的经验主义和国家建构实用主义显然代表着未来。同时，

PART TWO 反抗即沃土

它们在大多数日本人眼中是全新的，加之它们看上去具有的内在灵活性和学科之间的交叉性——特别是触及人类内在生活复杂性的那部分——意味着广阔的空间，能够让想要做一番大事业的人自由驰骋，并引导其为自己的目的服务。

井上圆了的第一步是为这些学科进行等级划分。自然科学在研究现象、相对领域——世界的"具体对象"——这一方面是无与伦比的。但它们最终都被哲学超越，哲学的工作之一就是为"科学"设定参照值：什么才是合理的研究对象和方法。但是，科学和哲学在深入考察"无形的真理"方面都没有多大用处。井上圆了将其各具特色地称之为"理想""真如"和"绝对"。要理解"无形的真理"，井上圆了声称，人需要佛教。

把自己打造成一位哲学家、一位无偏见的真理寻求者——井上圆了开始了作为他那一代中最有影响力的教师、布道人和宣传家之一的工作。直到那之前，日语中都没有一个表示"哲学"的词语。随着其他思想的引进，譬如"自由"，古代汉字和日语词语正在被重赋新意——有些情况下是创造新词——以便表达新的概念（或者，更确切地说，是此时正当其位的有影响的思想家们所主张的这些概念的本质和真正意图）。西式的哲学开始被称作"哲学"，这是"寻求智慧的科学或研究"这个日语短语的缩写。它完美地满足了井上膨胀了的需求——它与"宗教"不同，后者现在的意思是"某（特定）学派的学说"，充斥着狭隘的、宗派性的内涵，在未来几十年中，这种内涵都难以消除。

井上圆了对日本公众的宣传与亚洲其他文化民族主义者尤其是印度的新印度教思想家相似。为了守护自己的思想，面对西方所谓的知识优越，他们决定不只是以谦卑的赞同或者虚弱无力的守护来面对。在话语方式上的第一个举措，是赞美西方权力和知识的最新成果，然后指出它们是多么的新近。接着，是将经过千年缓慢发展的"西方思想"与古代亚洲传统所达到的水平相提并论，并随之标举后者取得的成果更为精深，而时间更早、费力更少。事实上，在西方人花费时间获得大部分真理的时候，亚洲先哲的智慧光芒已经光照亚洲，然而他们的后代却将其淡忘，用各种迷信将其混淆和污染。

对于井上圆了来说，正是在这一点上，心理学这门西方新学科可谓来得趁手。他认为，佛教完全配得上近几年来在日本得到的大部分待遇。许多佛教领袖真的收受贿赂，乐意让井上所谓的"愚民"——或更不好听的，"蠢人"——相信关于鬼怪的奇谈怪说，只要他们缴税、在葬礼上做佛教法事。

但是，由于具有心理学的洞察力，再加上井上圆了自己所创立的新学科——妖怪学，可以教会人们分辨什么是"真正的神秘",什么是由于过分活跃而又受教育程度过低的想象力造成的、完全可以解释的"伪神秘"。人类敬畏、好奇和非理性这些宝贵力量,可以经过修正,服务于适当的目标:在科学、哲学和理性终结的地方,迈出至关重要的飞跃,进入绝对之境。

受暗示性,这种被错误贬低的人类能力,也在其中发挥了作用。当然,过去它曾被僧侣中的坏蛋滥用。但它也可以——作为"信仰"——进行向善的引导。井上是日本第一个对心理治疗潜力进行探讨的人,他将其作为一种产生信仰的手段,反过来,它让身心都得到治疗。在其新机构"哲学馆"中,井上开始教授经过改良的佛教仪式和祷文,以之作为早期心理治疗的一种方式。他们不再打算对外部世界产生任何实用性上的影响,而是旨在鼓励和支持人们开发这种信任和忠诚,这将帮助他们恢复与"绝对"的联系。

这还有助于让他们成为合格公民。井上的目标在这一点上与日本领导人相吻合,后者正需要有健壮身体和清醒头脑的人,帮助他们把对于国家的构想从蓝图变成现实。日本第一批精神病专家通过帮助拔除"杂草"——离经叛道者、罪犯和不可教化之人——为下一代的健康成长培土,赢得了政府的信任和金钱。井上在这方面则认可政府关于有害迷信的官方罗列,他还在上面加了更多,表明虚假宗教和真正宗教是两种全然不同的存在——而真正宗教对于国家利益至关重要。为了夯实这一点和实际证明他所推崇的口号"护国爱理"（求真以卫国），井上将炮火对准他所谓日本真正宗教的祸根——基督教。

*

1865年3月的一天，一位法国天主教神甫在家正凝视着窗外隔壁新教堂顶端的十字架，突然听到了一阵骚乱之声。十几名日本女人、男人和孩子拍打着这座木质小教堂的大门，想要进去。

情况不太好。长崎的里山等地最近被划拨给外国人以建造宗教场所。但题中应有之义是，这样他们的宗教信仰就可以被限定在此区域中。日本人是不允许进入的。日本国内处处可见的木头告示牌上都贴着反对基督教的法令，它们是现已摇摇欲坠的德川政权在其早期的建国岁月中留下的遗产——之所以制定和贴出这些，并不只是要禁止某种东西，更是要展示其拥有可以禁止某种东西的权力。这座教堂四周前才落成，它专门为纪念1597年为其信仰而被处死在不远处的26名基督徒而建，最近天主教将他们认定为圣徒。

因此，法国人珀蒂让是带着一定程度的恐惧出去见这群人的。即使他们来这里，脑袋里并没有想要作出反基督教行为或者针对外国人的故意破坏,但他们仍然可能很危险。他把教堂的门锁起来是有原因的:任何被发现进入教堂的人都会陷入与政府间的严重麻烦,而他也会被牵连。但是珀蒂让感到这群人有点不同寻常。他们似乎算不上威胁。他们看起来也不像来这里看雨后春笋般涌现在长崎山周围的奇怪外国建筑的那些寻常游客(建筑中最著名的是托马斯·格罗弗的家:几年前建成,不久后变成其茶叶销售、钱款出借、军火交易的据点以及为三菱创始人提供援助的基地,后来更因作为普契尼《蝴蝶夫人》的背景地而声名大噪)。

于是珀蒂让决定让他们进入,当他祈祷时,他惊讶地发现,有三个女人跟着他顺着廊道来到祭坛旁,在他身旁跪下。其中一人凑上来低声说:"我们所有人的信仰与你一样。"珀蒂让几乎无法相信他所听到的。他发现了日本传说中的"隐藏基督徒"。或者不如说,他们发现了他。

17世纪早期,德川政权的无数次清洗使日本基督徒从30万——全国总人口才1500万——变成官方数字"0"。人们被迫放弃信仰,违令者会被处死。为了证明他们信仰已变,每一年,许多人被迫踩踏有圣母玛利亚或基督形象的铜板。这些铜板由叛教者根据欧洲基督教的形象描述精心制作而成,以便取得最大的真实度和情感冲击。举办这种"踏绘"活动并为之颁发证书，这一有利可图的特权算是这个时期佛教徒的又一笔额外收入。

但是其中一些踩踏铜板的人，随后就关起门来忏悔和祈愿。他们仍然秘密地信仰基督教，经常用佛教徒形象作为幌子，因此多年以来出现了天主教和佛教的融合形式，其中有一位基于圣母玛利亚形象塑造的仁慈的神。为了躲避官方的审查，人们将她和儿子耶稣一道描绘成看起来像佛教观音抱着孩子这一形象。祭坛前女人们问珀蒂让的第一个问题是："圣母玛利亚的塑像在哪里？"

珀蒂让曾听说过关于隐藏基督徒的故事，但是没有人知道他们是否幸存。事实证明，许多人存活了下来，每个群体都有上千的成员。一些人开始拜访珀蒂让的教堂，而珀蒂让则和其他神甫常超出条约口岸的边缘——以及条约的规定，与他们见面、一起祷告。村民们开始建造小教堂。珀蒂让用他认为他们可能会熟悉的用语撰写了教义问答。基督徒被指导后，终于，现在他们无须对本地的佛教寺庙伪装忠诚了。

一切都太快了。一些基督徒拒绝为寺庙修缮交钱。其他人则不再接受当地佛教僧侣的葬礼法事。1867年，一直对所发生情况视而不见的当地政府忍无可忍。军队出动，家产被毁，大批基督徒被抓捕入狱。

PART TWO 反抗即沃土

年轻反叛的武士在第二年夺取了政权,但一开始就采取了更为强硬的立场。在他们看来,宗教自由的国际外交倡议看起来非常像是对基督教传教活动的秘密支持,而后者则反过来成了殖民楔入的芒头:即使是极为粗略地阅读近代史,也可以发现,紧随《圣经》而来的就是刀剑。无论如何,对新国家、对其领导人想要讲述的天皇故事而言,基督教都是一个明显的意识形态方面的威胁。正如一位官员所说,在日本,没有空间容纳"上帝的又一个儿子"。

因此,就在1868年关于佛教、神道教分离的命令发布三天之后,就有了第二条命令。德川式木制告示牌被翻新,告知人们"邪恶的基督教派"仍被禁止。基督教被冠上了谋杀和纵火之类的堕落之名。

西方外交家不可避免地表示抗议,但所取得的结果不过是告示牌上轻微的措辞调整罢了。"基督教"和泛指的"邪恶教派"出现在了两个独立的句子中,不再是通过语法关系,而是通过联想关系,彼此关联。与此同时,日本西南部的数千名基督徒从家中被拖出来,被驱逐到其他地方。直到1873年,新政府感到足够安全,才在外国政府和国内的自由主义者充分而持续的压力下放松对基督教的管制。告示牌被取下,被驱逐者可回家。

很快，这看上去便像是一个错误的决定。19世纪70年代至80年代初期，基督教拥趸似乎得势。到处都可以看到，输掉1868年到1869年那场战争的精英男女，以及在随后的私人领地变更为行政专区过程中下台的大名们，都在寻找新主。通过西方传教士或西方教师的布道，许多人找到了。从前的桀骜不驯的村民是一回事；眼下呼之欲出的前景是完全不同的另一回事：民族的与个人的危机融合，基督徒武士兴起。

对年轻人，尤其对生长在强调为了更大的目标而牺牲自我美德的新儒学环境中的年轻人而言，他们会在某一天感觉1868年后的日本像一个充满不可思议机遇的世界，在另一天又像是"道德空虚"的世界，一个皈依基督教的人如是说。正是在这一点上，人们与在英语语言学校任教的那些目标明确的清教主义美国内战退伍军人接触，最终变成最广泛意义上的一种"教育"。

像熊本洋学校（教授西学的学校）的勒罗伊·简斯上尉和札幌农学校（农业专科学校）的威廉·S. 克拉克这样的人，起初并没有打算成为传教士。但这些都是小学校，在这里很难将思想与拥戴这些思想的人分开，而探究教学和教师的最终一致性和价值观，不可避免地都要追溯到上帝和《圣经》上去。转变信仰，可以说，是极为情绪化的事情，有时就发生在年轻人看着他们老师祈祷的过程中。

再一次，上山和下山，与如何认识宏大天地发生关联。1875年，受简斯《圣经》课程及其宗教复兴精神影响，35个年轻人结伙爬上熊本郊外的花冈山，在那里发誓信奉基督教。他们的亲人却根本没有他们那种热情。其中一个的母亲搞清楚发生了什么之后威胁要自杀。另一个的父亲说要砍掉儿子的头。还有一个学生被单独监禁。简斯的学校被关闭了。

不过，熊本这些信徒认为，拥护基督教是实现日本伦理，而不是将其抛开。山顶上的男孩们发誓效忠的，既有基督教，又有日本，他们和井上持有同一信念，认为信仰对于国家的将来至关重要。1872年，当横滨的信徒发表"信仰声明"时，他们把"福音联盟基要"（那个时代里一份鼓吹基督教各派合一的新教文献）中的东西与根植于他们武士背景中的文章糅杂在一起：孝悌、服从师长和尊重权威，以及拒绝自私和肉体享乐。

内村鉴三和海老名弹正这些20世纪初期备受瞩目的基督徒，公开把基督教作为一种新形式的武士道加以谈论。这是一种新的"神圣化了的武士道"或"受过洗礼的武士道"。事实上，整个明治时期对武士道的重塑和普及，主要是为了将其输出到国外，这在很大程度上要感谢美国的基督教和英国公立学校的情怀。《武士道：日本的灵魂》（1900）的作者新渡户稻造本人就是一个基督教信奉者，是威廉·S. 克拉克任教的那所札幌学校的学生。

很快，日本的基督徒领袖人物出现了。尽管在日本人与简斯或克拉克等人早期的亲密接触中不乏各种趣事传奇，但在日本的众多外国传教士显然都不怎么受欢迎，被认为身上散发着一股"黄油臭"。换言之，他们所理解的皈依基督教是全盘接受西方生活方式和风俗，而有人不知怎地将其与对乳制品的喜爱联系在一起。

相反，与其他现代亚洲和非洲的基督徒一样，日本的基督徒坚持认为，福音超越文化，可以通过日本具体情况来理解，就像希腊或罗马、英国或印度一样。并且，如果要借助通过各种传教士协会派往日本的人才能理解，那么西方基督教就麻烦了：它严重缺乏那种无私的武士道精神，而这正是日本新基督徒相信自己拥有的。因此，问题不是日本被动接受基督教，而是日本把基督教变成了某种更好的东西。

内村鉴三领导信徒们采取行动，把日本基督教与他认为完全不相关的国外宗派主义截然分开，在他看来，使徒保罗就是一位"真正的武士"：独立、憎恨金钱、忠诚。以混合着怀疑与不屑、让人回想起井上圆了之类文化民族主义者那种口吻，内村写道：

PART TWO　反抗即沃土

> 在电学、牙科以及养牛、养马和养猪等方面，我们能够而且可以从美国人那里学到东西；但在美术、哲学和精神宗教方面……由本质上唯物是尚、注重世俗的美国人来教育和引导现代日本人……难道不是耻辱吗？

日本基督教新教徒人数从1873年的区区59人在20年后增加到了3万多人。这一数字到1912年明治天皇下葬之际又翻了三倍。但是，19世纪80年代以来，不平等条约仍然存在，"跳舞内阁"式执政昏招越来越让人难以忍受，舆论对西方列强和文化的批判越来越尖锐——在有些领域中可谓怨声载道。压力持续增加，打造并坚持一种更具有连贯性、挑战性和排他性的日本认同的诉求越来越强烈。在未来的几十年里，佛教徒和基督徒会越来越常面临同样的问题：你信奉的宗教能够为这个国家做什么？宗教和国家哪个是第一位的？

*

任何一个拥有最新地图的人都能看出，为什么关于认同和忠诚的问题至关重要。西方帝国主义的新浪潮在19世纪80年代席卷非洲，并且吞没亚洲从缅甸到越南的部分地区，很快将会拍打日本防御工事仍显古旧的海岸。俄国正在修建一条通往海参崴的跨西伯利亚铁路，山县有朋信心十足地预测，这条铁路将很快使其行动向南推进到朝鲜半岛。俄国一直想有一个不冻港，明显是要靠这一做法来获得——即使与其利益核心区远隔千里。山县有朋在日本内外安全问题上持强硬态度，他曾参与戊辰战争并领军对抗反叛的西乡隆盛。1890年，在一次关于日本新议会的演讲中，他关于"朝鲜是一把指向日本心脏的匕首"的描述令人耳熟能详。半岛上的政府力量薄弱，并且当时的中国政府根本无力支持它。西方列强正虎视眈眈。如果日本不控制它，那么一些其他国家——极有可能是俄国——就会采取行动。

就山县有朋而言，"国际合作"之类的说法是毫无价值的专业外交辞令。日本真正需要的，是强大的边界和边界之外的"一线优势"。这条线清楚地把朝鲜半岛置于"日本的势力范围"之内。可是，尽管外国列强自己的手伸到了数千英里外的全球各地，却明显不愿意让日本拥有哪怕几百英里之外的治外势力。

1894年至1895年日本发动侵略中国和朝鲜的甲午中日战争，日本取胜，强迫中国清政府签订不平等条约。然而旋即俄国人就联手德、法干预，剥夺了日本在"条约"中取得的其最觊觎的"战利品"。其中就包括辽东半岛，这是中国东北一个不大但具有重要战略价值的地方。日本外交官们无可奈何地看着这一所谓为了"亚洲和平"而上演的"三国干涉还辽",演变为欧洲疯狂掠夺虚弱的中国,包括把日本被迫退出的中国辽东半岛强行租借给俄国。不久,如山县有朋预料和担忧的那样,那条从俄国东部向南延伸的铁路动工修建了。

期望遭受鞭笞而破灭,这成为当时公共情绪的一个标志,以至于日本不得不迅速发布帝国诏书,告诫人民保持冷静。军费猛涨,与英国在1902年的结盟提升了一些声望,与俄国的谈判开始了。"解决"在东亚势力范围重叠的一个可能的"办法"是,俄国人承认日本对朝鲜半岛的主导地位,同时日本接受俄国在中国东北的主导地位。但双方都无法完全同意这一想法,同时,日本国内有人呼吁用战斗解决这个争端。1904年2月,日本海军为差不多十年之久的屈辱带来了国民众所期待的时刻:突袭俄国人。

接下来的冲突——充斥着机枪据点、战壕防御、铁丝网——在残酷的20世纪早期的小规模现代战争名单中赢得了一席之地,这些战争①后来被认为是从1914年至1918年非同寻常

---

① 指日俄战争,即1904—1905年日本和俄国为争夺朝鲜半岛和中国东北而进行的战争。战争在中国领土东北地区进行,是对中国领土主权的粗暴践踏,使中国东北人民蒙受了空前的浩劫。——编注

的大战的前兆。它们让将军乃木希典和海军上将东乡平八郎成了日本的"英雄"。后者把史诗般万里航行——从波罗的海绕行西欧和非洲，跨越印度洋——而来的俄国波罗的海舰队，打得只剩最后一艘船。陆地上日本也取得了胜利，包括成功围困中国辽东半岛上的旅顺口。到1905年5月，双方都遭受了重大损失，死亡的士兵超过10万名，双方都难以为继。日本领导人秘密请求西奥多·罗斯福总统调停。在新罕布什尔州朴茨茅斯，双方经过谈判于1905年9月签署和平条约。后来，罗斯福成了获得诺贝尔和平奖的政治家。

直到最后，日本也没有取得绝对的胜利。尽管如此，日俄战争还是引起了轰动：一个新崛起的亚洲国家严重羞辱了一个老牌的世界强国。对于日本来说，这场战争达成了两件事。它完成了与英国结盟的目标：跻身强国；同时，它让日本领导人思想中、公共话语中的国家成功故事得以巩固。这个地方，这个民族，的确与众不同，他们的价值观和精神继续推动和塑造世界上别处没有的一种迅速的现代化进程。

但在国内，战争的压力很快就开始显示出来。当媒体的言论像滚雪球一般迅速增大——日本危在旦夕；要么支持我们，要么反对我们——佛教徒、基督徒和和平主义者都受到了攻击。佛教和基督教组织通过购买政府证券和给军队送钱送礼来抵御

PART TWO　反抗即沃土

公众的敌意。而煽动民意则是和平主义者的要务。当弟弟申请加入一个特别小队时,诗人与谢野晶子[①]写下一首诗,力劝他和这个国家远离并无迫切需要的冲突,回到旧时代所关心的事情上来:

哦,我的弟弟,我为你哭泣。
你不要死去!
作为家中最小的一个,
父母格外宠爱你。
他们何曾让你紧握刺刀
教你杀戮?
他们把你养到二十四岁,
哪是让你先去杀人,后葬自己?

弟弟,你不要死去!
你是家族的继承者,
你会成为这家在堺市古老而有声望的小店之主。

---

① 1878—1942年,日本近代诗人,原和平主义者,创作的《请君勿死》为日俄战争时期著名反战诗。而后思想发生变化,转而讴歌日本帝国主义的侵略战争。——编注

对你而言，旅顺口的工事
陷落与否又有什么关系？
商人之家的家规根本没有论及。

弟弟，你不要死去！
天皇本人
不会亲自参加战役。
皇恩浩荡，
岂有这样的旨意——
让人们流血而死，
让人们死如野兽，
还说什么
这就是荣誉。

  在这些年，最糟糕的事情就是做一个和平主义者和一个基督徒。这主要是因为日本过去二十年来对信奉基督教与忠于祖国之间能否两全一直有着一种怀疑。1891年，基督徒领袖内村鉴三于《教育敕语》副本在其任教的东京一所学校公布之际，引起过一场轩然大波。全体教职员工和学生都应该深深鞠躬，但轮到他时，他先是犹豫了一下，然后轻轻点了下头。这引起

PART TWO　反抗即沃土

了众怒，包括指责他犯"大不敬"之罪，于是他被迫辞职。

记者们报道了这个事情，日本东京帝国大学的第一位哲学终身教授井上哲次郎作了评判。井上说：《圣经》中，何曾提及耶稣基督颂扬民族国家，或者表现出对父母"冷淡漠视"之外的情感呢？日本价值观中忠于家庭和国家与这种理想化的不加分别的爱如何兼容？"登山宝训"能培养出行动高效的士兵吗？既然基督徒与西方传教士之间的关系表明他们私下里可能倾向于英国或美国而不是日本，我们为什么要让基督徒在我们学校教书呢？基督徒既不能又不愿意同化。如另一位批评家所说，他们坚持这一极为愚蠢的行为——这个遍及全世界的宗教不过是一个年轻女孩千方百计为自己的未婚先孕找寻说辞。

严肃的历史和神学论据被用来反驳这一切，但从长远来看，更大的影响是日俄战争期间受宗教影响的军国主义言论和形式主义不顾底线的竞争。海老名弹正之类城市基督徒领袖曾试图召集教徒，把战争视为从事上帝所命工作的机会。基督教出版物所颂扬的士兵，在行动最激烈时犹自吟诵着经文，或者，用其中一句话来说，"濒死之际犹自渴望着《圣经》"。

尽管有这些努力，对于日本基督徒，人们仍然认为，"他们"——作为一个单一而难以被信任的总体——在爱国方面模棱两可，对战争不够热心。井上圆了对这种情绪的高涨感到十

135

分满意。对他来说，与俄国的战争只是国家紧急状况，可以帮助他更生动地阐述他关于佛教与国家自然而然相互支持的主张。他认为这场冲突极为简便地成了一场及时的讨伐"可鄙的基督教"的"圣战"——无论是在国内还是国外，俄国士兵战前受到的东正教圣像祝福显然不管用。井上圆了相信，旧佛教背叛日本人民的最可悲标记之一就是，朝气蓬勃的年轻人被弄得满腹绝望，以至于选择了这种既缺乏科学可信度，又无力激发真正的无私精神的世界观。这种情况下，俄国人及其宗教的失败，就意味着现代性的胜利、慈悲心的胜利和常识的胜利。

*

最终，日俄战争中最大的宗教赢家实际上是日本的民间宗教——对国家的信念，日本领导人过去 30 年里绞尽脑汁灌输的就是这些东西。尽管井上圆了在全国积极传播思想，尽管他对后代有着毋庸置疑的影响——涉及科学、宗教和哲学方方面面——他关于彻底改革佛教以取得最终权威的主张却已经过时。那种备受推崇的权力已经消失，哪怕它曾真正被拥有过。而且，它将一去不复返。

然而，宗教能够做到，而且确实曾经做到，在个人和虔诚的小团体层面激发创造力和抵抗精神。基督教牧师柏木义圆曾公开声称，日俄战争须归咎于资本主义的罪恶，不应利用宗教为暴力冲突辩护。佛教僧侣高木显明（净土真宗）、内山愚童（曹洞宗）后来卷入了1910年谋划行刺天皇事件。但是，关于基督教或佛教可以为基础广泛的社会或政治组织提供凝聚力，乃至于对国家构成文化威胁，这种观点现在看来相当不可能。

不过，日本领导人发现，他们对俄战争的胜利为国内带来了复杂的影响。1905年9月，突发暴力事件席卷东京，暴徒开始向皇居奔去。似乎可以争夺到整个世界。日本城市则是另外一回事。

⑥

东方梦魇

夜已深，
你觉得自己应该
安睡，死去，
你心的尽头，
肯定寒冷如冰。

斋藤茂吉是和歌诗人，也是日本伟大诗歌总集《万叶集》的崇拜者。同时，他还是一名精神病学家，一生中遇到过很多自杀事件，以致他给自己的诊断是患了"电话恐惧症"：害怕在夜里被惊醒，听到又一个人失去了生命。最后，鉴于许多人在

PART TWO 反抗即沃土

极度沮丧情况下会难以抑制地选择七八英尺长的传统和服腰带上吊自杀,他发明了一种特殊的纽扣式短和服腰带来取而代之。

但是1927年7月24日死去的这个人不仅是病人,更是一位朋友,这首诗就是斋藤茂吉为他而写。斋藤茂吉曾帮他打开诗歌的大门。这个人则与斋藤茂吉分享了他痛苦的幻象:透明的齿轮,不停地转啊转啊,自己不得不透过齿轮打量周围的世界。斋藤茂吉为他提供了佛罗那,一种巴比妥类药物,来帮助他度过那年异常炎热的夏夜。可能他正是通过服用这种药物来结束生命的。

年仅35岁就去世的芥川龙之介是一个著名的作家。他最初以创作精妙的历史小说闻名,但近年来,他越来越转向日本现代文学的主导形式——"私小说"。古典随笔——类似清少纳言《枕草子》(1002年完成)那种个人反思——与欧洲浪漫主义和自然主义相遇,产生出极有影响力的近似自传性质的小说。这些小说常常围绕生活中每时每刻的反思来建构,不屈不挠地聚焦作者本人的感受和沉沦。

在芥川龙之介的手中,私小说成为一种尤为有效的追溯方式,批评家们认为,它所记录的正是20世纪一二十年代日本城市正在发生的事情。在他最后的作品之一《齿轮》中,其叙述者"A先生"越来越绝望,试图用各种分散焦虑的方式——写作、(像不可自拔的赌徒一般)在书店书架上乱翻、乘坐东京

139

的火车和出租车——让生活变得多少算是还值得去过。

有一次，A先生向一位住在圣经出版社阁楼中的老人吐露心事，这位老人白天做杂工，剩下的时间都花在了祈祷和阅读上。"毒品帮不了你，"此人忠告说，"你不想成为信徒吗？""要是我能就好了。"A先生回答说。他可以轻易地相信魔鬼和罪恶，但无法轻易地相信上帝和奇迹。他也不像这个杂工一样乐观地相信，世界上的黑暗无非无上光亮所投射出的影子而已。

芥川的死是全国性新闻。他遗言中对未来"模糊的不安"的著名说法，使这个国家的所有知识分子都把他的自杀当作国际主义以及开放的、有教养的生活的最终失败，而芥川曾被视为这些理念的代表。在日俄战争结束和1927年这位明星作家去世之间，日本发生了一件事，这件事似乎证明A先生对人生的看法比那位老人要高明。这并不是一个有着少数阴影但本质光明的世界。这里有幽深、让人毛骨悚然的黑暗，A先生之流相比其他人不过是被吞噬得更早一点儿而已。

这个充满不确定性的时代诞生在前所未有的暴力事件之中，1905年夏天东京爆发的大规模抗议，正暴露出这个硬要触碰俄国底线的国家何等痛苦。日本已经获得了它所期待的国际尊重，事实证明，这种东西是交际舞无法带来的。于日本而言，条约似乎还"说得过去"：日本接管了俄国租借的最重要的中国辽东半岛（在这个过程中获得了俄国所修建的南满铁路），它在朝鲜的"合法利益"得到了承认。但这场冲突的花费是日本常规年收入的六倍还多。税收飞涨，外债高筑，一个个家庭看着兄弟和儿子被送往远方，几乎每艘日本商船都被征用并投入战斗。因此，抗议者想知道，除了寒冷的库页岛南部，永久性的领土收益在哪里？十年前的《马关条约》带给了日本巨额的白银赔款，这次的钱在哪里呢？

随着人群从东京市中心的日比谷向皇居（位于江户城旧址，旧壕沟和歪斜的花岗石墙部分尚存）移动，愤怒不断积聚。演讲者坚持认为，如果人民要为帝国如此艰辛地付出血汗，就应该对帝国的运作拥有发言权。一些抗议者希望全盘撕毁和约，以便他们的武装部队继续战斗而获取真正的好处。

人群控制不到位，使得已经紧张的局面更加恶化，很快就爆发了动乱，席卷整个东京并且从此向着其他主要城市蔓延开去。成百上千的建筑物被摧毁，包括内政大臣的私宅和首都近四分之三的警亭。有轨电车被视为攻击目标，被点火焚烧——这反映了人们对最近交通价格上涨的愤怒，而亲政府报纸的办公室遭到袭击。最后，抗议者本以为会返回俄国前线的军队却被调来对付他们。秩序姗姗来迟。

日本的现代领导人在处理麻烦的个人或出版物方面训练有

素——可以对其监禁、罚款或查禁。如今，进入20世纪一二十年代，"群众"的幽灵成为他们的梦魇：一股不可控制的城市公众的怒火具有迫使他们下台的潜力。日本即将步入一个大规模工业社会，任何最近曾出国的人都知道将来可能会是什么样：极度贫穷、反政府情绪滚雪球般累积、激进的另类意识形态四下传播。日本的宪法条文，只勉强过了一代人的时间，能够应付得了这个即将出现的世界吗？或者说，日比谷暴乱不过是微小的预演？

*

在地下室里给玩具上漆。在楼上卖棉制品。看护孩子。给成人做牛肉料理和寿司。在办公室打字。跟着顾客逛商店。给药剂师帮忙。在洗手间睡觉。找房子。装房子，努力讨价还价，计算每一笔开支：茶托（1日元）、盆栽（35日元）、腌芥末酱（5日元）、卫生纸（20日元）、给楼下的人做面条（30日元）。在咖啡馆打工。跟男人聊天。避开男人。从男人身边逃跑。回到兜售工作。"如果你给我偷偷留下一颗炸弹，我会高兴地把它扔出去……"

这就是林芙美子的东京生活，这位年轻女子以蒙太奇一般的笔触将人物地点、散文诗歌、歌曲和购物收据糅合——20世纪20年代末被取名为《放浪记》出版——捕捉到了城市的无情，城市提供无数机会，却很少提供安全感。一个衣衫破烂的大学生守着一个夜间小摊，试图通过责备路人的愚蠢来说服他们购买他的计算器。"89503加275460等于多少？不知道？要不要来一个？"商店老板晚上睡在保险箱前以防不测。林芙本人辛苦地挣钱谋生，周围激动而丰富的生活支撑着她继续前行——就像她寻找朋友或情人，在他们被生活碾压的表面下或许潜藏着与她相配的火一般的热情。她在一首诗的开头写道："我爱上了佛，当我吻着他那微冷的唇……"

不久，东京不断迅速增长的人口中——1895年到1923年增长了一倍，从200万增加到400万——或许多半像林芙美子一样，是来自乡下的第一代移民：他们彼此陌生，奔波在一个不断向外扩张的城市之中。

为了得到头一年那个不着调提议的答案，海军准将佩里1854年回到日本，回程的盛况之一是上演了一个小节目。四分之一长的铁路——蒸汽机车、车厢和一圈轨道——摆放得整整齐齐，然后是点火，汽笛尖叫，如此等等。围观的日本人果然印象深刻。一个男人乘机上了这列时速20英里的火车，他趴在车厢上，紧抓车顶，竭力保持平衡，他的衣服在风中翻飞，身体笑得前仰后合。

20世纪一二十年代，通过私人和政府资金，再加上用了从英国和其他地方进口来的轨道和机车，铁路线帮助东京明确了日本首都的形态并主导着它的扩展。一旦铺设新线，百货公司、通勤住宅区和餐馆几乎一夜之间就会随之而来。随着这座城市的扩张，一个又一个城镇和村庄被吞并。诸如新宿这样的新沿线地带出现了，它们成了林芙美子以及形形色色其他移民的家，这些人的生活被她写进自己的编年史。

这是一座由电杆、招贴画和电线构成的城市：19世纪90年代已经安装电报和电话设施，街道照明、家庭用电紧随其后。有轨电车一直来回穿梭，工人和购物者开始在日益拥挤的建筑物之间流动，与时装模特、汽车、歌手和扛着最新产品宣传板的人组成的喧嚣的游行队伍在街上争夺空间。"麒麟"啤酒来得高人一头，它的广告气球舞动空中，飞机撒下它的传单，落在下面熙熙攘攘的潜在消费者头上。

随着流行歌曲从现场表演艺术向着黑胶唱片和收音机过渡——亚洲的首次广播于1925年播送在东京、大阪和名古屋地区——显然，日本的都市居民完全迷上了他们迅速变化着的生活。只要能够得到恭维和讽刺，无论是被华丽的文笔写到，还是被专家学者专门批判，他们都愿意付大价钱。一部同名电影的主题曲《东京进行曲》成为1929年的流行歌曲，因为它对发生在这座城市的四个著名地点——新宿、银座、浅草和丸之内——的爱情故事进行了生动的描写：

> 随着爵士起舞，深夜里畅饮，
> 黎明来临，舞者泪如雨下。
>
> ……
>
> 东京那么大，却容不下爱情。

这个时代的其他音乐对这个城市表现出一种更为扭曲的自豪感。《东京武士》（1919）描绘了一个充斥着"自命不凡知识阶层"、"蜷曲着30万寄生虫"、人们为了挤上拥挤的公共交通而进行"生死搏斗的地方"。其他城市歌曲则利用新来者的短暂记忆，大书特书对远方家乡的怀旧之情，那里的生活更为单纯也更为美好。

《东京进行曲》因其过于具有暗示性而被日本新的国家广播机构（日本广播协会，NHK）迅速列入黑名单。NHK被牢牢掌握在国家手中，当局对其拥有的对大众的潜在影响力感到忧虑。广播内容需要预先审查，政治讨论则被全面禁止。一旦触犯规则，可以用断路器来切断现场直播。播音员被要求使用"冷静中立"的声音，同时避免使用"极端"或"绝对"之类具有潜在煽动性的言辞。

电影制片人不得不忍受类似的限制。不许有政治；不许有关于阶级斗争的暗示；不许有关于犯罪的描述，因为它们可能鼓励或者启发犯罪；不许有违背家庭伦理的素材，对皇室只能点到即止。美国流行的"启斯东警察"系列电影——以一个过分热情、行事笨拙的警察为主角的滑稽默片——在日本被禁，原因是它们有可能影响对警察的尊重。

为了让音乐和流行文化为其所用，日本领导人试图主动运用其中一些元素，着手在国内塑造国民情感，在国外宣传国家的独特审美品质。早期的一次令人难忘的试验发生在1872年的新桥车站开幕式上。新桥是日本第一条铁路线位于东京的终点站，这条铁路线连接着首都和横滨。它以作为永恒与超现代交会之地的日本为主题。主持仪式的是明治天皇（其正装从神道教长袍到欧洲君主式军装制服不一而足），在无数石头、玻璃和彩绘金属建造而成的宽敞车亭中，飘荡着截然相反的两种音乐传统的乐曲：其一是雅乐独奏——管弦乐器加人声，已经在宗教场所和皇室演奏了几个世纪，目的是告诉云集在此的西方政要权贵，这个新国家与过往延续性及其精致而神圣的审美（出于类似原因，雅乐乐器和乐谱卷轴被送往巴黎和维也纳的博览会展出）。与此同时，由从横滨的英国公使馆"借来"的乐队指挥约翰·威廉·芬顿组建的日本新海军乐队演奏一支曲子。这

PART TWO 反抗即沃土

支曲子表明，日本想要模仿欧洲把雄壮的音乐与强大的军事结合的成功做法。

但没过多久，日本的新军乐团就在报纸上受到批评，他们——通过波尔卡和四对方舞——助长了国家精英们在鹿鸣馆的胡蹦乱跳。现代音乐品位并不像日本领导人希望的那样直接可控——他们自己对国家的要求也时常是变来变去的。

能剧浅色柏木面具和迟缓、过少的动作最初因为"落后"而被看不起，后来——连同其鼓手加笛手的组合——因为被发现与欧洲歌剧传统相似而得到拯救。在广岛，政府曾经强烈反对过时又"庸俗"的三味线和日本筝，只允许艺伎和需要谋生的盲人接触它们。但当这些乐器在国家再度流行之后，这样的苛责就烟消云散了。这些乐器在剧院和影院中被用于述说关于英雄、恶棍和爱人的那些古老日本故事。它们的演奏者是第一批被赶进录音棚的音乐家，他们的音乐被要求压缩到三分半钟以内，这样每分钟78转的唱片就能容纳得下（有位音乐家难以适应，以致一旦时间到了，就让技术人员在自己头上敲一下）。

此时此地这些日本唱片业的男男女女是真正的品位创造者。他们明白，音乐的吸引力就在于时间，在于卡准时机。对于明治早期的日本人，钢琴、小提琴以及《友谊地久天长》之类歌曲，听着就西方味道十足。而于下一代，它们已成了生活的一部分：《友谊地久天长》变成了《萤之光》；几乎没人知道，第二首童年经典《蝶儿翩翩》（讲一只蝴蝶在树叶和樱花之间飞舞的歌）的旋律诞生自德国的《小汉斯》，经过美国的《船儿轻轻划》才流传到日本。

到20世纪20年代为止，都节调式（E-F-A-B-C-E）传递深刻忧伤的三味线和日本筝旋律，能够唤醒城市人对往昔的怀念；而A-C-D-E-G-A这种欢快拍子的民谣音阶，则勾勒出故乡生活的纯朴——对买唱片的大多数城里人而言，这种生活只存在于模糊的记忆和纯粹的幻想之间。述说当代城市的打工生活、夜生活和爱情生活的歌曲，采用的是所谓"五声音阶"的折衷音阶：去掉第四和第七音阶的西方大小调式。

即使政府费尽心思打击某些类型的音乐，他们也力有不逮。资本主义总是有办法的，就像在《东京进行曲》这件事上那样。集体性焦虑推动了报纸的发行量，而唱片公司"日本胜利者"（Nippon Victor）也通过免费宣传得以起步，它在全城的咖啡馆和酒吧发放了1000张这首歌的唱片。

一些日本人积极地着手开发音乐的颠覆性潜力。明治时代的演歌师运用叙事歌曲来规避政府对政治言论的限制，他们尽可能在警察出现并逼迫他们离开之前，把他们的歌词多卖出几份——这些歌词讽刺当时的裙带政治，呼吁民众权利。有些人

PART TWO　反抗即沃土

用吉他或小提琴伴奏，另外一些人则发现阿卡贝拉①音乐更利于抽身脱逃。

与此同时，工业化带着其森然的音轨登场，充满抗议和绝望。中产阶级城市文化中的大部分都被逼迫在一个日常假设迅速过时的时空中去找寻定位：如何与老板沟通？如何交友？如何遇到一个所爱之人并如何与之相处？如何装修房子？当下流行吃什么穿什么？虽然那些在大学毕业后进入教育、金融或政府机关工作的人可能负担得起《东京进行曲》里所描述的那种生活——包括买得起在家跟唱用的留声机——但是，大众社会的兴起对其他人来说远远称不上友善。即使是最沉醉的狂欢者也跟着《活死人之歌》打节拍：

> 我家很穷。
> 在弱不禁风的十二岁，
> 我就被卖到工厂……
> 甜言蜜语把我带往远方。
> 我的钱被窃取和扔掉。
> 看不到未来的艰难，

---

① 指无伴奏合唱。——编注

我是风中的浮萍。

日本在 20 世纪初竞争激烈的全球经济中得以幸存，很大程度上是依赖缫丝和棉纺之类产业。这些产业则依赖于年轻女孩的劳动，她们常常是路途迢迢地从乡村迁徙到城市。招工者为了佣金，通过"甜言蜜语"让经济窘迫的父母出让女儿。有时候，女儿自己认为工厂里的工作或许是她能够为缺衣少食的家庭经济作出的帮补，或者说不定是她通向自由的入场券。

《活死人之歌》接下去描述了主人公来到一家棉纺厂门口，经过一次可怕的体检，吃了"混有沙子的下等米"的一顿饭。歌曲中的女孩天真地问配菜是什么。她哀叹自己凌晨四点半就开始的漫长的工作日，机房很大，没有椅子，每个人都穿着同样的蓝色工服、蓝色袜子、麻绳草鞋。

长达 15 个小时的持续工作之后，女孩们回到上了锁的宿舍，没有人有精力到厂方曾经给她们和她们父母承诺过的学校"上学"。那原来不过是走廊里的"随便说说"而已。此外，在狭窄的空间中很容易感染肺结核，而殴打和性侵亦是常态（"让我们把那些恶人的蛋蛋拧下来！"这个时代的另一首工厂之歌唱道，"工头先生，主管先生，你可得小心了！"）。与世界各地制造商对手之间的竞争，要求工厂机器以及包括她们在内的整个悲惨的系统必须一天 24 小时运行。

上工几个月就有大约一半的工人逃走，尽管她们知道自己的家人将被迫偿还招工预支款。大多数人辗转于新工厂，满心希望条件会更好一些。其他人则在城里的办公室或商店工作——这或许就是林芙美子最终摆脱的那种工作序列的开始。

20 世纪一二十年代，每年都会发生几百起罢工事件，有时候成功实现了缩短工作时间、改善饮食或睡觉环境。在某些需要花时间进行技术培训的产业，管理者发现与其流失员工，不如与他们达成协议。这些成为日本后来闻名世界的一种现象的根源：劳资关系的基础不是对立，而是在从工作保障到福利待遇每个方面类似亲属般的合作。从意见箱到周到的公司住宿，三菱之类的产业巨头发现，培养雇员对雇主的强烈认同感显然是当行之道。

20 世纪 10 年代，很清楚的是，旧的政治状况不会长期持续。1889 年的《大日本帝国宪法》由一小撮革命精英依靠自己的利益和才干起草而成。他们的个人关系遍布议会、平民和军事机构，当然还包括天皇本人，这些关系将整个体系编织在一起，帮助其合理地顺利运转。但是这些人现在开始退出这个舞台，取代他们的人，其影响力来自界限更为分明的——因此是更加严密守护的——权力基础。当选的政治家不得不在二者之间保持平衡：一方面，高调挥舞国旗，帮助深得民心的军队充实金库；另一方面，要考虑他们因相对富裕而自然反对税收的选民的财政状况。在此过程中，政治获得的名声是"派系林立""一潭死水"。批评家们发现越来越难区分政治家中谁是在经营这个系统，谁是在谋求私利。

1912年之后，新天皇再无法起到引领或调和的作用。他的父亲兼前任天皇作为大人物受到尊敬，他成功地完成了向现代君主的过渡，并辅助他的时代配得上一开始就将之命名为"明治"（向明而治）的这些人的期待。但是，其时代被称为"大正"（大亨以正）①的这个人饱受身体和精神乏力之痛，更糟糕的是他还有酗酒的习惯，这很难向公众隐瞒。有一次，当天皇正要在帝国议会发表演讲时，他把卷轴卷成筒，透过卷轴筒看着下面的听众，就像透过望远镜一样。混乱的时代需要一位展现出冷静和延续性的天皇，哪怕是让民众与之隔着"高深莫测"的距离。大正天皇不太适合这个角色。

相反，20世纪10年代见证了民众给予的不断上升的压力，他们要求在日本实现真正的议会治理，这与宪法里议会只起顾问作用这一最初设想是相违背的。日本的宪政战略家伊藤博文

---

① 出自《易经》："大亨以正，天之道也。"——编注

PART TWO　反抗即沃土

在1909年去世之前曾建议同僚，为了捍卫明治时期的成果，他们需要克制隐忍，与帝国议会成员更加密切地合作，使政党成为国家的一支重要力量。伊藤本人成了立宪政友会这个新党派的主席。其他精英及其门下众人很快依样学样，与商业、农业和其他利益团体建立起新的联系。

有一段时间，这些努力似乎会催生出一类新的谨小慎微并且善于交易的民主主义者。曾帮助伊藤博文建立立宪政友会的原敬是一个经验丰富的人，操纵过现代日本提供的几乎每种权力杠杆。他曾在国家官僚机构工作，经过商，还做过记者。他来自日本北部的岩手县，很能设身处地理解地方领导人和商人的需求，在这些人看来，东京似乎常常是一个遥不可及的地方。

凭这些关系，加上他想方设法让税金向着遍布整个国家的政治同盟所青睐的项目倾斜——这里一个港口，那里一条道路——帮助他自己一路走上国家政治的巅峰。为了确保自己在公务员中得到忠实的拥趸，原敬把政府人员调来调去，20世纪10年代这整个十年中——无论是在内阁之内还是之外——他始终耐心地等待着获取那个巅峰位置的最后机会。1918年，在日本领导人担心的大规模骚乱中，机会来了。

四年前，根据1902年的英日同盟条约，日本站在英国一边参加了第一次世界大战。日本帝国海军在印度洋和地中海护卫

153

了数百艘盟军舰艇，西线受伤的士兵也偶尔受到了来自日本红十字会的护士照顾。但大部分情况下，日本在战争期间的活动都基于追求自身战略利益：把德国人从中国和南太平洋慢慢挤出去（英日重大联合行动是1914年成功袭击了德国在青岛的租界），进一步扩大其在亚洲大陆的影响力。1915年，趁着辽东半岛租约即将到期之际，日本向中国提交了所谓"二十一条"的系列主张，其中包括延长日本对南满铁路的租期，承认日本对德国之前所拥有势力范围的临时管理权，以及联合控制关键的在华采矿业务。当时的袁世凯政府无力拒绝，使得中国愤怒的学生活动家将其称为"国耻日"。

这些战时手段为日本领导人带来的或许是长期的损失而非好处。美国的政治和公共舆论开始变得反对日本而支持中国，日本将迎来国际上艰难的十年。与此同时，在国内，日本经济得到发展助力，一方面是因为商业对手在战争期间遭受重创，另一方面是因为战争中那些武器和其他货物合同。这些经济收益带来的却是通货膨胀，到1918年的夏天，公众对大米价格的愤怒——从前年算起，大米价格已经翻了一倍——变成了席卷全国的暴力。

原敬并非充满理想主义的平民政治家。他反对关于男性普选权的呼吁，却更喜欢在工人和管理方协商会议等非公开渠道

PART TWO　反抗即沃土

中，让中下层和工人阶级说出自己的利益诉求。但他善于给有影响力的人他们想要的东西，甚至成功争取到不太好说话的资深政治家山县有朋①的支持，后者于混乱之时挑中他作为第一位"平民"首相，也是第一位从普通政党中一步一步爬上来的首相。

这是一项巨大而著名的成就，但它本身并没有改变这一事实：没有官方的鼓励，对普通日本民众而言——除了缴税和看报纸——这个国家的政党仍然只是针对富人的、小型的、交会费的俱乐部。立宪政友会及其近几年中更具进步性的对手民政党，分别得到三井和三菱等财团资助，彼此合作之紧密，到了两党虽专业有别，领导家族之间却相互通婚的地步。认识到时代潮流向着议会将发挥更大影响这一方向发展，来自公务员、军方和大金融集团的权力谋求者摇身一变，成了政党政治家。

一个名叫中冈良一的年轻铁路扳道工，对国家政治中的虚伪投机、高度党派化感到无比困惑和愤怒。1921年11月一个秋天的晚上，他走到东京站外的原敬首相面前将他刺死。这似乎是一次令人震惊的向着前文明状态的历史倒退，明治时期的领导人曾一心要让日本从中走出来。事实上，这是即将发生的众

---

① 1838—1922年，日本近代军事家、政治家，日本近代陆军体系奠基人，中日甲午战争期间任陆军大臣，伊藤博文死后，成为日本最有权势的元老，通过其门生桂太郎左右政局，曾参与策划吞并朝鲜。——编注

多事情的一个先兆。

解决这些宪政危机和政治危机的答案，是更多民主还是更少民主？对于赞同前者的人来说，1922年取消妇女参政的禁令以及1925年给予男性普选权——选民一下就增加了四倍——算是重大成果。对于倾向后者的人来说，大众组建的政党享有内阁级别的权力，这种景象可怕至极。这个国家去往一个激进而不受欢迎的方向的可能性，被20世纪20年代糟糕的经济进一步提高了：这个十年一开头就是股市大崩溃，随后是一系列小规模冲击、背负巨额债款的企业和银行相继破产。在《普通选举法》通过的同年，通过了一项严厉的《治安维持法》，想要确保这次最新的可疑的民主试验享有强化警力的安全保护。

在提出西式民主温和替代方案的人中，有信仰基督教的政治学家吉野作造，他在东京帝国大学工作，在海老名弹正常去的那座教堂的角落做礼拜。他认为，日本需要的不是人民治理政府，而是政府为人民服务。人类拥有一种精神力量——道德与理性的融合——它超越他们的环境，指引他们向善，它不应该受到否定或贬低。人民需要接受正确之人的领导：这些人有情操，会尊重和培养这些基本素质，约束军队和国家官僚机构的权力，保护言论自由、向政府请愿的权利等至关重要的宪法自由。

PART TWO　反抗即沃土

吉野称这种制度为"民本主义"：以人民作为治理的基础或核心。尽管吉野的作品被广泛阅读，但他所提出的种种关于日本政治的别样看法，在关键的这些年中并没有获得太多支持。对一些人来说，他们过分强调精英主义和家长式统治；对于其他人来说，他们的理想主义则与日本明治时代领导人所遗留下来的实用唯物主义格格不入：后者秉持自然科学世界观，认为国家治理靠的是一小群有能力的人在狭义界定的国家利益范畴中施展才华。

20世纪20年代，特别是新的《治安维持法》生效之时起，左翼活动家每隔一段时间就会被抓捕、殴打和监禁，有些甚至被杀害。

不过，这些并不是这个时期人们表达其关于日本现状和未来可能之看法的唯一方式，不管他们是否真心实意地乐观、沮丧、持不同政见、相互怀疑，甚至觉得国家作为一个整体正在走向崩溃。

*

一个男人站在他的药店外，向邻居们述说自己是多么不忍心与不忠的妻子分开，因此他把她砍成五块，使用包括一个降温的木桶在内的"秘技"，对肢体进行清洗、处理和重组，将其做成自己橱窗中的人体蜡像。"情况就是这样!"他告诉他们,透过窗格用手指点着,"你不知道?难道你夜里没听到水流的声音?"

一个学生利用城中一栋不知名新建公寓中四通八达的通风管道摸进了一位熟人的房间。他轻手轻脚地在天花板上钻了一个小洞,这样,就可以趁房中人睡觉时沿着一根线把毒药倒进他的嘴里。你没发现吗?难道你不知道你的邻居就是……?

一个年轻的作家,佳子,在经过布告栏时,无意中看到一个"相貌极其丑陋……生活方式邋遢……"的男人所写的一封信。他一心想要坦白自己的罪愆。他是一个做椅子的工匠,曾做了一把大扶手椅,椅子漂亮得让他不想与之分离,因此在椅子被带到横滨一家豪华酒店的大厅之前,他藏在了椅子中。

他的计划是夜里从狭小的藏身之处爬出去,去抢劫旅馆里的客人。但他很快就发现了意外之喜:

> 旅馆里的一个女孩……坐在我上面。她是我的第一个女孩,她点燃了我心中最炽烈的爱。我认为她是欧洲人……她坐着,用如此甜美的嗓音歌唱,30分钟

PART TWO 反抗即沃土

里,她的身体和双脚一直随着曲子摆来摆去。

我简直不敢相信。因为脸长得太丑,我总是回避异性。而现在,我的皮肤几乎只隔着一层薄薄的皮革接触到她的皮肤……噢,椅子上的爱!

但是,令人伤心的是,有一天,酒店拍卖了我的椅子,它最终进了东京一个高官的家。只不过,这把椅子原来不是他用,是他年轻的妻子用,放在她的房间。

很快,我几乎始终和她在一起,和她亲如一人。她没有在吃饭或睡觉的时候,她柔软的身体就落座在我的膝盖上……

随着对这个房间描述的展开,佳子的眉头皱了起来。这是她的家,这个房间是她的房间……

20世纪20年代的东京,一直是这类奇怪犯罪行为频发的城市,但大多数是发生在人们头脑之中。虽然上一代的井上圆了曾希望把这些怪谈从日本现代生活中驱逐出去,但事实证明,这座城市前所未有地激发了人们的想象力。

提供——助长——这些恐怖和幻想的人是江户川乱步这位

悬疑侦探小说作家，他从埃德加·爱伦·坡那里得到灵感和笔名，创造出尸模妻子、公寓谋杀和"人椅"构成的黑暗世界。

江户川笔下的人物形象取材于现代东京——乃至现代性本身——的腐朽内核。其中的典型是富有的女人，她们因为新近获得的独立而堕落或受到惩罚：通奸，有时还会杀人的妻子们；一个老年放债者被杀，因为她被人看见把钱藏在花盆里。大多数男人都软弱、丑陋、倒霉或无趣，犯罪并非出于激情或才干，更多是出于无奈。

即使是江户川笔下聪明而富有洞察力的侦探英雄明智小五郎，他的成功也不是因为他喜欢现代日本的生活，而是因为他理解是什么将其人民变成这样。他们的绝望和贪婪太普遍，太容易读懂。生活本身已变得商品化，以至于一个男人为了真正"拥有"自己的妻子要将其杀死并肢解。

像江户川乱步这样的作家获得了巨大的成功。以其逻辑演绎见长的外国侦探小说，曾被视为培养青少年理性思维的绝佳范本，因此夏洛克·福尔摩斯和亚森·罗宾之类人物受到热烈欢迎。但因为有江户川这样的国内作家，这种体裁的核心特征被颠覆了。情节转折来自对之前所铺垫的一切的突然嘲讽——《人间椅子》的结尾，是写信人在第二封信中宣布，第一封信只是一个故事的想法，他不过是用它来征求佳子的意见罢了。

PART TWO　反抗即沃土

那么问题又来了：写一座城市，其中芸芸众生都过着既不熟悉又不可预测的生活，为什么要努力使叙事连贯？古怪的、令人不安的和奇幻的东西对这类题材来说再适合不过了——就像在这个国家已经绵延多个世纪的怪谈传统：死去的亲朋最好的情况是守护你，最坏的情况是伺机伤害你。经典鬼故事被加以改造，写给那些对于现代技术是否全然是好尚存疑虑的读者。过去，幽灵的声音在凄凉的风中低语。现在，人们听到，它们是从光线昏暗的电话亭中传出。

人们蜂拥而至电影院，去看"怪"片或"鬼"片（怪奇映画）。它们通常改编自歌舞伎故事，每年制作六部左右，常常选在盂兰盆节这个日本纪念祖先的夏季节日上映。关注发行量的报纸编辑会不时弄点关于"妖猫"的"新闻"故事。曾经有则流言盛传一时，说一群"妖猫"跑进东京的廉租公寓，还上演了"死亡之舞"。

在那些倾向于从社会如何利用其闲暇时间来解读深意的评论家眼中，所有这些都清楚地表明日本正在倒退。不久前，这个国家生气勃勃的口号是"文明开化"。如今，一个关于男人通过椅子抚摸一个女人的故事却引来评论界的叫好。

在字面上和象征意义上，1923年侵袭东京—横滨地区的大地震也很容易被视作与严谨进取的过去的决裂。死者超过10万人，许多人是在席卷整个城市的猛烈破坏性大火中丧生。在随后的重建热潮中，酒吧、茶馆和咖啡馆数量激增。许多这样的地方以前招待的是进行严肃对话的知识分子——角落里经常会有一两个监视的警察。新开张的地方则似乎要的就是娱乐和轻佻，要探一探这座城市给予他们的自由底线。

震后时代的两个重要标志是随心所欲的"摩登女孩""摩登男孩"以及咖啡馆女招待。前者来自追逐八卦的媒体的夸张，这些年轻男女喜欢打扮成舞台和银屏上西方明星的样子，在评论家看来，似乎他们主要是为购物和娱乐而生。咖啡馆女招待的"类型"包含着广泛的社会现实。她们有些只是端咖啡；另一些则为男性顾客提供各种服务，从朋友般的微笑到五花八门的精心设计的色情邂逅，不一而足——取决于咖啡馆、咖啡馆老板和这些女孩自身。

*

坐在东京一家咖啡馆里的，是芥川龙之介的"A先生"，他正接近崩溃的边缘：

> 我对面坐着的看上去是一对母子。儿子虽然比我年轻，但看起来却和我几乎一样。两人像情侣一样聊

PART TWO　反抗即沃土

天，脸紧紧贴在一起。看着他们，我觉得，儿子至少意识到自己给了母亲何等的情欲快感。这是我很熟悉的一种吸引的典型事例。同时它又是关于一种意志的典型事例，这种意志把我们的世界变成了地狱。

A先生近期的遭遇，都发生在着火房屋、酒店客房、地下餐厅、火车和铁轨这些幻觉景象中。在一节火车车厢里，一个男人兴奋地对他嚷着自己看见了鬼；一位带着鼻音的女学生跟一位乘客没话找话，问着什么是"爱情场景"之类问题。

A先生感到恶心。他那受过教育、凌乱不堪的脑海里反复冒出但丁《地狱》的内容，还有宗教——背负着十字架的形象。他刚写过一段话又回到脑海："我没有良心……我所有的唯神经而已。"格言式短小的句子与他碎片化了的现实十分贴合，让他稍微觉得有力，能够撑回房间，拿到越用越少的镇静剂。"我没有力气继续写下去了……"最后他说，"难道没有一个仁慈的人能在我睡着时勒死我吗？"

芥川龙之介一直对基督教感兴趣，他参观了长崎的大浦教堂，在那里，日本的"隐藏基督徒"曾向珀蒂让说明了自己的身份。他带着一尊伪装成观音的圣母像回到东京。他在生命最后几个小时里创作的作品中对宗教进行了反思，宗教如此地充满诗意和难以践行，以至于对之"即使基督本人也不可能完全践行"。"狐狸有洞，天空的飞鸟有窝，"他引用福音书中的话写道，"人子却没有枕头的地方。"芥川龙之介心想，这个人竭尽全力指点人们超越"俗世"，却又同时指向其痛苦的核心。多年前，世上曾有某个人，他不需要工业城市和大众社会的喧嚣和嘶鸣，就能感受到人类处境中无家可归的核心。

1927年夏天芥川龙之介逝世，床边有一本打开的《圣经》。在他身后留下的是深刻的悲哀和忧虑，还有疑问。他是否已经找到他声称无人可去之而活的那种超越感，或者，他已经对之不再执着？而下面这些话到底是什么意思呢？他写下的最后一小段，语言显然有错的，也许是因为被疲劳或巴比妥类药物弄得变了样吧。或者，也许算是某种临终遗言：

> 耶稣的一生总是让我们感动。它是一架被残酷折断的梯子，让我们从天堂降临到人间，如今却歪歪斜斜地倒在灰暗天空下的倾盆大雨之中。

⑦

大逃亡

古泽平作把他的精神分析对手大槻宪二视为江湖医生，很不情愿与之待在同一座城市。尽管没有任何正规培训经历和资历，大槻宪二却成功地把自己打造成了东京及其周边地区的弗洛伊德理论传播者。他以挑逗性文笔为报纸撰写弗洛伊德式评论，在城市景观中搜寻具有阴茎象征的各种东西——从领带到棒球棍，不一而足——同时，还致力于挖掘当时重要作家作品中所隐藏的有趣的性内容。他的精神分析讨论小组号称江户川乱步这位受欢迎的侦探小说家就是其成员之一，他甚至还接到请求，为警方和法庭提供犯罪心理学方面的咨询。

另一边，古泽平作在东北帝国大学先后取得医生资格和精神病医生资格。但他在的大学前途因为羞辱了他的老师丸井清泰——他从后者那里了解到精神分析，却宣称唯有去欧洲才能真正将其学到位——不得不半途而废。1933年他回到东京时，他发现自己只是一个家有刚出生小孩却遭遇失业的父亲。他需要大槻宪二那种进取精神。

于是，在田园调布这个繁忙而时尚的街区，就在古泽平作家门口，打出了一块招牌。自从几年前地震以来，这里有需求的人越来越多。古泽平作招牌上的话很简单："什么都可以问我。"除了在报纸上刊登广告，他在火车站也张贴了海报。大多数日本人对精神分析一无所知，所以谈什么"力比多"啦，"本我"啦，或者对于自己父母的性感受啦，只会招来怪人。相反，对于一个被快速的变化不断撩拨又不断打压、越来越习惯征求和接受建议的城市社会，"什么都可以问我"的承诺既简单又直观。

这是一个充满潜在客户的城市。从19世纪后期直到20世纪，生活中越来越多的方面被配上了一个目标：家庭关系是半公共的，自觉地具有生产力；教育以获取强国技能和共同伦理为核心；从事个人职业是为了国家的利益——纺棉布、扛枪当兵、为国家生机勃勃的政治机制写文章，无不是如此。

人们甚至会为了国家命运而苦恼。记者石川安次郎1909年

PART TWO　反抗即沃土

曾写到自己从神经衰弱中恢复过来，他慎重地总结说，自己的病是因为参与了100多个政府和社会组织，还在日本各地为启蒙大众发表了1000次公众演讲。与之类似，当日本当局发现朝鲜精神疾病发病率上升，他们的反应是一个字——"好"。关于在朝鲜半岛扩张自己的影响力，他们给出的原因之一，是要使之走出中国传统的"泥潭"，按照日本自身的形象打造出一个现代国家。心理痛苦是一种成功的表征。

　　日本最著名的自称神经衰弱的人是小说家夏目漱石。他承认他的病情部分缘于个人问题，和自我意识过强有关，同时他也将此归咎于近几十年来国家错误的"文明化"进程。这个国家对现代西方世界那种"火警警报"一般的反应，带来了仓促、肤浅、"外在"的变化，身处这样的社会中，任何试图在内心培养真正文明的人都会自然而然地在这一进程中生病。

　　1900年到1902年在伦敦的几个月痛苦生活，帮助夏目漱石得出了这个结论。本来想的是加深对英国文学的理解，夏目漱石却因为每日所受到的羞辱而获得了一种截然不同的教育。他在拉文德山和克拉珀姆公园附近骑车或者推车而行，因为好心的朋友试图把他拉到骑自行车这项新潮活动中来。警察"嘘"他，路人嘲笑他，他差点撞倒一个人，那个人大声喊出"中国佬"这一侮辱性词语。寄宿家庭的女房东们则是冷漠、阴沉、

167

趾高气扬。他写到其中一个：

> （她）毫无女性气质……人类的所有缺点——怨恨、嫉妒、固执、刻薄、怀疑——肯定都乐意逗弄一下那张脸，才会让它那样地不讨人喜欢……她的眼睛转向玻璃瓶中凋落的水仙，她说，英格兰是一个寒冷、多阴天的国家，不适合居住。毫无疑问，她是打算向我指出，这个国家甚至花都开不了。

同时，伦敦的工业雾霾让夏目漱石对现代化给英国带来了什么，有了一种生动的视觉和情感感受，这种东西将要开始侵袭日本。雾霾笼罩道路和草坪，创造出一种人类生活的色彩、能量和丰富细节都在其中被蒙上阴影和压抑的景象。对于附近的花园，他所能看见的只是它那坚硬的装饰：定格在潮湿的阴暗中的那些无意义、无生命的现代人工制品。剧院帷幕升起似乎是伦敦人最幸福的时刻，因为莎士比亚的《第十二夜》，他们可以置身阳光明媚的古老的亚得里亚海：

> 突然，雾消失了。远处，一大片绿意伸向大海，在太阳灼热的光线里闪闪发光，一个英俊的年轻人映

入眼帘，他身穿黄色短袍，身旁是一个身穿紫色长袍的美丽女人，长长的衣袖在风中鼓胀着飘动……她在橄榄树树荫下的大理石座位上坐下。管弦乐队平和的声音从远处的海上飘来，它细细的音符无休止地绵延。整个大厅同时颤抖。在这黑暗中，他们梦见了希腊，那里的一切都是甜蜜和光明。

生活在伦敦，夏目漱石发现了对世界的怀疑和不安，这种感觉当身在日本时相对无害，现在却以一种深刻的文化冲击和一种对他整个自我意识的强烈挑战的形式，进入他的内心。"现代化对我们日本人做了什么？"这个问题一刻胜似一刻地逼问他，"伦敦对我做了什么？"一位此时拜访夏目漱石的日本游客就此给家里发了一封电报。上面写着："夏目漱石疯了。"

关于这总是"在我心底"的焦虑，夏目漱石只得到了部分解脱。他说，这种解脱出现在他终于找到真正的重心的时候，它与借款、进口和外国人的看法无关（日本人像"粘上孔雀羽毛"一般不加区别地听从），也与日本领导人的过分要求无关。他在1914年对日本学生说道："如果我们必须为国家吃饭，为国家洗脸，为国家上厕所，那真是太可怕了！"相反，一个人应该坚持"以自我为中心"：以自己的生活为中心，自发性明确而坚定地工作。

夏目漱石警告自己的学生，不要试图通过以自己为生活中心来避免现代化的压力——这是一种截然不同、破坏性的前景。但为时已晚。到20世纪10年代，受过高等教育的年轻人中出现了追求所谓"自觉"的潮流，这一趋势的特点是精读诗歌和哲学并深入思考自身的成长和种种关系。1916年，在古泽平作不久后将入学的日本北部仙台一所精英学校中，一名学生写道，自己期待"大正复辟"，这将为明治时代外在的、唯物是尚的革命配上"思想与精神"的内在部分。以外语为学习重点的学生有时在德语原文中读到欧洲浪漫主义和唯心主义哲学，受到了很多启发。醉醺醺的寄宿学校麻将聚会上，不时会响起《笛—康—叔》这首歌——一首表现自己痴迷笛卡儿、康德和叔本华的学生歌曲。

批评家们宣称，这一切具有导致疏离社会和政治现实的危险，而这些年轻人本来前途无量，一心盼着他们为之出力的政府为他们高昂的教育开支提供补贴。记者德富苏峰写道，自己的遗憾是，政府好的地方在于它曾经是国民的宗教，而现在许多人正在失去或者质疑自己的信仰。

但是，这种以国家生活来换取内在生活的明显转变，特别是在年轻一代中，可能比一些批评它的人所意识到的更具政治

PART TWO　反抗即沃土

性。年轻人尤其对日本的生活产生出重重交织的一系列的担忧。他们觉得，关于国家和所谓集体利益谈得太多，他们担心全速推进的公共服务会导致个人自主和精神深度的丧失。他们被鼓励过分依赖理性而忽视内心：客观、理性思维和专业化是否经常掩盖生活的丰富性？尽管城市有各种创新和亮丽的色彩，但对他们来说，城市生活仍被打上充满逼迫感、机械化、单调乏味这类抹不掉的烙印，人们住的地方越来越近，却无法相应提升幸福感、同情心或凝聚力。人们的不适感和想逃避的愿望，不能简单归咎于懒惰或堕落。这些事情承载着道德和政治判断，有漫过堤坝的潜在危险。

*

日本卓有成效的现代化进程带来了 1905 年对俄战争的胜利，战争的胜利和期间对待战俘的方式，让其在国际上得到赞赏，而在国内，大约 1.2 万人被关进了"笼子"。这一制度可以追溯到德川时代的私宅监置：将精神病监禁在宅中露天处。①

东京大学的吴秀三是井上圆了的学生，被誉为"日本精神病学之父"，他在 1918 年协助编写的一份报告中强烈批判这一

---

① 监置室外部由很多木制小格子构成，类似栅栏，故为露天或半露天处。——编注

制度。他宣称精神病人"不幸地生在日本"①。这一表述令人震惊，因为日本几十年来都在致力于提升国家形象。政府最终作出一个迟来的承诺，承认精神病是一个医学方面而非法律与秩序方面的问题，并决定每个县都将建设适当的医疗设施。

同时，吴秀三及其同事们发现，家人们继续把生病的亲属带到寺庙和神社，那里提供各种方式的治疗——尽管条件常常极为糟糕——但他认为，它们与当代西方采取的治疗方式有相似之处。在瀑布下沐浴类似水疗法，而使用祈祷和咒语可以被看作一种心理疗法。

精神病学家对政治家及其承诺充满怀疑，与之相应地，公众则是对精神病学家充满怀疑。许多人担心被贴上可能影响他们家庭和未来前景的诊断标签，因为人们不确定精神疾病是否会遗传。此外，人们还觉得精神病学家更喜欢在大学实验室里解剖大脑，或者（为了利益）把不受家里欢迎的人"收容"起来，而不是倾听日常生活中开始出现的问题。

从20世纪早期开始，哲学、科学、比较宗教学和原始的创业精神——包括知识方面和商业方面——共同携手，致力于填补公众由于对精神病学的不信任（在某些情况下纯粹是缺乏了

---

① 吴秀三原话为"精神病人生在这个国家的不幸远甚于疾病本身"。——编注

解）所留下的鸿沟。此时出现了各种各样新的身体和心理疗法，用人们能够轻松理解的话语方式来治疗他们。这些疗法覆盖面广，能在个人的抱怨中发现宇宙的意义——在私密体验中做到极致。

诸如"心"（kokoro）和"精神"（seishin）之类的概念灵活且有用。前者的意思是"心""自我""个性"或"事物核心"。后者由"精"（sei）和"神"（shin）两个广泛暗示纯洁、心灵、灵魂、神灵和精力的部分构成，适用范围更具弹性。高度多样化的各种思想最终共享了一些相同的流行组成部分，一个从另一个那里借用其神秘感或科学信用度。日俄战争结束后，人们经常谈论所谓"日本精神"。唯灵论、唯心主义或精神努力都可以被叫作"精神主义"。一个人内心的、情感的骚动被归为"精神性的"。精神病学家称自己为"精神科医"，而古泽平作深爱的学科叫"精神分析"。

精神治疗先驱之一是一个名叫桑原俊郎的人。从他十三岁对自己的女仆催眠成功——这个男孩连续100多个晚上反复催眠了这个可怜的女人——到1903年至1904年出版畅销书《精神灵动》，他终于出师。这本书展示了所谓"精神灵妙运行"的技术，似乎实实在在地给了日本公众想要的东西：听上去现代又前沿的身体和心理治疗，以一种娓娓道来的第一人称视角以及对苦难中人感同身受的理解为特色，被嵌入对世界的一种准哲学般的描述之中。桑原宣称，催眠术之所以起作用，是因为它让人类心灵或个体精神与其作为组成部分的更大的宇宙精神相互合拍——我们可以通过历史上的许多字眼知道有它的存在，譬如梵天、上帝、真理或涅槃。

在短短的几年内，日本就有多达3万人开始自称"灵术家"。医生们开始担心，如果任何一个浸淫其中多年的业余爱好者能通过练习像催眠术这样的技术来解除痛苦，那么他们自己职业的声誉以及利润方面的独占性无疑会受到影响，而催眠术显然属于这一行业。他们向政府请愿，政府非常乐意支持西化的专家与那些看上去与老派迷信纠缠不清庸医之间的斗争。1908年，"没有正当理由地"使用催眠术，与算命、驱魔和咒术一道被列入轻罪名单。

并非医生的催眠师迅速换个名头，将自己称为"精神疗法家"（精神治疗师），其中一些以治愈精神本身为目的，另一些人则承诺利用精神力量来治愈身体。针对那些希望接受这些新技术训练的人，机构开设了函授和短训课程——这些机构模仿了本用于家族或"准家族"传承秘技的"家元"制度。其中一个注定要闻名世界的人是臼井甕男。1922年他在东京开了一个灵气治疗诊所，很快开始训练其他人，开头是通过直接接触传递"灵气之力",随后建立了一个能够为更大规模训练提供便利的组织体系。

虽然把神奇的"灵气"传到西方的是一个名叫高田的夏威夷女子,但在日本国内,治疗大部分是男性的工作。无论治疗师关注家庭、职业问题还是由新的生活和工作环境所造成的更普遍的社会问题(通行的诊疗方法很快把"社交恐惧症"也纳入进来),广泛的看法是,要想成为一个有影响的从业者,必须在社交和教育方面强过客户。这对于建立井上圆了之类理论家称之为"治疗中关键因素"的信念和信任是有利的。

但是,信仰和相信什么?信仰和相信谁?这些疗法似乎大多有这样的前提:病人或客户充满信任地抛出了异常的、孤独的自我和故事,转向某种更伟大的东西,无论那是专业修行者还是"精神"本身。在一个被其领导人塑造得等级制度分明的现代社会中——政治、工业和教育以及总体的人际关系方面尽皆如此——一个人如何区分这到底是治疗上的自暴自弃,还是对权威或一系列特定价值观的简单服从呢?

这个问题在后来传向西方的另一种日本疗法中非常清楚。森田疗法,它专门针对有精神疾病的人。它的创始人是森田正马,他曾经师从吴秀三,是芥川龙之介的好友——精神病医生斋藤茂吉的同事。森田1919年开始行动,他的方式是邀请自己的第一位客户住进自己家里，亲自为其设计适合的生活、工作和人际交往方式。森田疗法很快演变为一种结构更为明确、以医院作为基础的疗法，它汲取了众多西方疗法，并以植根东亚传统的生活哲学作为理论支撑。病人从完全的卧床休息过渡到承担由轻而重的工作，一路上学习怎样通过接受现实——如实接纳——来与世界相处，而不是一直想方设法逼迫它（他们问题的源头主要就来自这种态度）。但是，带有社会甚至道德方面优越感的魅力指导仍然是治疗的核心部分。森田一位后来的客户把他形容得如同基督一般。古泽平作最大的竞争对手大槻宪二有时采用的方法也并无不同，他会邀请年轻的男性客户与他们夫妻二人一起住进自己乡下的家里。大槻宪二会和客户长途漫步，这时，他扮演着客户所缺失的强壮有力、充满关爱的父亲。

在这种情况下，一个人如何区分，这到底是从困境中得到了解脱，还是仅仅换了一种由关系亲密、富有影响的人强加给他们的新困境呢？一种危险似乎正在逼近，从现代困境中"大逃亡"只会把人带进各种新形式的囚禁。

*

　　一天，全家人在田间。傍晚，要回家时，他们发现一个女人蹲踞河边，微笑着。第二天午间休息时又

PART TWO　反抗即沃土

发生了同样的事。这种事日复一日地发生，渐渐就有谣言说，村里有人晚上去造访那个女人。起初，只在趁她的丈夫赶着驮马去海边的时候才去造访。后来，哪怕她睡在丈夫旁边，亦敢前去。

过了一段时间，可知造访者是一只河童（淘气而致命的水怪），因此丈夫的母亲睡到了妻子身边。那天深夜，当母亲听到妻子的笑声，知道拜访者已经来了，但母亲发现自己身体无法动弹。任何人都束手无策……

当河童后代出生后，它们被剁成碎片，放进小酒罐埋进土里。它们是怪物。

现代读者对这样一个故事有何想法？这不重要。"想法"不是关键所在。民俗学先驱柳田国男对读者发誓，自己"只是像我对它们所感受到的那样"写下了《远野物语》（1910）里的这些故事，它们都是一个住在远野这个乡下小镇上的人讲给自己听的。柳田很怀疑，单靠逻辑，能够让人们多大程度上了解这个世界？于是，他在作品中直接把英文 logic 翻译成 rojikku，以便更好地强调其外来特征，对其能否为日本所用表示存疑。正如一些日本基督徒把西方传教士贬称为"黄油臭"——散发出难闻的黄油气息——在柳田眼中，当代日本民俗考察的主流做法散发着"学究的酸腐气"。

柳田国男是东京帝国大学的学生，1919年从农商务省辞职，他目睹了政府为国家利益作出的种种改造日本农村的尝试。首先，农村的经济需求被排在城市重工业需求之后，然后其文化被稳步摧毁：旧的风俗习惯被当作非法的魔法或迷信，取而代之的是帝国诏书的说教和来自内务省的官样规条。全国的神社都在经历着合并，本地供奉的神祇被强制纳入国家的神道教系统，以天皇及其皇族一脉为核心。

随着现代城市那种外来腐化如同地图上的一团墨迹稳步地扩展延伸到乡村，柳田国男认为，人们趁着还能够做到，必须汲取日本乡村不断积累的智慧。井上圆了曾经观察过乡村，看到的是"愚民"。似乎日本政治领袖所谓的"国民"，就是随时供使唤的纳税的人力资源。相反，柳田国男认为他看到的"常民"（庶民）是日本"普普通通、循规蹈矩的人"，令人羡慕地过着踏踏实实的生活。

这些人知道，试图客观描述世界是力所不逮的，就像他们要以某种方式超越这世界——用了把森田正马的病人变得崩溃的各种办法努力推动和刺探它。要真正理解生活，你不要努力去描述它，你得讲述关于它的故事。可见的和不可见的事物彼此交织：神、河童和天狗（人样却像鸟一样会飞翔的一种复合物种）之类的妖怪，富人、疯子和山野村妇，摩肩接踵；奇怪的猴子、狼、狐狸、祖先之灵和鹿，在两个世界之间穿行和沟通。

井上圆了希望用他的"妖怪学"来净化日本，针对的正是这些现象。而对柳田国男来说，它们是了解另一种生活方式的手段。森田正马或大槻宪二可能鼓励客户严格遵循治疗师的嘱咐，柳田国男则建议读者关注并亲自汲取日本乡村人民的"心灵之作"，这一点在"感受"他们的故事过程中显露无遗。人们会发现，柳田宣称，与远方城市的存在大相径庭的"日常生活意识"，才是现在所鼓励的东西。

对批评者来说，那种城市意识似乎是通过时钟的嘀嗒声来界定的。不断改进的生产模式创造出一种影响深远的印象，世界在严格意义上是线性的：今天超越昨天；过去主要因为是现在必不可少的基础，所以是相关的、重要的。人们很快就会忘记还存在其他的生活方式。现代性开始像史诗般的建筑物耸立眼前，然后像工业城市的碎片一样出现在你的指缝间，像你工作生活的新节奏和逻辑一样进入你的脑海。它还以发生了改变的关系和习惯、新衣服和家具等方式进入你的家。最后，它慢慢钻进你的内心，直到你不再记得自己从前拥有过什么，从前是什么。

柳田国男这一代的许多日本思想家，都在寻找方法来弥补德国哲学家马丁·海德格尔所担心的那种被"敉平"(levelled-down)了的时间——这种时间成为全世界现代生活的一部分：纯粹的"现时点"（now-points），被均匀地切割、公共、无有止境——最终沦入平庸。哲学家三木清在世界的"基础性经验"中寻求救赎：把某种直觉、关系或参照点作为锚点，为时间的流逝塑形并带来真正的意义。其他人把信仰寄托在高雅文化中：它的空间和广度，能够慰藉被办公室工作完成期限、匆忙而吵闹的咖啡馆交谈以及不断更新的消费文化搅乱、搅碎的心灵。还有一些人，柳田也在其中，找到了日本尚未被一刻复一刻的"现代时间"（*chronos*）所束缚的地方与人，那里，生活的诸般节奏仍由"时机"（*kairos*）——一种"当时"或"适时"的感觉所决定。这样的生活是集体的、合作的生活，因为地点和仪式，因为季节的循环和祖先的轮回——回来守护自己的后代——而得以定义和丰富。

但是，祖先和天狗真的"存在"吗？柳田会再一次回答，这不重要。典型的、悲惨的城里人才会问这样的问题。相反，人们应该关注这些故事中着重描写的"生动而鲜活"的人，关注他们所拥有的尊严和荣誉。在与芥川龙之介的讨论中——芥川去世前所写的一篇针对其社会的讽刺文章中使用了河童这一形象——柳田国男反复提到自己老师提出的一个猜想：如果有个"看不见的实体"藏在房间里,在旁观并评判着,一个人就不太会鲁莽行事。

像柳田国男一样,哲学家和辻哲郎在20世纪三四十年代也从乡村生活、人际关系和遥远的过去中寻找对日本不确定现状的启示。他宣称,日本兼有季风和远处来的极地气流,这一点对于了解其人民至关重要。这些东西长期以来使得这个国家非常适合水稻种植:这是一项标准的周而复始、群体出力的工作,被牢固地束缚在对特定地块的照料上。和辻哲郎对现代性的批判受益于海德格尔,但他认为,西方哲学整体上错误地坚持以个体和他或她的世界经验作为出发点。与之相对,和辻哲郎让他的读者关注日文对"人类"的表达:"人间"(ningen),"人"(nin)意味着"人","间"(gen)意味着"空间"或"间隔"。所谓人,他总结说,实际上就是,作为个体的人,同时处于关系之中。同时,西方家庭厚实的内墙表明,在西方,"家庭"的意义令人遗憾:只是一群以务实为要的同居的个体。拿这一点与理想的日本家庭相比,后者由木头和纸制成的隔扇门更薄而且可以移动,暗示出一种"安静但充满情感和武士道精神的无我","人作为单一、孤立的单位而存在"这一幻觉在这里绝对无法真正扎根。

*

"咖啡不错，治疗师太糟。"这是古泽平作对维也纳和西格蒙德·弗洛伊德精神分析圈子的断语，写在他给哥哥（他的经济支柱）的一封家书中。古泽平作1932年去欧洲，希望在弗洛伊德身上找到既是父亲又是拯救者的某种存在。他曾用饱含深情的文雅德语写信给弗洛伊德，说他"渴望通过你来体会我自身的完美"。但这些梦想在他们相遇时，却因为弗洛伊德自身的脆弱而破灭了，更不用说古泽平作磕磕绊绊的口语——弗洛伊德对此作出回应，建议古泽平作给自己找一个讲德语的女朋友，以便一切顺利。

由于无法与弗洛伊德顺畅交流，也负担不起他的分析费用，古泽平作只得在弗洛伊德的弟子理查德·斯特巴那里接受了短短三个月的治疗，对弗洛伊德那套东西只有泛泛的了解：古泽平作太亲近其母亲，恨他的父亲，对大学的上司（刚刚被其解雇）怀有攻击性厌恶。古泽平作那篇关于宗教、文化和解放的新论文，似乎也没有收到他所希望的反馈，他改造了弗洛伊德的"俄狄浦斯情结"，将其称为"阿阇世情结"（Ajase Complex）。

古泽平作论点的核心是，弗洛伊德误解了宗教，认为它是

PART TWO　反抗即沃土

一种错误的"逃避主义"。弗洛伊德认为，宗教根源于内疚和对惩罚的恐惧。古泽平作是一位虔诚的净土真宗佛教徒，他所谓的"宗教心态"实际上是终极的治疗方面的解放。其所达成的正是（或应该是）精神分析的最终目标。为了阐明自己的观点，古泽平作给出了一则短寓言：

> 盘子打碎的声音在房间里回荡，小瓷片散落在厨房地板上。一阵沉默后，一个小男孩——他是个好孩子，已经充满悔恨——抬头看见父亲的怒容越来越盛：为什么你要这样对待一个珍贵的盘子？到底为什么你不能"集中精力"？
>
> 男孩道了歉，但父亲还是火冒三丈地始终不理解。他退缩了，在人生早期就开始对父亲的疏远作出"回报"：那好吧，我不会再在乎什么了……
>
> 但男孩的母亲也在房间里。"人无完人，宝贝，虽然你做错了，但永远别忘记我是理解你的。我理解，无论你多么努力，这种事情你都是控制不了的。"

古泽平作表示，你可以看到弗洛伊德所理解的宗教，就在孩子对父亲的反应之中。但是，看看母亲走进来时所发生的事

183

情：男孩感觉得到了充分的理解，完全地被接受，于是能够让自己陷入健康的、弥补性的内疚。弗洛伊德式的"宗教"导致精神病；真正的宗教却能使其消散。古泽平作的观点很大程度上要归功于他在寄宿学校时遇到的一位净土真宗和尚——近角常观。近角常观给井上圆了当过助手，他的信念比井上圆了更虔诚，更带有情感。像柳田国男一样，他相信故事的力量能打动人，能以最直接的方式把观点说透。在说道时，他经常用到一个古老的日本民间故事：

> 一个儿子背着生病的母亲到山上去，暗地里想着把她丢弃在那里。儿子却不知道母亲一路上都留下小树枝：她知道儿子的想法。但这位老妇人并没有想着自己如何逃走，她想确保儿子能找到安全的回家之路。

"姥舍山"（obasuteyama，字面意思是"抛弃老妪的山"）的故事在近角常观看来，是一则关于阿弥陀佛之仁慈的寓言。这种仁慈如此圆满，使得亲鸾大师早在13世纪创立日本净土真宗时便相信，想要得到救助，只需要念诵"南无阿弥陀佛"这短短几个字就可以了。这并非什么神奇咒语，而是一种恳求。这是对人类弱点的坦诚承认，它如此深刻，以至于亲鸾大师认

PART TWO　反抗即沃土

为，若没有阿弥陀佛在其身份最深层面上的帮助，一个人甚至不能念出这句佛号。正如现代诗人甲斐和里子所说：

> 我念阿弥陀佛的声音，
> 就是阿弥陀佛念我的声音。

所有这一切中明显的现代元素，是近角常观和古泽平作重点关注的家庭关系，他们以之作为一个巨大的救赎契机。对近角常观和古泽平作而言，恢复受损或失调的关系，认识并且承认自己极为脆弱，恰恰正是阿弥陀佛的仁慈冲破世俗的线性时间、进入世俗的人类生活的那一时刻、那一种方式。

弗洛伊德如果知道，定然不会赞成古泽平作这一主张——他宣称这位精神分析的伟大先驱以及宗教的严苛批评家只不过是"20世纪的亲鸾大师"。弗洛伊德为人类的永恒课题带来了现代科学工具，准确地让人们看到了其本质性的脆弱，这对于让阿弥陀佛的仁慈发挥其作用至关重要。

因此，当自己回到东京开始实践时，古泽平作总结说，客户需要的是：在某人的指导下去体会一种惊奇和羞耻微妙混合的感情，这个指导者具有怜爱、激情和洞察力，足以带领和引导他们经过这个过程。古泽平作会坐在客户身后，让他们躺在沙发上，大声述说现在脑海里的念头和画面。古泽平作建议，"想象你是火车上的一名乘客，看着闪过风景的特征：猛烈的阳光照耀富士山，一个农民立在田里，一个女学生走在上学的路上"。

客户必须事先同意毫无保留。根据古泽平作的经验，人们会对告诉他的话有所筛选，省略掉看似无聊、无关、尴尬或可能惹得治疗师生气的东西。到某个点上，每个人都会开始抗拒这个过程，而这里正是治疗的黄金点。正如柳田国男对所谓逻辑持怀疑态度，对于顾客刻意呈现的方式，古泽平作只有间接兴趣而已。就他而言，他要扮演的角色是诘难者和伸出拥抱之手的母亲。

长期以来，通过与客户之间的信件往来，古泽平作探索出一种尤其具有揭示性的工作方式。他会要求他们定期寄给自己两份文件。第一份是以古泽平作为收件人的情况介绍。第二份是书面记录，记下的是独处时候的自由联想——当按照古泽平作的要求让自己的思想和感觉随意而行之时，在他们脑海中闪过的一切。

第一份文件告诉古泽平作的是客户的自我认知。第二份才是真正有趣的：它揭示出客户潜意识中隐藏的东西。随着治疗的进行，古泽平作希望看到有实在的变化从第二份文件"进入"

PART TWO 反抗即沃土

第一份文件：潜意识的元素渗透有意识的自觉。

一位信任古泽平作的客户回忆说，小时候，父母强迫他在海边戴上女孩的橡胶泳帽时，他觉得尴尬。古泽平作回答说，他其实一点都不觉得尴尬，他很喜欢。"捂住耳朵象征着阉割，这反过来又暗示了你想成为一个女孩，用这种方式从父亲那里获取关爱。另外，你此刻回想和分享这段记忆，很可能表示对我产生了同性恋情感……"

也许这位客户在读到这个回复时会把早茶洒出来，也许他会从信的上方紧张地瞟一眼坐在桌子对面的父亲。无论发生了什么，这部分是分析、部分是精心设计的治疗策略，促使客户开始摆脱治疗过程的过于理性，慢慢变得尴尬，而新的自我意识或许也就随之而来了。

各种各样的抗拒是有益的：治疗方式的现代核心就在这里，古泽平作曾经用类似谈佛的方式对一位顾客说过，"作心理分析要有亲鸾大师之心"。如果作为顾客，你真的不想分享某件事……那么你可能就应该分享。

所有这些都为回应古泽平作那则"什么都可以问我"广告的人准备好了，并且的确有好多人来问了。在他私人执业的头四年，就有各行各业将近 400 名客户走进了他位于田园调布的家门。一位药品推销员抱怨家庭不和。一位地主的妻子生了孩子之后变得郁郁寡欢。一位公司员工因为加班而濒于崩溃。一位妓院老板和一位糖果店老板有精神分裂迹象。一位和尚、一位鱼贩和一位铁路工人想要消除焦虑。学生们拼命想摆脱"红脸症"（古泽平作怀疑这可能与自慰有关）。一位患妄想症的银行职员来访，一位患歇斯底里症的盆景艺术家也来了。

一天，一位客户向古泽平作汇报，自己生动地体验到短暂地"离开"了自我，或者至少不像平时那样在"里面"。古泽平作非常高兴。他说："这才是精神分析的真正目的。没有这种体验，作为一项技术的精神分析将无法存续。"

从以日语和德语混合写成的标准的客户就医记录，到其诊察室的摆设装潢，古泽平作都努力在工作中做到一丝不苟地中立和科学。不过，对他而言，精神分析完全不像任何其他形式的医学。它面对的不是人的某个部分，可以与其他截然区分开来——譬如缝合伤口或固定骨头。在古泽平作的工作中，任何单一病征都是一种表达，关于整个人、他们的过去以及现在，关于他们生活过的更广阔世界。他并没有把佛教语言引入谈话之中，因为他不需要这样做：佛教那些核心关切，本就渗透在他的一举一动中。

这些是或多或少能够概括20世纪初"大逃亡"的一系列颇具影响的事情。活在世上，人们必须走出相对新的、不健康的孤立方式，（回到）彼此保持适当的联系（的状态），并且因此在世界上有了更强的力量、更高的原则或更重要的价值来源。这样，身体和灵魂或许能得以痊愈。时间或许开始变得有意义了。日本明治时代领袖留下的现代性，或许会被反转或救赎。

这会让古泽平作、和辻哲郎和柳田国男之类人物变为过去抑或未来吗？从政治方面而言，他们的思想极不明确。他们具有潜在的颠覆性，因为他们拒不认为日本当前前进的方向是正确的、必然的。尽管他们的思想可能会让日本两个"伟大的20世纪故事"之一——日本是亚洲第一个成功实现现代化的国家——失去光彩，但是，柳田国男和和辻哲郎为第二个故事——日本自远古以来就是一个"特别而出色"的地方——提供了大量支持。当公众和政治趋势违背第一个故事，现代性的外来根源和破坏性后果变得越来越明显，柳田国男和和辻哲郎的思想或许会构成一种具有吸引力的意识形态替代方案。

古泽平作、和辻哲郎和柳田国男这样的人，要么是为自由和繁荣提供道路的激进派，要么就是反动派，试图把自由式民主重新放回盒子，返还它所属的西方，这取决于你对20世纪30年代日本到底需要什么所作出的判断。关于他们自身，他们说过什么，在这里，都不一定重要。重要的是，这些以及同样微妙和复杂的思想方案或许在将来会被赋予某种用途。这些为

"大逃亡"画出的设计蓝图——本初的真实、永恒的民族精神、把人们捆绑在一起的动态关系、与阿弥陀佛的"相遇"——具有的一个显著且令人担忧的特点,即在其浪漫中,他们似乎都把手饥渴难耐地伸向了同一种东西:权力。

PART THREE

第三部分

引领亚洲，脱离亚洲

20 世纪 20 年代至 20 世纪 40 年代

8

"自力"、"他力"、国家权力

十八岁的菊川绫子耐心地和其他年轻女子一起站在队伍中。除绫子外,她们每人手里都拿着一个男人的照片。过了一会儿,一群拿着女子肖像照的男人鱼贯地进入房间,试图把手中照片和队伍中的面孔匹配起来。为了确保无误,一些男人检查了刻在女子行李上的姓名。

一名男子在绫子的柳藤行李箱前停了下来。他抬起头,微笑着。

"你是绫子吗?"

"是的。"

"那就好。"

他二话没说，拿起她的行李离开了房间。

绫子跟着他走出火奴鲁鲁（檀香山）移民站，来到附近的一家旅店，他们在那里吃了晚饭，大部分时间两人都沉默不语。第二天，他们沿着瓦胡岛的海岸向北出行。当天开始下雨时，绫子感到很惊讶——返乡的人可是说这里是一个热带仙境。

"夏威夷会下雨？"

"哈！笨蛋！夏威夷当然会下雨！"

在绫子的记忆中，这是他们第一次真正的对话。

天气如何真的无关紧要。绫子来到夏威夷，就只是为了见这个男人——她的远亲菊川至德——然后和他一道回他的老家熊本。像绫子一样刚刚从来自日本的船上下来的其他女子都是"照片新娘"。老家的家人给彼此做了介绍并交换了"对象照片"，于是这些女子来到夏威夷，与她们的男人见面，并在这里的一个移民劳工社区安顿下来。

毕竟，生产甘蔗和菠萝的种植园是不会自行运作的。18世纪晚期，欧洲人来到夏威夷，他们带来的疾病使当地人口大量减少，因此，为西方人所有的种植园所需的劳动力通常不得不从其他地方运来。从19世纪50年代开始，来自广东和澳门的中国劳工被带到夏威夷，在这里经过隔离检疫和熏蒸消毒然后投入劳作。1868年明治维新后，日本人加入其中。一开始只是

PART THREE　引领亚洲，脱离亚洲

陆续有一些人来，但夏威夷国王卡拉卡瓦在东京访问天皇并达成协议后，人数迅速上升。到世纪之交时，踏上这条路的日本劳工和他们的家人近乎十万人。

那些只身闯荡夏威夷的年轻人却发现自己被困在那里，他们没有钱回家，于是拜托家人为自己找一个妻子，并把一张近照寄回家，以便于相亲。有的人为了找个好对象，寄去一个长相英俊的陌生人的照片，这意味着，一个女孩可能会为了在天堂般的夏威夷的浪漫而启程远航，结果，当她一路疲惫、尚且晕船地来到阴雨连绵的火奴鲁鲁，只有一个满脸皱纹的老男人大声呼唤着她的名字。很少有回头路可走。回程费用太高，而且这些女孩通常已经嫁给了这些男人：在日本举行的仪式上交替饮用了清酒，面前是心上人的照片（或者是他更漂亮的替身，视情况而定）。

当他们沿着海岸线行进时，绫子充分欣赏了这令人叹为观止的景色，景色随着车子的摇晃而起伏不定。从一个火山岛到另一个火山岛的长途旅行都是为了短暂停留。至少，她是这么以为的。他们一到夏威夷北岸的哈雷瓦，就有人给绫子和至德提供食物。不过，这可不仅仅是休闲小吃：长桌是专门放在草席上的。有人把洋装、鞋子和帽子借给了绫子，并且奇怪地要求她马上穿上。节日食品被拿了出来。这是一场婚宴，绫子的婚宴。

原来，在日本的绫子家人秘密地把她的照片寄给了至德，至德已经同意和她结婚。还有另一个惊人的消息：婚宴结束后不久，绫子的新婚丈夫就透露说自己负债累累。他借了400美元买了一艘渔船，这艘渔船在恶劣的天气中很快就沉没了。因此，绫子没有返回日本，1918年夏末，她被安排到菠萝种植园工作，以帮助至德偿还债务。

到此时为止，绫子唯一的农活经验就是给蚕喂桑叶，她的母亲过去常纺纱缫丝，然后送去京都染色制成和服。现在，她每天要在田地里工作十小时，之后还要回家给丈夫烧洗澡水、做晚餐——把菠萝田里的野菜煮熟并调味，做成味噌汤。

尽管困难重重，绫子和至德还是慢慢成为一对幸福的夫妻，进而成为一个幸福的家庭。他们的女儿出生于1922年，儿子出生于1925年。儿子刚好在她劳作的中途出生，绫子不得不独自处理一切。她铺开一个蒲团和一些报纸，准备热水给婴儿洗第一次澡。她生了孩子，把他的脐带剪断，清理干净，将胎盘放入一个锡罐，把锡罐埋在了房子下。不久，这个婴儿就和她一起去下田了，有时被她背在背上，有时被放在饼干箱子里，上面盖着一个面粉袋以遮阴。

绫子的生活是田间和家两点一线，在这条线以南约20英里

PART THREE 引领亚洲，脱离亚洲

处，至德正学着把浮木削成玩具给他的孩子，而美国海军的船只正在疏浚好的停泊区进进出出。这是一个相当大的工程，具有配套的造船厂、商店和其他设施。卡瓦卡拉国王的时代已经一去不复返：他死了，他的王国被推翻，夏威夷从1898年后就成为美国的"领土"。这些特殊的港口现在在美国的战略利益中显得越发重要，以至于在20世纪30年代初，列克星敦号和萨拉托加号这两艘航空母舰被派往那里，以通过模拟攻击来考察防御准备情况。模拟结论是：不是很乐观，珍珠港看上去特别易受攻击。

列克星敦号和萨拉托加号都是作为巡洋舰而开始其服役生涯的。之后，虽然它们仍在建造中，但美国海军不得不把它们变成了航空母舰。政治介入其中。早前，海军准将马修·佩里竭力让日本人打开国门。而到1921年，日本把国民和军事力量投射到亚洲和太平洋的那种热情明显变得不受欢迎。为了遏制潜在的海上军备竞赛，英国、美国、日本等在1922年签署《华盛顿海军条约》，三国同意维持其海军主力舰总吨位比例为5：5：3。对巡洋舰的建造暂停。日本人正在密切观察形势。在日本国内，20世纪20年代是试验如何管理大规模工业社会的十年；在国外，这个时期——取决于其对国际事务的乐观程度——充满脆弱的合作或日益增长的不信任。

日本观察家曾认为，1895年战胜中国，1905年战胜俄国，这可能代表了日本勃勃野心的顶峰。但事实并非如此。西方列强几代以来一直把世界地图当作一种着色练习——英国用粉红色，法国用蓝色，而他们现在越来越担心东南亚和太平洋上那些远离家乡但在语言和文化上已经可以被当作家乡的地方。

英国人舒服地生活在他们以母语所命名的那些当地人和土地中，如"Burma"（缅甸）、"Malay Peninsula"（马来半岛）、"Singapore"（新加坡）、"Hong Kong"（中国香港）。附近的土地被冠以"法属印度支那"和"荷属印度"之类名字。世纪之交，美国人很快以坚定的反帝国主义者自居，通过若干战争，攫取了以西班牙君主腓力二世名字命名的一连串岛屿。香料、橡胶和其他有价值的商品大量流出这些地方，而西方的行政官、教育工作者、传教士和军事人员则大量涌入。这样的安排"妙极了"，根本就没有新人一展身手的空间。

现代日本的领导人从一开始就是帝国缔造者。北部阿伊努人的故乡和南部的琉球国，早就被分别改为"北海道"和"冲绳县"。日本1895年侵占中国台湾，十年后，又从俄国手中赢得了在中国辽东半岛的租约，还有潜在利润无比丰厚的南满铁路的控制权。1910年，朝鲜半岛沦为日本的"保护国"，最终被完全侵占，这一过程充满暴力，有将近1.2万名朝鲜人在后一

PART THREE 引领亚洲，脱离亚洲

阶段中死亡。对任何开始察觉到某种模式的人来说，日本于"一战"期间在东亚和南太平洋地区清扫德国军队的行为堪为明证。

到了这一地步，一些日本领导人认为扩张已经走得够远了。在1915年的"二十一条"中，资深、半退休的政治家成功说服政府大臣放弃了一些对中国更显明火执仗的要求，比如让中国在国家管理方面接受日本顾问的指导。这些政治家忧心忡忡地看到，新一代登场的政客和军部人员在他们的外交中完全不计后果地傲慢自大。他们太年轻，以至于记不住不久之前自己还相当脆弱；又太自负，以至于看不到外交上哗众取宠的长期性危险。

然而，早期以来从西方得来的"教训"之一是，一个真正的全球性大国不会把"现代性的馈赠"单单留给自己。它通过理想主义、自圆其说、贪婪、种族与文化沙文主义的复杂混合，四下传播。法国人称之为自己的"教化使命"。记者德富苏峰谈到，日本"将政治组织的庇护延伸到整个东亚和南太平洋地区，就像罗马人曾经对欧洲和地中海所做的那样"。

"文明开化"这一日本国内的口号，很轻松就能被重新赋予意义并呼号出口。1874年突袭中国台湾地区，旨在建立一个早期的殖民据点，日本国内媒体大肆鼓噪，宣扬其"合理正当地对野蛮人和食人族使用了武力"。木刻版画描绘着整洁的日本人

接受卑躬屈膝的当地人的投降。中国人成了日本和西方卡通幽默的笑柄，被讽刺贬低为笨拙、懒惰的鸦片烟鬼。

媒体形象越来越清晰地表明，泛亚洲的"教化使命"不仅仅是关于文化的，它也与种族紧密相关。《武士道：日本的灵魂》的基督徒作者新渡户稻造，在东京帝国大学发表演讲，主张贯彻"体贴和人道的指导原则"，严格依据落后邻国的能力局限性，采用各种手段与之打交道。与此同时，侵占中国台湾的"日本总督"后藤新平声名大噪，因为他将这个岛屿尤其是台北当作了一个"实验室"。

此时来到中国台湾的欧洲游客称赞日本人对这里所做的一切。他们对行政官大肆褒扬，表扬他们的工作做得很好。但日本的帝国思想从来都不是完全照搬欧洲。儒家对文明与野蛮的划分，关于道德纯洁与驳杂的本土思想，以及对与神道教神话相关的血统和祖先那种念兹在兹的企图，所有这些，都帮助日本在国内国外树立起一种种族歧视观点。

最臭名昭著的标志之一是1923年关东大地震后随即发生的极端反朝暴力浪潮。当时，东京大部分地区被毁，其余地区尚处恐慌状态，就有谣言通过报纸和口头流传，称居住在日本的朝鲜人正借此机会发动暴乱：在井中投毒，四下纵火，在城市中到处放置炸弹。日本自警团团员们到处搜捕朝鲜人，用包括枪支、碎玻璃和鱼钩在内的各种武器杀戮和折磨他们。如果被怀疑是朝鲜人，就会被勒令接受测试——唱日本国歌或者说出会暴露非母语人士身份的那些复杂的日语短语。还有人被勒令说出东京山手线沿线所有车站的名字。

四年前就曾参与镇压朝鲜半岛的反日运动的警察和一些军人，起初主要是在一旁观望（实际上他们有时还鼓励制造谣言甚至加入施暴行列），直到局势失控，几千名朝鲜人才被集中"保护"起来。另一些人在其日本邻居那里得到庇护。然而，多达 6000 名朝鲜人，也许更多，没那么幸运，他们在短短几天内被找到然后被杀害。在后来的审判中，参与者只看到被告、法官和旁观者的笑容和心照不宣的眼神。许多被判有罪者得到了假释。

尽管在日本，知识分子吹嘘日本血统和精神如何优越，与亚洲邻国如何充分分享其现代果实，然而在国外，日本人并没有被认为高人一等。有几年，美国本来已经乐于接受像菊川绫子一样的日本人生活在自己的领土，但随后出现了"黄祸论"。

《塔科马时报》（*Tacoma Times*）1904 年到 1905 年讽刺中国士兵的漫画并非主要针对外交。它们的真正根源在本地历史之中。19 世纪七八十年代，针对在美国的中国劳工出台了专门的法律，还爆发过致命的骚乱。1885 年，塔科马华人社区中的许多人被一群暴徒赶出这座城市，这一暴行受到了市长罗伯特·雅各伯·韦斯巴赫的全力支持，市长把华人群体称作"肮脏的一群人"。一名地方法官将肇事者释放，允许他们回家参与"欢迎游行"。

之后，在20世纪初，美国人将注意力转向了日本人。1907年至1908年，日美缔结了一条"君子协定"，根据该协定，日本当局同意限制日本人向美国移民。不过，菊川绫子当时并不了解这些，她只是按照规定——允许"照片新娘"来陪伴已经在此居住的丈夫——来到夏威夷。几年后，臭名昭著的"1924年移民法案"出台了。从此往后，不具美国公民资格的人不可以移民的身份进入这个国家——两年前最高法院的裁决明确地将所有日本人都归入这个类别。

1923年12月，这一举措在日本和美国都遭到了明确的反对。同月，美国红十字会向国会提交了一项法案，为东京地震灾民筹集1200万美元救灾资金。但是，随着美国在东南亚和太平洋地区势力的强化，以及日美关于海上军事力量的相互猜疑，该法案使得具有国际意识的日本外交官在国内举步维艰。

日本经济没有得到国际主义者所承诺的那些好处，相反，它在全球范围内遭受打击。而像英国之类大国可以依赖其庞大帝国来攫取原材料和市场，昭然若揭的是，西方国家对日本的

PART THREE　引领亚洲，脱离亚洲

喜爱和尊重十分有限，已经越来越容易成功地断言：这个国家初出茅庐的政党成就甚微。实际上，无论是在国内还是国外，日本都在"卖空"自己的国民。对于像近卫文麿①这样新登台的领导人来说，"国际主义"这个概念开始看起来像充满嘲弄的言辞，目的是让人们对这一古老而永恒的事实视而不见：国家是有"强国"和"弱国"之分的。

*

1921年7月17日，伯兰特·罗素的"鬼魂"出现在日本的神户县。突然，他来到了那里，在一个供奉阿弥陀佛的寺庙里"显灵"，并表达了他对附近三菱和川崎工厂罢工工人的支持。"死亡"也没能让罗素学会说日语，一位名叫贺川丰彦的地方罢工领袖为他做翻译。

事实上，罗素向聚集而来的活动家发表简短讲话时活得很好。《日本广告人》（*The Japan Advertiser*）这份日本报纸的一位过于热心的记者胡说这位伟大的哲学家在几个月前得了肺炎，声称他已在北京去世。日本的媒体人迟迟没有纠正这条新闻，

---

① 1891—1945年，甲级战犯，1937年6月任首相，任内发动全面侵华战争，同德、意签订《三国轴心协定》；对内颁布"国家总动员法"，组织法西斯政治团体"大政翼赞会"。1945年日本投降后畏罪自杀。——编注

203

所以当罗素抵达日本时，他的妻子朵拉·勃拉克告知日本媒体，说伯兰特·罗素将无法接受采访，因为"他已经死了"。

尽管如此，在火车上，记者们还是试图坐在两人的旁边，努力偷听他们的谈话，然后编造有关他们的故事。有一次，这位著名的和平主义者不得不用他的手杖把记者赶走，因为一大群记者让当时怀孕的朵拉在楼梯上被绊了一下，差点摔倒。

日本密探也好不了多少，他们预订了旅馆里罗素夫妇隔壁的房间，以便监视这个大名鼎鼎的外国左翼分子。毕竟，他来日本的这个时间过于敏感。战后的大萧条、大规模裁员和日本经济政治整顿中广泛的不公正现象，这一切似乎将神户这样的大工业中心的工人及其家人一道抛入漠然置之的境地。所以他们开始组织起来，提出一个非常重要的问题：为了生存，我们应该指望谁？我们应该把希望投入何种势力？

或许是与大企业的合作吗？一个叫作友爱会的劳工组织，通过逐步建立工人力量的方法，已经发展到拥有 3 万名成员。广为人知的是，它的创始人把资本家和劳动者之间的关系比作丈夫和妻子的关系。

但批评家们越来越多地发问：渐进主义究竟会把他们带向何方？贺川丰彦看起来是个更好的下注对象。他在一本名为《新神户》的友爱会分会杂志中写道："现在不是资本家开始像对待马匹一样对待工人的时候吗？难道我们还没有对明治时代'富国强兵'的口号感到疲累吗？我们不应该从一个以财富为基础的文明走向一个植根于人道主义原则的文明吗？"

贺川很快被选为友爱会神户分会的会长，在这里，他不再只是反问，而是就重大问题展开论辩，更在神户造船厂组织罢工行动，带领长达 2.5 英里、由 3.5 万名工人组成的队伍展开游行。但前所未有的希望，对于 1921 年的工人们而言，由于管理层首先就不坚定（假装他们的高层团队目前在国外，因此还不能开始谈判），加之一些工人被补偿金诱骗回去上工，逐渐走向破灭。法律条文被援引来阻止其余罢工者的集会。当伯兰特·罗素在那年夏天进城时，激进分子的集会被迫以"礼拜"的名义在宗教场所进行。贺川很快就被失望的运动成员抛弃了。

事实上，他从未完全投入，至少没有与那些最致力于直接行动的人合作。作为一名哲学家和基督徒，贺川并不认同劳工运动中那些同志们的基本观点。相反，他把日本工人的处境理解为佛教所说的"自力"和"他力"之间的平衡：这一方是人类解决自身问题和世界的能力，而与之相对的另一方，是那种与某种更伟大、更神秘东西相处的需要。

贺川曾经是一个孤独、内省的孩子，很早就失去了父母，曾多次考虑结束自己的生命。他的无助感使他被这种更大、更持久的"力"深深吸引。很大程度上，多亏了与两对美国长老会传教士夫妇的友谊，贺川首先而且最深刻地通过亲密的爱感受到这种力量。"信仰，"他后来写道，"就是认识到自己是被爱着的这个事实。"并认为贯穿整个宇宙的同种力量"也是在你自己的存在中起作用的"。他认为，佛教徒明白这一点，基督徒也明白这一点。信仰的真正障碍不是宗教认同，而是绝望。然而，在日本，太多人受困于其生活和劳动条件，而被推向这种让人异化的绝望。

贺川开始把他的精神批判发展成一种文化和经济批判。他公开反对滥用技术和推行残酷无情的机械化工作体制。其他抨击日本现代性的批评家止步于对生活线性发展的路径错误发泄不满，贺川对现代性的描述则集中在它那无情的、让人拘囿其中无力自拔的快节奏上：

> "忙啊，忙啊"，那女人说，她把自己关在屋后，缝着她那一年至多会穿三天的华丽衣裳。
>
> 那里，商人们重复着"忙啊，忙啊"，来回奔波于办公室和他们婚外情人的居所之间。
>
> 军人们唱起"忙啊，忙啊"的调子，保养他们的大炮，擦亮他们的枪。

引领亚洲，脱离亚洲

学生们总是说"忙啊，忙啊"，因为他们整夜准备考试，考完后就忘记一切。

酒商的忙带来妓院老板的忙。

妓院老板的忙带来医生的忙。

医生的忙使得司机不停地赶路。

司机的忙又带来酒商的忙。

没有任何渴望，这具行尸走肉强迫自己在地球上四处游荡……一种如此肤浅、如此沉溺现世的生活，上帝本可以透过一扇窗对之作出干涉，但这扇窗户已被关上。

这种"忙碌特征"是"自力"的一种形式，由一种标准化的教育培养而成。这种教育只不过是将所需的技能、属性和忠诚强加于孩子身上，而孩子们则被期望像木偶一样完成学校教育，头脑一片空白，能够服务国家利益。贺川想要强调的是，人类本质上是生物意义上的生命某种延续体的一部分，通过这种方式，"绝对"（Absolute）正在向着更高水平的创造力和完美迈进。

但是，这种宇宙观阐释——因为在 20 世纪 30 年代日本政治谱系各个方面变得越加突出而让国际观察家们感到吃惊——并非人人都喜欢。那些组成各种团体与贺川竞争的对手们尤其对他们眼中他那种乌托邦式的渐进主义和资产阶级式的浪费时间感到愤怒。"打倒那个修道隐士！"他们喊；当他的光芒在1921年下半年黯淡下来，他们又喊："打倒那个乞丐头子！"

这些看似相当奇怪的口号是在挖苦贺川"声名狼藉"的生活方式。十多年前，他搬到了神户的新川，日本最臭名昭著的贫民窟之一。在那里，他和大约1万人挤在拥挤不堪的木棚般的房子里。那里没有任何卫生设施。一场大火即将发生，因为房子里靠炭炉取暖和昏暗的煤油灯照明。新川的许多居民是来自乡村的移民，他们来神户找工作，却发现赤贫、剥削、赌博、酗酒、卖淫、疾病和犯罪以各种各样的方式联袂而来。

贺川在这个区的最初出名是因为他是一个"鬼魂都对他一筹莫展的人"，据传，一个被殴打致死的男人变成了鬼魂，而他在那个闹鬼的两居室中住了几个晚上却啥事没有。很快，他就有了室友，一个绰号"铜像"，因为酗酒而满脸通红、头昏眼花的酒鬼，还有一个是卖豆饼的，后者坚信自己一直被一个鬼魂跟着，这个人因为弄翻他的货车而被他杀死了，所以只有被贺川握着手，自己才能睡得着。

贺川出名的另一个原因是他容易受欺。人们拿着刀或枪来抢钱或衣服。有一次，对方精准的一拳，打掉了他的四颗门牙。还有一次，一名男子要求贺川交出他的衬衫，声称如果他不交，就证明他的基督徒身份是假的。贺川想不出什么强有力的反驳，于是脱下衬衫，递了过去。这名男子第二天如期而至，拿走了他的裤子和外套，让贺川只能可笑地穿着邻居给他的一件红色女士和服。穿成这样，让他赢得了"白痴"这个绰号。

新川贫民窟是贺川的"实验室"。贺川的许多机构性项目，包括合作社实验在内，都旨在帮助人们获得廉价的食物和医疗服务，并最终在为他们自己所有的企业里工作。他建立了一家名为"天国屋"的餐厅，除此之外还打算过生产牙刷。

所有这些，加上一本畅销回忆录《越过死亡线》，使贺川在国内外声名大噪，以至于一段时间后他发现自己离开名气很难生活。他对一位仰慕者说，他注定要比伊藤博文更加出名，毕竟，连瑞典人都听说过他。他还多次前往美国，在那里，寻找"远东托尔斯泰"或"远东甘地"的人们张开双臂欢迎他。

圣雄甘地在印度所面临的批评，也同样困扰着日本的贺川。他的宗教信仰也许足够真诚，但是他真能解决现代性和大众社会的种种问题吗？他给一些人留下的深刻印象是，一个精通传媒之道的利己主义者，擅长见人说人话，见鬼说鬼话，用精神上的陈词滥调来稀释急需的激进主义，最终，只要适合自己，与欺压在头上的政权同流合污也没有什么不乐意的。20世纪20年代中期，他为政府开展社会政策研究，并参与一个官方活动，教导乡村居民养成节约金钱、使用公共村钟等现代习惯。几年之后，贺川做了一件令其崇拜者吃惊的事，他与一位日本帝国主义头子共进晚餐，而且声称，"其对于'亚洲大陆政策'的诚意，几乎让我热泪盈眶"。

然而，事实是，日本在20世纪二三十年代的战线——老板与工人，国家与其批评家——很少泾渭分明或不可逾越。贺川和神户的工人们发现，这些年来，公务员这种看似不太可能提倡激进变革的人越来越引人注目。

在明治时代早期，这群人和商人关系亲密友好，以至于在19世纪80年代中期，鱼儿漂浮在渡良瀬川和利根川颜色怪异的水面上，要么死去，要么毫无生气，用手就可以抓住，对此公务员们开始也只是睁一只眼闭一只眼。很显然，这是附近的足尾铜矿排放的污水造成的问题，后来几年更是变本加厉，由于该矿需要木材，于是周围的森林被大规模砍伐，导致洪水泛滥。政府和企业都在否认和拖延，使得现代日本第一批环境保护者走上街头。一群农民甚至试图向东京进发，结果却发现思维敏捷的警察早早就把进发路线上的一座大桥拆除了。最后，陆陆续续抵达首都的人太少，激不起多少水花。拖了很久，才迫使矿主拿出100多万日元来为其行为埋单。

但是，随着国家及其权力的增长，公务员人数也随之增加。

引领亚洲，脱离亚洲

到1928年底，全国大约有130万名公务员，占到参工人数的5%左右，从警察、公立学校教师到东京的外交官等高级官员，类型多种多样。最后一类是单列的一个阶层。他们毕业于日本顶尖学府（绝大多数人都就读于东京帝国大学法律专业），然后通过高级公务员考试——奇低的通过率让这些考试闻名遐迩。公务员队伍的最高层是职业官僚，他们担任着局长、道府县知事乃至次官。

长期以来，众所周知，内务省的官僚们对管理日本的工业化进程有浓厚兴趣，尤其注重在"左翼问题和活动"蔚为壮观之前解决掉它们。内务省很少从日本的财团家族中招人，招的大多数都是政府官员或军人子弟。这是他们日益独立于工业利益的标志，因为日本商界领袖总是抱怨说，被派往国外的年轻官员，只会带着不切实际的抱负回国，一心想把西方的劳工法强加在日本的体系上（现代日本一直以来有一种趋势，其中一个方面就是把麻烦描绘成文化不适应）。

他们在社会管理方面的成功有赖于：消息灵通、社会各阶层的影响力和"一切行动以国家利益为中心"这个名声。内务省的公务员至少对前两个是越来越喜欢了。20世纪20年代一些突出的进步方面，从男性普选权到解决贫困问题，再到支持工人组织，其背后都有他们的研究、谈判和决策。官员们按照最宏伟的方式设想他们的任务。他们赞成"道德说教"的概念，习惯于把德川幕府时期新儒家思想和更新的从欧美社会政策汲取的经验合并在一起。内务省社会局的领导人物之一安井英二，1923年就自豪地写过"国家在阶级之上的超然地位"。

大规模的劝说活动可以追溯到1906年开始的"地方性改良运动"。当时，东京的官员们想要对地方治理和宗教崇拜进行合理化整改，包括用国家赞助的神社逐步取代民间神社，正是此举激发了柳田国男对民间故事的喜爱。他们想尽一切办法，劝导农民勤勉劳作、缴该缴的税、少在喝酒和节庆上花钱。他们发现，成功至关重要的是与包括青年组织在内的地方性利益团体合作。

国家甚至也着手创建自己的利益集团。1924年，一个全国性的道德说教团体联合会成立，仅一年后它所监管的组织就达到了数百个。公务员的主要服务对象是受过教育的、职业化的城市中产阶级——他们非常了解这些人，因为他们自己就是其中的一部分。当文部省发起"生活改善运动"，列出种种具体生活方式——从家庭经济学到个人卫生——以科学文明之名将其推广时，本质上，他们是在为那些与自己一道上中学和大学的人伸出援助之手。

这种紧密的阶级和文化纽带（颇不同于超越阶级的幻想）帮助这些自命为"国民牧者"的人变得越来越擅长于给日本社

会的特定群体提供他们想要的东西，或者说服他们想要这些东西。中产阶级妇女迫切要求进入政坛，却发现遭到贵族院无情的反对，但公务员愿意与她们合作，以重新解释"政治"：远离（她们不能拥有的）权力而注重增加（她们可以产生的）影响。他们说服领头的女性教育家在文部省的生活改善同盟会中任职，同时，专职"家庭主妇"不仅作为家庭中而且作为更为广泛的日本生活中一个具有核心重要性的形象，出现在国家宣传、联合媒体以及消费文化中。

女性主义作家平冢雷鸟曾猛烈抨击自己国家的家庭制度，声称妇女不过是"丈夫白日的奴隶、夜晚的妓女"。但是后来，抚养两个年幼的孩子同时还要照顾患病的爱人的经历改变了她对于国家的看法：从前，她认为国家是父权制的、落后的；如今，她觉得国家至少是有可能变得仁慈的。特别是国家为怀孕、生育和育儿初期的妇女提供财政补助这个想法，似乎是非常明智的。

日俄冲突期间以反战诗著称的与谢野晶子有着截然不同的想法：与政府做交易的母亲，往好了说是认同狭隘的女性角色，往坏了说则是接受依赖性的"奴隶道德"。需要帮助的母亲不应该问"给我的施舍在哪里"，而应该问"我的丈夫在哪里"。家庭生活应该是平等的，与国家事务关联得越少越好。

这样的争论这些年来世界各地都有，但在日本，平冢的观点逐渐占了上风。此时的日本人认为，儿童最终是社会和国家的财产。因此，国家为母亲的福利提供资金，甚至鼓励她们生育更多的孩子，既是健全的资源管理——更多的预备军人，也是妇女在国家事务中发挥战略作用的一种"手段"。

信奉基督教的社会改革者也被欢迎加入其中，因为他们拥有旺盛精力、受过良好教育、拥有社交资源以及关于城市和乡村贫困的实地知识。20世纪30年代初的大萧条对经济造成的破坏使无数乡村女孩沦为城市妓女，爱国妇人会和日本基督教妇人矫风会与官员们联合展开斗争，所做的远不止帮助警察打击"咖啡文化"那种西化的放浪而已。警方反对"西化"，日本基督教妇人矫风会反对"放浪"，而且双方都高兴地称自己的立场是"爱国主义"。

*

即使在贺川开始与当局进行有限的合作之后，他仍因为演讲和著述而多次被捕。在他的理想世界里，官员最终会站在天使一边——国家权力最终会成为神圣的"他力"的另一种工具。而现实情况是，在整个20世纪20年代，直到30年代初，日本当局实施的是一场哄骗加强迫构成的钳形攻势。畅所欲言是绝对不可能的，"维护治安"是明治宪法中警方最看重的条款。随

引领亚洲，脱离亚洲

着日本公务员逐渐选择了他们可以接纳的社会运动，他们越来越不愿意听取那些他们不能接受的意见。

从 1928 年起，人们可能因为"国体变革罪"——国体，以天皇为首的国家机构——而被起诉甚至面临死刑。首先被针对的多是呼吁左翼革命变革人士。从那之后，"可接受言论"的范围很快缩小。就连东京帝国大学的法学教授（美浓部达吉）——此人敢说天皇是国家的一个机关，而不是以神秘的方式与之相连——也可能被贵族院斥责为"学匪"，被两院谴责，遭受退伍军人攻击，甚至受到死亡威胁。

日本的执法规定与这种日益狭隘的国民情绪同步发展。发表在《警察协会》上的文章曾呼吁日本官员建立英国式的"警权民授"（policing by consent）传统，在让权威最大化的同时让暴力干预最小化。然而事实上，日本警察因极端的残暴行为以及羁押期间的高死亡率而在国内外臭名昭著——尤其是社会主义者和共产主义者的死亡率居高不下。早先那种对"国民警察"或"为国民的警察"的期待，变成了 20 世纪 30 年代"天皇的警察"这一口号。

最令人害怕的是特别高等警察（特高），它于 1911 年在"明治天皇遇刺事件"之后创建。它的工作简单地说就是对付各种不受欢迎的意识形态与"思想犯罪"。它的手段也相应地极具心理性。一本审讯人员手册警告官员们避开政治话题，因为激进分子通常受过比他们更好的教育。相反，他们应该从家庭方面对付这些"同志"，把一碗热气腾腾的滑蛋鸡肉饭放在一个顽固不化的人面前。审问者会说："你的母亲在担心你，为什么不吃完饭，忘记这些愚蠢的事，然后回家？"

如果"幸运"，变节和坦白会随之而来。"坚持和谐的哲学原则"和"欢迎失足者重返社会"，这二者已经成为日本法律的特点，只要做到，真正的悔悟是可以免除或降低处罚的。但它们也可以用于鼓励其他被拘留者改变心意，并带来更多的逮捕。如果家常菜的伎俩失败，挨饿、单独监禁、肉体折磨、因为时日不定的拘留而带来的前途未卜和身心俱疲，这些都很常见。把被告放出去，然后在警局门口将其再次抓捕，如此简单就可以绕过羁押法。

这一切不仅仅是官方对左翼政治的厌恶，更有当局对俄国革命和欧洲各地政治不确定性的深深忧虑。到 20 世纪 30 年代初，日本在亚洲数十年的扩张、与昔日西方盟友间逐渐失去的信任，似乎让国际紧张局势达到顶点。道德说教、拉拢知名领袖及其事业、镇压政治异己分子：这样的事情不再只是关系到社会管理和抚慰现代性的创伤。他们大概正在准备进行一场或许非常漫长的战争。

⑨

粉墨登场

一束光射入黑暗。那是蓝色的人造光,从长江和黄浦江水面上发出。从巨大光束照亮的那片土地上传来密集的迫击炮轰击声,但是强烈的光照依然稳定。1937年8月23日的头几个小时,"舞台"已经布好。

用了将近六年的时间,"演员"和"道具"才准备好,"剧本"才成型。从一定程度上讲,这次行动最初不是直接由东京的帝国议会或民政部门,而是由陆军军官和民间活动人士组成的小团体在国内外聚会密谋"导演"而成。[1] 这些人互相吐露对

---

[1] 行动虽由日本关东军发动,但得到了日本政府的默许和支持,是日本军国主义蓄谋已久的侵略行为和长期推行对华侵略扩张政策的必然结果。——编注

国家所谓领导人缺乏远见和骨气的厌恶。他们共同策划了一些小规模暴力行动——把战略和戏剧的象征主义两相结合——旨在为更大规模的行动做准备。

首批行动之一，是1931年9月日本关东军把一枚炸弹埋在南满铁路的轨道附近，地点距沈阳这个日俄战争中最大的陆上战场不远。对轨道的损坏微不足道——几分钟后就有一列火车安全通过。据称，现场有身穿中国军装的尸体被"发现"。于是当场就爆发出呼声：阴谋！复仇！惩罚！

最响亮的喊声出自实际策划爆炸的那些人："负责"该地区安全事务的日本关东军军官。石原莞尔①皈依了日莲宗，用过去几年把宗派教义变成关于"世界大战"的预言：这场战争注定会席卷全球、浸透鲜血，"冲突"结束后，人类长期无法企及的和平成为可能。

"如果你觉得这听上去像是第一次世界大战，"石原喜欢对陆军大学校的学生讲，"那么你就错了。"即将到来的战争会让刚刚结束的那次大战看起来像是一场"彩排"。而这一次，日本将会成为主角，并与美国干一场——自佩里准将驾船进入日本领海用枪口要求建立和平关系，日本就已经注定要打这一仗。

---

① 1889—1949年，日本陆军军官，"九一八"事变罪魁祸首之一。——编注

PART THREE　引领亚洲，脱离亚洲

但是，想让战争按照日本的想法发展，国家必须首先清理好它的道路。当时，欧洲帝国主义者仍在东亚和东南亚到处横行。国民党正逐步整合中国。苏联军队正向东扩张，人数越来越多。最为糟糕的是，美国的基地和战舰以惊人的速度在亚太地区的陆地和海洋到处开花。透过这些迹象和预兆，人们还需要再想吗？不把中国东北的丰富资源攥在手里，日本会毫无希望，这个国家有谁怀疑这一点吗？

然而，石原担心，日本外交官仍然没有能力对美国人和英国人说"不"，仍会允许他们以"国际主义"的名义继续自私自利地横行。最新的屈辱来自1930年签订的《伦敦海军条约》。作为几年前《华盛顿海军条约》的后续，其目的是控制世界海上强国的船只数量和吨位。但是，其条款将日本置于如此危险的弱势地位，以至于连日本帝国议会的政客们——石原之流一般不愿意与之打交道——都谴责它背叛了日本的安全利益。议事厅里打得不可开交，烟灰缸乱扔。同年晚些时候，一名枪手在东京站开枪重伤首相滨口雄幸（在距离前首相原敬9年前被刺身亡不远的地方），把事情更向前推了一步。此时，石原已转入关东军，在军中，他借助国内极端民族主义团体的资金帮助，四下传播自己关于"战争将至"的预言，并实施了以"九一八"事变作为开局的行动计划。

行动计划的第二阶段紧随"九一八"事变之后，进行得同样顺利。这边，新首相若槻礼次郎努力向国际媒体保证，日本不会在中国东北采取敌对行动，并且从东京发出了大意相同的紧急军事命令，而另一边，关东军司令官却授权石原"采取必要行动"。在一连串新的反诬中国"威胁"和"侮辱"日本利益的事件中，关东军开始一点一点地控制这个地区。

东京的政客们试图寻找办法说服国内和国际，中国东北所发生的事仍在自己掌控之中，仍在他们所定义的"不会无缘无故扩大敌意"的范围之内。大阪的人群聚集在一所公园里为记录这次战斗的影像片段欢呼——它由一家有野心的新闻机构专门制作而成。几乎没有报纸质疑关东军对事件的说法——中国人是侵略者，所以必须付出代价。对政客们的辩白，人们也不大认同。到了12月，若槻礼次郎意识到，事情变得让自己措手不及、已经被公众情绪左右了。他和他的内阁辞职了。

到1932年3月1日，事情"搞定"了。伪满洲国被宣布成立，它的国政完全向颠覆几百年来东亚历史的现代日本看齐。溥仪，中国末代皇帝（皇帝，代表着中国文化在亚洲不费吹灰之力就拥有的显赫地位），现在成了日本的傀儡统治者。

射出蓝光的水域对陆上的中国军队来说是一个谜。对这部

PART THREE　引领亚洲，脱离亚洲

分海岸，他们没有进行过空中侦察，所以不知道成千上万的日本军人就在那里，静静地在运输船上等待着进攻的命令。

中方在黎明前夕才发现。从放射光线的方向发射来的重炮撕裂了中国的阵地。海军飞机突然出现在头顶，炸毁道路，阻止了援军援助寡不敌众的岸边守军——日本情报官员曾保证过，这些人远非精锐。最后是水花扑腾的两栖登陆，士兵们冲上海岸，向南推进 30 英里，逼向排在东京之后的亚洲第二大城市——上海。

这座城市拥有 350 万人口，它的部分区域现在已经成为战区，而大部分武力行动又以虹口为焦点。被称为"小东京"的区域是日本企业、领事馆和大约 2500 名海军陆战队队员的所在地，负责保护上海 2 万名日本人的安全。四年前的 1933 年，日本因"国联"批评日本在中国东北的行径而退出该组织。日本代表团团长在怒气冲冲地离开时宣布，自己国家正被国际舆论"钉上十字架"，但像拿撒勒的耶稣一样，总有一天会得到正确理解。东亚地区的紧张局势进一步升级，最终在 1937 年的夏天，因为一次不合时宜的如厕[①]，战争全面爆发。

1937 年 7 月，中国军队和作为国际特遣队驻扎在北平的日

[①] 指日本士兵志村菊次郎在夜间军事演习时离队一事（说法之一是他如厕后迷路了），尽管他不久后即归队，但日军仍以此为借口发动了全面侵华战争。——编注

221

军产生冲突后，一名日本士兵离队解手，试图对他进行的"搜寻"导致了第二起事件，起初问题似乎已经解决了，但很快事态发展成了全面战争。月底日军占领北平。蒋介石派遣了数十万名士兵进入上海，试图保卫这座城市。他还派出了战斗机，却一直没有击中停泊在黄浦江上的日本军舰出云号。正当上海居民试图乘坐火车前往安全的乡村时，日本轰炸了火车站，从而造成惨烈伤亡。

欧美帝国主义的全球性势力让石原之流愤愤不平，当外国人纷纷逃离这座陷入混乱的城市时，这种势力开始显现出来了。英国难民乘坐一艘在格拉斯哥建造的远洋客轮离开，这艘客轮以此时大英帝国的一角命名（拉杰普塔纳号），正在驶向另一座城市：香港。美国人以同样的方式逃到了马尼拉。

在沪的日本海军陆战队用钢筋混凝土和带刺的铁丝网筑起屏障，把机关枪和沙袋拖到指定位置，部署坦克和火焰喷射器，希望坚持到部队完成自北向南的30英里跋涉。但是，日军在登陆点附近陷入困境，被中国人出其不意的强势抵抗拖住了。指挥官松井石根不得不向东京请求增兵。他差点被拒绝了。对于时任参谋本部作战部长的石原莞尔来说，他推动发起的这场与中国的战争全面爆发得太快了。他认为，必须要求日本海军在上海出手帮忙，必须让陆军腾出手来，才能确保日本在中国北

PART THREE 引领亚洲，脱离亚洲

方的地位。

东京最终还是同意从日本派过去三个新的陆军师团，加上几个驻在台湾地区的分队。当做好准备，给数十万人发出改变人生的红色召集令，将他们征召入伍后，事件挑起者石原在愤懑中辞职了。

*

其中一封1937年中期发出的红色召集令落到了坂上利吉手中，他是新潟县有着数百年历史的小杉村中一位佃农的儿子。日本领导人越是把他们的爱心、时间和资源浪费在这个国家近几十年来不断发展壮大的城市上，生活在乡村的人对农耕生活方式的捍卫就越是充满热忱——他们才是远方的统治者似乎从未停止谈论的"日本精神"的真正源泉。这是城市和乡村之间认识鸿沟有多大的标志，一个来自茨城县的农民甚至认为，1923年的大地震似乎就是大地本身针对东京的审判：

> 最近，（这些）城市居民对虚荣的追求达到极致，这为贫穷、单纯的农民带来了无尽的焦虑。他们衣着优雅，镶着金牙，戴着金戒指，挂着金表链，在一个又一个奢侈的社交活动中奔忙……但是现在，一切仿

佛一场梦一般消失了，被火烧毁了，突然他们发现自己陷入了苦难。为了保卫这个国家，老天似乎有必要用自然灾害对其作出惩罚。

他提到了"国家"这一概念，说明尽管乡村周期性爆发不满情绪，但日本的现代国家缔造者们在其所做的事情上并未全然失败。小学和税务局已经成为乡村景观中的公认特色，把年轻人的心和父母的钱包绑在了一系列以前无法想象的国家目标上。

尽管乡村男孩女孩和那些镶金牙的城市孩子学习过相似的课程（虽然乡村的就学率普遍要低一些），并且同样热衷于棒球赛事，但仍然有一种强烈的感觉挥之不去，那就是苦苦挣扎的乡村被要求贴补可疑的城市野心。只要乡村经济极为明显地表现出为这些东西而蒙受牺牲——譬如农产品价格下降或被人为地压低，或者从教科书到生丝等必需品成本上升——愤怒就会达到顶峰。

时而为都市人迷恋的浪漫田园，时而让新闻界发出惊叹——"老鼠窝"般的原始生活状况在诸如日本东北之类地方比比皆是——乡村日本人在1929年世界性大萧条初期感受到自己前所未有的脆弱性。现金收入从1926年的100日元下降到

PART THREE　引领亚洲，脱离亚洲

1931年的仅仅33日元，到1934年也只回升到44日元。近年来，来自朝鲜和台湾地区的进口大米一直让米价保持在危险的低位（城里人的温饱显然比乡下人的温饱有着更优先的政治考虑），到后来，1930年的大米丰收让价格一落到底。

小时候，利吉帮忙侍弄成箱的蚕，用以补贴家庭收入，他给蚕喂桑叶和桑枝（这些经常是赊购而来的），让蚕保温保湿。现在，生丝价格突然崩溃。农场女孩从关了门的丝绸厂重回家中。当大批无业城市人口返乡——"故乡"，并不像城市歌曲中经常歌颂的那样——真正悲惨的人口迁徙走的是一个相反的方向：年轻乡村女孩被送往城市做妓女，1931上半年，其中单是来自东北的就有1.6万名之多。被带去打工、当服务员的人数就更多了。

一位父亲不必特别多愁善感或具有政治意识就能明白，当城里各种人首先让他的家人挨饿，然后把他的女儿拉去服务或服侍他们，这个世界肯定是哪里出了严重问题。日本乡村需要让自己的声音被听到，现在比以往任何时候都需要。为此它需要盟友。幸运的是，它真有一个非常强大的盟友：日本帝国陆军（IJA），它从日本乡村招募了绝大多数士兵，并且胜过日本文职领导层的是，它宣称自己关心乡村的福利。

从19世纪晚期开始，日本新武装部队的建立者就有意与过

去的武士决裂。个人向地方领主效忠的时代已经结束。他们想要一个由服从命令的普通人构成的国家机构。剩下的问题可以由技术来解决。于是，农民们被招募进来，被迫吃没滋味、高淀粉的西式口粮，套上紧窄的西裤和靴子，并第一次被迫认识各种东西，从电灯和室内炉灶到方便的室内厕所，而不是拿着几张当地报纸当作手纸在一个偏僻的地方蹲坑。许多新兵甚至在军队中才第一次用时钟，因为课程是严格按照精确到分秒的时间表来安排的。

日本陆军和海军之前在甲午、日俄战争中的胜利曾使他们的新兵和平民支持者备感自豪。然而到了20世纪20年代末，他们还在挣扎。陆军和海军当局在资金和战略重点上相互抵牾，前者关注的是亚洲大陆的敌人（中国和苏联），后者则自然而然地看到了外海上的危险（英国和美国）。

在陆军内部，其创始者山县有朋一谢幕，新一代军官就开始争夺权力地位，并就应对日本安全困境的根本途径展开激烈争论。一个具有影响力的派系叫作"皇道派"，他们将荒木贞夫[①]奉为领袖之一，此人热衷于武士神话，以至于建立了一家铸造厂来生产镰仓时代的武士刀（用以替换现代陆军军官们青睐

---

① 1877—1966年，日本陆军大将，甲级战犯。任职期间力主侵华战争，战后被判无期徒刑。——编注

的那种轻便又"缺乏浪漫"的法式军刀），而且严禁在军队文书中使用"撤退""防御""投降"等字样。皇道派坚持认为，日本精神在过去和未来都是帝国陆军成功的核心，这一观念可以追溯到早期的明治时代的军队。当时的军队首领认为，在战败中苟活下来是精神不够或者不到位的标志，是对天皇的侮辱。死亡才是黄金标准。

正如被思想家宣称是永恒不变的日本特色的许多品质一样，这其实是一种大体上现代的理念，且主要源自德国。"责任重于大山，死亡轻于鸿毛"这句著名的格言可以追溯到1882年天皇颁布的《军人敕谕》，而不是某个中世纪的英雄；这份敕谕要求军人忠诚和绝对服从命令——因为命令最终来自天皇本人，还严格要求他们不要牵涉到政治中去。对"精神"的强调，是一位叫作克莱门斯·威廉·雅各布·梅克尔的普鲁士战术家所大力倡导的，他曾在19世纪80年代后半期为日本陆军担任顾问。他声称，即使是最好的武器和万无一失的战略也不足以确保胜利，士兵需要热忱、斗志并且渴望率先地、具有攻击性地展开行动。1904年日本对俄战略就是如此：发动战争在前，宣布战争在后。

作为这一"智慧"的继承人，皇道派成员坚持认为日本应该计划短期的、侵略性的战争。士兵应该接受刺刀冲锋、拂晓突袭进攻和快速包抄等战术训练——用精神战胜敌人在人数和军备方面的优势。与此同时，还形成了一个联系不太紧密的"统制派"，他们反对上述观点，其成员们辩称，当下，战争比以往任何时候都更像是一种工业方面的角力。如果日本希望再次在一场大战中获胜，就应该在数年内采取谨慎外交策略，逐步引导经济朝着现代武器的稳定生产发展，这种东西是军队现在仍然匮乏的。对于皇道派来说，这样的说法近乎失败主义。

军官们似乎一致同意暴力是有用的，不仅对敌人是如此，对自己的士兵也是如此。像利吉这样的新兵受到了严酷的纪律考验：士兵们被迫全天无休地立正站好，或者接受美其名曰"性格塑造"的殴打。而这一切换来的仅仅是每月微不足道的津贴。因此，并不奇怪很少有人自愿服役，甚至一些年轻人千方百计地躲避征兵——喝酱油来升高血压、故意绝食以达不到体重标准、搬到偏远的北海道或冲绳，或者偷偷摸摸去祈求神灵让自己不要收到红色召集令。

当然，对于一个士兵来说，如果抱怨诸如金钱或个人福利等庸俗问题，就会招致更多的暴力——白天在训练场上，晚上在营房里。毕竟，他是蒙受天皇的恩典而服役，身上穿的，手上拿的，都是天皇的财产——军用步枪的枪套上印有皇室徽章，以免有人忘记为什么拿枪。他被迎进了一个新家庭，以现役军官为父亲，以上一年的兵为哥哥。他和村里其他人一起被招到部队，因此很难忘记乡亲对他的期望。无论如何，在20世纪30年代，参军是一个从童年就已经开始的自然转变：从把军队等同于最好的现代性教育开始；从那些军事操练和军事游戏开始；从有时在学校操场上举行的那些讲究排场的军人葬礼开始。

在日本，"全民皆兵"并不是战争失利时的最后一招。这是一项和平时期的政策，可以追溯到日俄战争后的几年，它在教育中，在日本官僚热衷的地方改良运动中，尤其是在创建直接向陆相负责的帝国在乡军人会（IMRA）的过程中，都有明显的体现。一旦一个年轻人按要求完成了为国服役，他就成为帝国在乡军人会成员。军人会的成千上万个各地分支延续了为国服役的生命和价值观：团结、合作和尊重当地有影响力的人——通常是市长或学校校长，他们同时也是分支领导人。这是一个非常有影响力的组织，截至1936年已拥有成员300万名。许多成员对东京的政客们越来越愤怒，认为他们让乡村挨饿衰颓到如此程度，以至于大量年轻人现在过于营养不良而达不到征兵标准。这是关于当代政治精神贫困、变革迫在眉睫活生生的证据。

最终，1937年夏天，犹豫转向了行动，日本乡村就要获得发言权了。利吉是近50万成年和未成年男性中的一个，他们大多来自预备役队伍，村民举行各种庆祝活动为其送行，对于一些家庭来说，这些庆祝活动的花费和一场婚礼不相上下。利吉在家中喝了清酒，在本地神社前拍了一张全家福，神社前挂着一面写有利吉名字和勇敢战斗誓言的太阳旗。第二天，本地小学的孩子们挥舞着国旗为利吉送行，戴着白袖套的爱国妇人会成员也在当地火车站加入送行队伍，送上茶点和鼓舞的话。

期待太多，所以要作出无数的承诺。一个名为长谷正雄的新兵在日记里写道：

> 爸爸在中午12点的探视时间来了。我承诺我会成为一个出色的人……我不知道我们要去哪里，但是当那些为我们送行的人的脸庞浮现在脑海中时……无法辜负家乡人民的深情厚谊，我们只能义无反顾。

从地区营地里出发，利吉、正雄和其他人统统被送上火车，然后被塞进运输船，船里充满腐食、体臭以及农民第一次出海不可避免呕出的呕吐物的气味。在酷热和严寒中度过几天之后，士兵们在中国登陆了，第一次看到了他们面临的现实。许多人做的第一件事就是购买人寿保险。即使是最贵的保单，突然间似乎也成了应该冷静投下的一注。

PART THREE 引领亚洲，脱离亚洲

*

对30岁的前原久志来说，他的战争经历是从战事的突然逆转开始的。当时，他与部队一起陷在距离上海还很远的北面泥地里。接着，不知从哪儿冒出来的一轮中国大炮轰击，弹片穿透了他身边的18个士兵。几乎没有时间记住刚刚发生过的事情，前原久志就被命令将他们的遗体火化，为他们祈祷，然后把骨头包起来以便寄给他们的家人。做这件事最简单的办法通常是拆掉附近的农舍，用木梁来做柴火。一位士兵说，这种方法"像烤沙丁鱼一样"，分不清谁是谁：雨水屡屡浇熄火焰，最终日本家人收到的包裹上虽写着自家心爱之人的名字，但骨灰往往是同一具尸骨的不同碎片。

恐惧、愤怒和复仇的欲望，随着这样的场景一次又一次重复而迅速萌生了，士兵们与补给线的联系被隔断，他们便采野果、偷鸡或者在土地中乱刨土豆。对当地物产的掠夺很快演变成为对中国平民的攻击，不管这些中国平民是否被怀疑是间谍。前原看到，三个年轻人的头被笨拙地砍了下来，士兵们承诺说"下次会做得更好"。

在其他地方，暴行是为了给新兵必要的"血的洗礼"，有时会用中国战俘进行"活体刺杀练习"。对富永昭三而言，这意味

着去往一个偏远场地，在那里，会为他和其他准备升为军官的人介绍那些"勇气试验的原材料"：饥饿的中国战俘，这些人戴着头罩，跪在地上的一个长 10 米、宽 2 米的洞旁边。一名高级军官拿出剑，把水泼在剑的两侧，稳住身体，然后像挥高尔夫球杆一样，砍下了第一个下跪者的脑袋。最后轮到了富永。当做完这一切，他发现自己的剑有点弯，不像以前那么容易放回到鞘里。但是，"我感到内心有了某种变化，"他后来回忆说，"我不知道该怎么描述，但我在心中某个地方找到了力量。"随着夏天变成了秋天，上海北部的小溪里堆满了被斩首的中国士兵的尸体，他们还保持跪着的姿势，在水中起落浮沉。

与此同时，代表双方军队的大人物每天都在城里举行新闻发布会，他们心照不宣地错开时间，以免发布会重合。安抚和说服媒体关系重大。企图用一种文明的姿态淡化日益增长的残暴名声，日本军方在发布会上提供了茶、咖啡、威士忌和啤酒。对中国人来说，上海周边的战事进展非常糟糕，以至于到了 10 月底，他们最大的希望就是外国人对野蛮行径和死亡人数的愤怒或许会引起军事干预。

日方，这些杀戮和残酷行为的实施者，大多数都是预备役军人，他们被从平民生活中拖出来，扔进了有着"绞肉机"之称的淞沪会战。但并不是所有的人都是这样。外国记者报道，除了穿军装的日本士兵，在上海街头还看到一群身着便装的日本男子游荡，他们为军方搜集情报，谋杀任何他们认为可能是间谍的中国人。"健壮、长头发、蛇一般狡猾"，腰间别着左轮手枪和刀，他们是"大陆浪人"。这是现代日本国内政治暴力传统的"出口版本"，这一传统可追溯至 19 世纪中叶的"志士"，到侵华战争爆发时，他们已经把日本本国各岛弄到了混乱边缘。

在成为"伟大的政治家"之前，明治早期的许多领导人都是暴力分子。以"正义之战"这一理想发动的 1868 年的王政复古，后来还以各种形式继续存在：西乡隆盛的 1877 年叛乱，"玄洋社"和"黑龙会"之类极端民族主义组织，以及"壮士"——受雇行凶的政治暴徒。自 19 世纪 90 年代以来，对于那些衣冠不整、趾高气扬、长发大嗓门，携带手枪、刀剑或剑杖（末端藏有刀片的手杖）的年轻人来说，东京新国会大厦一直是他们的聚集地。一些人在议事堂外闲逛，等待某个特定政治家的出现——要么是目标，要么是需要保护的主顾。其他人在大厦内的走廊上窜来窜去，恐吓政客们，据说，经常可以看到政客们缠着绷带来工作。一位政客让自己雇用的"壮士"在公开会议中用黄铜烛台殴打对手，因为对方叫他乡巴佬。很快，使用"壮士"成为惯用手段，以至于政党积极而且公开地从日本犯罪团伙中招募他们，给他们提供武器使用方法培训（包括击剑课），并把他们纳入官方豢养的"施压队伍"，直白地划分为情报队和暴力队。

随着工会行动等的兴起，新的团体产生了，如"大日本国粹会"，它把公众人物（包括后藤新平）、建筑公司和黑帮分子纠集在一起，恐吓工人和破坏罢工。截至20世纪30年代早期，国粹会拥有成员约20万名，并且对其声称的爱国目标进行大肆宣传，有一次，他们竟然从飞机上撒下了1万张宣传单，弄得东京人不知所措。

与政治暴力纠缠不清很快成为对日本政党的又一项指控，这些指控已经包括了贪婪、在相互斗争中无谓地浪费国家精力（既体现于政治上的观念对抗，也经常体现于议会中实实在在的拳打脚踢）以及使得乡村贫困、国家危急的严重渎职行为。没有哪个地方的政治情况看起来比日比谷公园中的更破碎、更缺乏新思想——有一天，发生了一场反议会暴力的游行示威，立宪政友会便派出伪装成记者的党派暴徒（连假名片也为之配齐了），千方百计对其进行干扰。

军队理想主义者试图用自己的暴力对这种糟糕不已的政务状况作出反击。1931年，一群自称"樱会"的平民和年轻军官策划了极具野心的一系列军事政变，核心是对首相及其内阁发动空袭。年轻军官们期望得到皇道派的荒木将军的支持，结果是后者说服了他们向宪兵自首。

但一个由平民组成的"血盟团"——他们的口号是"一人一杀"——在1932年初却成功杀死了前大藏大臣和三井合名会社理事长。三井、三菱、住友和安田是日本四大财阀，它们在大萧条时期最糟糕的情况下幸免于难，然而，却因为1931年底日本脱离金本位之前以做空日元牟取暴利而成为公众舆论的指摘对象。这就是此刻的日本国内氛围，因此三井集团对暗杀事件的反应不是愤怒而是道歉，并向爱国慈善事业捐赠大笔资金。三菱集团和住友集团迅速跟进。

另外两个破坏稳定局面、改变大势的暴力行动接踵而至。1932年5月15日，一群暴戾的海军军官在日本首相犬养毅家中将其杀害，同时，东京其他地方的警亭、银行和政党总部都遭到手榴弹袭击。之后，1936年2月，与皇道派有关联的下级军官率领1000多名士兵包围了帝国议会议事堂和陆军省，企图发动一场政变。当海军派遣40艘军舰驶入东京湾，枪支瞄准叛军士兵，并且忠于政权的部队抵达现场时，政变才开始动摇。最后，十年前登上天皇皇位的裕仁天皇（他的时代被称为"昭和"）采取非同寻常的举动，对发生在首都众多事件表达了个人的不满。在如履刀锋、充满不确定性的三天之后，政变戛然而止。

1936 年的政变谋划者和其他人心中想的是"昭和维新"——推翻民主政治秩序，让日本回归"真正的"帝国统治——然而根本无法看到愿望实现。尽管如此，他们仍然推动了政治秩序朝着意义重大的新方向发展。在首相犬养毅去世后，人们越来越强烈地感觉到，比起单单靠政党政客们提供的，日本的问题需要更加专业的、技术官僚的方法来解决。人们开始认为，只有举国一致的内阁才有希望制约国内的不满和暴力，同时带领一个日益孤立的国家顺利驶过波涛汹涌的国际水域。

因此，国内暴力事件的最终受益者是日本的公务员。尤为支持改革的官员所向往的技术官僚式乌托邦——尽可能不受自私自利的政党搅扰——似乎终于依稀可见了。新的超级机构将很快建立起来，以鼓励各部门之间以及文职和军事规划者之间的合作。新的法律将通过，以牺牲雇主和工人为代价来增强国家权力。在日本，几乎看不到意大利和德国标志着政治转型的那些煽动情绪、摆排场和大规模集会等做法。尽管如此，它的领导人还是得出了类似的结论：对于新获得现代国家地位者而言，管理、控制和支配民众，其间的差别只不过是程度的不同——不过是可以根据形势加以调整的一只刻度盘。

PART THREE　引领亚洲，脱离亚洲

＊

　　1937 年 11 月 5 日的第一时段：两盏红灯从海上照向陆地。他们在海岸挑选地点，这次是上海南部。距最初日军于这座城市北部登陆仅仅十周后，又有数千名日本士兵即将登陆。运送他们的 200 艘军舰慢慢接近，灯关了，无线电静默。再一次，没有碰到中国的空中侦察。所以，留下保卫杭州湾周边地区的几支部队又一次搞不清楚自己面对的是什么，直到一波又一波的日本士兵赫然出现在他们中间。

　　中国指挥官坚信这一切是佯攻，以转移人们对其他地方战斗的注意力。当他们意识到自己错了的时候，登陆的日军正快速向上海挺进，以至于他们所能做的就是转身后撤，一边走一边摧毁周围的基础设施，以此希望敌人没有休整场所。许多日本士兵看到最多的就是夜里熊熊燃烧的大火。

　　面对眼前的包围，加上西方列强拒绝给予援助，蒋介石命令国民党军队全部撤出上海。他投入了近 50 万士兵[①]保卫这座城市，战斗中伤亡士兵多达 30 万名，更不用说死去的无数平民，中方损耗惨重。上海市市长在 1937 年 11 月 11 日发表了一

[①] 实际投入 70 余万名。——编注

则可怕的告市民书：上海沦陷。

中国军队向西溃退。整个旅的士兵集体逃亡，其他部队则苦于找不到该地区的可用地图、带路的军官甚至是防御工事的钥匙，他们本希望能够通过这些工事阻止日本人进军下一个目标：国民政府首都南京。中国政府的许多基础设施，从雇员到办公设备，已经撤离南京。12月初，蒋介石决定，他自己也必须离开了。他登上飞机，身后留下一支部队尽其所能进行抵抗。

一支庞大的日军很快逼近南京城墙。他们中的大多数人又累又饿，其暴力程度远远超出利吉之类年轻士兵的想象。军纪荡然无存。南京不会像上海那样经历一场旷日持久的战斗。这些士兵没有如其担心的那样，来到新地狱的门口。他们把地狱带到了这座城的门口。

⑩

"神之咆哮"

　　松井石根①每天都做同样的短途旅行。他从日本静冈县的海边别墅出发，爬上一座小山，来到一座小型寺庙，寺庙不远处矗立着一座 10 英尺高的观音菩萨雕像。她面朝西方，面朝南京。

　　那是她的来处。松井把红土从那座城市带回这里塑像。她身上沾有死者的鲜血，松井希望，观音——字面意思是"感知声音的人"——能够听到他们的哭声，帮助他们不安的灵魂找到安宁。

---

① 1878—1948 年，日本陆军大将，甲级战犯，1937 年全面侵华战争开始后任上海派遣军最高司令官，后任华中方面军司令官，指使进行南京大屠杀。1948 年被远东国际军事法庭判处绞刑。——编注

1937年12月初，松井抵达南京城墙附近时，他命令军队停下来等待。90多架日本轰炸机已经先行一步，以便削弱这座城中的防御力量，并且评估那里是否布有陷阱。松井用飞机把"劝降书"投放进城里，劝告正在忙于加固阵地、设置路障、在城门堆砌沙袋的中国军队，必须投降才能保住城市的美丽和自己的生命。最后期限已定。

双方都知道南京现在是绝望的；他们被包围了，这里的大部分领导人已经在几天或几周前撤离。24架日本轰炸机从上海被派过来，装载的不是弹药，而是冰镇香槟：指挥官们觉得，距胜利庆典一定只有几天——也许几个小时——之遥。在日本国内，东京的人们也感受到了节日的气氛。彩旗悬挂在军部和文部省的外墙上。老师们计划着让学生们整队去皇居。

松井给出的最后期限过去了，却没有得到任何回应，于是，第一批日本士兵于12月10日受命进入城市。一些人趁着夜晚爬上城墙，试图在上面为机枪阵地赢得空间。中国守军大多来自地方部队，他们没有军饷，只有基本的步枪武装。他们短暂地进行了一定程度的抵抗，让日本人吃了一惊，但很快就溃不成军了。"我们是单凭自己的血肉在与金属作战。"他们的指挥官之后就坐船离开了这座城市。

南京市民呼吁暂时休战，以便为数十万急需避难的人们建

PART THREE　引领亚洲，脱离亚洲

造避难所。但他们的恳求被忽视了，12月13日，中山门失守后不久，这座城市就被占领了。

一开始，关于发生了什么，没有任何消息传出。驻扎在附近的外国记者发现，那些一向热情好客、唠叨不休的日本帝国陆军媒体代表突然对他们无话可讲。"南京的沉默令上海惊恐万分"成为《纽约时报》的头条新闻。

但是，随着居住在南京的外国人士——记者、传教士、学者、义工——争相顺着长江逃出，许多人登上美国军舰瓦胡号，他们开始用无线电播报关于大屠杀的新闻。他们看到，数百起的草率处决，街道上到处散落着尸体和被遗弃的中国军装。一名记者报道，中国士兵向他扔来几十把枪，他们急于向附近的外国人缴械，然后消失在平民人群中。

这些都是孤注一掷的策略，结果并不定然成功。现在涌入南京的数千名日本士兵中，许多根本不在意区分战斗和非战斗人员。在接下来的几周里，成千上万不同年龄的平民被杀，无数妇女和未成年女孩被强奸。城市居民被赶出家园，或被迫协助抢劫其他居民。富丽堂皇的西式房产首当其冲。士兵们用草草搭建的梯子闯入其间，偷食物、放唱片、翻箱倒柜寻找黄金。

其他人则在街上游荡，寻找可能已经换上了便服的中国士兵。嫌疑人——包括那些肩膀上有疑似军队背包磨痕的人——

以 50 人左右为一组被聚拢、绑好、带到城墙外边。坦克炮火、枪弹和刺刀都用在了他们身上。数以万计的人被杀害——后来，人数上升到 20 万，甚至 30 万以上，城里城外有大量没有被掩埋的尸体。《纽约时报》记者 F. 蒂尔曼·德丁心中想，日军让死尸留在大街上，逐渐被反复碾过的日本车辆变成尘土，是否是为了"让中国人记住反抗日本的可怕后果"。

松井骑着马在胜利游行队伍队首，以帝王般的姿态进入了这座城市。与他同行的还有天皇的叔父朝香宫鸠彦王中将[①]，以及 2 万名步兵、海军陆战队队员和机械化部队士兵。战机从头顶掠过，游行队伍沿着东大街从中山门朝国民政府大楼进发。太阳旗升了起来，松井带领人群头朝东方，整齐地山呼"天皇万岁"。他们喝着清酒、吃着墨鱼干。松井后来承认这件事让自己激动万分，但普通士兵的态度更为复杂。前田吉彦少尉心中想，"这个仪式的意义是什么……就是高级军官的自我陶醉"。

美国记者哈利特·阿本德觉得，即便在整个亚洲大陆的恐怖时期，南京的遭遇也注定是罕见的。他写道，这将是"日本将永远后悔的一页历史"。在上海的日本官员并没有试图否认正

[①] 1887—1981 年，日本皇族、陆军大将，南京大屠杀主要元凶之一，战后因皇室身份逃脱审判。——编注

PART THREE　引领亚洲，脱离亚洲

在发生的事情。他们的报告显然已经抵达东京：外务省东亚局局长石射猪太郎在日记里透露，自己收到的消息涉及"我军在南京的暴行……抢劫和强奸情况可怕且惊人。天哪，我们帝国军队竟然这么干吗？"但是阿本德正确地猜到，在更远的地方，在将来，必有人试图掩盖这一切。他本人首先就被贿赂，接着被恐吓，后来又因为他的报道而被贴上"反日"这一标签——在未来几十年，无论是日本人还是非日本人，凡是敢于记录和探究日本武装部队在南京所做之事的规模和原因，都会被条件反射式地贴上这个标签。

就松井而言，他当然没有领会其中的暗含意义。他是"泛亚主义"——主张团结起来反对西方的政治和文化威胁——的忠实信徒。1940年2月，他家附近的寺庙正式落成那天，他把发生在中国的大屠杀称为"邻里之间的互相杀戮"。他仍然希望这场正在进行的"圣战"最终能拯救东亚。他声称把自己所塑的带血泥像献祭给这一目标，献祭给战争中"双方死者"的灵魂，为此，他将雕像和寺庙取名为"兴亚观音"。

*

在世人眼中，日本在亚洲几十年的侵略是令人惊愕的，发生在上海和南京那些超乎寻常的暴力则让他们从惊愕转向难以

243

置信，关于和平、繁荣、合作和神圣那些冠冕堂皇的谈论自然显得空洞可笑。然而，论及其向神的呼吁——寻求宇宙级辩解和道德正当性——松井远非孤家寡人。

20世纪30年代，可以看到，对西方现代性最为激进的哲学批判和最为激进的政治批判在日本合流。西田几多郎有着"日本第一位现代哲学家"的美称，此时正迈入其出色职业生涯的最后阶段，他很久以前就攻击说，西方文化是以两个基本理念为前提的，然而两个都是错误的。第一个，"实在"最终归结为"实体"。第二个，人类之在的自然模式是作为理性的个体来生活和经历这个世界。

西田则声称"实在"在终极意义上是"虚无"，不是指"一度有过"或"或许有过"这一意义上的虚无，而是绝对的虚无：一个深不可测的"场所"或"地平线"，存在与非存在都从此而来。在京都帝国大学，他对学生说，你看一朵黄色的花时，与其注意黄色的"花"，不如把注意力放在"黄色"本身上。眼睛慢慢靠近，全神贯注，有趣的事情发生了：你对这朵花的"存在性"（is-ness）和自身的"存在性"的关注开始消退。

他继续说，一旦你完全沉浸在这种"黄"中，问问自己"黄"是从哪里来的。对一些人来说，这个问题没有意义。但是坚持追问的人会发现，你不是以实体而是以"场所"来对"黄"

想象的。问题不再是"黄是什么",而是"黄在哪里"以及"'黄'在何种更广阔背景下显现"。

你可能会发现,答案是通过一种新的、特殊的意识到来的。它不是你所熟悉的、在其中有着各种念头的普通意识;它是那样一种意识,思想在其中"拥有"——创造——你。最后,如果你不能自已地要问这种特殊意识究竟在哪里,答案必然是绝对虚无,它产生并贯穿了现实的每个层面。你可以说绝对虚无就是神,神就是绝对虚无。

这一切都没有意义,除非亲身体验禅宗。西田一个名叫铃木大拙的朋友如是说。在有些地方,西田只是偶习禅法,铃木则是禅宗的笃信者和传播者:如果日本禅宗和"无须文字的悟"这一理想很快在西方被理解为佛教和日本文化的精髓,那么铃木就是日本少数几个可以为此作出贡献的知识分子之一。

在日本国内也发生着类似的变化,生活在现代压力中的那些想要修行的普通人,要求禅师训练他们冥想,还要求与禅师共享寺庙的空间。明治维新后,由于反佛教情绪高涨,僧侣努力保持寺庙的开放,延续他们的传统。现在布施已全凭自愿。因此,如果人们渴望冥想,那么他们得到的就会是冥想。

发生在日本禅宗内部的这种转变——从局限于寺院体系的专业思想,变化为可以得到广泛理解且可用于文化和精神层面政治批判的资源——在 20 世纪中期被证明极具影响力。首先，它明显具有民族主义和"泛亚主义"潜力。铃木认为，面对西方文化，佛教在总体上提供了印度、中国和日本人民之间的天然纽带。他还继承井上圆了的衣钵。井上曾贬斥当代印度教为"迷信结晶"，尤其是其匪夷所思且"极为肮脏"的牛崇拜。铃木坚持认为，日本是佛教教义以及更普遍的人类灵性到目前为止达到最高程度实现的地方。他声称，由于几个世纪前日本武士精神与中国禅宗的交汇，作为一个整体的日本生活已经充分发展，变得"如禅一般"。

20 世纪 20 年代，东京帝国大学有影响力的法学教授们用了不同的说法来提出和宣传惊人相似的思想。上杉慎吉和筧克彦认为"存在"的本质在于一个社群内各种存在的有机连接——人们与生者、死者、尚未出生者共同生活。在辨识和实践这两个意义上，只有能够认识到这些深刻相互关系的社群才能真正称为"社会"，只有自觉追求完美的社会才有资格称为"国家"。

他们认为，在西方，只能找到相当可怜的近似之物，"国家"不过是为了便利和控制草率构建起来的产物。最理想的形态在日本才能找到，这里，国家根本就不是"建立"起来的，它是通过神的启示而生。天照大神，即太阳女神，是国体的源头和最终目标，而国体则因为天皇本人提供的组织意志而具有

引领亚洲，脱离亚洲

活力。天皇，就是"显现为人的神"。这样的国家不需要法律、政治或任何形式的强制；道德是自然而来的，它植根于这样一种信念，即人的最高觉悟和自我实现出现在他——无论生死——与天皇的这一意志两相交融之时。

这些想法本身并不等于要发动战争。但是，一股令人不安的微风开始在日本涌动，而诸如此类的想法像支流阵风般在为其助力。这方面的其他言谈主张还包括：和辻哲郎宣称，日本家庭是亲密的关系，而西方家庭是冷漠、务实的同居体。小说家谷崎润一郎认为，日本人所体会的世界是烛光照亮的房间，充满变换的阴影、不断变化的形式和丰富多样的感觉；西方人的生活，却好像电灯或关或开，要么是在全然黑暗中，要么是在漂白的、平淡的世界中。他们的内心生活，换句话说，是"人造的"，死气沉沉。

颇具反讽的是，这些不断汇聚起来的风实际上多是从西边吹来的。西田和他"京都派"哲学同事们深受德国哲学的影响。19、20世纪之交，铃木已在美国生活和工作十多年了。上杉和筧克彦都在德国研究过国体学，筧克彦尤其专注基督教神学，把罗马天主教会视为人类渴望神圣主权的典范。在20世纪初那些试图反抗其文化霸权的亚洲知识分子眼里，西方值得注意的特征之一是它近乎自我毁灭的那种自我批判能力——这在各种精神分析中表现得最为显著，它暗示着，在殖民主义笔挺的制服、礼帽和高尚的目标之下，潜藏着不可告人的思想和幻想。同样，日本对"西方"的排斥，常常看起来像是后者在西方内部文化争斗中选边站位，或者是参与一场关于"现代性"的全球性对话。

但在20世纪20年代末期和30年代，听众比理论起源更重要，随着日本外交孤立的加剧，西田和铃木之流，以及那些解读他们作品的人，都陷入了民族主义思潮之中。上杉慎吉和筧克彦的学生不仅来自东京帝国大学，也来自陆军和海军学院。1926年11月，筧克彦甚至专门花时间给一个尤有特权的年轻人进行学业辅导，此人一个月后将成为昭和天皇。上杉慎吉和筧克彦都曾与极端民族主义性质的讨论、施压和宣传团体有过合作，来反对对日本宪法进行自由阐释以及让他们恐惧和厌恶的政党政治的崛起。

日本刑事局认为这些组织具有潜在的革命性——无论他们属于右翼还是左翼，对现状的不满都是不被容忍的——因此对其保持密切关注。他们的担心是正确的。只要暴力政治活动家需要，可加以利用的支持和清晰明了的意识形态资源有的是：在计划和准备攻击的过程中，以及后来在法庭上，如果他们需要为自己辩护，这些就能派上用场。1932年将首相犬养毅杀死

PART THREE　引领亚洲，脱离亚洲

在家中的年轻军官们，是直接从靖国神社出发的。在靖国神社，有人看到他们"脱帽，双手合十，向天照大神那面无法看见的神镜鞠躬"。其中一人在神社求了符，然后分发给众人，说揣着符可以避开警察的子弹。

不必成为理论家、神学家或暴徒，就能感受到这个时代宏大哲学思想的包容性。许多思想基于你是谁，按照血统来定义。另一些思想则热切而雄心勃勃地试图收集一切可能威胁日本的东西，让其跪倒在某种更高原则的脚下，无论这种原则是天照大神、天皇还是"绝对虚无"。这些对国家问题的通盘解释也并非都可归结为排外主义。铃木对日本和日本人的赞美，很大程度上是出于对自己国家的自豪感，是对生活在西方的朋友们精神空虚的同情，同时也有挥之不去的对佛教在西方被曲解的不满。然而，他所倡导的言论和实践有可能——而且已经发生——被战争贩子利用，从为暴力侵略所作的"佛教"辩解，到军官的冥想静修，不一而足。西田在战后因所谓的民族主义而受到左翼的攻击，在战时却因其对欧洲思想过于热衷而受到了右翼的攻击。

因此，从哲学到对外国人的血腥欲望间并没有一条直接的路径。但是，那些充满煽动力、驳杂深广的思想的确具有巨大的潜在力量，它们抓准了20世纪二三十年代日本局势的复杂

性——大众社会命运难卜、政治动荡、经济前途颠簸起伏、国际地位不确定——并赋予其可以捕捉得到的外在表现。这些思想可能不足以让人渴望战争，但可以帮助他们在战争到来时接受它。许多人发现自己已然被卷入其中，过几年回过头来看时，心中交织着怀念、困惑和悲伤。

1937年，随着侵华战争急剧失控，"崇高的思想"进入主流政治。政府出版了一本小册子，题为《国体之本义》。它由包括哲学家和辻哲郎在内的多位学者撰写和修订，指责欧洲启蒙思想——尤其是个人主义——造成了当前的世界危机，使得许多日本人无辜地陷入混乱。它说，人们应该坚定地扎根于日本精神之中：从天照大神到现在，这是永恒的力量。同时，人们应该摆脱自身"小我"的束缚，去支持可以在天皇那里找到的更为宏大的生命。这就是国体的真正意义和辉煌。

超过200万份的《国体之本义》被印刷，包括供给学校使用。它只是官僚和受政府资助的知识分子所作的广泛且精密的努力的要素之一罢了，他们的目的是想出办法，让日本挨过被军方拖入的这场炙热的外交危机。政府的总体趋势倾向于控制住耗时费力的各种争斗——从政党政治到不受约束的资本主义——以及加强国家对经济的控制。1937年，内阁企划院成立，

PART THREE　引领亚洲，脱离亚洲

目的是协调经济政策，此后，国家又在劳动力分配和工资水平、物价和利润水平、工业生产、电力、交通以及重要土地和建筑物的使用等方面，将一系列广泛的权力进一步收拢。1940年10月，"大政翼赞会"（IRAA）[①]成立：政府的民用和军用装备须统一在一个全国性政党一样的机构中，这个机构由首相领导，直接深入市一级。帝国议会的政客们厌倦了因其在国内不得人心而屡遭官员恫吓的处境，同时因为在IRAA中看到一种改换门庭的路数，顿感如有神助，便正式解散自己的政党，转而加入这个新组织。

然而，这些派别之中没有哪个像东京帝国大学的蜡山政道所喜欢的那样发展。蜡山属于一个成立于1933年的宪法研究小组，主张在日本实行完全纳粹式的自上而下的控制。但日本官僚的属地主义，以及关于IRAA实质上就是新幕府——因此是天皇的竞争对手——的这种批评，促成这个受到大肆宣扬的新机构实际上被纳入内务省。日本明治宪法的基本内容没有改变：议会继续召开，人基本上还是那些人，一如既往地被商界领袖利用来对抗过度膨胀的国家权力，为私人企业牟利。最终，日本形成了注了水的国家主义。

[①] 日本在"二战"期间成立的一个法西斯政治组织。——编注

尽管如此，与中国开战后的这些年里，日本全国到处可见令人印象深刻的政治和文化压力，使得人们越来越紧密地被官僚主义控制在手中。1940年夏天，日本劳动总同盟在东京召开会议，在致敬天皇的"万岁！"呼喊声中自我解散。从那以后，劳动纠纷变为在产业报国会的主持下通过讨论得以解决，在该联合会的董事会中，许多内务省官员赫然在列。市川房枝创办的妇女参政联盟被说服停止呼吁投票权，取而代之的是获得一项她为之努力已久的法律——为苦苦挣扎的母亲发放经济援助。平冢雷鸟曾把天照大神作为妇女光辉创造力的象征，市川和新组建的日本妇女组织联盟现在呼吁崇拜天照大神，将其作为一个范围更广的计划的组成部分，这个计划包括尊敬皇室、理智的家庭预算和务实朴素的着装。

此前曾在一系列话题上攻讦政府的活动家如今在撰写文章或周游乡村，试图说服人们存钱。战略家们得出结论，储蓄比增税更容易让公众接受，而且它们利好战争行动，因为它们为金融机构提供了购买政府债券所需的资金。

随着维持侵华战争的"原材料"于1940年到位，政府需要的是一种预判，即一场无法停止的战争最终可能会走向何方。日本首相近卫文麿一度在京都帝国大学师从西田几多郎，两年前他曾宣布，自己的外交政策目标是建立"东亚新秩序"：通过

PART THREE　引领亚洲，脱离亚洲

日本、伪满洲国和摆脱蒋介石控制的中国三者之间的合作，实现地区稳定。蒋介石跟西方搞政治典当，因此不值得信任。1940年夏，外相松冈洋右①骄傲地宣布，"'大东亚共荣圈'（GEACPS）建立起来了"。

前一年秋季，欧洲爆发了战争，因此英国和法国在东南亚殖民地的财富有可能被日本拿到手，于是被列入日本寻求资源的算计中。"大东亚共荣圈"也是哲学家三木清所渴望那种东西的自然实现。三木清和近卫一样，也曾是西田几多郎的学生，现在担任政府顾问。他曾呼吁，须有"伟大观念"来配合日军在亚洲大陆的"伟大行动"。国家需要一个故事，来说服父母把孩子送去打仗，而"大东亚共荣圈"这个故事就非常奏效。

"大东亚共荣圈"最初被寄予的那些希望——不仅作为日本帝国主义的遮羞布——后来却令人失望。三木和西田都对拥护军事扩张的那些人迅速盗用这个概念作出了谴责。据报道，西田对军方领导人说，一个不能满足该地区人民需求的"共荣圈"不过是一个"胁迫圈"。理想主义者曾希望"大东亚共荣圈"能够回答日本现代化奠基人之一福泽谕吉在1885年提出的一个问题：日本应该离开亚洲，接受现代西方世界温暖而世故的拥抱，

---

① 1880—1946年，日本极端民族主义外交官，战后被列为甲级战犯但未及审判即病死。——编注

253

还是应该立志领导亚洲？鉴于日本和西方之间的误解和不信任日益加深，后一种选择似乎日益成为显而易见乃至"迫在眉睫"的行动道路。

到宣布"大东亚共荣圈"建立之时，活动在中国大陆的日本士兵人数已经超过 85 万，把蒋介石从一个临时首都追赶到另一个临时首都。英国看起来正在被纳粹德国攻陷，近卫首相的陆相东条英机①设法说服不情愿的海军同僚与后者结盟，加上意大利，在 1940 年签订了《德意日三国同盟条约》。与此同时，日本外交官们完成了关于自己国家占领法属印度支那北部的谈判。

1941 年夏天，希特勒入侵苏联，这对日本的战略家们产生了短暂的诱惑，他们有一个长久以来的幻想：苏联过于关注自己西部的问题，以致无法阻止日本军队从其东部领土大举涌入。但是，早在 1939 年，关东军就已经开始在伪满洲与蒙古边界的诺蒙罕附近，发起了一场针对苏联的短暂战争——可惜在所有意图和目的上，都失败了。他们被迫接受屈辱的休战，这有助于让日本领导人避免与苏联再起冲突。关于"北进还是南进"的问题，长期以来争论不休，获胜的却是那些主张推进到东南

---

① 1884—1948 年，日本军国主义代表人物，甲级战犯，1931 年参与策划"九一八"事变，任相期间强烈主张扩大侵华战争，1941 年发动太平洋战争。1948 年被远东国际军事法庭判处绞刑。——编注

亚的人。最近，美国对出口到日本的废铁和燃料宣布禁运——试图遏制日本的侵略，惩罚其在欧洲的结盟选择——开始起作用了。东条担心，除非能在1941年底在其他地方找到资源，否则日本将失去使"大东亚共荣圈"成为现实的机会。

因此，1941年7月，日本派往军队去法属印度支那南部地区，这进一步加剧了美日紧张关系，罗斯福总统冻结了日本在美国的所有资产，禁止石油出口（据称，当时仅日本海军每小时就要用到400吨石油），并就此与英国总理温斯顿·丘吉尔签署了《大西洋宪章》。近卫首相关于与罗斯福总统进行一对一会谈的建议遭到拒绝，不久，接替他出任首相的东条发现情况同样艰难。美国想要的东西，是日本承担不起甚至不会考虑的：日本全面撤出中国。

看起来，军方理论家石原莞尔在演讲厅中关于与美国发生一场大战的幻想，或许即将实现。如果这样的话，日本先下手为强是有道理的：削弱美国在亚太地区的实力，然后达成一项有利的协议。几个月前幻想出来的一个袭击场景，最初受到嘲笑，后来却越来越严肃地搞起了战争模拟，现在看来是绝望中的日本最好的——或许也是最后的——希望。

*

突然之间，在夏威夷的瓦胡岛爆发了激烈的战斗。菊川绫子的家庭从有两个孩子发展到有四个孩子，孩子们现在最喜欢的消遣是拿着父亲菊川至德雕刻抛光的木剑来扮演武士。菊川至德的大部分闲暇时间都花在了两头来回接送美国军官上，一头是瓦胡岛中部菊川一家人所居住的瓦希阿瓦镇，另一头是几公里外的斯科菲尔德军营。菊川至德不懂英语，所以他的小儿子菊川秋生会坐在副驾位置帮他看路标。

许多夏威夷的日本第一代移民开出租车。因此，看到另一位出租车司机约翰·三上世茂在 1941 年带着一名日本领事助理环游瓦胡岛，也不觉稀奇。他的乘客森村正不太受领事馆同事的欢迎，他们认为他在工作中毫无用处。他的确是这样，因为他的专长在别的方面。

森村真名叫吉川猛夫，是日本海军的一名情报官员。29 岁的他，没有做外勤特工的经验，但这些经验很快就在三上世茂的出租车上获得了。吉川变得特别喜欢从附近的高地俯瞰珍珠港和福特岛，他注意到，周六和周日美国舰队大部分都停泊在港口。当他把"观光"范围扩大到瓦胡岛的中部和北部时，他很吃惊，岛北面水域的巡逻军力竟然如此少。

PART THREE　引领亚洲，脱离亚洲

吉川还喜欢乘船和飞机"观光"。一个周日，他带日本领事馆的几名女佣体验他眼中的乐事：去测试小岛东侧卡内奥赫湾附近水域的深度。他还利用斯科菲尔德军营附近的惠勒陆军机场对公众开放的"狂欢日"，注意到飞机库、跑道长度和宽度以及能够同时起飞飞机数量等细节。他甚至敲响了斯科菲尔德兵营的门，想碰碰运气，看他们是否会让他进去（他们没有）。后来，吉川又和另一位女性朋友搭乘半小时的游乐航班飞越岛屿，将惠勒和希卡姆机场美丽的景色和丰富的信息尽收眼底。他在座位上探身瞥见了南面的珍珠港，海军情报部门开始要求他提供关于这片区域的详细情报。

美国人知道日本人肯定在夏威夷进行间谍活动，很可能是来自火奴鲁鲁的领事馆。但他们对此无能为力。基本的限制已经到位，如吉川没有被允许带着相机去惠勒的"狂欢日"，但是总不能 24 小时盯着 16 万日本人和日裔美国人。随着与日本紧张关系持续加剧，美国领导人不想作出任何可能为战争提供借口的事情。

最好的办法是掌握日本人究竟知道了多少。威廉·F. 弗里德曼上校最终以精神崩溃为代价，破解了东京外务省与其驻世界各国大使馆之间使用的密码。不久，由此诞生的"MAGIC"密码破译机全力攻关，它们的线路很少有温度降下来的机会。

257

但问题在于：日本目前正在进行的最具破坏性的计划，外务省并不知情。它们是由海军搞出来的，而美国人未能及时破译这些密码。

1941年12月7日，周日。清晨，从北方飞来的飞机被美国雷达发现。一位刚到新岗位几天的军官坚称一切正常。一批美国B-17飞行堡垒轰炸机群预计会从加利福尼亚州飞来，大致飞的就是这条线路。本地电台整夜播放着夏威夷音乐，当预计有美国飞机飞来，它就会这么做——以这种方式帮助引导它们降落。"别担心。"他对雷达站的同事们说。后者未能提醒他，他们发现了多少架飞机。

瓦希阿瓦的居民被震天动地的声音惊醒。日本轰炸机和零式战斗机从云层中倾泻涌出，向下俯冲，摧毁它们在惠勒机场所能发现的一切，美国飞机在机库外为方便而排成一排——它们离得足够近，当一架被击中，就会引起一连串的爆炸。

惠勒没有高射机枪，那里的飞机也没有配备可供立即作战的武器。弹药带每天晚上都被拆下来堆放在那里，成为正在进行着场面壮观、震耳欲聋的爆炸焰火的燃料。美国人最多能做的就是聚集人手把未受损的飞机从日本飞机的线路上推开。日本飞机飞得非常低，以至于靠近时把甘蔗拂动得沙沙作响。惠勒的指挥官后来坚称自己看到一名日本飞行员飞速掠过时，从

PART THREE 引领亚洲，脱离亚洲

窗口探出身子，并朝自己咧嘴一笑，嘴里的金牙闪闪发光。

他很可能是笑了。六艘日本航母抵达瓦胡岛北部海岸200英里以内竟然未被发现，它们在15分钟时间里就发射了183架飞机：战斗机、高空轰炸机、俯冲轰炸机和鱼雷轰炸机群集，在空中形成一个不断扩大和增强的光弧，每架飞机一旦升空便转头向南。当美国雷达操作员发现它们并认定它们是"友军"时，第二波飞机已从航母舰面被送上天空加入它们的队伍。

即使第一颗炸弹投下，美国军方人员仍然认为这些飞机肯定属于己方——某个飞行新手犯下了一个愚蠢的错误。然后飞机两侧的红色圆形图案进入视野，一架接一架，它们"拜访"了吉川侦察的目标：惠勒机场，随后是珍珠港周围的各种设施。总共算下来，一共350架日本飞机击沉了5艘美国战舰，摧毁了大约200架飞机，损坏或摧毁了大约12艘船只。2000多名美国人丧生，相比之下，只有64名日本人在行动中丧生。①

关于昭和天皇在这之中到底有着多大的真正影响力，在那之后一直争论不休。当然，文职和军事官员努力让他了解情况，以便为自己的行动赋予天皇的权威。陆军和海军送来各自的每日简报，所起的效果是，作为最高司令官的裕仁天皇成为唯一

---

① 关于此次袭击伤亡数据的说法不一，此处遵照原著。——编注

可能了解战争全貌的指挥级别。裕仁显然不太相信这些简报，他指派自己的陆军和海军私人助手，包括他的兄弟们，独立于官方渠道收集信息。

天皇显然确实在一个领域具有影响力，而且得益于在东京帝国大学教授筧克彦以及其他人那里的受教经历，这就是，编辑对美国和大英帝国宣战的天皇诏书。关于这份文件的工作开始于1941年10月，而当成功偷袭珍珠港的消息传来时它已经准备就绪了。那天早上，天皇穿上了他的海军制服，以示敬意和庆祝。12月8日，东京时间上午11点，诏书颁布。正午时分，日本广播协会（NHK）电台特播了一上午的爱国音乐停下来，朗读了诏书全文以及首相东条的讲话。

再一次地，诏书指责鲁莽的中国人无视日本的邻里之好，指责美国和英国密谋控制亚洲。诏书总结说：

> 朕令政府一再隐让，力求恢复和平，而彼方毫无让步之意，徒使时局之解决一再迁延；近来更加强经济上军事上之威胁，欲使我屈从彼意。
>
> 长此以往，帝国多年安定东亚之努力悉归泡影，帝国之存在亦濒于危殆。事既至此，帝国现为自存自卫计，惟有蹶然跃起，冲破一切障碍，岂有他哉！

PART THREE 引领亚洲，脱离亚洲

皇祖皇宗之神灵在上，朕信倚尔等之忠诚勇武，恢复发扬祖宗之遗业，迅速铲除祸根，确立东亚永久之和平，以期保全帝国之光荣。

*

美国在珍珠港遇袭的部分问题是，它的防御者们肥胖、酗酒、懦弱且惊人地无能。至少，1943年初提供给年轻的日本电影观众的版本就是这个样子。一部名为《桃太郎的海鹫》的动画片中演到，一位美国海军陆战队员——以大力水手电影中特别肥胖的布鲁托为原型——拿起瓶子猛灌一大口，然后在甲板上无可奈何地东歪西倒。此时，一波又一波戴着印有太阳图案头巾的兔子、猴子等动物开心地驾着轰炸机向着他舰队的方向飞去。

这次突然袭击的指挥者，是一个名叫桃太郎的小男孩。电影院里的每个人都会立刻知道他是谁：一个古老日本民间故事中的英雄，他从桃中诞生，后来踏上寻找之路，要与一群恐吓当地居民的食人妖怪作战。桃太郎的传说是这个时候日本文学生活的主流，它不仅可以娱乐儿童，而且是理解日本原始想象力的源泉。对于柳田国男来说——他只是关于桃太郎的众多评论家的其中之一——这个故事揭示了一种深刻而低调的日本意

识，即神（桃子）是如何孕育人类（桃太郎）的。这个故事也提供了一个"完美的泛亚寓言"：一个热爱和平的国家受到来自遥远大陆的妖魔威胁，一位天之子毅然出手，去发现并击败他们，同时，在这一路上，他也赢得了一群性格多样、听从命令的朋友，这些朋友因为他的关切和看重而生气勃勃。

与以往一样，西方文化在日本承担着三重责任：灵感来源、现成的反派和攻击的惯用靶子。几年前，日本动画师用桃太郎与米老鼠对决，引起了一片轰动，米老鼠的脸被重新画过，以便深刻彰显美国人的邪恶意图。现在，《桃太郎的海鹫》在一开头就自豪地公布出赞助商的名字：日本帝国海军。

就其时代而言，《桃太郎的海鹫》是当时身处战争时期的日本人所能找到的越来越少的娱乐选择之一。为了节约用电，舞厅和爵士场馆被关闭，商店店招也不再霓虹闪烁。日本报业从454种缩减到54种（每县保留一家），记者和出版商都活在怕把事件报道"错误"的恐惧中。《中央公论》全体职员被特高逮捕，结果至少一名妇女被强奸，两名男性雇员在拘留期间死亡，这家日本最受尊敬的期刊之一最终关门歇业。该期刊的"罪过"之一是连载谷崎润一郎的小说《细雪》，这部小说被认为包含太多"资产阶级家庭生活"类的无关内容。

对于那些想找点事做的人来说，可以参加官方鼓励的神社

PART THREE　引领亚洲，脱离亚洲

觐见之旅，或者欣赏官方批准的芭蕾舞剧《空中决战》。从1942年起，还有每年一度的帝国诏令日，在此期间，东京的人行道上会画上一面星条旗，鼓励人们去踩踏，很像德川幕府时期，要求过去是基督徒的人去脚踩耶稣基督和玛利亚的肖像，以显示自己的蔑视，由此证明自己的忠诚。

用首相东条的话说："群众是愚蠢的……如果我们告诉他们事实，士气就会崩溃。"到《桃太郎的海鹫》在电影院上映时，情况变得极为不利。与西方的战争，在最初几个月里取得了巨大的成功。偷袭珍珠港成功刚过了几个小时，日本就对停放在菲律宾的飞机进行了一次类似的袭击。马尼拉、新加坡、仰光、香港等城市像多米诺骨牌一样"倒下"。在缅甸和荷属东印度群岛等地，当地民族主义者一开始把日本人作为解放者来欢迎，然后才发现做桃太郎宠爱的帮手到底意味着什么：他们的食物和资源被抢走，他们的货币在换取日元过程中大受剥削。

但就在日本帝国达到其最大势力范围的时候，战局开始转变。1942年夏，日本在太平洋上的中途岛（位于亚洲和美洲两片大陆的"中途"）遭遇严重的海战失利，国内开始实行配给制，美国策划者则着手安排战后的占领工作。

自19世纪50年代以来，关于"国家紧急状况"冠冕堂皇的说辞几乎是日本公共生活的常态话语。一年又一年，政治家

和军人总是在努力说服民众相信，国家生存面临着紧迫的威胁。这一观念有着充满诱惑的力量，它能够把人们动员起来，让钱流向"正确的方向"。然而，现在日本真的正在面临紧急状况，针对此，日本当局出台一系列严厉措施，试图榨干国家自然、技术和人力资源的最后一滴。

对奢侈消费、衣着和个人打扮的定义变得越来越宽泛。不久前，男孩和成年男子还能炫耀式地身着和服，和服图案色彩鲜艳地彰显出国家的军事力量。其中一幅和服图案描绘人们在战场上冲杀，另一幅描绘的是印有醒目的太阳图案的双翼机冲上云霄。但潮流开始变化了，男人们穿起了国民制服，女人们则招摇地穿起了并不招摇的农民灯笼裤。与此同时，年轻的女孩们被要求给前线的士兵们寄去鼓励信，而在回信中，士兵们会有五花八门的粗俗表示，暗示如果她们在身边，可以如何助力战争。

一种可以追溯到德川时代的想法，现在被赋予了帮助拯救现代国家的任务：以家庭为组，进行单位协作。这些邻里协会——在中途岛海战时，已有130万个，每组由10户到15户组成——相互之间传递告示牌，每一家都在上面盖上红戳，表示他们阅读了最新的指示。从反间谍、预防犯罪到防火、分享越来越长的配给清单中的那些商品，他们均须相互合作。

PART THREE　引领亚洲，脱离亚洲

当局经常担心群众是否可靠。特高被"令人不安的叛乱煽动证据"弄得疲于奔命。"亲爱的愚蠢的天皇"，一个日本小男孩在信件开头写道，这封信被寄往东京的皇居，署名——为了清楚明白——是"你的敌人"。最终这封信进了警方档案，警方档案中明信片、信件以及从窃听来的对话到厕所涂鸦等各种记录多得快装不下了。天皇陛下程度不等地被称为蠢货、愚蠢的浑蛋、极其愚蠢的浑蛋。一些人向天皇发出死亡威胁——悬赏2000日元"砍掉他的脑袋"，而更多的人则质问：一个享用着巨额的国家财富却只会迎合军国主义者的人，用处到底在哪里？

档案中同样有大量且让人担心的内容，与那些"军国主义者"有关。一幅涂鸦上写的是"让日本摆脱好战的军队"；而一名参加地方选举的选民则在选票上写下"快点结束战争吧，军国主义白痴们"的字样，让自己的选票作废。

极度紧张状态下国民的反弹性嘲弄在特高办公室里可能得不到什么欣赏。一个一贯关注"左翼煽动活动"的组织现在面临着这样的前景——列昂·托洛茨基的预言可能会应验，战争将把日本推向革命。让特高忙得不可开交的，也并非那些制造麻烦的人：内阁企划院这个精英团体中的成员被抓到在阅读"革命读物"。

纺织品最终供不应求，对许多人来说，除了穿灯笼裤和国

民制服之外，不再有其他选择。人们对娱乐的兴趣下降，很大程度上是因为每天330克大米的配给让一个人没有太多精力出门晃荡，其他人则很快忙于在乡村寻找食物。燃料和火柴都很难买到，以至于听说冲绳人晚上看书要靠发光海洋生物的光亮。当年轻女孩们被发现为了得到孕妇的口粮而往衣服里塞垫子时，对邻里关系的考验达到了极限。

像东京和大阪这样的城市正在变得面目全非。家正在失去色彩、笑声以及大部分贵重物品和金属器皿，因为锅碗瓢盆都被交给军方当作废铁使用了。街道失去了雕像、铁栏杆，寺庙连钟也失去了，只剩下了木头和纸。

但是，对于策划1944年到1945年战争最后阶段的美国战略家来说，这种状况很好。木材和纸正是他们所需要的东西。残酷的终结之战简单到用一个字就可以概括：火。

一个小男孩坐在电影院里，对《桃太郎的海鹫》的续集《桃太郎：海上神兵》表示叹服。"总有一天我要拍动画片。"他对自己发誓说。然而手冢治虫，日本动画和漫画未来的教父，发现找不到人分享自己的决心。大阪的大部分地区都遭到美国的新B-29轰炸机——超级空中堡垒轰炸。尽管松竹座剧院目前还算幸免于难，手冢的大多数朋友还是被疏散到了乡村。在战争的最后几个月里，超过1000万名日本平民逃离城市，相比之下，在1940年到1941年的闪电战中，逃离城市的英国人大约有120万。

整个日本，现在要求人们把一切都投入战争中。女学生们长时间地工作，生产巨大的气球，上面绑着燃烧弹，试图把高速气流变成一股"神风"，能够让毁灭降临美洲大陆。大约有350个这样的装置抵达了北美，远在东部的艾奥瓦州都发现了气球碎片。俄勒冈州的一个野餐会上发生了爆炸，造成美国本土仅有的6名战时人员伤亡。

但是，关于人民如何防卫，几乎没有制定任何措施，尤其是在日本的大城市里。因此，当孩子们的气球满怀希望地飘向天空时，数百架最先进的轰炸机开始在日本城市上空定期巡航——每个城市都由同盟国根据建筑的易燃性划分出了区块。由于日本缺乏高射机枪，B-29能够以触到烟囱顶部那种高度进入城市，飞机上的防御炮塔被拆了下来，代之以更多的燃烧弹。

1945年3月9日东京遭遇了空袭，当时东京的人口密度是10.3万人/平方千米，这次空袭成了历史上最具破坏性的一次。东京是世界最大城市之一，它的四分之一在一夜之间被夷为平地。水渠沸腾，玻璃熔化，多达10万人死亡，其中大多数人是因为大火吞噬了可用氧气，窒息而亡。

幸存者的生活是严酷的、以战争为核心的永无止境的劳动，从事劳动的男性年龄越来越小，后来，女性也被征进来了。这些人被登记在一个个志愿者团体中，士兵们训练他们使用竹矛、挖掘战壕、搭建铁丝网和修建碉堡，为近在咫尺的战斗做好准备。每周一次，人们凌晨3点就被从床上叫醒，到当地的神社参拜。学生们被派到森林里收集松树桩，因为树液可以转化成飞机燃料，据说200个树桩可以让一架飞机飞行一个小时……

*

1945年4月12日。当1931年日本在中国的长期战争开始时，林市造是一个只有9岁的孩子。他经历过典型的日本学校教育体系："日本"地图将日本的四个主要岛屿与有争议的领土和最新"征服"的土地无缝地融为一体；道德教科书反复强调日本价值观和精神；课堂上讲述"长兄"在军队中那些活灵活现的冒险故事；还有武技训练和唱军队歌曲。他曾就读于福冈一所精英高中，从那里毕业后进入京都帝国大学，他曾希望在大学里学习哲学，但勉强去学了经济学。现在，他被绑在一架海军飞机的驾驶座上，飞机向着冲绳附近的一艘美国军舰呼啸而下。

小林和他的队友们属于特攻队，它更有名的叫法是"神风特攻队"，多数队员都梦想在行动中带走尽可能多的美国人，甚

PART THREE 引领亚洲，脱离亚洲

至也许他们会超越人类进入神的领域：成为神，就像神话和神风特攻队手册所承诺的那样。"瞄准烟囱，"手册建议说，"睁大眼睛撞上去。许多人在你之前已经这么做了。他们会告诉你他们有多开心……"

但是，当那光荣之日来临，一些飞行员喝得酩酊大醉，在营房里喧哗骚动。他们拿起自己的"千人结"（寄托着"好运"愿望的腰带），厌恶地将其烧掉。至少有一名飞行员在自己的最后一次飞行中调头返回，向着自己的指挥官们扫射。更多的人选择自毁飞机，或者故意把飞机开进海里。

在一种后人对之唯有猜测和怀疑的压力下，日本的民众和飞行员们最终发现，自己被迫去思考一个"国家"到底是什么。这是一种自觉的努力，世上很少有人能在这方面进行如此充分的思考。十多年来，他们听到的始终是关于一个取得现象级成功的社会，这个社会现在正与邻国分享自己独特的亚洲式现代性的种种故事，听着宏伟的未来计划、英雄传奇以及神的各种咆哮。

然而，当死亡即将来临时，像林市造这样的年轻人选择这样去想象这个国家：这一切都仿佛不曾存在过，仿佛"日本"更好地体现在一首前现代的诗歌中，或者一幅木刻版画中。在最后的信和日记中，他们所冥想的，是月亮的美丽、家人的面庞和故乡的花朵。

通过每种可能的方式，通过一个受到挑战越来越少的国家所能够采用的各种手段，他们被告知，日本——以及整个世界——正在走向末日。然而，他们感到，时间似乎没有结束，而是在转向：历史是一种自然之力，现在正在蓄势，准备把这个国家可怕的错误和对自己的可悲误解扫荡一空。日本会输掉这场战争。他们会死。但是，如果别的什么都做不到，他们至少也能自豪地为燃烧的田野提供了养料，使其再次肥沃，为留在身后的家人带来希望。

日本南部的空军基地燃起了篝火，就着火光，小林写道：

亲爱的妈妈。

这里的樱花都凋谢了。但是绿色的叶子还依旧可爱，让我想家了。

这就像是一场梦。明天，我将不再活着。昨天参与行动的人都死了。

我将先你而去。我不知道自己是否被允许进入天堂。请为我祈祷。去一个你以后不会和我一道的地方，这个想法让我无法忍受……我只想被你抱在怀里，睡去。

PART FOUR

第四部分

现代性 2.0？

20 世纪 40 年代到 20 世纪 60 年代

⑪

新生

　　地狱就像佛教里描绘的那样。人如同鬼魅在冒着烈焰的大街上蹒跚而行，不时俯身呕吐，他们周围的建筑物都着火了，树在燃烧中倒下。他们的身体越来越多的部位陷入柔软、气泡汩汩的沥青中，他们身上的肉先是下垂，然后点点滴下，再之后全然坠落。最后，他们完全垮了，就像已经在地上躺着的成千上万的满身水泡、身体肿胀的尸体；一些人哭喊着想要水喝，另外一些人已经无法开口，他们的嘴里塞满了蛆虫和苍蝇。

　　然而，有一点，佛教说错了。地狱不是一个地方，而是一种事态。不是你去，而是它来，让家乡、家人、朋友发生天翻地覆的变化。对西本节子来说，地狱来临时，她正坐在卫生间的马桶上。曾经熟悉的世界直接就消失了：起初是一切都变白了，白得一无所有，然后就落入暗无天日的黑。一种难以描述的声音将她撕裂，然后一个陌生世界来临了。房间里，家里的纸、木隔扇门不在原位。屋外院墙全然不见了。邻居们发现自家屋顶以一种古怪的角度向上翘起，接着，一阵劲风袭来，猛力刮过屋子内外，将一切卷入空中。

离广岛市中心越近，你看到的画面就越奇怪。有人推着空车，沿着燃烧的大街找寻自己失踪的所爱之人。他走进的是一个一切都以最怪异的方式被融为一体的世界。女人和服上的花朵被印在了她们的尸体上。人形轮廓出现在墙上。人们试图弄明白到底发生了什么，有些人说，肯定是一船的油桶发生了爆炸。另一些人认定是敌人搞破坏，用降落伞投放来的。或许是一次毒气攻击，不然无法解释空气中为什么弥漫着一股"电流的味道"。又或许，刚开始下的这场雨是天上泼下的汽油，准备在敌人下次飞过时点燃。

西本节子走遍街头巷尾和防空庇护所，四处寻找丈夫，路过烧焦的尸体也不忘看看其口中是否镶有金牙——这是丈夫的典型特征。田手绢代身背孩子，也在四处寻找丈夫。她听到孩子反反复复说着三个字："热！""奶！""砰！"脚下的草鞋就要被炙热的路面磨破了。

PART FOUR　现代性2.0?

两个女人什么都没找到。西本节子在河边烧掉了丈夫的烟袋，以之代替丈夫的遗体，将他的遗物连同烟斗一块埋了。这算是有个墓了吧。几天以后，她和儿子西本昭雄都开始发烧。梳头时，她发现随手一抓便有大把头发落下。昭雄也是如此。有流言传来，说这是什么、如何治疗。西本节子于是尝试着用加了鱼腥草和某种植物须根的水来洗头。

住在附近的横地敏子听说，将人骨碾成粉末可以缓解儿子的烧伤。于是她将丈夫的骨灰放在陶钵里细细研磨——丈夫与19岁的女儿在她面前慢慢衰弱，最后死去——然后将粉末涂抹在儿子身上。儿子在当天下午稍晚一点还是死了。

身体虚弱、头发掉光的西本昭雄收到军队征召书。他与妈妈再次动身前往城市中心，一路上尸体无数。到了地方，昭雄得到了一点粥，粥装在一截竹筒里，给他的命令是第二天就启程。昭雄在火车站里度过了一夜。第二天早晨，西本节子正要挥手告别自己的孩子时，却被通知："免除兵役。"两人踏上回程。两天以后，1945年8月15日正午，一个声音第一次出现在广播里，其说法堪称史上大师级的轻描淡写之一。"战争情形发生了改变，"天皇说，"不一定对日本有利。"

关于天堂，惊人之事在于它如何让偷窥者向往不已。向下，

275

人们可以看见整个东京被大火熏黑：房屋烧焦，树木一半被烧光。天谴的承受者在烧剩下的街道上拖着步子行走，憔悴又绝望。向上，一种奇怪的宽广感挥之不去——几乎一切，自然而然地，都是白色的。椅子罩着白棉绒；一张白熊皮装饰着一张坐卧两用沙发。一面墙上挂着一面巨大的镜子，另一面墙上挂着一幅真人大小的裸体画。

还有女人：日本的，俄罗斯的，德国的和意大利的。有吃不完的盛宴，喝不完的美酒：酒汁鸡肉丝、生鱼片、油炸大虾、上好的威士忌。还有朋友。如此多有影响力的朋友，通过女人、美食和美酒而结识。

这是安藤明的新生地，有奢华的总部、奢华的战后早期生活。20世纪40年代初，朝鲜劳工组成了一支小型军队，在他的控制下从事日本战时领导者布置的一切任务：拆解并重建军工厂，避免被盟军空袭；建立地下工厂；挖地道。

1945年8月15日那天，通过广播传来的"天籁"向人们宣告，旧世界已经结束。新世界究竟会变得如何，在那一刻，安藤明或者其他任何人都无法知晓。人们唯一知道的是，某种审判已经在路上了，就在计划月底登陆这些海岸的美国飞机和军舰上。整个国家，会在接下来的半个月里忙得够呛。

PART FOUR 现代性 2.0？

*

皇居中，一家人团结一致。天皇的叔叔，东久迩亲王，被任命为日本首相。踩着政治牺牲者爬起来的近卫文麿，成了前者的副首相。虽然日本战败，但是在历史和精神上扎根于国家机构的国体，可以得到保留。国体的实质是识别最致命的敌人，然后与其他人携手共进。

近几个月以来，近卫文麿一直在考虑国体问题。2月时，他就曾请求天皇结束战争。自1942年的中途岛战争以来，美国一直在进行反攻。有些地方，大多数美国人之前根本不知道，但在其现代故事中注定会拥有象征性的地位，这个地名名单越来越长：所罗门群岛中的瓜达尔卡纳尔岛（1942—1943年）；塞班岛（1944年夏）；菲律宾群岛中的莱特岛（1944年10月）；硫磺岛（1945年2月）；冲绳岛（1945年春季和夏季）；波茨坦，同盟国1945年7月底在此宣布，只有"无条件投降"，日本才能免于"迅速而彻底的毁灭"。

1945年2月，近卫文麿曾向天皇表示，日本战败无可避免。日本的报纸也在散播谣言，称军队将被部署在国家的中央山脉，准备为了保卫祖国打一场持久战。报纸还说，天皇已转移到亚洲大陆，与英美之间的斗争将会在那里继续下去。

天皇聆听了近卫文麿的请求，但并没有采取行动。他仍然幻想，苏联会作出自己需要日本这个决定——苏联的下一次战争，肯定是与英国和美国之间的战争。无论如何，他能怎样呢？目前，摆脱军国主义的唯一方法，是在军队中扶持一个与之相对、同样靠不住的派系来。刚过去的事情表明，在庞大又不团结的机构中，的确有些人认为，对国体的忠诚，超越了对任何一位天皇的顺从。

8月15日一大早，便有这样一些极端分子冒了出来。日本的大部分城镇从1944年烧到了1945年还不够。美国连续两次使用毁灭性秘密武器——8月6日在广岛，8月9日在长崎——还不够，谁也不知道还要再使用多少。8月8日苏联对日宣战，并迅速出兵中国东北，消除了日本以其为中间方与其他同盟国打交道的机会。日本平民死亡人数现在已经接近50万，其中包括广岛的近14万和长崎的近7万。然而仍然还不够。一小撮士兵潜入皇居，想要偷走或毁坏记录天皇投降诏书的录音胶片。这些胶片不得不被藏在洗衣篮中偷运出去，送往遭受过军队破坏的一家电台。即便成功广播过一次，谣言仍称，正在前来的美国军舰会遭到一次精心策划的攻击。为了预防事件发生，日本仅存的飞机被解除武装，清空了油箱。

围绕在宝座周围的保皇派，大多数是头脑冷静的。日本内

PART FOUR　现代性2.0?

阁迟迟不愿结束战争的原因之一,是他们很难确定,是否会让天皇为之负责。可能发生的情况让人恐惧,无数世纪以来庄严甚至神圣的体系,可能以一个男人满身污物、脖子勒断在刽子手的绳套中这种方式宣告终结。既然已经作出停止战争的决定,天皇本人也参与其中,那么,这些保皇派的任务,就是铺开迎接征服者的红色地毯,小心翼翼地引导他们走向自己希望的方向。他们希望能够劝说盟军领导人接受这样一种说法,即关于刚过去的这段历史,天皇是无辜的,只是被军事集团控制,但一年多之前,这个军事集团的主要人物东条英机就已倒台。

如果能够主动作出必要的退让,情况会有所改善。譬如,按照《波茨坦公告》,很明确,日本军事武装会被解除。所以,天皇下令开始了这个过程。武器制造明显是违法的,所以军需省一夜之间也自我解体。卡车和公交车改装成以木柴、煤炭和家庭垃圾为燃料,使得东京上空雾霾弥漫,而匆忙焚毁的政府文件让雾霾更为浓烈,先前一些更侧重于和平和建设的部门——商工省、农林省——则重新活了过来。几十年前制定的土地和劳动力改革被重新提上日程。

针对普通美国士兵的"服务"也准备好了。广告贴出来了,18岁到25岁的日本女子,如果想要得到食物和住所,就要准备提供"慰安"来交换。1500名候选人现身新成立的"特殊慰安设施协会"(RAA)的第一次征召会,准备——正如该计划其中一名组织者所说——为了这个国家更体面的女子而充当"减震器"。

特工在日本各地到处寻找其他同样别无选择的女人,他们发现自己经过的土地,一眼望去可以看得比以前更远。城市整个区域都消失了。好像每个人都在一夜之间将行李——房屋和一切——打包并且离开,留下身后的垃圾、碎石和散落的木块。只是偶尔能看到一些建筑,孤零零地、难以置信地存在着。不久之前,火车站见证过激越昂扬、旗子挥舞的盛大战时送别场面,穿着整洁校服的学生唱着歌谣,系着围裙的女人们为离别者送上小吃和温馨话语。如今,火车站成了孤儿的家,他们苟活在桥下、地下通道中或者残破的火车和电车里。加入他们的,还有以乞讨为生的战争寡妇们,以及为一口食物愿意付出一切的姑娘们。日本其他900万无家可归的人中,绝大部分投奔了亲戚,或者挤在由木头、油毡或者任何能找到的材料搭建起来的破烂棚屋里。

超过百万的日本人生病——霍乱、伤寒、痢疾、小儿麻痹——或者濒于饿死。在大阪,世界一流科学家已从研究武器转向研究应急食品。他们向人们展示如何最大限度地利用橡子、花生壳甚至锯木屑:人们听说,发酵剂可以把锯木屑变成粉末,然后加在面粉里来做面包或饺子。还听到建议说,只要烹饪得当,田鼠和老鼠肉绝对可以安全食用,而且味道颇好,尝起来

PART
FOUR　　现代性 2.0？

像鸟肉。鲜花和蚕蛹，曾经令人愉悦而且产出丰富的自然物产，如今都成了人类的盘中之物。

总得有人为这一切负责。指出这个人究竟是谁，并且让已被谎言弄得筋疲力尽的群众信服，这样一场比赛已经开始。为天皇的立场辩护且成了他的顾问之一的，竟是那个不太可能的人——传播大灾难思想、挑起1931年"九一八"事变的石原莞尔。身材干瘦、皮肤黝黑、剃了光头，石原正坐在特别安排的列车上忙着巡游这个国家。一次，他向多达2万人的群众表示出懊悔的意思——别人的懊悔，并非他自己的。他指出，自己1937年曾反对在中国增军，1941年曾反对攻打美国。相反，正是东条英机这样的叛徒让这个国家走向衰落。日本人民必须拒绝目前的战斗，与天皇一同开始战后和谈——和平地放下武器，对社会进行改革——这样他们才有希望掌控这个国家。石原莞尔告诉聚会的群众，一切顺利的话，十年左右日本一定可以回归正道。

对于有着不同政治背景的人民而言，对重生这个承诺的反复重申让他们度过了艰难的几个月，否则他们会在这几个月中陷入绝望。在宣布投降的这段时日里，市川房枝忙着成立"妇女战后政策委员会"。经过如此漫长的时间，女性必须拥有选举权。妇女们不应该像从前那样与国家官僚部门讨价还价，而是

281

应该进入他们的队伍：日本政府各部门，包括日本国会，必须尽快对女性敞开大门。市川房枝宣布，现在女性要做的就是继续穿上她们简洁的、战时样式的马裤，因为还有艰难的任务要完成。粮食产量必须增加，而开支必须节约。应该热情迎接日本士兵回国，尽管有关于日军在中国和其他地区所作所为的"谣言"漫天乱飞。同盟国的军队到达时，应该谨慎并自尊地与之会面。战时政府关于其一旦到来便会带来报复性野蛮破坏的猜测，或许会被证明不过是纯粹的宣传。然而，也可能不是。

德田球一这些日子里一直盼着重见天日，他已经被关在监狱里18年。和他一道的还有志贺义雄，一位脾气暴躁的冲绳人，曾经的小学教师，两人在监狱里尽其所能地从事日本共产党活动。朋友们给他们送去书籍，用淀粉把秘密消息写在书页空白处。两人会借助以受伤为借口要来的碘酒阅读这些消息，之后用尿液除去痕迹，再把里面有用面糊写好了回复的书籍还回去。监狱之中的沟通通过摩尔斯电码进行。志贺义雄后来说，自己用这种方式将整本的苏联宪法传给了下方囚室里的同志。

虽然天皇和他的顾问们正在想方设法为自己澄清，希望得到盟军宽恕，战争的结果却使日本共产党处于强势地位。他们能够宣称自己站在了历史正确的一边，因为支持国际主义而入狱，而日本领导人却背弃国际主义，带来灾难。他们关于"历

PART FOUR　现代性2.0?

史"的观点被证明是正确的。时间并非日本向往乡村生活的幻想家所提出的，是浪漫、半神秘的周而复始。它是一条通向进步的线形道路，其未来的路径可以通过马克思主义理论描绘而出。德田和志贺在等待释放时，从监狱中向人们发布了一篇"敬告人民书"，他们宣称，历史的下一步是日本接受盟军占领，这是"民主解放和世界和平"的基础。

众多左翼知识分子表示赞同。很快，他们倡导一种崭新的、客观的文学潮流：通过描绘生活的日常环境，就肯定可以形成改变现状的普遍势头。其他一些作家关注的不是一个社会主义未来，而是在刚刚过去的日子里人们内心世界变成了什么样子。人们的内心世界似乎已然紧缩甚至枯萎，被国家所提倡的"公共"价值观所取代。目前最重要的应该是扭转发展方向。必须重新激发人民的个人意志与道德心，然后使之能够发挥对公共领域的净化魔力。日本著名的政治学家、"极端民族主义解析者"丸山真男，呼吁在自给自足和公共义务之间形成一种新的平衡，对后者的追求应该出于自觉而非盲从。他认为是日本首次尝试现代性（这种尝试如今已宣告失败）的先驱福泽谕吉启发了自己的灵感。小说家夏目漱石也同样起到了启发作用，他半个世纪以前就给学生们讲过什么是正确的"自我中心"。

对于新兴的"肉体文学"倡导者之一、作家坂口安吾而言，作出新承诺必须以坦诚面对旧承诺开始。环顾四周，他察觉到一种有毒氛围侵蚀着这个国家，到处弥漫着伤感、堕落以及关于社会即将崩塌的幻想。人们意志极度消沉，因为普通日本人已付出几乎超人般的努力却显然一无所获，而战前的富人似乎安然无恙地就这么过来了，他们可以坐在奢华的酒店里听人演唱战争歌曲。一种感伤、色情的"粕取"亚文化渐渐地围绕一种用清酒糟粕酿成的廉价酒发展起来了，它以西方女人裸体画像为焦点，同时还有半裸的日本女人在巨大画框中摆姿势，创造出外国著名艺术作品的"现场"版。

坂口安吾的文章《堕落论》谈的就是这一切。它是战后对天皇制度进行的最早的谴责之一，他写道：越过统治者神降的神话，你会发现一种不光彩的历史，弱者靠自私自利的政治家提拔而出人头地，政治家则一门心思操控那些容易被糊弄的人。相比于如此虚假的虔诚，堕落有其相对的美德："我们堕落不是因为战败，而是因为我们是人；我们堕落是因为我们活着，仅此而已。"坂口安吾劝说，日本人应该接受这一事实，甚至应该鼓励这么做。日本神风特攻队的一些飞行员认为这场战争促成了日本的毁灭，也促成了日本的重生。坂口安吾似乎期待某种同样的东西：作为再生的堕落，作为究极净化的不洁。

PART FOUR　现代性2.0?

＊

像安藤明这样的人，在1945年8月15日以后便一直投身在重新分配财富这个野心勃勃的过程中。军队长期以来就在储备各种物资，用以支撑大约400万的军人打一场预计两到三年的本土保卫战。但8月15日这天，军队领导层发布了"秘密指令♯363"。除了武器和弹药，这些军需品——包括价值数亿美元的食品和服装、燃料和最先进的技术——现在都要被"民用化"："无偿地"转交地方政府，并且承诺将来会给其他利益相关方付款。这分明是发出了一张抢劫许可证。

有些人用自行车来装载，托物架上大包小包塞得满满的。但真正的好处落到了"安藤们"手中：掌管大型组织的那些头脑反应快的老板们，有能力动用成千上万的卡车和火车。所有物资，无论是裤子还是飞机引擎，都被一股脑儿地运出来、迅速拉走，然后被放入仓库、埋在地下或者打包藏在湖里。为了隐藏这笔特大的意外之财，又在地面上建造了新的建筑。通过这种方法，许多大型日本企业战后有了两个收入来源：除了8月15日之后不久政府慷慨发给商业盟友的巨额战争补偿款之外，他们还可以慢慢地把偷来的货物投进快速发展起来的黑市上。

黑市是20世纪30年代末发展起来的，当时日本的海外战争对国内生活水平产生初步影响，人民只好花更多的钱去购买稀缺物品。当别无选择而且每个人都在不同程度上牵涉其中之时，很难将某件事视为犯罪。为了对抗这种行为，一支特殊的"经济纠察队"成立了，仅仅 15 个月内，被捕人数就超过了 200 万。有些人是伪造或篡改官方价格标签，以之规避价格管制；有些人则大胆利用"土产"这一日本传统赠礼：按照政府要求的价格付款，但在上面加上一点儿小礼物。

城市里的生活越来越让人绝望，火车上开始挤满了城里人，他们每天往返，去乡下与农民交换物资，或是为自己找寻吃的。1945 年 8 月中旬，每天都有成千上万的人坐火车离开东京，或塞在车厢里面，或挂在车厢外的两侧，或趴在车厢的顶上，拼命地抓着不放。大多数人是为养家糊口，但也有些人发现了一种新的收入来源：卖私货。女人们会用布包上大米，像背婴儿一样背在背上，时不时还会装出对其亲切低语的样子，去往火车站周围以及其他地方成千上万个露天市场。

警察们根本不管。"夫人，孩子尿湿了。"一个警察提醒说，同时会意地冲着女人背上撒漏出的东西点点头。随着警察队伍逐渐离职另行谋生，武装团伙登场了。日本几百年来就一直是小贩和赌徒的家园。前者将牙尖嘴利与直接威胁相结合，假装讨价还价，卖给顾客从假药到没有根的盆栽之类的一切。后者

PART FOUR　现代性 2.0?

更容易被浪漫化：四处流窜的地痞，佩着武士剑大摇大摆，故作神秘地将脸藏在草帽下，披风飘飞在风中。

这两个群体都处于社会边缘，组成了一个大哥统领一帮小弟的"平行社会"。但有些的确会与主流社会做赚钱生意。"雅库扎"（yakuza）这个名字来自一种日本纸牌游戏的最差牌型：8（ya）、9（ku）、3（za）三张牌的组合，其现代现实就是一个暴力的罢工破坏者、打临工的小混混以及政治暗杀的实施者所构成的团体。就像其对应的武士团体"志士"一样，他们大肆宣称自己关注"小人物"（除顽固的工会分子之外），并且极度排外，经常鼓吹以天皇为中心的民族主义。

就 1945 年 8 月中旬来说，雅库扎最憎恨的外国人是"第三国人"。这些年来，成千上万的朝鲜人和中国人到达日本，被安藤明等人当作代替招募兵的被迫劳工。这就是所谓"东亚共荣"的真实情况。3 万朝鲜人在广岛死去或即将死去，其他人则想方设法尽快离开日本。留下的一些开始为控制越来越赚钱的黑市摊位而战，而其对手雅库扎则因被遣散的只想找个工作的士兵的加入而势力大增。

除了小贩和赌徒，那些年还出现了雅库扎的新派系。"愚连队"是一群白手起家的人，纯粹靠战争及其直接结果发迹。儿玉誉士夫正是其中之一。他在 20 世纪 30 年代与民粹派和以天皇为中心的极端民族主义者——包括东京大学法学教授上杉慎吉创办的一个小组在内——交往密切，战时活跃于中国东北地区。他在这些地方经营着一个情报网，手下有数百名罪犯、暴徒和宪兵，借助这些人，他（通过物资交换加敲诈勒索）攫取了大量海军战资：镭、镍、钴和铜。

儿玉誉士夫为国效力也为自己大捞特捞。截至1945年8月，儿玉名下有将近1亿7500万美元的资产，都是些钻石、铂金、现金，同时控制着大批手下，在中国华中地区还控制着矿山、渔场和军工厂。战败之后，他把自己的能力、资本与人脉投向日本国内，建立自己的势力。他劫掠军资储备，协助建立政府的"特殊慰安设施协会"，拜访皇居为天皇出谋划策，与企图东山再起的战前政界头面人物会面交谈。在儿玉及其他人的资助下，"日本自由党"很快进入酝酿期。

与此同时，愚连队中另一个同样擅长因时而变、寻找新朋友和联盟的人，正忙于一项紧急的新项目。安藤明正在让他那帮工人翻修厚木空军基地，准备迎接将于8月30日从菲律宾飞来的一架飞机。飞机上那个人的签名照被安藤明给予战略性的显赫地位，很快就会出现在他白色的办公室墙上，摆放在镜子和裸照旁。那个人就是驻日盟军最高指挥官道格拉斯·麦克阿瑟将军。

⑫

蓝色音符

在驻日美军中服役的美国爵士钢琴家汉普顿·豪斯从没想过,查理·帕克和迪兹·吉莱斯皮的音乐可以"越过海洋,跨过麦田"传到日本。然而,某一天,在横滨的哈莱姆俱乐部里,后来他回忆说,"那位少女身着和服坐在钢琴前,开始弹起我难以置信的旋律,她身体摆动,就像她是在堪萨斯城长大的一样"。一个未来的爵士乐传奇,就这样与另一个传奇相遇了。弹钢琴的女孩,正是东京—横滨音乐界冉冉升起的明星:秋吉敏子。

秋吉敏子出生于中国东北,并在那里从事护士工作,直到第二次世界大战结束。她差点被自己人谋杀,好不容易回到家里,却发现家被人洗劫一空。除了她的钢琴,其他都被搬走卖给了坐在附近乡村广场上的一个掮客。

秋吉敏子和姐妹们虽安然无恙，但妈妈匆忙剪去她们的长发，让她们穿上男式校服，把她们藏在楼梯下面。当一家人逃到位于日本南部九州岛的别府时，他们几乎一无所有了。一心想要贴补家用，秋吉敏子违背父亲要她上医科学校的意愿，去应聘了一支业余舞厅乐队，这支乐队中有手风琴、鼓、小提琴和中音萨克斯，秋吉敏子弹钢琴，尽最大努力将自己的古典音乐训练应用到其中。

对音乐家的需求从来没有这么高过。1945年夏末，几个月前，列车把日本年轻人快速送往海岸，再让其从那里坐船前往亚太战争前线；几个月后，列车载着25万名美国大兵驶向相反方向。战争接近尾声的这段时间里，每个月都有6.5万名美国士兵战死、负伤或失踪。大家私下里估计几万甚至可能几十万士兵会在倘若实施的"没落行动"中丧生：计划中，盟军攻入日本本土，针对九州岛的"奥林匹克行动"于1945年11月开始。现在，每天起床之后能够有理由相信晚上还能再见到自己的战友们，美军觉得有种值得庆祝的喜悦。日本各种各样的音乐家都聚集在火车站，身处饥肠辘辘者、无家可归者、黑市交易者之间，期待有美国士兵能把自己选上卡车。有些晚上，仅仅是在东京，就需要多达350支乐队，乐队的音乐家们能够匆匆一瞥征服者和有钱人过得如何纸醉金迷——喝酒、跳舞、一

PART FOUR 现代性2.0？

道又一道大餐。

如果你能视奏，就有演出机会。早期的不尽如人意催生了一个鉴别良莠的分级体系——从"特A级"往下一直排到"D级"。但对于美国大兵来说，爵士乐是"他们的音乐"，指望日本在爵士乐方面有创造性成就是不可能的。合理程度的忠实模仿是可行的：在这方面，就像在其他方面一样，日本的教育或者再教育被认为才刚刚开始。

这种态度让秋吉敏子抓狂。在别府时，她爱上了泰迪·威尔森的音乐，并且开始尝试将泰迪新颖而敏捷的右手旋律加入自己的演奏中。但是，从在小地方为仅有日本观众的舞蹈配奏，发展到在东京和横滨为更为挑剔的观众弹奏，她碰到了一些令人恼火的干扰：舞蹈和杂耍演员也是晚会娱乐的组成部分，而似乎永远都有那么一些美国士兵认为爵士乐是他们血液中的东西，是跟着他们而来的东西。她想要好好教育一下他们，当他们要求她表演时，她先让他们坐在钢琴前弹奏，然后自己再以极快的速度弹奏《十全十美》（*Fine and Dandy*）这类曲目，逼得他们退场认输。

然而，让秋吉敏子甚至整个日本更为恼怒的是，一些美国人认为，是他们首次将真正的节奏和旋律带到大洋彼岸，甚至为日本带来人性的新品质，就像朱迪·嘉兰在1939年的电影

291

《绿野仙踪》（*The Wizard of Oz*）中所扮演的多萝西那样，帮助亚洲的"锡人"最终找回了自己的心。他们对日本丰富多彩的音乐风格毫无兴趣，这种丰富多彩是日本音乐产业数十年经验的结果，它将乐器、音阶、声乐技巧和抒情主题结合在一起，以紧扣不断变化的受众口味：新颖或外来的元素结合在了熟悉的既有编曲之中。

1945年秋，日本音乐产业又一次捕捉到了时代的情绪。电影《和风》的主题曲《苹果之歌》红遍全国，并不是因为它的歌词"苹果可爱，可爱苹果"，而是因为它引起了这个疲惫民族的共鸣：容光焕发的年轻女演员（并木路子），蹦蹦跳跳地穿过果园，嘴上哼着生活中简单的美好——湛蓝的天空，甘甜的水果。《苹果之歌》将朴实小调和西式唱腔融合在一起，暗示着日本为那些崭新的、外来的思想观念重新做好了准备——只要像并木和她的苹果那样，能够以正确的方式加以体现：崭新而非异类，自然并且善良，善意提议而非强加于人。

问题在于美国占领军抵达日本之时，关于战败敌人的计划就已经大部分制订完毕，在珍珠港一役之后几个月就开始为战争结束做准备。不是再像粗糙的战时宣传中那样，将日本人描绘成一群迷失在对天皇的盲目崇拜中的猴子，美国情报机构和政治圈慢慢开始试图对日本进行更微妙的控制。这个国家的现

PART FOUR 现代性2.0?

代化已然停滞，摆脱封建主义的进程因为缺少普遍的人类理想而陷入僵局，在罗斯福新政下的老兵看来，这种理想——尽管并不完美——体现在美国社会之中。应该把美国的机械师送去日本，让一切重新动起来。

这种分析的宏观程度和历史高度于1945年9月2日在东京湾得到了壮观而震撼的生动写照（有传言说，这里的水底有最近从军火库洗劫来的金条）。在美国的密苏里号战舰上，日本领导人坐下来签署了投降协议，其头顶有两面旗帜迎风飞舞。一面旗帜，在珍珠港遇袭那天曾在美国白宫上空飘扬。而另一面旗帜，马修·佩里海军准将曾挥舞着它在一个世纪以前登陆日本海岸。此刻，像那时一样，言辞是温暖的，仪式却寒冷如冰。佩里登岸那天，三支军乐队震彻日本人的耳膜，十艘满载海军陆战队队员的蒸汽动力军舰在海上虎视眈眈；今天，天上布满威胁，黑压压的，只有400架B-29轰炸机和1500架战斗机的轰鸣声。任谁也不会搞错这样的信息："先生们，要我们再来这么一下吗？"

*

时不时躲在日本东京第一保险大楼六楼柱子背后的，是一个刚抵达日本的年轻美国女人——贝娅塔·西罗塔，她一直在

293

纽约《时代》周刊工作。1945年8月《时代》周刊的封面一目了然：日本的太阳旗，中间的红圆——美国大兵们称之为"肉丸子"——被两条简单而意味深长的黑线打了一把叉。

她的喜悦中带有一丝焦虑。她在日本长大，她乌克兰和奥地利混血的父亲利奥·西罗塔是一位深受欢迎的音乐会钢琴家和教师。1936年她曾因学校老师刻意给她打低分而被迫从东京的德国学校转到美国学校。回想起来，原因很明显：一方面是因为长期以来的反犹太主义，另一方面是因为奥斯维辛集中营的存在。贝娅塔害怕自己在欧洲的亲人大都在奥斯维辛集中营死去。父母或许是她仅剩的家人，而想要回到日本看看他们到底如何，唯一的办法是加入美国占领军。

贝娅塔日语流利，而且有为美国政府制作战时宣传资料的经验，正是理想的招募对象。1945年圣诞节前夜，她乘坐飞机前往安藤明翻建的厚木空军基地。降落之前，飞机在空中盘旋几次，让乘客们可以透过窗户看看这片刚遭受灾难的土地。

在护照上盖下"日本被占区"印鉴之后，贝娅塔乘坐吉普车前往横滨，一路上是成片的焦土，人们正尝试在这片土地上播种洋葱和越冬用的萝卜。她发现自己的父母与侨民社区的其他外籍成员在战时一同被转移到了轻井泽的避暑山庄。这里的生活越来越糟糕，食物匮乏，也没有燃料让没有保温设施的山

PART FOUR 现代性2.0?

庄房子暖和起来,而且当地警察认定,肯定有人在用短波电台与盟军联络。就在贝娅塔的父亲即将入狱之时,美国宪兵替代了日本警察。在一位爱慕自己的美国大兵帮助下,贝娅塔得以在宪兵眼皮底下把偷来的食物带给父母。

家人有了吃的,很快又有了新的居所,现在,贝娅塔开始投入工作。1946年2月4日,她被叫去会议室,参会的还有来自驻日盟军总司令部的其他人员。考特尼·惠特尼将军宣读了一份由三部分构成的通知,这是他那身高六英尺、爱叼着一支玉米芯烟斗的长官亲口所授,这位长官也是贝娅塔不时觉得必须避开的人。道格拉斯·麦克阿瑟将军言语简洁、思想专制且极度自信,让身边许多人都感到不安。与他交谈的日本人也对之充满敬畏之情,认为这个人靠个人兴致进行统治:肃清敌人,发号施令,几乎不离开自己的办公室,而他选来办公的地方远远高过街道对面的皇居地界。

但是他们称之为"蓝眼将军"的这个男人,至少从技术层面而言,也要像其他人一样服从命令。给他的命令以"基本指令"的方式,由华盛顿的"国务院、陆军和海军协调委员会"(SWNCC)起草并由杜鲁门总统签发。它是新日本的规划蓝图,归根到底就是所谓的"三化":非军事化、民主化和去权力中心化。第一条相对容易。后两条要难一些。最终,三条都变味了。

295

麦克阿瑟2月的这份通知一如既往地精练简洁：

I

天皇是国家首脑。皇位世袭。

天皇要依照宪法实行职责与权力，要对宪法规定的人民基本意志负责。

II

废除日本作为国家主权的战争权。日本宣布放弃作为国家主权权利的战争来解决争端或保护国家安全。日本只能依赖于正引起世界秩序改变的更高理想来防御和保护自己。

日本不得拥有任何海、陆、空军队，不得授予日本任何武装力量交战权。

III

日本的封建体制将会终结……

惠特尼将军宣读完通知之后，宣布这间会议室的人现在组成制宪大会。他们要在2月12日之前把麦克阿瑟将军的话变成

PART FOUR 现代性2.0？

日本宪法。

从麦克阿瑟将军抵达日本到这个节点，这五个月里发生了很多事情。限制人民自由权利的1925年《治安维持法》成了过去式，它于1945年10月被废除，尽管对于哲学家三木清之类的囚犯来说，这来得太迟了。因为对"大东亚共荣圈"理想的幻灭，他与当局决裂并最终被捕入狱，死于1945年9月下旬，日本被占领近一个月时。特别高等警察成了过去式，许多前成员加入了日本庞大官僚机构的其他部门。日本的陆军和海军成了过去式，它们所建立的"大帝国"也成了过去式。成千上万的政治家、警察、教师、出版商以及在精心拟定的黑名单上的其他头面人物，正陆续被清洗。并且，大量美国大兵也已经成了过去式：由于占领比一些人想象的流血更少，派往日本的两支美国军队中的一支很快就撤离了。

对于美国人的方案，日本很少有民众反对的迹象。许多人对本国的战时领导人物倒只有失望甚至仇恨之感：是他们让国家卷入战争；是他们对日本的前景与成就撒了谎；是他们明知要失败却不投降，使民众遭受了不必要的痛苦。

然而麦克阿瑟的2月通知言语之中充满关于日本"是"什么以及"做"什么的大胆言论。他是怎么知道的？这让人想起几十年前吉野作造提出的"民本主义"这一概念：提供"民享"

的政府，为人民的利益服务，尽管他认为人民受教育程度太低以致无法意识到自己的权利。在占领状态下，"民治"关系提到的是更为公正地雇用职能部门人员——从1945年12月起，女性在大选中有了选举和被选举权——而不是在提出宪法的重大建议前公正听取民众的战后期许。

贝娅塔·西罗塔很不经意地就在这里担当起一个划时代的角色。新的宪法会有日本一代代女权主义者们只能梦想的内容：关于女性权利的部分。惠特尼将军宣布制宪大会的组建之后不久，贝娅塔的长官就转过身来，直白地说："你就是女人。为什么你不来做？"

贝娅塔的确至少比麦克阿瑟将军更了解日本女人的境遇和需求，因为她就在这个国家长大。她迅速开始这项工作，坐着军用吉普车跑遍了东京，在每个幸存的图书馆中全力搜寻一本本各国宪法，魏玛共和国、法国、苏联，同时，她谨慎地不从同一个地方借太多本，以免有人猜到她要做的是什么。

从魏玛宪法中，贝娅塔汲取了关于婚姻建立在男女平等基础之上、国家有责任支持母亲和家庭等思想。对此，平冢雷鸟和与谢野晶子之类女权主义者在战前和战时曾经有过交锋。从苏联宪法中，她借鉴了一篇关于为儿童提供免费"医疗、牙科和眼科帮助"的文章。关于明治宪法在实践中是如何操作的，

PART FOUR 现代性 2.0？

尤其是在民权方面，贝娅塔实在太清楚了，所以她下定决心，在自己的文案中不给未来的日本律师留下任何耍弄花招的空间——按照她的想法，这些人大多数是思想相当保守的男人。这样写出来的草稿太长，贝娅塔不得不辛苦地大加压缩之后，才向惠特尼将军提交宪法的最终草案。

贝娅塔与团队其他成员在一个旧舞厅中奋力工作之时，报纸上的新闻报道了关于他们未到场的"舞伴"的消息。美国的政策制定者早就已经决定——正如天皇及其幕僚们所期望的那样——采用（而不是抛弃）现有的机构来管理日本。于是日本的官员以及未因战争而蒙污的温和派政治领袖，最初被赋予了准备新宪法的任务。但是，当报纸透露他们只对明治宪法稍作调整，而不是全盘推倒——皇室特权根本不触及，民权仍有条件限制，对军事力量仍存幻想——麦克阿瑟将军决定，工作继续，但不用日本人掺和了，也不用告诉他们。

2月13日，驻日盟军总司令部（以下简称"总司令部"）的官员会见日本前外交官、天皇亲信吉田茂以及国务大臣松本烝治，他们发现，日方宪法问题调查委员会的宪法草案就放在桌上以准备开始讨价还价。他们当作没有看见，而后直接拿出

299

了自己的文件：天皇退出政治；民选立法机构有权聘任和解聘首相；政教分离；任何军事问题免谈；还有一系列有关日本人民权利的条款，范围之广，甚至超过了美国人民所享有的权利，为日本人民甚至日裔美国人在以下方面提供基本保障：保证全民免费接受普及教育、享有公共卫生和社会保险、享有工人集体谈判权。

两位目瞪口呆的日本大臣先是被礼貌地要求接受所有条款，后来更是被出言威胁。惠特尼将军表示，美方起草的"宪法"是保住天皇地位的最好办法，而且可以方便地直接向日本人民公布，因为总司令部的人都认为，日本是一个由天性热爱自由的人所构成的国家，但受到了保守派领导人的拖累。在花园里进行会间休息时，惠特尼将军抬头望着空中飞过的 B-29 战机，对吉田茂的一位助手说，自己喜欢"你们这里的原子阳光"。当他回到会议室，日方的草案已经不在桌上了。

对天皇的威胁是虚张声势。麦克阿瑟一直想将对日本军人起过作用的心理战术推广运用到普通日本民众身上：为了离间日本普通士兵与军官，他的办法是利用天皇这位"人神"所具有的超然的善（这也意味着无辜）——毕竟士兵们的枪是天皇授予的。明治时代早期的领导者们用过同样的手段，坂口安吾在《堕落论》一文中对此嘲讽说：出身草根、正统性不足的领

PART FOUR　　现代性 2.0？

导人很高兴有一具可以秘密操控的皇室傀儡。

麦克阿瑟的虚张声势未引发任何回击，贝娅塔很快开始为敲定"宪法"终稿而举行的一系列紧锣密鼓的会议担任英日翻译。日本代表团在有限空间中尽力周旋，诸如"the people"之类概念很大程度上依赖于美国自身的历史经验，他们只能等待"臣民"和"人民"之类近义词被排除——前者奴性太重，后者社会主义色彩太浓——才能够说服被他们耗得筋疲力尽的对手接受"国民"一词，尽管它此时有浓重的民族主义色彩。几个月前在关于天皇的神圣性这个棘手问题上，也用到了相似的策略。1946年元旦发布的英文版法令明确宣布天皇不是"神"。日文版却有相当的不同：天皇不应该被当作"现御神"（akitsu-mikami），即"显现神"。这狡猾地留下了一个问题：日本的天皇到底是不是天照大神的后裔？

1946年春的民意调查加上普通日本人起草和流传的"宪法"（就像六年前那样）表明，虽然麦克阿瑟本人不重视征询民意，但大多数日本人现在是广泛赞成他帮助启动的这些事情的。他们想要不可剥夺的民权，而且他们想要以某种形式既保留皇室体制，又限制其势力。一系列全国范围的皇室出行向民众展示了这些新调整。天皇出现在民众眼前：一个不善社交的中年男子，穿一双有些磨损的鞋、一身不合身的普通人套装——出自不准碰触这位顾客的裁缝之手。从前的神秘感在慢慢消失。人们谈起的是"象征天皇",甚至是"民众的天皇"。

*

1946年3月宪法草案公布,几周后,一个拿着一把小提琴的人被送进了监狱。因为他被抓到表演了一首讽刺麦克阿瑟和天皇裕仁的歌曲,歌里写道:"人人都在谈民主,但是有两个皇帝的国家,我们怎么能够拥有民主?"政府开始实行压制。美国宪兵和日本警察冲上帝国剧院的舞台,叫停了一场歌舞伎表演,因为担心有封建复辟倒退的危险。漫画家们被禁止创作关于麦克阿瑟的讽刺漫画。一首俳句诗,"幼绿的蔬菜,沿着烧毁的街道,在雨中生长",也被禁止传播,因为它"批判了美国"。画家们被禁止描绘神道教神社前特色鲜明的鸟居,因为它们可能引发民族主义联想。

电影导演们开始了迷茫的几年。他们经常不得不为在东京拍摄的胶片重新取景拍摄,以避免出现美国大兵、英语标志或者其他与战争和占领军有关的证据。小津安二郎1949年的电影《晚春》因为表现东京到处被轰炸后满目疮痍的景象而被禁止上映。尽管这座城市的几百万居民以及游客对此都心知肚明,电影台词还是必须改成"东京如此尘土飞扬"。禁止描绘富士山,

PART FOUR 现代性 2.0？

因为它曾出现在战时的宣传画上（对此，一位导演愤怒地回应："既然如此，为什么你们不炸富士山而要去炸广岛和长崎？"）。日本导演黑泽明 1945 年的电影《踏虎尾》被禁播两次：第一次，被战时的日本审查员禁播，因为它"过于民主"；第二次，被战后的美国审查员禁播，因为它"过于封建"。

在这样的环境下，对媒体控制的度就变得十分关键了。这么多年来，人们一直听到关于英美是恶魔以及"圣战"势在必行之类的言论，这些日积月累的影响很难指望一夜之间就烟消云散。同时，有人说石原莞尔将会成为日本的"元首"，正在密谋策划让这个屈辱的国家重回荣光——的确有民众被蛊惑重新开启战争的风险。但是民间检阅支队（CCD）的工作开展远不止做到了确保基本安全。6000 名职员——绝大多数是日本人——检查了大约 3 亿 3000 万封邮件和包裹（石原莞尔抱怨说自己花了三个月才等到信）；监听了 80 万次私人通话；对大量报刊、书籍做出版前的审查；还审查了成千上万的出版物、电台和剧院的剧本以及电影脚本。

批评家们开始反思，如果民主是人类的自然状态，它为什么需要这种程度的微观管理，甚至连正面宣传也受到波及。麦克阿瑟第一次与天皇会面时，一张拍下的照片显示，前者气势压倒后者，后者似乎着装过于隆重，且明显有些不知所措。这样的照片在战前或战时是不可能出现的。昔日只有皇室摄影师才被允许带着相机跟在天皇身边，但是他们也不得不待在天皇身后 20 米开外的地方，使用长焦镜头捕捉天皇上半身的画面，不能从侧面拍摄，因为裕仁有轻微的驼背。这张最新照片带来了罕见的尴尬，日本内阁很快试图禁止媒体公开这张照片。但总司令部不仅推翻了这条禁令，还坚持认为这张照片应该被公开，且十分清楚这张照片可以传递什么样的信息。

出于同样的理由，通过审查的美国作家和音乐家得到积极的推广，而像约翰·斯坦贝克的《愤怒的葡萄》（*The Grapes of Wrath*）之类则遭到禁止。电影制片商被鼓励表现情侣亲吻，通过这种方式来平衡鞠躬画面：审查者们认为鞠躬这一行为是根深蒂固的不平等和谄媚，但他们不得不承认是不可能通过一条行政法令就将其从日本文化中抹除的。很快，电影中所有亲吻画面，加上逃避主义盛行，盖过了有尖锐政治意味的电影制作，让日本的阴谋论人士怀疑美方是否秘密制定了"3S"政策对自己国家实施文化牵制：性（sex）、体育（sports）和银幕（screen）。讽刺的是，美方也对日本持有同样怀疑。参观了安藤明富丽堂皇的办公总部及其臭名昭著的"大安俱乐部"后，《芝加哥太阳报》的外国记者马克·盖恩发现，自己比以前更加相信："日本人精明能干、组织周密、资金充沛地发起了一场旨在

PART FOUR　现代性 2.0？

败坏美国军队的战役……美酒、女人和殷勤是他们的武器，颠覆占领军的铁律和计划是他们的目的。"

或许最有影响的宣传介入是发动一场持久战，来改变日本人对刚过去这场战争的看法。占领的开头几个月，总司令部的民间情报教育局（CIE）将其所坚持主张的观点总结成一份文案，称这场战争现在须叫作"太平洋战争"，同时强调美国在战争中的地位要高于东亚，尽管后者在军事上吸收了绝大多数日军、资金和军需。从珍珠港战役的第四个纪念日开始，这套叙事通过日本报刊以及电台系列节目《真相披露》系统传播，声称是要告诉日本人关于这场战争的"若干真相"，便于其自行得出结论。电台的叙述经过精心构思，主题音乐把三味线和好莱坞电影《乱世佳人》的配乐融为一体。日本人发现，这场战争是一场纯粹的、赤裸裸的侵略战争，自己国家 20 世纪 30 年代末和 40 年代初动荡的政治和经济并未起到催化作用。军国主义者让勇敢的国际主义者无法发声，成功地把天皇变成了人质。

1946 年 4 月，远东国际军事法庭开庭审判战争中的甲级战犯——那些被指控发动和指挥这场战争的人——在很大程度上强化了这一叙事。关于审判进程的批判性报道是被禁止的，所以日本民众几乎无从知晓印度的拉达宾诺德·巴尔作为唯一持反对意见的法官所提出的质疑：将日本领导者送上审判台的那些人自己也曾违反战争规则，无差别地轰炸日本城市并投放核武器。两颗核弹——投到广岛的"小男孩"，投到长崎的"胖子"——投下之后的几个月里，相关新闻都被小心地压了下来。有关轰炸后景象的日本胶片被没收并被空运到美国接受"安全保护"。隔了一段时间，渐渐有了关于轰炸的叙述：在散文、诗歌、绘画和电影中。出版商在出版永井隆——一位信奉天主教的医生，1951年死于辐射病——著于1949年的作品《长崎钟声》时，被迫在书中加入一篇美国人写的附录以示平衡，这篇附录详细描写了日本军队杀死10万平民的"马尼拉大屠杀"。

关于东亚在这场世纪中期灾难性之战，战后长期的舆论基调就这样被占领军的紧急手段确定下来了。如果审判更加不偏不倚，更加透明，或许更有助于东亚的关系修复。

短期来看，占领军领导人难以预测他们为塑造日本人态度而作出的各种努力效果如何。与远东国际军事法庭审判在同一个月举行的日本战后第一次选举，被认为是一件极为冒险的事情。总司令部一些人对一个因为战争和饥饿仍然处在极端化的国家是否应该实施选举充满争论。事实上，他们派出了几组美国观察员，看着那些有着幽灵般白发的成年人和小孩——刚刚用过美国DDT消毒喷雾——在街上四处转悠，听着没完没了的竞选演说。发表演说的竞选者们一个接一个站成一排，他们背后的墙上，战时宣传残迹犹存。

这个国家的两个新进保守党，日本自由党和日本进步党，发现自己身处一个崭新的环境。仅仅在几年以前，日本的社会主义者和共产主义者还身处牢狱之中，现在他们却在合法地参与竞选。这一时期左翼怒火的焦点主要集中在币原喜重郎这位身材肥胖的战前国际主义者身上，自从东久迩稔彦在麦克阿瑟与天皇合照事件之后下台，他就出任日本首相。建筑物上贴着反对币原喜重郎的宣传语；日比谷公园的集会上，1.5万名群众挥舞着红色旗子，公开对其进行谴责。这场集会逐渐发展成向着他住宅游行，而后变成对他住宅进行攻击。300名警察奋力阻止却徒劳无功，人们冲过住宅的外院大门，之后，正门也失守了。人们挥舞拳头并投掷石块，警察开了枪，最后，一队乘坐装甲吉普而来的美国宪兵驱散民众并将其驱赶回家。

为了让示威游行停下来，币原喜重郎同意与日本共产党领导德田球一会面。在由一个可怜的助手找了一堆借口后——不希望摄影师在场，不喜欢强光灯，不希望谈话被录音——币原喜重郎终于出现，而迎接他的是德田球一从当前国情出发好一番前所未有的训斥。"看看你吧，"德田球一说，"你这么胖，你肯定是从黑市买吃的吧。"德田的代表团中有一位认为自己发现了一个偷藏武器的秘密特工，于是一次超现实的会面以一场混乱告终，币原喜重郎也趁乱逃出房间。

最后，4月的选举合理地顺利进行，39位女性创历史地进入国会。日本社会主义与共产主义政党未能就期待的发展方向达成一致，而是日本自由党获得权力，吉田茂任首相。尽管有关于"新日本"的亮丽说辞以及对激进的宪法草案的一腔激动之情——新选出的国会在争论之后，略作修改便使之得到通过——在进步的批评家来看，这非常像是同样的老牌保守分子重掌大权，其政党机器的轮子同样由老牌商业和地产利益驱动。一名美国记者从日本同僚那里听说，新国会中有多达180名战犯，还有被清洗的前政客成功地让自己的妻子或下一辈接替自己的位置。据说新闻界也发生着类似的事：《朝日新闻》一位编辑承认，这家报社办公室楼上的会议室是留给那些被清洗的管理层的，他们可以继续领薪水，忠诚的属下则负责报纸的日常运营工作。

不满情绪持续膨胀，引发一系列新的群众集会。数万甚至数十万群众聚集在皇居前的广场参加"五一劳动节"游行，要求食物，要求终止配给制（或者至少公平实施配给制）。三周之后在同一地点举行了一个特殊的"食粮五一劳动节"，德田球一在20万民众面前发表演讲。"我们在挨饿！"他大声说，然后转身指着皇居，"那他呢？"他对天皇面对民众时那种众所周知的尴

PART FOUR　现代性 2.0?

尬笨拙进行嘲弄，他告诉民众，天皇拒绝了自己与之谈谈的请求。"我们被赶走了，难道是因为天皇只会说'啊，是这样。啊，是这样。啊，是这样'吗?"不过，他说，自己的代表团还是想方设法进了皇居。代表团成员检查了皇居里的冰箱，认真查看了菜单：鲜牛奶、鸡肉、猪肉、鸡蛋和黄油都很充足。

麦克阿瑟最终还是介入了，他公开谴责，"有组织的日益增长的群众暴力和人身恐吓"是对有序政府和占领军的威胁。不能允许这类事件继续下去。到目前为止最有利的因素，同时也是美国占领军最大的成就之一，出现在那年 10 月：一场经济革命，其规模之大，以至于在日本现代经验大融合的时代，只有像麦克阿瑟那样拥有大权的人才能将其推行下去。

战前的官员们解决乡村压力的办法是提供援助并鼓励地主与佃户合作（日本近一半的耕地由佃户耕种），而如今，新的《土地改革法》完全废除了地主制度。总司令部认为，"封建"关系和艰苦的农耕条件是日本极端民族主义兴起的部分原因。总司令部针对人们可以合法拥有或租赁土地的数量引入了配额制。然后他们以固定价格购买所有的剩余土地，再通过长期抵押贷款将土地卖给一直在耕种这块土地的人——长期抵押贷款的负担很快因为通货膨胀而减轻。一些地主提出上诉，但失败了。随着前佃户现在逐渐成为农村选民主体，未来的日本政府很难有机会冒险去改变这项政策。

首都这边，同一时间，随着日本左翼热潮逐渐冷却，麦克阿瑟平稳开展工作。他联手日本保守派阻止了1947年1月的一次全国大罢工——260万人准备行动起来抗议低工资。他将其描述为一种"致命的社会武器"，认为在目前的环境下，它会让日本挨不过去。政治似乎又回到了从前、战前那个样子：一种管理至上加谈判协商的体制，同时辅之以警察和工贼。

*

秋吉敏子和汉普顿·豪斯在横滨见面之后很快成为好友。他们开始计划一起巡演。但是驻日美国当局似乎并不热衷于此。起初，下级军官们都对这个演出计划很兴奋，认为一个日本女孩和一名骄傲地穿着整洁美军制服的非裔美军士兵并肩表演是很好的宣传（豪斯承认自己从小就对军服上的穗须和徽章着迷），但是随后一位级别更高的军官否决了这个计划，豪斯猜测他应该是"得克萨斯州来的那群上校中的某个家伙"。

这种措辞颇具深意，理论上，爵士乐是美国占领军的一张"好牌"，可以借此向日本输出自己更广泛的政治文化产品。美国国务院鼓励本尼·古德曼和迪兹·吉莱斯皮这样的人，多去非洲、苏联、中东等地进行友好巡演。

PART FOUR　现代性2.0?

战前及战时的日本政府曾做过一些把爵士乐与自由联系在一起的努力，但从20世纪20年代末以来就逐步加强了对唱片和歌舞厅的管控。歌舞厅一度是大生意。警察们厌恶地看着男人们花约两日元买来装订成一小本的十张票，每张票意味着可以进入舞池与那些等候在椅子或长凳上的职业"出租舞女"共舞三分钟。快节奏的外国音乐、衣着暴露的亲密接触、缺乏爱国精神的舞厅经理——1926年，大正天皇丧期刚过，一些歌舞厅就迅速擦干眼泪，拂去点钞机上的灰尘，忙着开始营业——偶尔还会引来日本那些虚张声势的政治暴徒光顾。壮士们在舞池中大摇大摆，腰别武士刀，一心想让那些萎靡不振的客人回想起日本真正够格的身体和服装是什么样子。

这场战争让爵士乐变成了一种特别具有创造力的消极抵抗形式。歌舞厅被关了，但是喜爱音乐的人们偷偷藏起被勒令上交的唱片，音乐家们则忠诚地放下英美人的萨克斯和长号，拿起了被翻译成"弯曲的金属长笛"和"光滑而弯曲的金色长喇叭"等新日文名字的传统乐器。他们用这些乐器演奏出被称为"轻音乐"或"民族音乐"的一种特别类型的爵士乐。一名演奏家后来回忆说，当他们按照要求完成一支军乐的录制以后，就可以随心所欲地以任何方式加入自己想加的东西，因为录音棚外的警官分不清艾灵顿公爵和莫扎特。

既然如此，为什么美国人不再热衷于将自己塑造成音乐方面的解放者呢？其中一个理由暗含在豪斯的评价里，即爵士乐和民主一样，具有某些不好对付的、暗含潜在危险的特点。就理想层面而言，二者都是对思想与心灵的转化。但是它们具有一种改变自身以适应潜在社会现状的方法——要么变得更好，要么变得更糟。对于20世纪中期的美国爵士乐而言，这意味着种族和阶级的紧张关系。总司令部在日本已经尽力隐藏这些污点，希望将其打造成众人眼中的社会典范。它限制一切关于种族的谈论，自己却对驻日黑人大兵和白人新入伍兵、军官实施隔离措施——在军营和特殊慰安设施协会的妓院中，在不同电台节目的目标听众中，在对娱乐场所的背后支持中，无不如此：秋吉敏子与豪斯相识的横滨哈莱姆俱乐部，就是一个"黑人"俱乐部。

而美国人最不想看到的，就是北美爵士大师在一次日本巡演时的一起事件引发的公众关注。某场演唱会上，本尼·卡特和加拿大钢琴家奥斯卡·彼得森停止表演，制止了听众席中的一些士兵，而爵士经纪人诺曼·葛兰兹更是一拳打在在艾拉·费兹杰拉表演时对其进行辱骂的一位士兵脸上。这场事故的唯一好处是，至少有一位日本听众觉得，这是一堂难忘的"民主"课。他回忆说，对当兵的拳打脚踢令他"印象深刻"，这种事情放在几年前的日本是绝对无法想象的。

PART FOUR　　现代性 2.0？

对于输出者和倡导者而言，爵士乐和民主都共同面临着一个更为广阔的困境。二者都是关于自由和繁荣，即兴和自发。然而，如果当其传播之时未能呈现出各种十分具体的形式，它们就可能显得虚假、堕落和肤浅。因此，对于那些关注日本政治的占领军来说，他们不但要耕耘土地、播下种子，还要等待、照顾和看护。做到如此程度，难怪吉田茂说，"GHQ"并非指"总司令部"（General Headquarters），而是指"快回家吧"（Go Home Quickly）。

关于爵士乐，秋吉敏子也有自己的焦虑：它从哪里来？到底属于谁？如何传承和上手，又能做到何种程度？尽管她在技艺方面十分出色，并且在自负的美国大兵弹奏糟糕的爵士乐时能够辨别出来，她还是担心，对于像她这样的日本人，能否探索到更深层次的灵感来源。她向豪斯倾诉了这些担忧，豪斯建议她吃吃"羽衣甘蓝、黑眼豆子、玉米饼和酸牛奶"。秋吉敏子没有听出来他是在开玩笑。"我应该去哪里买？"她问道。

直到1974年——这段时间她大多生活在美国——秋吉敏子才创作出一首让她格外振奋的曲子，她把爵士与"日本"结合在了一起。她的创作，靠的并不是把爵士"日本化"，而是将其"个性化"。她让自己学会的音乐从自己的眼睛和耳朵过渡到自己的手上，用的是心而不是脑，把国家渊源和所有权之类考量都置之一旁，让自己的需要和愿望来推动这个过程。只有通过这种方式，源自外国的观念才能真正得到"归化"。

这首开创性的乐曲以逐渐增强的能剧吟唱和拍打手鼓开始。之后，这首曲子标志性的长笛演奏开始：轻颤的滑音模仿的是尺八音色。从这里开始，紧凑的铜管乐部分带出主旋律，将乐曲转换成一种西方节奏，而能剧吟唱和手鼓仍在隐然持续。秋吉敏子将其创作命名为《孤军》。它的创作灵感来源于当时的一个新闻故事。日本帝国军队的二等兵小野田宽郎在菲律宾丛林躲藏——按照他自己的看法，是驻守——29年以后才出来投降。他的前指挥官不得不到他所在的岛屿，正式命令他退出战斗。另外，《孤军》也是关于秋吉敏子以及她身为美国爵士舞台上一名孤独日本女人一路走来的心路历程。

从在别府第一次听到泰迪·威尔森的录音，秋吉敏子花了大约30年才走到这个地步。其他的日本人——有了民主化宪法，刚经历第一次战后选举——可能无法奢侈到有大把的时间去试验从美国引进的东西。战争的结束给世界大部分地方带来了和平，但却没有带来稳定。20世纪40年代末，美国领导者正在为自己设定新的目标，他们为这个由敌人变来的盟友也想好了一个非常特别的角色。

⑬ 光明生活

　　1947年5月3日，日本的新宪法问世，日本铜管乐队在皇居前演奏《星条旗永不落》表示欢庆。总司令部用这种方式强烈暗示出这份文件的渊源，随后又推出一份30页的指南，提供了带插图的点评，以确保任何人都不会错过其中重点。这份印刷、发行了2000万册的指南叫作《崭新宪法，光明生活》。

　　那个注定在将来的某一天向日本和整个世界展示"光明生活"的人，此刻还在自家附近忙着蹒跚学步呢。坂井义则刚好在原子弹爆炸当日的广岛附近出生，将来的某一天会作为"原子弹男孩"闻名世界。他一身纯白，一步步踏上似乎没有尽头、伸入半空之中的阶梯。他的右手握着一支燃烧的火炬。天空中，战斗机拉着彩烟飞过，彩烟慢慢定型为五个彼此相连的圆环。那一天，"光明生活"不再仅仅是一条口号。但是首先，"光明生活"必须靠建设而来，同时要靠购买而来，代价会十分高昂。

*

1949年夏，盛田昭夫和一群朋友们围在一起，在一间破漏的棚屋里在平底锅里加热亚铁盐。他们最初的想法是利用自己最近还在为日本军事项目服务的物理和工程知识转向为大型电子公司制造小零件，他们认为这些公司很快就会东山再起。他们打算开着旧达特桑卡车跑遍东京周围各个地方，车上装满了从想发大财的美国大兵那里买来的美军汽油。宪兵队将汽油染成红色，并随机抽查车辆，想要抓到偷油贼。但有人发现了一种用碳除去染料的方法——困难激发创新——因此，让美国军品变得为民所用仍然是相对安全的法子。

对于总部连防水都做不到的公司来说，"东京通信工程株式会社"（TTEC，简称"东通工"）这个名字未免太"高大上"了，而且无法保证他们的商业模式行得通。日本的许多电器公司都属于有数十年发展历史的大型的、家族控制型企业集团。它们通过股权持有、互兼董事、排他性优势信贷协议以及优惠价格买卖彼此的产品或服务而相互关联。它们就是所谓"财

PART FOUR 现代性 2.0?

阀"。在总司令部里——甚至大致在整个国家中——那些自由主义者视其与日本军国主义沆瀣一气，与新的民主理想格格不入。东通工或许会发现，他们一些最大的潜在客户将被清除出局。

对于那些反财阀的人来说，他们面临的最大挑战就是剔除某种根深蒂固的东西。这些网络随着现代日本经济的发展而扩大规模，变得多样化。岩崎弥太郎的事业发展史就是一个很好的例子。1868年之前，他活跃在轮船运输行业，曾协助明治时代领导者展开其早期的海上行动：1874年对中国台湾地区的"文明化"袭击，将镇压萨摩叛乱所需要的士兵和武器运送到日本南端，等等。接下来的岁月里，在想要依靠大公司和联合体弥补资金短缺的新兴政府帮助之下，岩崎及其后继者们为公司的轮船运输这一核心业务增加了一条又一条新的业务航线。他们广泛涉足煤矿、铜矿和金矿开采，银行、保险和邮政运输，农业和啤酒酿造（出产著名的"麒麟"牌啤酒），造纸和化工，石油和钢铁生产，水力和发电，引擎制造，以及航空领域。革命性的A6M零式战斗机，经过改造执行了"二战"最后几个月神风特攻行动的机型引起了美国军官的注意，其中一位军官在东京军营的布告栏上贴了一首"打油诗"：

三菱三菱怪兮兮，
其他财阀也可疑。

这证明皇室、保守派政治家和大公司所追求的"红毯战略"——在美方介入之前就开始妥协——是有效的。美国第一次瓦解财阀的尝试，是基于财阀之一安田（安田与三菱、三井、住友并称日本"四大财阀"）所提出的一项政策。按照这项计划，控制若干公司的财阀被解散，其大部分高级行政人员被迫离职，并被禁止在股票售出之时购买股票。

在目前的阶段，财阀家族基本可以接受这一点，然而他们已经开始搜集有关总司令部长期意图的信息了。代表们在麦克阿瑟的"第一"大楼①外搭起帐篷，以美酒佳肴款待高级美国军官，并说动服侍的女仆为自己刺探消息。占领军采用了埃莉诺·哈德利关于财阀集团的研究，她职位太低，就没有被安排女仆服侍，况且她一个女人，没人觉得她会被艺伎的魅力打动。不过，住友给她送了玫瑰。

耐心和劝说很快就有了成效。1947年12月，等到总司令部想要通过日本国会采用一种更具普遍性的手段来解决"经济力

---

① 原属于日本第一生命保险公司。——编注

PART FOUR 现代性2.0？

量过度集中"问题的时候，美国方面的氛围已经发生了变化。对麦克阿瑟及其使命，商界的意见变得矛盾起来。占领日本的前两年，单单是在人员成本上，美国纳税人便花去了6亿美元，都拿去干什么了？难以想象一个国家竟然做如此不利于未来投资的事（或从现有投资中获取回报）：经济复苏已经停滞，劳动力的进一步解放正在造成无尽的麻烦。这一切都显得不符合美国的利益。把那些明显与军国主义勾结的人清理出商界是一回事，但总司令部想要更进一步，想要对日本经济重新走上发展之路所需的专业技术人员进行惩罚和清洗。他们选择的时机"糟糕透顶"：此时，共产主义正在整个东欧崛起，在中国，蒋介石能否阻挡毛泽东的军队尚未可知，而美国还在此刻为自由贸易强加枷锁，这一切简直是在为日本的革命铺路。

应该注重延续性，这种心理也普遍存在于东京的保守分子中。这些人分布在总司令部、日本各个政治党派以及政府部门之中。战争之后就有过彻底整顿政府官僚机构的呼声，但是，美国人对专业技术的执着信念，再加上纯粹的实用主义，使得人们可以肯定，在这方面几乎什么都做不了。一项措施要求一定层级的官员必须接受重新考察，以保证他们适于其职，结果却成了所谓"天堂考试"：允许考察对象喝茶、抽烟，完卷时间也宽松到离谱。大部分情况下，留在位子上的同样还是那些

"牧民官"（shepherds of the people），有些人甚至受到委托，为麦克阿瑟的清洗筛选对象。结果是，失去工作的官员十分罕见。其他人随规则奋力向前：推荐给国会的绝大多数新议案都不是来自各个政党，而是来自各个部门。直到 20 世纪 70 年代中期，正是在各个部门之中，每一任日本首相开始了自己的政治生涯。

占领军的自由主义左派理想者们开始感到，自己的时代要落幕了。随着世界战后阵营的界限更加清晰，在美国眼中，日本从社会实验对象变成了重要的太平洋盟友。强劲的经济发展和坚定的亲美政策成为优先考虑的问题，因此，成立工会和罢工的权利得到了适当的缓和，而对大公司计划好的整顿也首先是减弱，然后是悄然放弃。曾给美国驻德占领军提供过咨询的底特律银行家约瑟夫·M. 道奇，1949 年被派去日本帮助推动这个国家的发展。他开出的处方即所谓的"道奇路线"，通过税收和削减公共部门来抑制通货膨胀和平衡预算。政府对企业的过度放贷需要得到控制，补贴和价格管制则分阶段退出舞台。可行的固定汇率会对外贸起到支撑作用，对外贸的控制权现在也重新回到私人商业手中（之前是通过总司令部和日本政府来运作的）。最后但同样重要的变化是，美国对日本的援助将缩小规模。

不管这一计划的长期好处是什么，短期里，这些手段造成了 50 万人失业的经济萧条，几乎让这个国家走上绝路。日本之

PART FOUR　现代性 2.0？

所以能勉为其难地站在"道奇路线"的一边，很大程度上缘于1950年夏天的战争。

因在朝鲜战争中为美军提供军需品和设备维修服务而发的横财，加上银行可利用贷款的不断增加——这归功于日本人民决定在力所能及的情况下尽快存钱——使得日本战时萧条的工业有可能为战后生产做好调整。重工业和化工工业得以升级，能够为经济复苏提供基本原材料，尤其是煤炭和钢铁。政府的税收优惠政策鼓励引进降低生产成本的新技术，取得的成果是日本的钢铁产量很快超过德国、法国和英国。未来的几年中，日本抵达一个又一个里程碑，在国内国外创造了一个传奇：一个曾在战争中被摧毁的国家，以令人难以置信的速度重新站了起来。

＊

1945年8月7日，盛田昭夫在海军午餐桌上谈论的话题是前一天落到广岛的那种"一闪而过、光亮耀眼的武器"。作为专业根底深厚的物理学家，盛田昭夫肯定知道它是什么。令他震惊的，不是它的用途，而是它的存在。几年以前，他曾为关于密歇根福特汽车公司红河企业的电影镜头而惊叹：铁矿石从海上运来，炼成钢铁，变成汽车零件，组装成一台汽车——全在一个地方完成。但是他以为，即使是美国人，也要20年后才可能拥有核武器。

日本的新宪法意味着那道技术差距很难缩小。但是，在他们漏雨的小屋中，盛田昭夫和朋友们正在尝试别样的东西。加热到合适温度，锅中黄色的粉末变成棕色：亚铁盐变成氧化铁。然后将粉末与一种透明漆混合，再用柔软的獾毛刷将混合物涂抹在用亚麻强化过的工艺纸上，这些纸提前用剃刀仔细裁成了条状。如此，便可以得到粗坯形式的磁带，人们可以把声音记录在上面。一年以后，当这个团队终于得到了某种塑料，设计才得以升级换代。之后，万般小心地，盛田昭夫为达特桑卡车装上东通工的骄傲之作：一台35公斤重的录音机。

盛田昭夫驾着车在东京四处寻找买家。他的推销词轻松简单："谁不喜欢自己的声音？谁不想将自己的歌声录下来，然后回放？"但大多数时候他只能失望地离开。他公司的机器太贵、太大，在一个重点尚在"必要"而非"想要"的国家，这种东西不是什么迫切需求。即使东通工将他们的设备缩减到特大号公文包大小，他们能找到的购买方也只有学校，因为总司令部当下呼吁多在课堂上使用音频材料。为了将市场扩大，东通工必须把尺寸、电力消耗和产品价格大幅度降下来。这将带来一场技术革命。

幸运的是，这一革命不久后在美国的贝尔实验室里发生了。此刻当之无愧的主角直径不过几毫米，由半导体材料制作而成。

PART FOUR　现代性 2.0？

它的目的是放大电子信号，这件事过去只能通过更大、能耗更多的真空管方为可能。实验室发起了一场为新发明命名的投票，最后胜出的是"晶体管"。1952年，在对纽约的销售访问中，东通工的井深大发现晶体管的制造许可证现在开始销售了。东通工将买下它。

或者说，至少，东通工想要买下它。然而在东通工、盛田昭夫以及他们确信的一大商机之间，出现了一个强大到令人不安的插足者——通商产业省（MITI，简称"通产省"）。"道奇路线"实施之后，占领军当局已经逐步把日本国际贸易、技术引进和汇率安排的控制权移交给了通产省。理论上，通产省诞生的意义就是在国内外为日本工业谋利，那里的雇员们总喜欢吹嘘自己坚守的是从前德川幕府的口号"尊王攘夷！"然而事实上，公务员们以为自己比跟自己打交道的商人更懂。他们认为，指导商人们避免作出可能于己不利、于国不利的决定，正是自己的责任。东通工的购买申请遭到了拒绝：一家毫无经验的小公司想将2.5万美元的珍贵外汇转出这个国家，希望对一项未曾试验的新技术展开严肃应用，这纯粹是痴人说梦。东通工的代表们后来回忆说，自己是"在嘲笑中离开了房间"。

至为关键的六个月过去了——被潜在的竞争对手占据了先机——东通工终于从通产省那里拿到了许可权，而此刻资金又

323

成了问题。因为融资环境还没回到"道奇路线"实施之前的水平，银行也只有屈指可数的几家，于是众多公司都聚集在其中某家银行的周围，希望至少拿到所需资金的一部分。而对银行来说，为了未来的繁荣，它们更愿意在大产业和大贸易公司客户上押重注。通产省鼓励新企业结成团队（即所谓的"系列"，指企业团体），以银行而不再是家族作为核心，股权和控制权也比以往更为分散，其理由与战前那些前辈们对财阀的推崇如出一辙：要想获得国际贸易和商业上的成功，日本需要派强有力的竞争者上场。到1952年末，三菱财阀的许多后继公司已获准重新合并。三井也在几年后紧随而上。

对东通工来说，幸运的是他们能够让万代顺四郎出任主席：此人是三井银行前会长，在占领中被清理下台。这给东通工的经理们带来了奇效。以前，他们要拼命努力才能让人认真听他们说话。现在，他们和三井银行传奇般的前任老板一道昂首阔步走进三井银行，而他说起东通工时言必称"我的公司"。阀门立刻就被打开了，万代顺四郎随口提起即将发行股票这个话题，三井银行的员工都将其当作是在发布投资的个人指令。

现在可以投入25万美元制造出成百上千台的晶体管原型，最终生产出一台能够运行收音机的装置——贝尔实验室曾警告说这种东西是不可能实现的。产品仍有重大缺陷：东通工每100

个产品中就有95个要被扔掉。但是，在1955年，他们的收音机终于可以进店销售了。虽然一家美国公司的产品以提前仅仅一个月的微弱优势，赢得了世界上第一台晶体管收音机的称号，但是东通工的产品是世界上最小巧的，而且两年以后，他们在大小上又取得了进展。受日本旧日那些卖假药和没有根的盆栽的小贩们的精神启发，盛田为销售队伍设计了以口袋略大为特点的衬衫。他们的晶体管装置就这样成了世界上第一台"口袋式"收音机，有黄、红、绿、黑四色可选。

盛田并不打算取一个不同于公司名字的商品品牌名称，因为他不打算花两份钱来搞营销。但是"东京通信工程株式会社"这个名字贴在这么小巧的商品上未免太长了些，而且对美国顾客而言这个名字没有什么意义，至少没什么正面意义，毕竟战争才刚刚过去。于是盛田和同事们开始寻找某个不一样的名词。翻阅字典时，他们突然碰到一个词："sonus"（声音）。不错，但他们想到还有一个更好的词，一个美国大兵用过的词，它明媚而新鲜的联想令人着迷，以至于盛田和伙伴们在破烂小屋里殚精竭虑时就一直用它来鼓舞自己。他们是"sonny-boys"，那他们公司就是"sonny"。再好点儿的，"Sony"。对，这下好了。

这个传奇，就其缔造而言，是与美国不可分割的。索尼的所有灵感都源自美国：从广岛和长崎所用先进武器的冲击，到磁带技术、晶体管和对缩写品牌名称（比如 IBM、AT&T）的热衷，一直到盛田昭夫建立"索尼美国公司"的梦想。1962 年公司在纽约第五大道开设展示厅时，他自豪地挥舞起一面日本国旗。与同事井深大一道，盛田昭夫成了日本首批暴富的商人之一。盛田昭夫甚至将家安在了美国，而井深大的儿子则习惯了父亲每次下班之后带给自己的几件略微破损的美国玩具——为了观察是如何制造而成，每件都被拆卸过。

日本拥有丰富的技术知识，拥有如此充满才干和动力以至于后来在全世界被誉为大师甚至"神"的企业家。盛田昭夫和井深大在酒店便签上的随手涂鸦也被视作"圣物"，收藏在索尼总部，只在极少数场合，才会被人战战兢兢、戴上白色手套恭敬地取出来。正是美国在商业和外交方面的支持，才使得这种潜力释放到世界上。不过，这些并不是免费的。

20 世纪 50 年代初，盛田昭夫和井深大忙于创立公司，美国则在日本加入国际社会过程中扮演着监护人的角色。1950 年，约翰·福斯特·杜勒斯受杜鲁门总统委派，与日本昔日的战争受害者和敌人签订"和平条约"①，他们中大多数都在第二年来到旧金山，坐在了会议桌前。东南亚国家想要赔偿。英国，

---

① 中国未曾承认过此《旧金山对日和平条约》。——编注

PART FOUR 现代性2.0？

与日本一样，正在从管理殖民贸易集团向接受更平衡的国际贸易条款转变。它的领导人想限制日本在亚洲，尤其是在南亚次大陆的竞争力。苏联懊恼的则是未能更早参与这一进程。它的代表对于在"和平条约"之外还签订《日美安全保障条约》的计划充满怀疑。他们说，一个重新军事化的日本正在被确立为美国的附庸国和太平洋的演练区域。

杜勒斯还要面对日本内部的复杂状况，日本大多数人都希望自己的国家去武器地、中立地重新进入世界。朝鲜战争爆发的几周内，驻日盟军总司令部决定组建一支7.5万人的警察预备队（NPR），这引起了人们的巨大恐慌。这支部队专门负责处理国内的暴乱，由前内务省官员管理。但是美国人提供装备并试图将其规模扩大，从一开头就把警察预备队视为未来日本军队的核心。确实，很难想象对"国内暴乱"实施镇压时需要动用火箭炮、火焰喷射器、迫击炮、坦克和重炮。

对天皇的威胁曾促使日本领导人服从新宪法，现在，轮到这个国家的经济前景如临深渊了。从贷款和技术转让，到与东南亚进行经济整合，一切都取决于日本是否默许美国后占领时期的基本要求：在日本本土建立基地，轻度地重新武装日本。吉田茂认为经济复苏绝对是日本的头等大事，而关于日本受美国保护却可以在世界事务中不站在美国一边的想象可谓天真幼

327

稚——这就是"吉田路线"。所以,尽管他尽其所能地反对美国扩大警察预备队规模的要求,《旧金山对日和平条约》和《日美安全保障条约》还是在1951年9月如期签署。

占领在第二年4月结束以后,批评家们急切地想要找出有什么不同:冲绳仍在美国手中,美国大兵在这个国家的许多地方仍然可见,日本仍然缺乏独立制定经济和外交政策的能力。就像总司令部为日本起草宪法一样,杜勒斯起草了一封吉田茂寄给自己的信,在信中,他以吉田茂的口吻明白无误地宣布,日本政府"无意"与中国缔结条约。杜勒斯于1952年1月如期将这封信公之于众,事情就这样定了。因为19世纪末以来一直持续不断的战争而存在于日本和中国之间的可怕裂缝,看来短时期里不会愈合。

之后一个月里的民意调查显示,半数人认为,吉田茂坚持说这个国家没有"重新武装化",不过是撒谎罢了。3月,他承认,自己认为日本新宪法不会禁止拥有"为了自卫的战争潜力"。两年后,在一堆具有战略性抽象名字的机构和首字母缩写中,终于冒出了"自卫队"(SDF),完整包括了海、陆、空三个部分。自卫队与十年以前的帝国军队截然不同。他们处在国会强有力的控制之下,负责监管的是文职官员,他们对曾经允许军人拥有实权的时代记忆犹新,并从中吸取了教训。尽管如

PART FOUR　现代性 2.0?

此，新成立的军队需要经过长期而艰巨的努力才能取得民众的接受和信任。

随着日本基本的战后安排尘埃落定，这个国家开始重新加入国际社会，一次加入一个机构：1952年，加入国际货币基金组织和世界银行；1955年，加入关税及贸易总协定；1956年，加入联合国。同时，美国容忍了对日本出口商有利的美日货币汇率，而且，对于日本为打击美国产品而制定的苛刻进口规定也选择不予报复。

规定中包括了关税和对外国投资的管制，前者使得美国进口汽车的价格昂贵到根本无法卖出，后者使得福特和通用之类无法像战前一样在日本生产汽车。他们现在想在日本赚钱的唯一方法是将他们的设计和技术卖给日本合作方。通过这种方式，同时在没有什么用武之地的战时飞机工程师帮助之下，日本汽车产业——其1907年的第一批产品只售出了10辆，其中8辆都是由警方购买——逐渐在全球有了一席之地。"日产"（Nissan）过去是因为在战争期间为军方制造卡车和巴士而得以兴旺，现在，它从英国奥斯汀公司进口零件和设备，制造和销售整车，并将销售价格的3%左右返还给奥斯汀公司。

到20世纪60年代早期，日产这样的公司发现自己已经掌握了所有需要的专业技术，于是终止了与外部的合作协议。随着日本经济的增长，对他们产品的需求在这个国家相对较大的国内市场中稳步增长。战前所建公司总体上也同样如此，因为晶体管和集成电路的出现，它们现在都在忙着为迎接新时代而进行自我改造。"东芝"（Toshiba）、"日本电气"（NEC）、"日立"（Hitachi）和"松下"（Panasonic）都是明治时代和大正时代的电器公司，如今作为主要的日本品牌登上世界舞台，与之一道的，还有从主业分离出来并改了自己名字的另外两家公司：生产自动铅笔的"永锋"（Ever-Sharp）公司变成了主攻计算器和电视机的"夏普"（Sharp）；生产相机的"精密光学工业公司"变成了"佳能"（Cannon），这个名字来源于佛教中的菩萨观音（Kannon）。

一个十分珍贵的机遇此刻出现在所有公司眼前：借世界上最盛大的国际体育节的纯粹活力和进取心，让自己的名字和产品为全世界的观众知晓。东京要举办奥林匹克运动会了。日本终于摆脱了"战争贩子"和贫穷这样的旧形象，变成了1947年美国所承诺的那个样子：成为现代幸福生活的灯塔。

*

东京都知事简直不敢相信自己有多幸运，要想为一座城市的快速复苏和重返国际社会做宣传，有什么方法胜过迎接世界

PART FOUR 现代性2.0?

各国人民作为客人和见证者来旅游？有什么方法胜过让一束火炬——在国际社会的古老文化坩埚中点燃——历经一路的大肆宣传直送到你的家门口？从奥林匹亚沿着古老的丝绸之路，或赤足或骑马，历经雅典、伊斯坦布尔、德黑兰、赫拉特、喀布尔、白沙瓦、德里、加尔各答、曼德勒、河内、广州、汉口、沈阳、首尔和釜山；从那里再跨海来到本州的下关，又经过冈山、神户、名古屋，最终抵达东京。

成千上万游客对日本的印象，最后将远不止富士山和艺伎所带来的异域情调。他们一定会爱上他们所看到的东西，而一旦他们将话传回祖国，旅游业就会发展起来。可以预见的是，会有对成本的担忧。有人问：是否可以在火炬接力方面做得节省一点？难道不可以派一艘战舰去奥林匹亚取火炬吗？要是一支神风特攻队来飞这段航程，会不会打破飞行纪录呢？

很难把这些建议与奥林匹克精神相互映照。但时代就是这样：东京奥运会原定于1940年举行。这个日子很巧合，很久以前的明治时代官员们就把这个时间算作天照大神的后裔、传奇天皇神武天皇建立日本的第2600个周年纪念。日本意图借此让全世界参与庆祝仪式：西方人来到东方，将看到一个与西方文明能够匹敌的古老文明，为一个经历了1923年地震而辉煌重生的城市惊叹不已。甚至组委会的构成也具有历史性的重要意义：它

331

的领头人物正是德川幕府的最后一任继承人——德川家达。

不过，很快，战争开始了。原定路线有些部分要穿过战争区域，并且在其中一些地方，日本就是始作俑者。国际奥林匹克委员会（IOC）在这一点上对日本的外交政策极为放纵。国际奥林匹克委员会敏锐意识到，自己的"全球"运动会到目前为止尚未在欧洲和美国以外的远方举办过，于是急切地就把1940年的主办权交给了东京，甚至是在日本退出国际联盟三年之后。即使是与中国的全面战争也不能将其推迟：日本在上海与南京的血腥暴力成为国际头条都未动摇国际奥林匹克委员会的决心。有一段时间，东京似乎明显是要跟随1936年柏林奥运会的脚步。在那里，希特勒及其电影制作人莱妮·里芬斯塔尔高调地首开先河，利用体育赛事来彰显国家的精神、"基因无瑕"的国民和并不韬光养晦的对雄霸世界的觊觎。最后，正是对雄霸世界的觊觎断送了1940年的东京奥运会及同期计划的札幌冬奥会。日本领导人告知国际奥林匹克委员会，自己很抱歉地要放弃这次主办权，他们抱怨说，"中国目前耗费了我们的所有精力"。

1948年，当夏季奥运会时隔12年之后在伦敦复苏，即使有美国这个保荐人，日本也未能拿到参会的邀请函。国际奥林匹克委员会的芝加哥分会主席艾弗里·布伦戴奇是日本艺术的狂热爱好者，但是他在1947年对驻日盟军总司令部的民事情报与教育

PART FOUR 现代性2.0？

部门的一位同乡说："英国处境艰难……如果在奥运会期间因为有德国和日本出席而引发了游行，那么对有关各方都非常不利。"

1952年在赫尔辛基举办的夏季奥运会上，日本运动员才得以重返赛场。同年，在占领正式结束几周以后，日本便开始着手申办1960年奥运会。最后，东京获得了1964年奥运会的举办权。1959年初，这一重大消息正式宣布，打响了五年竞跑准备的发令枪。组织者很清楚，这一前所未有的推销日本的机遇也可能带来前所未有的自我羞辱，羞辱可能来自两方，首先是前往奥运会的国际媒体，其次是奥运会开幕所带来的12万名外国游客。为了确保不会发生这种事情，日本投入了30亿美元，在组织工作中付出了超乎寻常的努力，包括动员市民对城市大清扫——参与人数超过了100万，以及禁止乱扔垃圾或当街小便，甚至不允许汽车随意鸣笛。

1964年9月底，英国前奥运会选手、体育记者克里斯·布雷舍抵达东京时，日本显然经受住了质疑者的考验。与预期相反，这个国家已经做好了准备，这座城市被打整得熠熠生辉，而且，他很高兴地看到，这些并没有损害到这座城市的传统魅力。在飞机上刚刚读完伊恩·弗莱明应景的关于邦德在日本冒险的007系列作品之一《雷霆谷》(*You Only Live Twice*)，着陆之后，布雷舍欣喜地发现，东京著名的"神风出租车司机"

333

并没有因为环境大变而变得温和：车辆驶过一英里又一英里的全新高速公路，公路上的标记线条白得亮眼，穿过新修的隧道，在交叉缠绕的立交桥下钻来钻去。事实上，他这位司机很有"老式派头"，保有"直面公共汽车冲锋"的派头，以至于布雷舍已经开始怀疑自己是否还有命去看奥运会了。

要是没有新的奥运建筑，这座城市会"丑陋"一些，布雷舍觉得。最让他印象深刻的是国家体育馆，两根高高的旗杆之间是百叶边形状的钢筋水泥外壁。奥运村也构思巧妙：它从美国军用住所改造而来，绿意盎然而清静优美，离主体育馆只有"一标枪的距离"，而且没有匆匆筑成的奥运居所周围常见的那种灰尘。日本似乎把一切都做好了。即使奥运村遭遇过一次台风，还赶上过一次小的地震，布雷舍仍然坚定地相信，东道主的"勤奋、谦逊和魅力"会化解一切难题。

开幕式上，7.5万名观众挤进国家体育馆，欣赏着布雷舍激动地称之为"国际体育界组织得最为精彩的场面"。一队年轻男女敲着鼓将奥林匹克会旗送入体育馆，之后，一个年轻男人——出生于广岛被原子弹轰炸那天的"原子弹男孩"，登上160级阶梯，走上等着被点燃的巨大主火炬坛。如果在以前，坂井义则的这个伟大时刻会被录进录像带，用飞机送到各个国家的广播电台与全世界分享。而这一次，从竹竿上悬垂下来的三

PART FOUR　现代性 2.0?

台电视摄影机所捕捉到的这些画面，将通过卫星对欧洲和北美进行现场的彩色直播，这要归功于美国国家航空航天局、日本政府和日本国家广播协会 NHK 的技术合作。

地面上也有航空时代的技术。开幕式前九天，一个崭新的铁路系统开始营业，这就是新干线。在其运行的第一天，世界上最快的列车沿着东海道线运送了 3.6 万名乘客，这条线路的名字，来自"江户—横滨—京都—大阪"的古代交通路线。过去，当明治天皇想要离开京都去东京，按这条路走的话，他坐轿子需要在路途上花两天时间。1889 年的第一辆列车把大阪和东京之间的行程时间缩短到 16.5 小时。现在，新干线只需要 4 小时。

就像奥运会一样，并不是每个日本人都觉得把钱花在新干线上是一种理性的方式。日本国有铁道公司（JNR）的一位高级主管在 1963 把新干线描述成"疯狂到了极点……毫无用处，注定失败"。铺设新轨道遇到的问题特别大。有些想发横财的人匆匆忙忙地在轨道沿线建起了屋子，这样在拆迁的时候就能从政府的补偿中获益。但是，大约 5000 户合法住户，单是因为东海道线的建设也被迫迁离。在不能对现有火车站进行扩建的地方（因为其周围的建筑区域拆迁费用过于昂贵），修建了新火车站——新干线之"新"便是如此而来。大阪人想知道，为什么有钱扩建东京站，而在他们这头，却要把坐新干线节省下来的时间浪费在换乘往来于大阪站和新大阪站之间的列车上。

领导这一开发工作的人认为自己的团队是"梦之队"。他们正在完成一项被废弃的战前计划,即通过更为快速的交通将国家更紧密地联系在一起。20世纪30年代,日本媒体将其命名为"子弹头列车",指其承诺速度快得像飞出的子弹,也暗示这条线路运送军火的用途。

在这一点上,就像汽车工业一样,是把军事专业知识用到了有利的和平用途上。松平精从事过零式战斗机研究,从此得来的经验让他明白,日本关于列车脱轨的可怕安全纪录,并不是人们以为的那样是轨道有问题,而是列车经过时自身所引起的振动造成的。他给列车车厢下面的转向架所做的新设计从根本上解决了这个问题。川锅肇给"梦之队"带来了自己关于海军信号的知识,他在此基础之上开发出一个被称为"列车自动控制"(ATC)的系统,使用低频音控制列车速度。这个系统沿用了好几代人。

从这些技术奇迹,到具有未来派味道的外观和驾驶舱,再到航空风格的中央化交通控制室,日本报纸对于"在铁轨上跑的飞机"以及它对于日本的未来预示着什么难掩自得。如果他们知道,1964年,当乘坐的列车驶离东京开始提速之时,一位BBC评论员的反应是"我觉得胃里一阵翻涌……我到处寻找安

PART FOUR　现代性 2.0？

全带",他们会喜笑颜开。

卫星广播和新干线的重要性远远不止表现在提供生活便利或者刺激民族热忱上。战前,"日本制造"是如此深刻地让人联想到劣质产品——纸伞、无用的小饰品、容易坏掉的儿童玩具——以至于战后初期,索尼故意把产地国标注在小到可以忽略不计的标签上(美国海关至少有一次要求他们把它弄大点儿)。现在,众多的日本电器公司可以夸耀日本有着高科技传统,而且人们真的会相信。

这些公司借奥运会之机在国内销售的众多产品之中,有一种尤为出众。这是一项划时代的技术,它的价格毫不便宜。它需要众多盛大、极具视觉冲击力的活动来证明自身物有所值,并说服人们在它身上花去十分可观的辛苦钱。电视驾临,日本将为之而拜倒。

在公众首次接触这种新媒体时,大部分推广工作在几年前就已经完成了。1958 年 11 月,天皇的儿子明仁太子与平民正田美智子订婚,引起了一场轰动。"美智子热潮"和公众对这场婚礼日益高涨的兴趣,夹杂着对"起象征作用的新皇室会采取更为亲民的做法"这些期待,使得两人从恋爱到 1959 年 4 月的婚礼,对电视的销售一直起着巨大的助推作用。这场婚礼也没有让国民失望。婚礼中有皇室的神秘和华丽,从一年前开始就以

"皇室婚礼让日本人激动不已"占据新闻榜首的英国《百代新闻》(Pathé News)报道说，美智子身上的和服有12层，总重将近15公斤。这一整天，无数的镜头无时无刻不在追逐着这对夫妇的幸福面庞。婚礼中，新婚夫妇乘坐一辆豪华马车穿过东京的围观人群，在这一过程中，一个年轻男子因为不满钱被浪费在婚礼上（自己被大火毁掉的学校却没有得到重建），对着新婚夫妇扔石头，并朝着马车奔去，想把他们拉下来。警察很快将他带走，后来判定他精神失常并将其关了起来。

这场皇室婚礼是一场电视盛事，当天的相关报道时长不少于10.5小时。奥运会也贡献出一系列重大赛事：在整整两周的时间里，每天都有九场比赛。索尼之类公司纷纷迅速推出新型号、提高产量。尽管前不久电视还贵得吓人，但在奥运前夕价格反而开始下降，与此同时，人们也开始感到越来越有钱了。1960年12月，日本首相池田勇人宣布了一项计划，通过对政府的经济管理进行改革，来提高国家收入并在十年之内将其翻一番，把投资重点行业转变成以多种多样的形式为私营企业提供激励措施。战时和战后的"奉献"时代正式结束。人们会继续存钱，但这一次，人们能安心地追求并享受繁荣。最终，日本领导人并未用十年完成这个承诺，他们用七年就办到了。

20世纪60年代初，广告商尽其所能地鼓吹这种富有和物质

PART FOUR 现代性2.0?

丰裕的感觉，并大赚其钱，这使得到了60年代中期有90%的日本人将自己定义为"中产阶级"。广告商们通过平面媒体宣传，让人们相信自己买得起电视，同时不断调整专业知识来适应这种新媒体的潜能。起初的这些年，全世界的电视广告业都面对着一条突然拉高的学习曲线。1953年，在美国关于伊丽莎白二世加冕典礼的报道中，突然插播了J. 弗雷德模仿黑猩猩所拍摄的一则茶饮料广告，英国公众对此大为光火。日本人早期也有过失误：在跟踪拍摄的鲸肉直播广告中，食品上竟然歇着一只苍蝇；而1958年亚运会时，为时1分钟的男子100米自由泳决赛，竟然密集地插进去至少三条广告，令观众无比愤怒。但是，在"电通"之类广告业巨头的帮助下，日本企业很快就能够熟练地将直接广告和节目赞助结合起来推广自己的品牌，尤其是对那些旨在与消费者培养长期而友好关系的节目进行赞助。

《肥皂泡沫假日》便是符合这些目标的理想之作，它是"牛奶香皂"赞助的一部制作精良的音乐喜剧片。这是"渡边制作"这家公司的创意，渡边制作是一家经纪公司，以让艺术家在美国军事基地附近巡回演出起步，后来成了媒体业的"福特红河公司"。它需要的"原料"包括：词曲作者、编舞师、服装顾问、音乐和电视制作人，以及能定期补入新人的一支上镜、可塑性强的年轻人队伍。然后，对这些"原料"进行打磨、组合、焊接，打造出一个十分成功的最终产品，既有娱乐性，又有力地宣传了众多深受观众喜爱的演艺人员，譬如"花生组合"（The Peanuts）这对能歌善舞的双胞胎。

对其拥护者来说，《肥皂泡沫假日》、NHK的音乐竞技晚会"红白歌会"及其年度"大河剧"——一年之内每周分集播出的史诗性历史剧，诸如此类的大众娱乐类电视节目在凝聚人心方面扮演着一个强有力的角色：这个经历了战火的国家正在自我重建，就像一个家庭一般，每个家庭成员在同一时间聚集在同一间房子里共同欣赏同一幅画面。有现场观众参与制作的节目增强了全国人心同步的效果，镜头执着地捕捉他们的笑容、泪水或惊讶，几乎有种发人深思的味道。同时，这个国家无数的选秀节目也有很深刻的民主意味："普通人"也有机会成为"明星"。第一批最受关注的"艺人"[①]——这个词用来指大众媒体的名人，来自"talent"一词——其中之一当然是日本的平民王妃美智子。粉丝们收集她的照片，更喜欢在她的名字之后加上亲昵的字样，称她为"美智子酱"[②]，还去她长大的那座小城坐马车观光。

[①] タレント。这里应指"明星"。——编注
[②] "酱"音译自"ちゃん"，是亲昵的称呼方式，类似于中文里加在人名前面的"小"字。——编注

PART FOUR 现代性2.0?

　　东京奥运会带来的最后一个好处是为恢复更为广泛的民族自信提供契机。大约30年前，1940年东京奥运会的组织者一直纠结的是：普通人不能听见天皇说话，那么天皇该如何宣布奥运会开幕呢？这一次，天皇可以讲话了。但问题是：他这么做的时候，该把他放在什么位置呢？因为在过去岁月中，他所有的形象都被用于展现国家叙事。那个形象现在在全世界留有污点，从前的战俘在夜晚做梦时重新经历日本的残忍，亚洲处处都有家庭因之而在20世纪三四十年代失去挚爱的亲人，记忆犹新。

　　日本没有谁全然知道到底该如何做。现在，说天皇是"国家的象征"到底有什么意义？天皇是国家元首吗？宪法并未明说。日本的保守派没有把这作为一个法律问题提出来，而是极力推动他成为奥运会的发起人，从而让他通过正式出席开幕式而以国家元首的身份亮相。针对从前的国旗与国歌也采用了相似的办法，它们都不再正式享有代表"国家"的地位。这里，再一次地，不是提出难题或重揭伤疤，国旗和国歌都作为奥林匹克而非民族主义的象征被插进了仪式之中。奥运会开幕式前，以民主的方式对日本民众进行了调查，询问他们认为旗帜中心那个圆最好是哪一种红色。选出的那种红被贴在了带着火炬出发的坂井义则的背心上，并且用在了整个奥运会期间。日本国歌《君之代》被演奏了两次，第一次是在天皇到来之际，第二次是配合释放和平鸽。

自卫队提供了 7500 名士兵协助奥运会的安保工作，另有描出奥运五环的三菱制造的美国 F-86 战斗机。这一块，同样是小心翼翼地设计着：来自自卫队飞行特技表演队的飞机被无害地命名为"蓝色脉冲"，它们出现在头顶的时间正好是最后一批和平鸽飞过的那一刻，让和平的形象令人印象深刻。同时，体育馆用菊花装饰，仪式开始时场地上还扬起了 28.8 公斤的菊花香氛。

这一切都是未来的象征。这个国家在借以树立和塑造国家形象的手段方面严重受限。日本不是依靠独立的外交政策，而是不得不通过工业、高科技和视觉文化这些手段来向国外表达自身。这三种手段，无论朋友还是敌人都会不可避免地对之做政治方面的解读。其中潜在的好处，对于富饶而和平的"光明生活"愿景而言是巨大的：在国内，可摆脱贫穷；在国外，可走出过去。然而，当这届达到完美新高度的史上最贵奥运会刚开始，一些日本人已经在提出难堪的问题了。生活在一个能够也愿意接受这种"奥运会价格标签"社会中的日本人，其长期成本是什么？他们会在未来的某一天厌倦为之埋单吗？

PART FIVE

第五部分

扭曲的愿景

20 世纪 50 年代至 20 世纪 90 年代

⑭

展示癖

　　黑色和服袖子里垂着一双没有生气的手臂，呈现出没有血色的灰白色。眼睛从冰冷的头上凸出来，头懒懒靠在已经折断的脖子末端。绳子的末端晃荡着一具老迈妇人萎缩的尸体。唯一残存的生命迹象是尸体周围丑陋不堪的动物。

　　表达自己对 20 世纪 50 年代日本的谴责时，山下菊二采用了那种令人毛骨悚然的视觉语言，他是这个时代"报道体"画家的典型代表，创作了这幅特别的画作——《曙村物语》。

　　1952 年接受调查的日本人中，只有不到五分之一的人认为所谓《旧金山对日和平条约》给他们带来了"真正的独立"。他们国家大肆吹嘘自己从被打败的敌人升级为受尊敬和受保护的盟友，但迹象却难以见到。相反，到处都有证据表明，日本继续屈服在美国的权力和利益之下。极具象征意义的事件层出不穷。1954年春，一艘名为"第五福龙丸号"的日本渔船，其船员在太平洋中部的比基尼环礁受到了美国热核武器试验的辐射。这给他们造成了肢体损毁的伤害，有的掉发，有的皮肤脱落。当23名渔民中的一位死亡时，日本国内爆发了一场激烈的政治争论，罪魁祸首到底是辐射，还是——如美国官员所倾向于认为的——医疗护理不当。怀疑渔产有可能受到污染而发生的"金枪鱼恐慌"，伴随着"樱花有放射性"的谣言，传得到处都是。随着盖革计数器①成为社论漫画中一个新的、不受欢迎的主要内容，据报道，有3000万人——超过日本成年人口的一半——在呼吁消除核武器的请愿书上写下了自己的名字。

1945年9月，日本文部大臣在一次广播讲话中宣布，"缺乏军事力量，我们就致力于发展文化"。他的讲话对通过教育和艺术实现国家的和平再造进行了展望。现实是，在20世纪五六十年代，文化成了战后围绕国家身份、目标甚至所有权进行斗争的主要手段。当政府、皇室、大企业、广告商和主流创造性产业合作打造"光明生活"故事时，对于那些反对基于以独立为

---

① 一种专门探测辐射强度的仪器。——编注

PART FIVE 扭曲的愿景

代价换取繁荣的讨价还价的艺术家来说，挑战在于如何将"曙村"或"第五福龙丸号"变成一场能够改变国家发展方向的大众运动，如何向人们展示他们可能不想看到的自己和社会形象，如何讲述日本故事以及吸引人们关注日本故事，那是比人们浏览电视节目时通常看到的日本故事更忠实于复杂现实的日本故事。

首先，根本任务是寻找和占据某个公共空间，无论通过还是绕过大众媒体，并引人注目地适当利用它。由《读卖新闻》这份报纸创设于1949年的一年一度"日本独立展"提供了一个早期的重要机会。它代表着与过去的决裂。战前政治领袖们通过位于东京上野公园的四个国家艺术机构，无论是在字面上还是象征性地，主导了公共空间。东京国立博物馆（1872）收藏和展示艺术品；东京美术学校（1887）教授得到认可的传统技艺；东京都美术馆（1926）举办展览；东京文化财研究所（1930）开展研究。从1907年起，由政府赞助的艺术展览每年举行一次，因为报纸和杂志的广泛报道而影响力大增。

战后艺术家和评论家冈本太郎指责，奠定了上述工作大部分基础的那些追求现代化的明治领导人，除非透过西方人的视角，否则是根本无法或不愿意理解礼仪、道德或艺术的。这些领导人把持日本举足轻重的文化圈层，过滤掉许多原始的、充

347

满活力的和自觉的东西，却去赞助（在冈仓天心和美国人欧内斯特·费诺罗萨等学者的帮助下搞起来的）一种精英的美术经典，在国外为外交目的造势，在国内为保守派的说教张目。

这种官方艺术传统的组成要素，就其本身而言，的确让人印象深刻。它们包括佛教雕塑和绘画、陶瓷、纺织品、工艺出色的刀剑。可以追溯到12世纪的宫廷浮世绘画作，它们以一种幽默好玩的"被吹开的屋顶"的透视技法，让观众可以一窥内部空间，让关于宫廷面貌仅有寥寥几笔的苍白描绘得到了一种平衡。能剧、木偶戏和改革后的歌舞伎表演，最终都包括在内，宫廷音乐和舞蹈也不例外。但冈本明确感到，这些东西大都让普通人漠不关心，甚至敬而远之。这不只是不够亲切或"令人不安"，而是无法履行他所认为的艺术之责：为一个社会提供预言式的洞察；迫使人们不断对世界根深蒂固的不公表示怀疑；就当代日本的情况而言，去表明物质的繁荣与其说是一种有效的驱魔方式，不如说（在过去和现在）只是一种魔鬼的把戏。

在东京都美术馆举行的读卖独立展，终结了精英精心规划国家愿景这种旧模式。本着战后早期的民主精神，独立展向各种各样的人和风格都敞开了大门。获得作品展览机会的最年轻的艺术家是一个6岁孩子。受过昂贵训练的专业人士创作的绘画和镶嵌画旁边，放着一幅画了一个裸妇的蜡笔画，它的创作

PART FIVE　扭曲的愿景

者是东京新宿一名无家可归的男子。正如任何人都可能是艺术家一样，任何人都可能是评论家：独立展的到访者被鼓励为自己最喜欢的作品投票，并为全国性报纸撰写评论。冈本就是20世纪50年代中期进一步推动此事的人之一，他在美术馆前组织了一场"街头辩论"，艺术家和公众在那里直接对话。那些希望将独立展转化为传统经典的人反对抽象艺术，理由是公众对其理解不了。街头辩论是检验这一理论的机会，也是确保这种艺术——所有的艺术——有人参与而不是被疏远异化。

其他艺术家则在全国各处游荡，与政治抗议者联合力量。1955年，报道体画家中村宏访问了东京以西的砂川，那里的居民试图阻止自己的土地遭受清理——附近的立川美国空军基地扩建，需要他们让位。基地目前的跑道太短，在朝鲜半岛和东南亚执行任务的飞机无法满负荷起飞。每当政府的测量人员来评估他们的土地时，村民们就会焚烧稻草，扔出一桶桶粪便，喷洒有毒的杀虫剂，试图赶走他们。

在整个20世纪50年代，继续存在于日本本土的美国军事基地都充当着对于1952年《日美安全保障条约》不满情绪的靶子。据美国的冷战军事计划人员预测，苏联的第一次打击——可能是核打击——很可能以其在太平洋的利益为目标。维持甚至发展他们在日本的基地，理由似乎很清楚。然而，对许多日本人来说，他们厌倦了在被要求宣称热爱和平的同时，却要容忍处在自己腹地的外国军事力量，这种逻辑不过是循环论证、自圆其说。当然，如果日本可能受到再一次原子弹袭击的根源是美国军事设施的存在，那么，这种存在——到20世纪50年代末，单是分布在日本四个主要岛屿上数百个设施中的美国军人，数量就达到了5万人——应该终止，而不是扩大。

砂川顷刻间成了艺术家和反抗者们一直所期待的能引起轰动之所。村民们发现，他们的队伍不断壮大，加入其中的有艺术家、纪录片制作人，以及左派政治家、工会组织、激进学生组织的"全学联"，甚至还有许多佛教徒，他们敲着鼓来提振示威者的精神和斗志。调查人员的反应措施是，每次返回时都带上更多的警察，到1955年9月，1000名警察陪同仅有9人的考察队，与将近2000名农民和活动家发生了暴力冲突。随着全国媒体的关注，抗议活动从此开始，不断地蔓延。

砂川的形象，对于将一个地方性的关注点升级为一个全国性的爆发点，再完美不过。这件事中，有淳朴的农耕生活处于威胁之下的不公正；有姑娘们在政府测量员把木桩打进她们的稻田时发出的尖锐哭声，甚至它让人产生弗洛伊德式共鸣；有那种悲壮的不对等，穷人和年轻人大多数是赤手空拳地在面对仍不受信任的日本警察力量和一个不断崛起的军事强权。中村

PART FIVE　扭曲的愿景

把这一切捕捉到了自己的笔触——这个时代最著名的绘画《砂川5号》之中。这些元素两年后在其创作的《枪杀》中继续有所体现，此画完成于一位名叫坂井奈加的中年主妇被枪杀之后。有传言说，她是被故意枪杀的，当时她在美军射击场上捡拾黄铜弹壳，拿来卖废品。

在砂川案和坂井案中，把文化与抗议结合起来所产生的戏剧感，都因为法庭的贡献而得到了提高。关于涉嫌枪杀坂井的美国军人威廉·吉拉德应该在美国还是在日本司法管辖下接受审判所引起的激烈且旷日持久的争论，让日本的从属地位暴露无遗。19世纪那些"不平等条约"与之有着令人痛苦的明显相似，都因为允许在日本领土上犯罪的外国人受其同胞审判的治外法权条款而受到鄙视。虽然最终胜利的是按照日本法律审判吉拉德一案，但其三年缓刑的判决结果进一步加强了公众的愤怒。

坂井案为反对日本外交政策的斗争提供了动力，对这一问题的更直接干预是，1959年3月，一位砂川的法官作出了一项非同寻常的裁决：无罪释放七名两年前被指控非法闯入立川空军基地的斗争领袖。这名法官宣布，美国基地在日本领土上的存在违宪，因为日本新宪法第九条禁止在其领土上维持"战争潜力"。

美国最终放弃了扩建立川空军基地的计划。但日本最高法院迅速推翻了1959年3月的裁决，理由是，日本宪法并不提倡"无防御性"，美国基地不能被视为"战争潜力"，因为日本对其没有控制权。抗议者们利用这一点来支撑自己的主张，即美国强大的影响力在幕后操纵着他们的"民主"。

这场争论的时机意义重大。不受欢迎的《日美安全保障条约》——批评者眼中日本成为"半殖民地国家"的源头和象征，将在1960年续签。那些计划发动抗议的人在条约续签的主要拥护者中发现了一个大坏蛋。这个人的名字距此不到十年前还被美国人作为潜在战犯写在巢鸭监狱的告示牌上，而现在这个人成了首相，成了美国挽救与日本联盟的最大希望。

岸信介[1]曾在20世纪30年代后期担任伪满洲国最高级别的官员。作为那个时代最有野心的"改革派官员"之一，他把自己的金融天赋运用到详细制定关于国家管控和全面备战的经济布局上，他和同伴都支持将其在日本本土推行。远离国内的严格审查，帝国官员在进行殖民统治地区所养成的那种放纵便旧

---

[1] 1896—1987年，原名佐藤信介，日本政治家，甲级战犯。1942年在"大政翼赞会"支持下当选为众议院议员，后任东条内阁商工大臣。1945年日本投降后，作为甲级战犯嫌疑犯被关押，后因其"亲美反共"立场颇得美国青睐而获释。1957—1960年任首相期间推行"反共反华"政策，1960年与美签署新《日美安全保障条约》，引发"安保斗争"。——编注

PART FIVE　扭曲的愿景

态复萌，这是一个绝佳的例子。岸信介不那么上得了台面的活动涉及洗钱，将数百万中国人——从失业者直到战俘——变为工业奴工，与毒贩和黑社会勾结，最大限度地利用权势来满足他嚣张跋扈的欲望。

在巢鸭，他和富有的黑帮老大儿玉誉士夫分食面包、下棋（后来，后者的手下被他用来控制群众）。被关押三年后，岸信介未经审判就获释了。他直接开车去了首相官邸，他的弟弟佐藤荣作——未来的首相，此刻正担任内阁官房长官——帮他换下监狱制服，换上了一身西装。"很奇怪，不是吗？"岸信介说，"现在我们都是民主党人了。"

从官方层面而言，岸信介1952年就被剥夺了政治生命，但他却在次年赢得了他的第一个国会席位，他把自己巨大的才能、关系网和个人资金都用在了削弱吉田茂的事业上。从这一刻起，吉田茂在选民那里的支持率如同自由落体一般一落千丈。吉田茂最后在1954年年底辞职，次年，岸信介成为这个国家两个保守派政党合并的主要推动者之一，"自由民主党"（自民党）由此诞生。他很快就获得了选举的成功，1957年，"战犯岸信介"——反对他的政客们喜欢这样称呼他（其他人则称他为"昭和妖怪"）——成了该党和国家的魁首。

岸信介对日本战前政治体制的怀旧情绪很快显露出来，他试图让警察重新获得权力，在没有搜查令的情况下随意搜查私人财产，仅仅因为他们怀疑对方未来某一天可能会犯罪。由国会政治家联盟（包括自民党中的一些人）、400万罢工工人以及属于不同阵营的日本报纸组成的一个广泛的联盟阻止了这一措施。这提醒人们——就在条约续约前夕——从最近的抗议活动可以得出一个教训：可以利用一个单一的问题来突出一个更为广泛的国家难题，可以说服人们来关心这个问题，由此就有可能实现真正的政策改变。

岸信介试图将1960年1月在华盛顿商定好细节的条约续签条款包装为美日关系中重新平衡权力的手段进行推销：美国现在必须与日本政府协商才能调派驻日军队，且这些部队不得用于干预日本内战（条约的前一版暗含对这种情况的默许，这让占领的意味更浓了）。他失败了。对该条约的抗议活动——简称为"安保斗争"——在日本社会党、日本共产党、工会总联合会、全学联和包括政治学家丸山正雄在内的著名知识分子的鼓动下，开始加快步伐。一系列事件在5月19日达到高潮，为了让艾森豪威尔总统能够对日本进行计划好的庆祝访问，国会必须在这一天通过续签。当大批抗议者聚集在国会大厦外时，社会党国会议员将众议院议长困在他的房间里，试图拖延会议进程。岸信介叫来了警察，约500名穿制服的警察帮忙将他的对

PART FIVE　扭曲的愿景

手拖了出去。最终条约的续签在午夜获得通过，而现场见不到一个反对派议员。

这个国家陷入了混乱。数百万人罢工，数周的大规模示威让数十万人走上街头，高呼"反安保！反安保！"6月10日，学生抗议者包围了载着艾森豪威尔总统新闻秘书的一辆汽车，向其投掷石块并威胁要将其推翻。这位秘书到日本是为了给艾森豪威尔总统的访问打前站。他靠着军用直升机才死里逃生，总统的访问也迅速被取消。几天后，一名叫作桦美智子的东京大学学生在国会大厦外与防暴警察对峙时被打死，这进一步加剧了局势，让30万人走上了国会周围的几条大街。岸信介最终在其自民党同事的强迫下辞职。但续签的条约却岿然不动。

德川幕府时期发生了3000次抗议活动。从明治时期到20世纪30年代，抗议活动更是数不胜数。农民、佃户和教师，志士和武士，女权主义者和自由活动家，工人和年轻军官，他们忍受所感受到的不公和对其作出的强烈抗议，似乎是贯穿日本近现代文化两条丰富并且时有互补的线索。前者所积聚的能量赋予后者以非同寻常的有形的和道德方面的动力。在这一切中，1960年的夏天为自己赢得了一个特殊的位置。更早那些抗议活动，绝大多数所获得的支持都是局部性的——某个村落、地区、职业、阶级——相应地，其目标十分明确。而这次实施罢工和

355

包围国会的民众则是来自各行各业，在国家的心脏地带会聚在一起，想要抗议（或者重申）这个国家的目标。

当这些抗议活动最终归于沉寂，而"安保斗争"成为过去时，关乎存在的运动的失败带来了关乎存在的后果。有些人试图声称，有如此多的人积极参与日本公共领域至关重要的竞争——以最直接和生动的方式，用身体、旗帜和喧嚣填满街头——那么，就像政治学家丸山正雄所说，民主在日本终于被"本土化"了。毕竟，自由不是被动享有的东西，像一件物品那样；它是你行动、实施或展现的某种东西。但是，尤其是对很多日本年轻人来说，政治总体上已经失去了它的吸引力：它似乎不再是一条通往充满意义的变革的道路，也不再是对于个人或整个社会而言值得为之付出的认同基础。人们将不得不尝试其他的途径。

无论如何，正如抗议活动的参与者所指出的那样，如果这就是"日本式"民主，那它很容易被金钱和暴力劫持，这非常令人不安。示威者曾遭到数百名挥舞着棍棒的反抗议者袭击，这些人是战前政治暴徒的接班人。一个人驾驶一辆卡车进入人群。这些人自诩为爱国者，但他们参加了——而且经常得到报酬——破坏罢工活动，常殴打和恐吓和平抗议者。最令人担忧的是商业、政治、警务和黑帮之间的更广泛联系，他们似乎是

PART FIVE　扭曲的愿景

这张网的构成部分。把这些战后各种关系串联在一起的是儿玉誉士夫，他和岸信介同时从监狱里释放出来，出狱后迅速开始扩大客户群，到处都有谣言说，他与美国中情局都搭上了关系。

与此同时，令"安保斗争"活动家们感到沮丧的是，日本社会党等党派的国会议员也加入报纸的行列，对各方的暴力不加分辨地作出虔诚而简单的谴责。全学联的领导人指责这些党派试图牵制和掌控局势，从而搞砸了一场真正的民众运动。看上去，"安保斗争"不仅仅是失败了，而且还积极促成了左派的"新"和"旧"的分裂。

更糟糕的是，1960年12月，日本新任首相池田勇人将他的国民收入翻番计划作为给国家的一份圣诞慰问礼拿了出来。事实证明，自民党很擅长向中间路线调整，总在被迫搁置有争议的政策目标时，以给国内带来经济甜头转移焦点。他们也兢兢业业地争取更广泛的选民支持。稻米价格管制保护了农民——他们中的许多人现在是第一次耕种属于自己的土地——免受市场变化的影响。此外，政府对小企业的税收政策相对温和，并且，通过制定不允许大公司进入小社区的规则，让小企业免受大公司的竞争。

日本的各个公司，就其自身而言，为了吸引工人，越来越愿意为其提供长期工作前景和工资，以及从医疗保健到补贴住

357

宿和假期在内的一系列企业福利。甚至美国也努力安抚日本公众，推出一项将驻日部队人数减少40%的方案，其中包括撤走所有地面部队。

与此同时，当"后安保斗争"时代的反思在艺术各领域产生反响——随着用针对权力的更深入分析来替代大多数报道体绘画的刻板形象，这种呼声渐高——日益明显的是，日本文化战争的战场，不仅是画布和街道，还有无线电波和屏幕。

*

"安保斗争"式的语言正在向着学校渗透，"反打针！反打针！"就是孩子们在走廊上抗议接种计划时高呼的口号。与此同时，在宗教仪式上，可以看到小男孩们把传统服装换成了头巾和斗篷，一副"月光假面"（日本第一位打击犯罪的电视超级英雄）的扮相。有些男孩甚至试图模仿他的勇敢壮举，在高楼大厦之间跳跃。这导致在全国各地的医院里，常常看到被毛巾、床单和太阳镜遮挡得严严实实的小病人，接受割伤、擦伤和骨折等治疗。不久之后，一名小孩因试图再现该节目的特技而失去生命，这使得这部连续剧播出不到一年就在1959年停播了。

随着电视在日本的推广，来自传统媒体竞争对手的评论——当然，带有相当的嫉妒和焦虑色彩——主要关注这种新

PART FIVE 扭曲的愿景

技术对儿童的影响。有些影响是微不足道的：据说，家里有电视的孩子很少被欺负；相反，他们可以保证在击剑游戏中扮演最受欢迎的角色，他们的小伙伴却注定要扮演坏蛋——有报道称，当这场游戏是"安保斗争"时，根本没有人愿意扮演岸信介的角色。其他观察结果则令人担忧。孩子们花在锻炼或做作业上的时间少了。吃饭时，他们攥着饭碗，目不转睛地盯着房间的电视，而不是与父母或兄弟姐妹交流——除了为选择频道而争吵。晚上，他们很晚才上床，而且不大看书。他们对语言的使用越来越粗俗和夸张。本应该自由自在遨游的想象力，似乎在"月光假面"之类角色的身上止步不前——它的主题曲不停地被演唱——并且被困在了那里。

批评者声称，这种新媒体除了具有让人担心的上瘾特征，内容质量也糟糕。电视似乎是在努力摆脱它在形式方面的刺激——通过提供简单的表演，从职业摔跤到歌咏比赛，来吸引路过第一批公共电视的路人。评论家大宅壮一有个著名的比喻，目光扫过电视就像瞥见两只狗在街角交配：让人不由自主地观看，但事后觉得自己很傻。一个早期的电视恶作剧说明了一切。一场棒球比赛中，制作方花钱请了一个人，让他走到支持者区域却挥舞起对手方的旗帜，结果引起了一番打斗。日本的电视，大宅总结说，正在创造"由一亿白痴组成的国家"。

对现代大众文化腐蚀效应的关注——认为其危险或愚蠢，或两者兼而有之——并不是从电视开始的。从1925年的《东京进行曲》到20年后的《苹果之歌》，评论家始终抨击那些为了钱而放弃精心制作的天才音乐家和作家。《朝日新闻》的一名记者把以《苹果之歌》为主题歌的电影《和风》描述成一部只对那些想让自己身体不舒服的人才有价值的电影，他补充说，电影单凭前十分钟就做到了这一点。并木路子开头就不是"很有吸引力"，粗糙的摄影技术让她的脸显得脏兮兮的，而整个片子让自己想到的唯有日本的失败而已。

在占领期间和之后，日本流行音乐总体上被指责是平庸和屈从美国风格和价值观的融合体：日本在文化和政治方面都是美国的附庸。1952年的《横须贺之舞》被认为是尤其让人担忧的例证。它是当地一个商会为了宣传横须贺这座城市而构想出来的，它的歌词反复渲染的是感伤化了的性暗示，而这似乎发生在一个日本女孩和一个美国士兵之间，因为横须贺是一个军事基地所在地。一位评论家称之为"殖民主义文学的杰作"。除了情色意味，这首歌还大肆使用"very nice""sweet home"等舶来的美式词汇。这股抒情风潮，加上江利智惠美等明星歌手演唱时日语和英语短语混杂的做法，让人禁不住会想象，在这种氛围中长大的女孩们会忘记自己的文化，或至少是对之感到

PART FIVE　扭曲的愿景

困惑，唱着这样的歌会让她们在不经意间把自己投射成美国人的性欲望对象。

　　政府官员对自己不喜欢的东西可以简单地一禁了之的那些日子已经一去不复返了。相反，他们主办了一次全国性会议来探讨儿童文化。日本唱片协会（RIAJ）被说服通过了一部伦理条例，其中包括关于维护诸如公共和平和健康生活等宪法价值观的保证，唱片不应助长不良习俗、犯罪、不公正、猥亵或任何威胁儿童心理的其他行为。几年后又出台了播放伦理条例，继续维持战后艺术在政治和民事压力下向自我克制转变。

　　商业上的自我克制更难以保证，这里也存在对电视长期影响的担忧。观众如果觉得"安保斗争"的现场直播——由第一代勇敢的、戴着头盔的电视记者奉献而出——令人痛心，那么只需换一个频道，就能看到一个截然不同的美国。像《我爱露西》（*I Love Lucy*）和《老爸最知道》（*Father Knows Best*）这样的情景喜剧，最能作为一种强有力的产品投放手段，用来展示美国人的价值观、幽默，以及从电话、洗衣机、冰箱、空调到汽车这一大套让人神往的家庭财产。像这样的适度的物质财富，让你在日本——就像同时代在西欧一样——可以被标为"中产阶级"。自民党和经营这个国家绝大多数电视台的广告商，都非常希望民众追逐这种生活。

似乎没有什么能阻挡西方新潮流进入日本生活的进程。爵士乐和布吉乌吉舞曲首先让位于摇滚乐和电音摇滚乐，然后又被"乐队音乐"取代，这要归功于美国摇滚乐队"投机者"和"披头士"对日本的访问（分别在 1965 年、1966 年）。这个国家的一些人对于把为举行奥林匹克柔道项目而建的武道馆给"披头士"搞音乐会感到愤怒。但是，在 20 世纪五六十年代，人们普遍担忧的却是，与西方大众文化一道而来的新型服饰和行为，可能会对这个国家的年轻人价值观造成什么样的影响。对音乐评论家来说，摇滚音乐会现场让人感到有些困惑，其中一位描写到，表演者双腿弯曲，吉他向外伸出，"像患'小儿麻痹症'的孩子一样摇晃"。对于家长教师协会（PTA）和家庭主妇团体来说，它们的威胁是向日本儿童传播了对成人世界的一种暴力和性化了的蔑视。男孩们长大后都想成为山下敬二郎那样的人。谣传女孩子们总是把内裤扔给他。

道德恐慌对商业来说是件好事。1955 年，一部名为《太阳的季节》的小说出人意料地获得了著名的芥川文学奖。家长们对其内容的强烈抗议——有不少对日本青少年的性爱、航海、沙滩、酗酒和徒手对打的描写——帮助提高了它的公众知名度，它被选中拍摄成了电影并于 1956 年上映。这本书年轻的作者石原慎太郎与制片厂签约写一部续集，同年晚些时候《疯狂的果实》在电影院上映。这开启了石原慎太郎的弟弟裕次郎的演艺生涯和音乐生涯，同时还帮助他作为"太阳族"的领头人建立起了年少多金的公众形象：年轻人炫耀式地顶着"裕次郎式平头"，身穿夏威夷衫，通常举止粗鲁。

当然，战后年轻人的反叛不限于日本，裕次郎经常被比作詹姆斯·迪恩。但是，当日本孩子称父母为"法西斯"的时候，至少在某些情况下，他们是在提供历史评论，而不是一时兴起地闹脾气。其中蕴含的政治意义也有所不同。由于由丸山真男等人倡导的进步政治未能获得预期的吸引力，右翼传统主义者很可能利用"太阳族"恐慌之类表面性社会危机来扩强其影响力，这种危险是存在的。日本的公共领域，战后向着众多喧嚣敞开，有可能落入"丰富大众文化"和"保守东西复兴"之间的陷阱，在二者之间毫无希望地来来回回。前者考验的是道德边界而非政治界限，后者热衷于利用前者中更为堕落的元素来证明占领时代败坏了日本生活，企图借此推翻部分改革成果。

尽管像《疯狂的果实》这一路数的电影似乎一方面迎合了以年轻人为对象的商业利益（从夏威夷衫到理发产品），另一方面又迎合了保守的政治利益，但它们也标志着日本电影业正在寻找一种新的声音。即使是在默片时期，日本电影也在与观众对话，以一种既是解释又是说教的口吻。能剧有合唱团，木偶戏有吟唱者，歌舞伎表演有旁叙者，电影也有解说员（弁士）：他常常身着正式晚礼服站在银幕边，描述银幕上的剧情，表演每个角色的声音，帮助人们对所看到的东西得出结论。

结论通常都是积极向上的，但解说员的误导也并不罕见，如果这么做有助于维护这种艺术形式的自由的话——他们所面对的，是热衷于对有影响力的新媒体密切关注的当局，尤其是这种艺术形式还与外国内容相关。有一位解说员想尽办法说服警察，嘴对嘴亲吻在美国只是一种标准的问候罢了。还有一位解说员让一部1907年拍摄的法国电影不被禁映。在这部关于1789年法国大革命的电影中有把国王送上断头台的情节，这是不被允许播放的。他的方法是，神奇地用一部全新故事片的解说来取而代之。《洞穴之王：北美奇幻故事》（*The Cave King：A Curious Story of North America*）讲述了一位藏身落基山中的强盗男爵，被一群善良的当地人和警察包围并绳之以法的故事。路易十六被改说成是强盗，而巴士底狱的风暴是对他完全合法的惩罚。

但对于一些评论家来说，电影并非总是表达得很清楚。小津安二郎的作品《我出生了，但……》描绘了20世纪30年代初期中产阶级城市家庭生活中的倦怠和不安：父亲在家里专横

PART FIVE　扭曲的愿景

跋扈，在工作中却卑躬屈膝；孩子们在学校里和父亲在办公室里一样没精打采，毫无疑问注定要跟随同样的残酷轨迹走向成年。主题是最前沿的——大众社会喜忧参半的命运。但是，反对者们认为这种处理是含混不清的。他们希望对现代生活作出一种强烈、挑衅性的谴责，而不是渴望与忧郁。他们想要的是辩论。小津提供的则是描绘。

小津的捍卫者可能会说，他是在给听众"内心的解说员"自由发挥的空间，去讲述、解读和得出道德结论，或者只是快乐地保持沉默。正是由于这些品质，1953年的《东京物语》最终帮助日本电影走上了世界舞台。一对退休夫妇从乡下老家出发，去大城市探望孩子，那里充斥着烟囱、电话线和铁桥上轰隆而过的火车。很快他们就痛苦地看到儿子和女儿忙碌的城市生活——他们一个是医生，另一个是美容师——或许取代了其对父母曾经抱有的感情。戏剧性的转折点一直被淡化，有时会被完全省略，只是在后来有简单的回溯。相反，影片的重点是人物内心和周遭环境；偶尔被简短的对话打破的沉默空间反而在过程中拓展出更多留白；所说的和所想的，两者之间有各种差距。其中一幕，父母坐在一间海滨度假酒店榻榻米地板的垫子上，小津用他标志性的低位、延续镜头来强化，对孩子们的生活以及生活本身的感知，在静静地离他们而去。两人在一张小桌边喝茶，心满意足地交流，如果没有记忆和情感的无声连接，他们交流的东西本会显得毫无关联——就像他们正在凝视的那片广阔、变幻莫测且永无止境的海洋一样。

尽管小津很受尊敬，但日本的大型电影制片厂——包括"松竹""东宝""日活"——到20世纪50年代末，一直在寻找某种新的东西。他们开始——正确地——担心电视会对他们产生怎样的影响。日本观影的顶峰是1958年，这一年有超过10亿人次走进电影院，随后的10年间人数急剧下降。"太阳族"电影的成功促使制片公司尝试提拔年轻导演，希望留住年轻的观众。对于新的这一代人来说，小津的艺术水准从未受到质疑。相反，新时代里浮起来的却是旧问题：批判声在哪里？愤怒感在哪里？呼吁行动的声音在哪里？

年轻的电影制作人大岛渚用了一个极具杀伤力的词语来总结像小津这样前辈的作品："温良"。大岛渚毕业于京都大学，在大学里一直深度投身于学生政治活动，他希望自己的电影不是"产品"，而是"行动方式"。他认为，这是少数几种方式之一，可让像自己这样受过教育的人对一个迫切需要痛苦反思和彻底改变的国家做点什么。"安保斗争"之后，日本再也承受不起"温良"了。一部大岛早期的电影，1960年的《日本的夜与雾》，把这一点讲得特别透彻。影片中，不请自来的客人把婚宴

PART FIVE 扭曲的愿景

变成了一场审判。这是对当代政治、群体思考和个人罪责的一次激烈的、幽闭症性质的审视，聚光灯被用来单单地对准他们中说话的或者畏缩着不开口的那个人。

像大岛这样的"新浪潮"导演从国外汲取灵感，从意大利新现实主义派的罗伯托·罗西里尼等人到阿伦·雷纳和法国新浪潮。这两个社会也被撕裂了——像日本一样——分成了支持和反对大概15年前的极权主义事业的两个阵营。但是，大岛这代人还要与国内电影界竞争，不仅要与小津这样的导演争夺电影观众的注意力，还要与那种不乏甜腻和宿命论的战争片进行竞争。《人间的条件》共分三个部分，1958年到1961年制作完成。这类电影用一种严肃而不妥协的方法来处理战争，探讨个人责任与权威和大机构产生冲突时会发生什么。后者也是黑泽明电影的一个主要特征，既包括他海外成名的那些年代剧，也包括诸如1952年的《生之欲》之类的当代剧。但是，许多其他导演警告说，一味地关注历史有时会以可怕的、难以逃脱的方式威胁到日本战后寻求更思想独立的公民群体的努力。正如一位日本评论家所言，顺应"周围世界"和"集体自我"，在战后以惊人的速度再次得到歌颂。1953年的《超越云端》和1955年的《人间鱼雷回天》等电影中对神风特攻队的浪漫化是一个极为恶劣的例子。

367

对于刚过去这段历史，同样颇受诟病的处理还可以从以《哥斯拉》为首的一系列电影中看到。《哥斯拉》在 1954 年年底上映，"第五福龙丸号"事件就发生在这一年。这部电影由亲眼见过广岛轰炸之后景象的本多猪四郎导演，他想象他的那头怪物——其名字由"大猩猩"和"鲸"的日语词合成——是核灾难所"造就"的。这部电影取得巨大的票房成功，很大程度上要归功于圆谷英二的特效制作。圆谷英二曾在 1942 年为电影再现珍珠港事件作出了巨大贡献，他所制作的画面真实得让占领当局误认为这是一部纪录片。对于《哥斯拉》，圆谷没有采用电影《金刚》那种定格动画式，而是用了一个更简单的办法：一个男人，身穿一套巨大的橡胶服装，把缩微模型的汽车和建筑物在脚下踩为烂泥，通过将强光下拍摄的高速连续镜头慢放，让人对其踏着咚咚的厚重脚步而来的一幕印象无比深刻。

这些特点将成为日本电影和电视节目的主要内容——幻想出来的英雄和恶棍，被穿着奇装异服的人类召唤出来，彼此进行摔跤比赛和武术风格的拳击。"怪兽映画"对东宝这样的电影公司在电视时代的生存至关重要。但对于那些充满敌意的评论者来说，这类电影在面世的开初几年的投机性实在是太明显了。尽管本多进行了抗议，但像《哥斯拉》这样的电影似乎既不是警示性的核弹故事，又不是艺术的先锋之作。它纯粹又简单，

PART FIVE 扭曲的愿景

只想把关于广岛和长崎的记忆拿来卖钱（舆论随占领当局审查制度的结束而得以放开，这些话题日益走上前台），为人们对核武器的愤怒和焦虑提供了一个恰恰错误的宣泄渠道。

面对这些怪兽幻想故事，面对它们怪兽般的票房数据，大岛渚的《日本的夜与雾》只能出局。最后，它也没有获得多少机会。1960年10月9日上映，仅过了三天就下映了。这部电影根本就不是大岛渚的雇主松竹株式会社在一路提拔他上来时所想象的那种东西。但更重要的是，它被电视台打败了。全日本的人在家里目不转睛地看着屏幕，观看着一部惊人的"当代剧"。一个年仅17岁的年轻人，出于对自己国家目标空洞的失望，要把政治掌握在自己的手中。一名左翼政客正在演讲时，他冲上台，挥舞着一把短剑，刺向了这位政客，使之几乎当场毙命。观众吓坏了。这次袭击并不是演绎。它是真实事件。著名的社会党人浅沼稻次郎刚刚在镜头前被暗杀了。

*

17岁的主人公绝望地望着自己的镜中映象。"我脸色变得青黑。这是一张长期手淫者的脸。人们可能说：那家伙时时刻刻都在自慰。看看他的脸色。看看那双浑浊的眼睛……"直到后来，看着一个年迈的极端民族主义者发表演讲,他才觉得自己摆脱了自我厌恶,他的愤怒转而向外,转向了演讲者所指控的对象。"小官员!皮条客,出卖他们的国家!卖国贼!恬不知耻的马屁精!"当他听到身后的一群办公室女孩七嘴八舌叽叽喳喳地说着这个年轻的"右翼分子",他豁然发现:"就是这样。我触到了自己的本质。我是右翼!我对他们大喊:'我们右翼又怎么了?你们呢,婊子们?!'"

少年加入了那位老人的组织——"皇道派"。他阅读《古事记》,关于日本神祇和天皇的古代编年史,还认真品味明治天皇的诗作。他牢记现代天皇主义思想的核心内容:"奉献与自私不可兼得。"他幸福地解脱了,阳痿、优柔和对死亡的恐惧都消失了。现在,"天皇陛下作出了选择"。男孩从学校毕业后又学习了空手道和柔道。1960年夏,他加入了镇压"安保斗争"抗议者的战斗。他殴打和践踏他们,被捕又释放后变本加厉地重操旧业。那年10月12日,他拿起剑,前往一位左翼政治家参加电视辩论的地方……

PART FIVE　扭曲的愿景

年轻的小说家大江健三郎创造出孤独并沉迷于手淫的这个少年角色，灵感既来自1960年10月浅沼稻次郎被刺杀事件，也来自他本人对国家政治的绝望和失败感。20世纪60年代，像"十七"这样的角色——被阳痿、偷窥癖、性顺从或极端性暴力所定义的年轻人——在文学和电影中出现的频率越来越高。部分原因是，越来越拮据的电影制片厂和发行商转向拍摄软性色情的"粉红电影"，到1965年，它们几乎占到了新发行影片的一半。但这并不能解释贯穿于其中一些影片的主题。武智铁二1965年的电影《黑雪》讲述了19岁的浅田的故事。他的母亲在附近的横田空军基地向美国士兵出卖肉体，给他带来了巨大的心理创伤，以至于他奋力想要建立起属于自己的性关系，只有手里拿着一把上膛的枪，他才能摆脱自己的阳痿。结果，浅田杀死了一名美国士兵，接着杀死了他的亲生母亲，然后被宪兵枪杀。

像这样的主题和主角反映了20世纪60年代的一种转向，从现实生活转向原始、肉欲和暴力。此时的日本，"安保斗争"几乎没有留下印痕，人们越来越难以简单地认同国家机构，更不用说与穷凶极恶的大企业和趋炎附势的媒体成为一丘之貉的国家了。老一辈进步知识分子现在也必须被列入这一类别，他们在"安保斗争"中对"暴力"的一味排斥，在批评者眼中代表着一种对变革的恐惧。甚至普通公民也开始看起来像敌人了。

他们可能不喜欢学校或工作生活的条条框框，但他们可以想象还有比这更糟的情况——他们对好多事情都还记忆犹新。因此，他们中的许多人直接忽略了国家的政治困难，宁愿在书本或电视节目、假期或电影，以及家庭生活的普通乐趣中寻找慰藉。在这样的生活中，一名成员突然被征召去参加一场注定失败的战争的概率现在可谓微乎其微。

学生和激进的艺术家用这十年的时间试图摆脱他们所理解的这种现代的、受西方深刻影响的自鸣得意，转而来发现一个更有生命活力的从前的日本。他们试验了左派和右派浪漫的文化民族主义，在某些情况下甚至完全摒弃了诸如进步或国家之类的观念。在战后早期乐观的自由主义被冷战和消费资本主义蒙上阴影的情况下——战时西方大肆吹嘘的人文主义似乎已经变成了智力竞赛和导弹危机——生活在这样一个国家的优势从未这么明显，这个国家与全世界有一千多年的创造性交往——自古与印度、中国和朝鲜，以及最近与现代西方的交往。

对前现代资源的爬梳把一些艺术家带回更质朴的江户时代。其他人则一路回溯到日本的绳纹时代[①]："读卖独立展"的狂热爱好者冈本太郎热情赞美绳纹时代的陶器散发出的"日本土壤

[①] 前 14000—前 300 年。关于绳纹时代起止时间，诸家说法不一。——编注

PART FIVE　扭曲的愿景

的味道"。前卫的传统派——在这个时代，这种看似存在悖论的事情是可能的——改造了插花艺术、民间工艺和一系列日本与中国哲学学说。书法家村上三岛谈论着洗净刚过去这段时间的污浊，回归"一个赤裸裸的人"这种纯粹。民俗学家柳田国男的作品不久之前还被军国主义者挪用，如今却在激进的左翼分子中拥有了读者：他们希望借此重新发现与自然之间的关联，而日本的建筑业和娱乐业对自然的忽视正是造成目前萧条的一个原因。

由于有人投诉并试图对众多展品进行内容审查，"读卖独立展"在1963年最后一次展览后结束了。但是，会聚在其赞助下的艺术家们，有些远远走出了展览的空间，试图用一种新的特质"率直"让民众不得不去面对，无法做到无关痛痒。1962年，"新达达"的组织者们为一场纪念战争结束和日本帝国垮台的宴会出售门票，客人们本想着的是好好吃一顿，却尝到了殖民式剥削的滋味：他们只能看着艺术家们用他们的钱大吃大喝，自己却饿得肚子咕咕叫。

两年后，另一组客人来到东京帝国饭店的一个房间，由Hi-Red中心的成员集体为其量身打造的个性化核避难所。通过浸泡在浴缸中测量出身体尺寸，通过观察可容纳多少水测量出嘴的容量。从六个角度拍摄照片，然后转化为六面体避难所，看起来就像一具棺材。避难所很少售出，Hi-Red 中心的商业定位——将其作为"避难计划"加以宣传——富于讽刺意味。他们认为，如果要说荒谬可笑，远远比不上一个核浩劫当头而服务业却如火如荼的社会。

与此类似，地下剧作家唐十郎开始把观众置于"恐怖场景"中，可能是公厕、废弃建筑、火车站甚至荷花池——演员的上下场表现为从水中浮现或潜没。他最终决定使用一顶大型红色帐篷，第一次是将它搭在东京一处神社中的空地上。这是这个演员团队理想的地点，唐十郎自豪地把这些演员称为"河滩乞丐"——这个说法来自德川时代对于歌舞伎表演者的一种贬称。它还可以追溯到更早，那时河滩是古代表演桑田沧海戏剧的场所。男神女神们齐聚在干涸河床的阴暗处，试图诱使太阳女神天照大神从她藏身的洞窟中出来。他们什么都试过了：击鼓、敲钹、奏乐，甚至还带来了一只打鸣的公鸡，这也许是一种交感巫术，试图通过最具辨识性的声音来强迫黎明提早到来。但这些都不管用。最后，欢乐与黎明女神[①]天宇受卖命半裸着跳到一个倒扣的桶上，表演了一段猥亵而若狂的舞蹈。每个人都忍不住笑了起来，当天照大神想知道发生了什么而偷看时，天之

[①] 此处遵作者之说；另有他说。——编注

PART FIVE　扭曲的愿景

手力男神趁机把她从藏身之处拉了出来。

这些与神祇打交道的方法——歌唱和舞蹈、娱乐和迷醉、嬉戏和幽默——定义了日本从此之后的表演艺术，从为天皇健康祈福的古代宫廷仪式（天宇受卖命的故事可能就是以此为基础的），一直到歌舞伎表演。初期的歌舞伎演员声名狼藉，经常参与卖淫，使得官方不得不禁止妇女和儿童出现在舞台上。唐十郎对这种精神的压迫表示哀悼，这种压迫首先体现在德川时代的打压（当局对观众被暴力或浪漫故事点燃的激情感到不安），然后体现在明治领导人出于文化外交目的而重新打造歌舞伎表演：喧闹的全天狂欢变成了豪华的、煤气灯照耀下的晚间娱乐，观众则身着优雅服装并保持绝对安静。当歌舞伎表演被改造得适合日本皇室夫妇欣赏并能在白金汉宫举行演出（大约是在 20 世纪初）时，能吸引天照大神离开她的洞窟的东西已经所剩无几了。

唐十郎为了让表演恢复戏剧性和即兴性所作出的尝试，肯定偶尔会让观众怀念他们的电视屏幕。他恢复了古老的歌舞伎做派，把演员们带到人群中间，所表演的戏剧以演员原始的身体性和冲突的能量为核心。如果这些剧本是震慑人心的，那么它们也会很难被理解，从"厕所幽默"突然就跳到了神秘主义，给出的情节和隐喻也很难拼凑出连贯的故事。更为直截了当的作品之一是《约翰·西尔弗：爱情的乞丐》，这部作品写于 20 世纪 60 年代末，讲述的是海盗们对自己年轻时充满破坏性的性冒险的怀念之情。情景从当代日本的一个厕所跨越大海切换到战时日本对朝鲜和中国东北的种种侵略行为——抢夺自然资源、金钱，征集劳工和有组织卖淫，等等。唐十郎想提醒人们，"新日本"是在"旧日本"的诸多罪恶之上建立起来的。如果我们自以为不可能像父辈那样被环境困住和打败，那么我们就是在自欺欺人。

剧作家寺山修司和编舞家土方巽也同样深受战争年代及其悲惨结果的影响。两人都在战时日本北部的极度贫困中长大，寺山修司失去了父亲，土方巽眼睁睁看着一个姐姐被卖给妓院，而另一个姐姐死了。因此，当寺山修司让剧团成员跳到观众面前，侮辱他们，拒绝让他们看到戏的结尾，把他们分散在城市的不同地点（以便他们看到不同的表演），将他们困在演出场地，甚至放火烧掉舞台一部分时，他是极为严肃的。他想让人们感到不安，让他们看到众多的力量在起作用，控制着表面自由的社会。他认为，当代日本的顺从，比人们意识到的要短暂得多，甚至是游戏般的。它的真正力量汲取自从交替地服从和违背规则而来的一种真正的人的丰富性。他的一部戏剧《奴婢训》的特点是台上的两个装置：一台"主人机器"用来代表明

PART FIVE　扭曲的愿景

治天皇的宝座，仆人们通过坐上它而轮流当上了主人，获得随意规训、惩罚和享受的权力；一台"自打板子机器"允许使用者拉动绳子，从而得到一顿令人愉悦的拍打。

土方巽将其"暗黑舞踏"扎根在故乡的日本萨满传统中：失明的女萨满拥有召唤亡灵的力量。他希望人们能够真实地感受到这些灵魂：在幽暗舞台上一个半裸、身体涂白的舞者缓慢而扭曲的动作中；在其抽搐的手指和后翻的眼球中；在因被附身和痛苦而扭曲变形的脸庞中。土方巽说，自己跳舞时，有时会感觉死去的姐姐的灵魂在黑暗中四处胡乱摸索，寻找着他。

土方巽最著名的表演之一是 1968 年的《土方巽和日本人——肉体的叛乱》。这部作品中，他扮演了一位婚礼当日的处女，身披一件正反面均为白色的和服。衣服褪去，露出的却是一个瘦骨嶙峋、戴着一根金色阳具的裸体男子。他在一个古老的丰产仪式上进入抽搐状态，最终以掐死一只活公鸡作为高潮。最终，他自己变成了祭品，从舞台上被向上拖起，拖入一片黑暗之中。

但是，如果这是一种"异端仪式"——正如小说家兼土方巽的粉丝三岛由纪夫对暗黑舞踏的评价——那么，那些战后高速增长时代的忠实信徒在关注吗？如果土方巽和其他激进艺术家最需要触动的人，是那些最不可能抛开《肥皂泡沫假日》等综艺节目里欢快的流行音乐和轻松的幽默,转而选择去目睹、聆听并闻到一只鸡被宰杀过程的人呢?

前卫的观众主要由学生和年轻人组成,到了这个十年的结尾,他们中的一些人从肉体和原始的欲望转向了彻底的暴力。国内学习和工作环境的压力,以及日本对其美国盟友的支持——备受谴责的军事基地现在被用作越南战争的中转站,导致20世纪60年代末期100余所大学校园爆发了抗议活动,这与世界其他地方的学生抗议活动相呼应。一位日本抗议者形容自己的学习生涯就像"戴着手铐在生活",这一切都是为了考入大学,而大学里课程乏味、人满为患、费用越来越高,而且课程内容都围绕着这个国家雇主的需求。

这些年来,"新左翼"的学生积极分子比以往任何时候都更清楚他们的最大挑战是什么:他们的敌人与自身实在是太亲近了。大学管理层可能会因那些毫不实用的课程而遭学生抵制,教授们可能会因具有"腐蚀性"的社会观点而在教室被学生围堵。但是,那种像"日常"一样无形却又无处不在的东西,又该如何应对呢?父母的控制、特权阶层的自满、"安保斗争"的失败、财富的诱惑、家庭的舒适、他人的意见、电视的光芒,所有这一切的合力,作为当今世界的统治性特征,导致一些学生得出结论:只有在街垒后面,自己才能过上真实而诚实的生

PART FIVE 扭曲的愿景

活,大家一起吃饭、读书、交谈和思考。20世纪60年代后期,一些学生抗议者戴上头盔,拿起木棍,与防暴警察对抗,而这些警察,则被当成了社会上无形错误的代表。

与此同时,政治上的左翼和右翼都对自己同志的失败而感到歇斯底里的愤怒:左翼一方,极端的政治严格已经扭曲到了偏执的程度;右翼一方,刻意展现出来的浪漫和残暴的爱国主义让所有目击者感到羞耻。二者共同作用,使得这些冲动把一个充满抗议的动荡年代带到其野蛮的高潮。

1970年,日本最著名的作家之一对自己的同胞表示蔑视:

> 战后日本人机缘巧合地迎来了经济繁荣,忘记国家原则,丧失民族精神,追求细枝末节而不是矫正本质性的东西……导致自己陷入精神空虚。我们像无助的旁观者一样束手无策,咬牙切齿,被动地目睹我们的国家政治在过去100年中被出卖,自欺欺人而不是直面战败。日本人自身也对自己的历史和传统进行攻讦。

三岛由纪夫不愿意再待在"活死人"之列,在完成了他的杰作四部曲《丰饶之海》后,他对一位朋友说,自己已无事可做。于是他前往日本陆上自卫队东部方面总监部。曾经在学校逃避体育锻炼的体弱男孩，曾因医生误诊而免于去菲律宾参战的青年，现在成了"十七"右翼梦想中那种肌肉发达的角色。

十五年前，三岛就开始了一项健身计划，他认为古希腊人的身体与那个时代的高贵智慧是紧密联系在一起的：坚忍的肉体配纯洁的精神（他在花园里保存着一尊巨大的阿波罗雕像）。三岛对于心理分析的兴趣——他和古泽平作待在一起的时候曾对此有过交流，他还出版过一本以此为主题的小说（《音乐》，1965）——逐渐转向自卫队训练，后来还组建了一支自己的小型私人军队"盾会"。此刻，1970年11月25日，三岛在四名成员的陪同下走进自卫队总监部，抓住总监（他有礼貌地跟对方"预约"过了）并把他绑在了一把椅子上。

三岛在总监部的阳台上向下面的士兵们一通咆哮，煽动他们为天皇而起义："难道没有人挺身而出反对宪法吗？"得到的只有沉默和嘲笑。按照他对自己同胞的幻灭感，他很可能对此有所预料。于是三岛退回房间，用剑剖开自己的腹部，并让盾会的一个会员砍下自己的头。如果这些"名为士兵实为卖国贼"的家伙啥都听不进去，那么就给他们一个"神圣"的仪式吧：切腹，经典的武士死法，"终极无私"之举。

曾广泛存在于社会中的对那些为了改善他人生活而牺牲自

PART FIVE 扭曲的愿景

己前途的有良知的个人所存有的同情心正在飞快地消失。学生们曾捆起自己的老师,穿上临时做的军装。人们看到不幸的家庭从被劫持的飞机上匆忙下来。日本首位诺贝尔文学奖获得者川端康成绕过记者,前往他好友那令人毛骨悚然、让人迷惑不解的最后一搏的地方。年轻的日本男女,无论是在遥远的国家还是国内山区,都变成了游击队员。如果对于战后日本灵魂的追寻——这场战斗——要继续下去,那么,必须寻找其他方法。

⑮

拉动引线

20世纪50年代中期的"第五福龙丸号"金枪鱼恐慌还未平息，就有消息称，受到污染的渔获可能还有更多，这一次涉事地点在日本本州岛南端。据报道，住在九州不知火海沿岸的人们看到附近"跳舞的猫"：猫的步子摇摇晃晃，它们跌跌撞撞，浑身抽搐，兜圈子跑，口吐白沫。一些猫甚至自己跳入海里，其他一些则被当地人抛入海中——既是出于同情，也是因心中焦虑暗生。与此同时，人们看到鸟儿撞向建筑物或从空中坠落。藤壶不再附着渔船。海藻褪色。海岸附近的松树颜色变黄死去。

接下来，在1956年4月的最后几天，孩子们陆续住进医院，症状包括说话困难、声调怪异地忽高忽低、肌肉麻木、运

PART FIVE　扭曲的愿景

动失调、视野变窄以及听觉和吞咽障碍。到目前为止，这场奇异的、不断升级的危机，还控制在家庭范围之内。垂死的渔夫们被用绳子绑在床上以防其胡乱挣扎。现在，它终于引起了临床和公众的关注。到这一年年底，有54人被确认有类似且无法解释的症状。其中17人身故。

医生和研究人员都在拼命寻找病因。起初，他们认为自己在对付的可能是某种未知的传染性疾病，因为几乎所有受害者都来自海湾附近的同一个村庄。但是注意力很快转向了受害者的食物：他们以海产为食。这个地区以盛产海鲜而闻名。按照吹牛的说法，如果有游客不约而至，你将水壶放到火炉上烧水，再出去抓一条海鱼或者一只乌贼来款待客人，回来的时候水都还没有烧开。

对海产的怀疑驱使调查人员前往海湾水域，接着来到附近的一家大型化工厂。新日本氮肥公司从20世纪初开始运营。它在日本的工业和经济利益中占据重要地位，战前昭和天皇曾莅临参观，战时盟军曾对其进行了13次轰炸，战后又在经济规划中享有特权地位。附近的城市都特别依赖这个工厂。水俣市被称为新日本氮肥公司的"城下町"：这个说法来自过去的武士时代，喻指这家公司在该地区具有呼风唤雨的封建统治地位。新日本氮肥公司雇用了该镇一半以上的劳动人口，贡献了税收的

383

最大部分。

新日本氮肥公司最有价值的产品之一是乙醛。它在工业中广泛使用，生产过程中产生的废弃物通过一条水渠直接排放进了水俣湾，这些废弃物现在被认为可能是导致人们出现之前所述症状的原因。水渠口附近的沉积物中被发现含有各种各样的化学物质，其中汞含量高到大约每吨两千克，到了可以开采获利的程度。新日本氮肥公司后来的确就是这么做的。

但是当来自熊本大学的研究人员公布出人们的症状和化工厂之间有关联这一结论时，新日本氮肥公司隐瞒了自己类似的调查结果，决定与之唱对台戏。它发行小册子，对熊本大学调查结果背后所运用的科学原理表示质疑。当作为预防措施禁止销售出自该海湾的海产时，它用抚慰金来收买当地渔民，使之保持沉默。要获得这笔钱一个条件是，即使在未来发现新日本氮肥公司的废水的确导致了现在所谓的"水俣病"，接受者也必须放弃索赔权。同样，中央政府也压制了调查结果，并采用取消资金资助这种方式来"回报"大学研究人员所付出的努力。

*

这边是废水继续涌入水俣湾，另一边是日本领导人面对着更紧迫的问题。20世纪40年代末和50年代，工会积极分子、学生和激进理论家已经成为街头抗议的"惯犯"。1960年频繁的"安保斗争"的示威活动则不同，也更让日本领导人担心，因为这些示威让他们直接面对的是意想不到的、可怕的新敌人：大众。一波又一波的首次示威者，让国会大楼周围和整个东京的抗议者队伍无比壮大，电视里有他们的身影，报纸上对他们议论纷纷，他们对政府的合法性及其核心主张——要建立绝大多数人都想要的"新日本"——带来了前所未有的威胁。

小林富美认为自己是这种人：当对世界不满，通常只会"坐在家里，变得越来越生气"。但是，当她听到岸信介斥责媒体在报道1960年各大事件中片面而且不具代表性，宣称自己有意聆听"沉默者之声"时，她被触动了。这里的暗示似乎是，任何不积极说出反对现状的人定然对现状是满意的。这使得小林站了出来，帮助羞于抗议者成立了抗议团体。他们以"沉默者之声"作为自己的名字，制作了标语，其中包括"跟我们一起走50米，甚至10米也行！"他们的行军歌唱出了全部的心声：

来吧，市民们，让我们一起前进……
我们知道你们每天忙于工作，
觉得参加示威难为情。

但此时此刻，如果我们放弃并陷入沉默，
那么日本永远都不会变得更好。
让我们现在就行动起来吧，当我们的孩子问起，
"你当时在干什么？"
我们不会感到羞愧……
来吧，市民们，勇敢起来！

　　这里最重要的词是"市民"。"安保斗争"表明，要反抗不公正和推动变革，你不一定要去设置路障、挥舞棍棒。你所需要的是一个合理的理由，懂得宪法赋予你的权利，以及一些在关键处施加压力的专业技巧。你也不必认同日本的日常生活现在成了一张网，令人厌恶，制约着与经济和文化相关的种种，只有极度警惕、完全净化或暴力的自我边缘化才能拯救你。激进分子看到的是需要摆脱的锁链，公民们看到的则是可以拉动的引线。迅速扩张的日本城市提供了无限的机会：它人口稠密，是政府和工业的中心，也是社交和商业交易丰富——因此也极为脆弱——的舞台。正是在这里，战斗才有众多参与者。

　　战前的住房危机，战时的轰炸和大规模人口迁移到城市，要求日本在经济繁荣的初期建造出1100万套房屋。抵达东京的

PART FIVE　扭曲的愿景

奥运游客看到的是混凝土、起重机和众多半截建筑——要么半截待拆，要么半截待建——所构成的景观。到 1970 年，大约有 5000 万人，也就是日本人口的一半，主要生活在东京经川崎、横滨、名古屋和京都到大阪的东海道新干线附近。人们很快就开始谈论"东海道巨型都市带"。这条著名铁路线上串起的人口群越来越大，火车旅行者发现自己很难说出一个城市是在哪里结束，下一个城市又是在哪里开始。

城市居民及其对工作和消费的热情是这个新日本的生命线。夫妻们梦想着从出租房搬进政府兴建的郊区公寓楼"团地"。很快，私人建造的城市"高级公寓"也加入这一行列。如果一切顺利，置业的最后一步就是某一天站在自己刚买下来、才经过清理的地块上，自豪地看着搭建一间小房子要用到的各种拼装件被运过来。

一些住宅中所存在的空间和隔音问题，被室内厕所带来的新奇和乐趣而抵消。公共空间里的榻榻米越来越多地被换成木质和乙烯基地板。起居区、餐厨区与私人卧室分开——大人和小孩现在各有单独的卧室。各式节省劳力的设备越来越多，即使是摆放桌椅的地方，大小也需要规划。饮食方面也有创新：从战场归来的士兵带来的中式煎饺、西式面包（早餐的烤面包、快捷午餐的三明治）、包括速食经典"速食拉面"（方便面）在内的各种加工食品。

1970年标志着该国物质满足度的巅峰。随着盛田昭夫的"索尼"成为第一家在纽约证券交易所上市的日本公司，许多日本人回顾、感叹，过去十年的非凡增长，使得在电视上看到的豪华住宅和生活方式变成自己就亲身居住其间、生活其间之物。父辈和祖辈渴望和平与稳定，当下这代向往的则是辉煌的事业、奢华的服饰、精美的食品和去外国度假。20世纪60年代初推出的医疗保险和其他福利措施，正在帮助人们有比以往更长的时间来享受这一切——日本很快就会以世界上男性、女性人均寿命最长而自豪。

不过，日本有数百万的新建房屋，却罕见称得上"建筑的伟大胜利"的代表作。此时的重点是建设的速度、材料的成本效益和对可用城市空间的利用。这一点体现得淋漓尽致。很少有什么协调规划：居民们发现，悬挂在电杆和建筑外墙之间的电力和通信电缆乱七八糟地出现在他们本就有限的窗景之中。即使那种嗅觉并不敏锐的人也能发现这里明显缺乏排水和下水道设施。东京部分地区的空气中，工厂和汽车排放的废气如此之浓，以致学童们最终被送进了医院。

1971年的两次"冲击"提醒人们，即使是这种参差不齐的生活水平或许也难以持续。首先，美国总统尼克松在没有提前

PART FIVE　扭曲的愿景

告知日本的情况下，通过电视宣布了自己计划第二年访问中国。其次，他宣布美国将放弃金本位制。第一项举措威胁到日本作为东亚盟友对于美国的长期价值，同时迫使日本扭转其长期以来奉行的战后政策（最初是由美国强加的），即与中国保持外交距离。第二项举措导致日元价值猛然上扬，使日本出口商品突然变得更贵了（尼克松并不过分担心这一点。他对日本领导人在帮助美国解决贸易失衡方面动作迟缓感到愤怒，他的经济政策——用他的话说——就是要"给日本人一个教训"）。两年后，又来了第三个冲击。因为中东地区的冲突，石油价格在短时间里飙升四倍，这带来了所谓的"卫生纸恐慌"，人们纷纷匆忙囤积必需品，唯恐物价上涨或供应耗尽。

面对这些挫折，政府规划者们开出的处方大同小异，只是稍有一些调整罢了。中东地区的不稳定和经济竞争对手的稳步发展，表明日本必须加倍努力实现高科技经济，同时尽可能做到能源自足。从计算机、生物技术、机器人到核能、水电能源，各个关键领域的投资都得到了适当的提升。电子产品制造商致力于降低产品能耗。

两个也许更为正面积极的划时代的时刻，于1975年到来了。这一年5月，日本第一家特许的"7-11"开业。这个国家开始了对本地便利店的痴迷。40年多一点的时间里，日本有了不

389

少于6万家便利店。标准样式是，约100平方米的零售空间，每天24小时营业，每周营业7天，有冷饮热饮、冷食热食、香烟和洗漱用品、漫画和杂志。此外，付账、取款、买音乐会门票、拿包裹、取行李、洗衣服、复印、使用按摩椅甚至测血压，人们可以获得的服务越来越多。

那一年，第二个伟大的消费时刻是全国范围的"肯德基圣诞活动"。日本第一家肯德基的经理大河原毅，在他的店里无意中听到两个外国人在谈论十分想念火鸡，但圣诞节的时候又离家太远了。那天晚上他灵光乍现：如果肯德基为圣诞季推出一个特别的"派对桶"，怎么样？短短几年中，孩子们就渐渐把桑德斯上校和圣诞老人几乎当成同一个人了。肯德基特别的圣诞晚餐须提前订购，圣诞节和炸鸡在日本人脑海中不可分割地关联起来了。大河原毅的梦最终为他带来了梦寐以求的工作：肯德基日本公司总裁兼首席执行官。

在20世纪60年代和70年代早期的所有机遇、冲击和创新中，仍然有传统家庭生活的余韵。最新的真空吸尘器与传统榻榻米房间两相抗衡。滑动隔扇门和纸幕帘仍然是打开或关闭空间的巧妙手段。下沉式、铺着朴素地板的玄关，仍被用作满是灰尘和焦虑的外部世界与干净和相对安全的家之间的标识和过渡。

PART FIVE 扭曲的愿景

家庭主妇们坐在餐桌旁罗列家务清单，毫无疑问，她们发现的与过去具有惊人连续性的东西更多。明治民法典在战前女权主义者中一直臭名昭著，因为它明文规定了"家"制度：一个家庭里，户主对于其他成员具有独一无二的权力，户主的权力只能由父亲传给长子。该法典非常符合驻日盟军总司令部对"封建"的广义界定，因此日本政府于1947年对其部分内容进行了更新，以确保家庭成员享有平等的个人权利，都能继承家庭财产。

但在这里，就像在许多生活领域一样，占领期的多项改革与其说带来了彻底的改变，不如说催生了新宪法和体制手段，让人们有朝一日可以借之为自己赢得改变。谈到家庭，寻求一种别样待遇的女性不得不与政府中的保守派进行斗争，因为这些人一心想要让"家"作为一种文化理想和经济便利长期延续。以政府为支撑的低息抵押贷款在提供对象上明显偏向夫妻和家庭，而不是个人。社会保障和税收政策也向着构建自民党政客口中的（具有"传统日本特色的"）"福利社会"倾斜，以此区别于出现在西欧部分地区的"福利国家"。在日本，政府会提供一个基本的安全网络，雇主和地方社区同时起着辅助作用。这样，人们主要会在家庭内部寻求照顾和社会支持，而这些照顾与支持通常来自母亲和祖母、姑姑、姐妹和女儿。

20世纪60年代末和70年代初的市民运动都是建立在实现这一切的基础之上，而这一切——经济增长、消费主义、政府关联社会工程与土木工程的尝试——则取决于普通民众的日常合作。这可能不是每个女权主义者的第一选择，但是，即使是家庭主妇手中的家务清单也是一种武器。它也是公司和服务人员的清单，他们必须依靠像她这样的家庭才能生存，并且渐次地推动经济增长，而如果没有经济增长，日本的统治者就给国外讲不出一个令人印象深刻的故事，也无法给国内过分辛苦的国民讲出一个抚慰人心的故事。换句话说，如果你要想问日本的压力在哪些地方，这就是一份可靠的指南。

在为日常生活而进行的、贯穿在日常生活中的战斗中，并非每个话题都必须是与生存相关的。最有效的战斗，有些是在范围很小的话题上展开的。"团地"住宅区催生了关注污水处理费和地方官员腐败的公民协会，其中一个甚至试图罢免当地的市长。其他组织也参与了有关火车票价、废物处理和日本高中数量不足等问题的讨论。他们成立了政治研究小组，而诸如"沉默者之声"之类老资格的"安保斗争"组织，则为人们提供了从运动策略到如何与警方打交道的各种建议（告诉他们威胁和实际逮捕之间的法律差异，以及个人保持沉默和请律师的权利）。

PART FIVE　扭曲的愿景

从来不缺少参与者。战后支持"家"制度的国家拥护者很快就发现了它的弊端：消息灵通、有影响力且有闲暇时间的女性。她们可以按照个人意愿或社会环境，以妻子和母亲的身份出现，或者以试图摆脱男性所赋予她们的角色的身份出现。前者对保守派选民和政客具有政治吸引力，带有显著的道德分量。后者则在受到美国和欧洲女权主义新浪潮影响下的年轻一代中越来越多，她们鼓励公民关注日本的结构性问题，因为这是她们所关注的许多具体问题的根源。

1970年8月"反对侵略—歧视的亚洲妇女会议"的发言人和主题，揭示出的话题具有范围广泛、彼此关联的特点。妇女活动家们认为，它们共同的根源在于歧视、权力滥用和普通民众——男女都一样——未能唤起自身去持续关注这些话题。除了一份后来被誉为标志着"女性解放运动"在日本起步的公开声明，大会还论及越南战争以及中日关系，论及围绕美日军事基地所产生的社会问题，以及看上去是因为企业责任精神匮乏而产生的食物中毒丑闻。

市民的讨论和积极行动，且妇女起着核心作用，似乎代表着对"专家治国论"说不，这种观点在一定程度上是早期时代的后遗症。人们还越来越认识到，在一个复杂的社会里，坚持简单和不可逾越的意识形态战线（例如让政客和官僚与人民对

393

立）是不现实的，而且可能会对事业前景起反作用。自民党政客及其家人并不比其他任何人少受空气污染或食用油污染的威胁。那么，为什么不在这些地方结成联盟，而要成为敌人呢？

然而，市民的运动不断地与强大的战后故事发生冲突，这个故事很想让人相信，并且用20世纪60年代这个阶段堆积如山的证据证明：日本终于在现代化方面取得了巨大成功，无论是经济水平、外贸规模还是生活水准，都取得了令人惊讶的增长，让战后早期的岁月就像是另一个世界。不过，这个故事中还蕴藏着巨大潜力，因为它是如此突兀地让民众直面血淋淋的证据：在有些地方，恢宏的叙事和可怜巴巴的现实之间差别巨大。1970年，由此产生了毁灭性影响。那一年，最伟大、最振奋人心的主题口号与大阪具有未来色彩的国际博览会有关："人类的进步与和谐"。对此，一小群市民的反应是穿着朝圣者般朴素的传统服饰（头戴圆锥形的莎草帽，身着白色长袍，肩挎化缘袋），走进这座城市的一场股东大会，展开一面旗帜，旗帜上写着一个字，其间充满难以想象的愤怒和痛苦。这个很直白的字就是"苦"。

*

从1969年夏天开始，水俣市的人们发现，自己的窗户被砸

PART FIVE　扭曲的愿景

碎,有人冲自己的房子撒尿,有人向自己扔粪便。暴徒上门对自己进行威胁。有人开始散发传单,谴责水俣病患者是假的:都是些酗酒者或吃了腐败变质的鱼的人,他们贪图不应得的钱,向大恩人新日本氮肥公司无理取闹,严重危害到本地经济。

过去的十年里,病人及其家人一直与用筷子和碗来接他们的钱的店主,以及那些嘲笑他们的症状或者在他们经过之时捏着鼻子的人生活在一起。但这次升级了,原因则很简单。政府在前一年姗姗来迟地承认,水俣病是由新日本氮肥公司排出的废弃物造成的。现在,患者带着他们的诉求上路了,走向国家媒体,走进法院。

日本的法律体系是以法国、德国以及——从 1945 年起——美国法律为基础并加以调整而来,法律的实施机构从上到下是最高法院、高等法院(主要是受理控诉)、地方法院、简易法院(针对轻罪)以及家庭法院。对于那些对政府是否愿意践行 1945 年至 1946 年的进步承诺持怀疑态度的人来说,司法机构制衡立法和行政方面的潜力是需要利用每一个机会加以探索和鼓励的。对于这个国家中小部分律师而言,最丰富的业务来源于工会和反对党,他们寻求震撼性结果,譬如 1959 年 3 月宣布美国在日本的基地违宪的砂川判决。

政治家和公务员有充分的理由担忧公民诉诸法院的做法。

395

与过去相比，他们的权力更多地依赖于调解、说服和公众允许其拥有广泛管理权限的意愿。让该权限的法律边界经常或公开经受考验，或者让政府与企业之间的密切工作关系——这方作出政策让步和提供海外支持，那方提供竞选资金和下台之后的高报酬工作——曝光，是不明智的做法。润滑关系的众多方式之一，被羡慕不已的欧洲和美国观察员称之为"日本公司特色"的，是"空降"现象：公务员在50岁出头退休，转而把自己的专业知识提供给心怀感激的企业关系户。

加剧了政府对法庭诉讼担忧的是，日本的法律条文和法规措辞模糊，为司法解释留下了很大的空间。20世纪60年代末，反污染活动家们开始尝试利用法律手段争取权益。到1969年水俣案法律诉讼开始之时，已经提起了其他三项污染诉讼：日本北部新潟县的汞中毒案，由与新日本氮肥公司此前使用的类似工业加工方法造成；三重县四日市附近的一家石化企业造成的空气污染案（居民报告说，把洗好的东西拿出去晒，结果是东西几乎马上就变黑了）；富山县的饮用水镉污染案。

这三起案件都胜诉了，不仅获得了赔偿，而且还产生了具有广泛影响的法律判决。责任纠纷案件中的过失和因果关联现在有了界定。举证责任转移，因此原告只需根据病征信息（而非搜集和检验临床和病理信息这种更为困难的做法）得出可能的原因，这之后，须由被告来证明他们弄错了。并且，被告有义务运用现有最好技术来最大限度地降低污染，无论经济成本多高。

政治领导人也被迫采取行动。1970年的"公害国会"① 通过了不少于14项具体的环保措施，旨在应对公众的不安和预防未来的诉讼。几乎一夜之间，这个国家就有了世界上最严格的环境法规。关于中央和地方政府的管理权有明晰规定，公司须承担清理废物的责任。

确保这些措施能够成功推行的代价是公众须不断地施加压力。尽管这些新措施在纸面上看上去令人印象深刻，但是日本官僚实际做的，却是他们在整个20世纪经常做的事情：他们试图通过与正处在上升势头的利益集团恰到好处的蝇营狗苟拿回局面的控制权。自民党称自己的安排效率高，而且根植于调停而非斗争，但他们的批评者则认为这些安排含糊不清、缺乏力度。通产省和建设省的公务员接受了对抗议者所关切的问题给出说法这个务实的要求，但他们不能容忍自己或企业盟友的手被束缚得太紧。因此，没有具体的标准或排放限值被写入法律，这些事情将由各部门去决定。他们也没有为执法提供资金。通

---

① 即日本第64届国会，是1970年11月发起的临时国会，议题主要针对环境问题。——编注

过影响评估和规划会议等方式，让公众参与对所提议开发工作的审查，这些受美国启发的安排同样缺乏法律效力。取而代之的做法是"说明会"：邀请民众去听一个讲座，任何列入规划之中的事情，其正确性和必要性都在讲座中予以阐明。

几年后，经济合作与发展组织（OECD）将日本评为世界上最佳环保实施者，这是民众对这项似乎已经胜利的事业长久以来一直执着的成功。他们持续不断的舆论压力说服了通产省，进而说服了日本企业，让它们相信污染控制是符合自身利益的。各部门建议采取措施，例如建造更高的烟囱以避免污染集中在一个地区，购买含硫量更低的原油，等等。同样地，尽管日本新成立的环境厅几乎没有资金，甚至没有自主权，但它却能利用违法案件和围绕这些案件的负面新闻所产生的恐惧，在汽车排放和"谁污染，谁付费"原则上赢得了重要胜利。

最重要的是，没有任何企业想成为下一个新日本氮肥公司——这是水俣抗议者所取得成就的生动证明。活动家努力吸引大众媒体的注意力，在此之中，他们也推出自己的新闻简报。通过后者，得以在全日本范围内形成众多的支持群体。1970年，其中一家组织了一次前往广受报道的大阪新日本氮肥公司股东大会的"朝圣之旅"。在广岛停留时，原子弹受害者也加入进来，于是，18名病人和35名支持者——每个人都购买了一股新

PART FIVE　扭曲的愿景

日本氮肥公司的股票——闯入了股东大会。

当高管们意识到发生了什么时，他们立即就把会议结束了。尽管如此，报纸和电视摄像机还是捕捉到了横幅展开的画面，那个逼迫人心的字的谴责。他们还拍摄到了抗议者拿着已故亲属牌位与公司总裁对峙的画面。浜元文世眼睁睁地看着水俣病害死了她的父母，使她的弟弟终身瘫痪，她激动地抓住总裁的西装领口："你也为人父母……你真正明白我的感受吗？你知道我有多痛苦吗？你不能用钱来买命！"新日本氮肥公司花重金聘请了广告巨头"电通"来帮助做公关工作。但是，受害者支持群体就此疾病创作了戏剧、拍摄了纪录片，同时，摄影师们也将有关其后果的图片、令人揪心的证据摆在国人面前。显然，新日本氮肥公司已经输掉了这场公关战役。

三年后他们输掉了官司。1973年的"水俣裁决"带来了一个重大的影响：法庭外的事件对案件的进展具有影响力。这证明了市民运动在各条相关战线上同时作战的重要性。思想家们，譬如1970年开办针对污染问题的公开自主讲座的东京大学工程师宇井纯，致力于为此前不了解的人传播相关知识。1972年，他们中的一些在国际上出版和散发名为《被污染的日本》（*Polluted Japan*）的英语小册子来让日本领导人难堪。其他人则带着外国记者乘坐旅游大巴参观日本污染最严重的地区。在一个

399

把掩盖事实当作普遍防御策略的工业环境中，市民揭露并分享信息。一位家庭主妇在河里发现了一枚掉色的硬币，为辨别这里的硫化氢毒害提供了帮助。市民绘制出患病松树的地理分布图，最终确定了污染源。同时，他们还号召人们关注自己的生活方式。一位反对修建发电厂的活动家提出了一种"黑暗哲学"：每月一次的"断电日"，或许会让市民反思自己的能源消费文化成本，同时让自己摆脱致力于维系这种文化的愚蠢的电视广告。

这种市民精神也慢慢渗透地方政府。东京都知事美浓部亮吉鼓励东京民众和官员就各个群体在使用和提供城市服务方面所面临的挑战交换意见。在他历时漫长的任期内，从20世纪60年代末直到70年代末，美浓部亮吉的施政方法取得了众多成果，其中包括：为低收入老年人提供免费医疗保险，制定"最低生活标准"——地方政府官员承诺保障的基本生活水准。

人们对这种活动的热情在随后的岁月中时涨时落。在某些情况下，"合作"有了沦为"被收编"的风险，随着20世纪70年代经济增速放缓，地方当局资金日益紧缺，便采用强行把市民纳入志愿者的办法。从为单身母亲、病人和残疾人提供帮助，到清理公园，1976年的一项调查显示，全国有340万人正在从事志愿者工作。这是否是一种独特的、创造性的"日本式"城

PART FIVE　扭曲的愿景

市现代性救赎的开端,可供其他国家学习?或者说市民运动和志愿者工作最终过于紧密且排他性地专注于一些能够用现实方式解决的单一性问题?20世纪80年代,日本的财富继续令世界惊叹,于是开始提出新的、更广阔的愿景:探索日本的——甚至整个人类的——现状具有何种更深层的意义,并且开始想象有可能会采用的救赎方式。

⑯

涌动的群山

一个戴着防毒面具的女孩在茂密的森林中小心行走,到处都是腐败的植物。黏性的、奇形怪状的胚囊散落在坚硬的土地上,长出瘦弱的花茎,就像巨型甲壳动物的四肢一样弯弯曲曲、坑坑洼洼。蔓状的卷须高高耸起,迎风摇摆。柔软的、羽毛状的球形物挂在头发一样的绳索上从树冠垂下,把孢子撒向阴暗之中。在这里,五分钟不戴面具你就会死掉。所以女孩前进时一直戴着面具;肩上扛着武器,手里拿着试管。

一声尖叫让女孩无法只顾自己在森林里的工作。有人被攻击了。她跑了出去,跳上滑翔机,火焰推动

PART FIVE 扭曲的愿景

着她徐徐飞上天空。巡游在干燥、贫瘠的土地上空，她发现一只巨大的甲虫般的生物从森林里惊慌地奔出。它在一堆爪状腿的推动下疾速前行，动作让人眼花缭乱，卷起一片尘土。层层叠叠坚硬的保护壳包裹着它的身体，壳上布满圆顶状的眼睛，每只眼睛都散发着愤怒的红光，盯着一个骑着马拼命地想逃离它的小人。

女孩猛扑下来，用一枚眩晕弹让这个生物在一片尘土中停了下来。然后她做了一件意想不到的事——她为不得不使用暴力而道歉。然后她温柔地恳求它回到森林。过了一会儿，它照做了。这个女孩和刚刚被她救下的人一道向家走去：他们来到了一个乡下农业社区，来自海上的清风分散在高耸、陡峭峡谷的屏障之间，让这里没有被森林的毒气侵袭。自从世界各个伟大的工业文明在一场为期七天的核战争中一个接着一个被清除殆尽，已经一千年过去了。这群孤独的无辜者正在尽最大的可能继续坚持……

通过这种方式，一位年轻的漫画艺术家构建出一场史诗般冒险的早期框架。这种艺术形式起源于中国，他的画卷长达15米，缠在一根卷轴上，用丝带捆扎。这些卷轴上的画面从右到

403

左展开，包含一系列的绘画图像，有时还配有文字。画卷的主题广泛，有上苍关于地狱火刑的警告，也有半裸身体、肌肉松弛的男人之间的放屁比赛，还有取笑日本佛教神职人员的讽刺画（有的是神职人员自己创作出来的）。

早期的画卷是手绘的，对大多数普通的日本人来说过于珍贵，连看上一眼都很难。但是，18、19世纪的木版印刷热潮使得图像和文字组合在一起的读物几乎对任何人来说都唾手可得。江户的书店和可供借阅的图书馆都有图文并茂的故事书和系列风景画，富士山一直以来最受欢迎。此外，还有旅游指南、百科全书、时尚杂志、医学书籍、当地商品和服务的广告、歌舞伎明星的肖像、鬼故事、色情的春宫画和武士冒险故事。只要花一份快餐的价格就可以买下一本。

德川当局密切关注出版界，尤其是现代讽刺漫画的先驱，深受人们喜爱的"黄表纸"绘图小说。它们用犀利的散文笔法来讲述夸张的故事，配有多张大幅插图，然后用黄色或蓝色硬壳装订。它们的市场巨大，有些版本销量高达1万册，所以，当西方政治漫画在19世纪末辗转进入日本时，作者和读者对其很快就接受和适应了。明治时代之前的审查官是与"黄表纸"战斗，明治时代的审查官则是一页一页地仔细检查《团团珍闻》和《东京小精灵》之类的出版物。后者的创始人北泽乐天在20

PART FIVE　扭曲的愿景

世纪初创作了日本第一部连环画：两个乡下人一起去游历东京，现代世界那些使其云里雾里的奇闻趣事让人在被逗乐的同时也不禁思考。

北泽成为最早使用"漫画"这个词来描述他所做事情的现代艺术家之一。它迅速成为一个产业，制作针对青年读者的专门漫画：1914年有了《少年俱乐部》（针对男孩子）；1923年有了《少女俱乐部》（针对女孩子）；1926年还有了《幼年俱乐部》（针对幼儿）。这三种期刊都由讲谈社出版。包括讲谈社在内的几家出版商很早就企图垄断漫画市场。中间有段阴暗时期，漫画作家被迫像音乐家一样去创作狭隘的爱国主义和军国主义作品。此后，这种艺术形式在20世纪50年代再度大展宏图并迅速繁荣，涵盖了关于科学家、超级英雄和芭蕾舞演员的故事，未来主义幻想，以及被称作"剧画"的更为黑暗、更为现实的体裁。

"漫画之神"就是曾经坐在大阪电影院观看《桃太郎的海鹫》并发誓有朝一日自己会以此为生那个人。20世纪50年代，手冢治虫创作了《铁臂阿童木》和《缎带骑士》。小时候，妈妈经常带他去看演员全是女性的宝冢剧团演出，受她们的影响，"蓝宝石公主"这个角色的特点是眼睛大而明亮。这种特征后来成为日本漫画在世界范围内的标志性符号。

这是漫画艺术家成型的一代，出于对战争的记忆，他们与艺术界同人都对成人权威深深地不信任。他们知道这个世界是复杂的，是能够产生可怕暴力的，所以他们不想在为年轻人创作的作品中对之默不作声或者为之裹上糖衣。

为女主角和其乡村家园布景时，宫崎骏心中谨记这种方法。尽管不知道这个故事会如何发展，但他受水俣悲剧启发而明确了主题：人类与自然世界之间复杂而矛盾的关系——既滥用又保护，既爱它又怕它，既与之同一又与之疏离。

女主角叫作娜乌西卡。她聚领袖、战士、科学家和超能力者为一体，凭着对一切形式的生命的深切同情行事。但是，娜乌西卡到底应该为什么而战？宫崎骏难以明确。其他日本人尝试的是一种通过为个人事业服务的务实行动塑造出来的"公民意识"，宫崎骏则属于努力勾勒出一幅更大图景的那些人：对自己国家的困境，乃至对全体人类的困境进行极具哲学性甚至精神性的批判，同时脑海中还想着救赎会是何种样子。

在20世纪80年代初，也就是在混乱的十年结束之时，他正是这样做的。宫崎骏目睹了精英的自得、多次暴力事件和众多经济震荡，但他也看到了市民想要投身为航船把握方向这种意愿的种种迹象。这就是日本的现代性开始成熟的表现吗？或者说，新近的进步不过是为一个不值得继续存在下去的系统吊

PART FIVE　扭曲的愿景

命？宫崎骏似乎偏向后者，他将娜乌西卡所在的小型农业社会作为一个有吸引力的替代方案提出：表面上前工业化时代的田园生活，人数可控（大约 500 人），以简单的工具从事农业。然而，隐藏在一间小屋里的是一架老式战斗机。这是一个彻底的后工业化世界，明显地把有关一个高科技的、毁掉的过去的遗迹掩盖起来了，希望它能帮助那个时代安息。在这里，历史终归是在人类塑造能力之上的某种东西，是一种自然之力，甚至是一个恶灵。

娜乌西卡所在的社会很快就在似乎受到日本现代经历广泛影响的一系列事件中发现了这一点。娜乌西卡身处的那个无辜的、前明治时代的社会之所以能够避免被远方军事强权掠夺，唯一的原因是其人民并不引人注目。但这种不张扬的幸福并未持续太久。大得让人难以置信的飞机出现在头顶上，大规模地、乌压压地悬在空中，机体是冷冰冰的铆接金属板，无数窗户散发着孤独的人造黄光。它们笨重地、摇摇晃晃地着陆，掀翻牧场的土地。然后，从飞机上跳出帝国士兵，他们因为相同的头盔、披肩和背包而看上去都一样。指挥他们的，是屈指可数的几个领导人物——冷酷而又懦弱，一心只想躲在一个"巨神兵"背后，而这个"巨神兵"正是他们所培育的终极战争武器。作品中这个"无辜的日本"正在被 20 世纪中叶的日本侵犯，刚品尝到亚洲大陆的痛苦，就在一种过于熟悉的惩罚中灰飞烟灭。从这位巨神兵嘴里，涌出了愤怒的核之火焰。

宫崎骏被邀创作《风之谷的娜乌西卡》的动画版，于是只得在尚未成熟之时就结束了自己对现代日本的沉思。在作品的最后一幕，娜乌西卡为了拯救她那个世界而牺牲了。这让他在回想起这部作品的时候，认为其很像是一种"宗教性描绘"。因此，当他的新动画工作室吉卜力工作室此后出品技艺圆熟也更受孩子们喜欢的动画经典——《天空之城》（1986）、《龙猫》（1988）时，宫崎骏将自己更为黑暗、更为悲观的能量，倾注到给《风之谷的娜乌西卡》漫画一个更为恰当的结局上。

娜乌西卡很早就发现，有毒的森林——"腐海"——实际上是一个活生生的过滤系统，它一步步地净化掉旧的高科技文明带给人类世界的污染。与许多宫崎骏漫画里的男女主角一样，她的工作就是与大自然携起手来对抗那些破坏大自然的家伙。但在漫画后期，娜乌西卡发现，事实上，整个世界，包括人类，都是人造的。一切都不再那么"自然"了。古老的文明以胚胎的形式储存在陵墓中，等待着在森林完成其净化工作之后重生，而娜乌西卡身处的世界中那些被造出来的人——包括她自己——都将消失。以救世主形象出场的女孩最后成为杀手：为了拯救自己的人民，她不得不毁灭陵墓里的祖先，甚至把巨神

PART FIVE　扭曲的愿景

兵也当成了自己的武器。

宫崎骏在这部漫画中的最后安排不仅仅让故事的尾声更为波折，也更为痛苦了。通过揭示娜乌西卡的家园也是人类伪造的产物时，他对现代日本最古老和最伟大的慰藉之一提出了质疑。

这个国家著名的山地地形给城市规划者带来了挑战。但是，对于心中不满平原和盆地被塞满人造的劣质灰白混凝土和正方、长方形预制件——它们呈网格状分布，以无尽的黑色线缆相连——的那些人，它们提供了珍贵的喘息之地。值得庆幸的是，至少从理论上讲，这种破坏是有限度的：当从水域或山岩里开垦可居住土地的经济成本意味着"不再划算"时，事情就到了一个临界点。一些可供逃亡甚至救赎之地才得以幸存。

自19世纪末以来，国家建构者做了大量工作，鼓励人们将日本乡村视为纯粹且未受污染之处。他们开始在城市工厂、政府机构、中小学校和大学里打造自己的新国家，同时依靠乡村来维持生计：获取食物、原材料，对外国点燃的左翼思潮进行保守性"纠正"，最后，还作为一系列浪漫的标志，通过它们，可以使疲惫不堪或在文化方面迷茫的城市居民回归"永恒的日本"。

随着《风之谷的娜乌西卡》故事的发展，宫崎骏对"自然"的自然性作出的质疑，部分源于他对于日本农村经常遭受的政治和商业扭曲感到不安。从民俗学家柳田国男战前主张的田园主义，到同时期的许多唱片公司提出用音乐送城里人回归失落的故乡，乡村浪漫总有被并入民族主义策略的危险。这些策略将现代性的缺陷与不受欢迎的外来影响混为一谈，这对日本人的灵魂是有害的。

20世纪七八十年代所谓的"精神知识分子"也关注类似问题。著名哲学家、历史学家梅原猛从绳纹时代的狩猎采集文明中，发现了一种对森林的敬畏与对精神生活的追求，它代表了日本的原始宗教——也是拯救当代社会摧残自然界的良方。荣格学派分析家河合隼雄，最为知名的则是通过日本和西方的民间故事比较分析日本人的精神。两人都面临指责，说他们的工作——包括他们先后担任1982年成立的国际日本文化研究中心①总干事——都有为新民族主义服务的危险。宫崎骏尤其对梅原持批判态度，尽管他被这种植根于环境伦理学的精神理念及人与场所的纯洁性所吸引，但他又担心这种思想中包含种族上的排他元素。

---

① 实际上是1982年发起相关研究，1987年成立该研究中心。——编注

PART FIVE　扭曲的愿景

到宫崎骏创作《风之谷的娜乌西卡》之时，对浪漫化日本乡村的战后商业开发已有十年之久。从1970年起，许多年轻的城市居民开始乘火车周游全国，希望能够发现自己新的一面。人们不是一夜之间就爱上了哲学或者奇思妙想——"电通"的广告标语"让我们发现另一个自己"给了这些人直接的指示。火车上和车站周围的彩色海报以年轻的日本都市女性为焦点，她们穿着现代西式服装，在充满古老韵味的乡村美景和宁静的场景中露出各种神往的表情。"踏上旅途就是寻找一个新家"，其中一张海报这样写道。

"发现日本"（Discover Japan）这一宣传活动是日本国有铁道公司精心设计的，这家公司担心一旦1970年的大阪世博会结束，火车客流量可能会一落千丈。通过研究和深入访谈，他们发现了一群不满现状的先锋群体——年轻的城市女性。她们的年龄和经济条件都足以让她们去旅行，并且她们目前尚未有罗列家务清单、关心孩子准备考试之类的牵绊。她们想要寻求的是休闲、僻静和"从前的日本"。名胜并非关键，重要的是旅行氛围和意境。

"发现日本"大量借鉴了几年前的"发现美国"（Discover America），甚至在指向标的使用上都是如此。但它的宣传语之一明显出自最近的一篇著名日本散文。川端康成于1968年获得诺贝尔文学奖时所作的演讲题名为：《我在美丽的日本》(「美しい日本の私」)。电通把强调日本对川端康成自我和灵魂塑造的所有格"の"（的），改成了简单的"と"（和）。于是，"美丽的日本和我"所承诺的，是作为自我探索的鼓舞人心的匿名布景——或者说是一种工具——而存在：阳光斑驳的林中小径，宁静的寺庙，涌动的群山……

对编舞家土方巽来说，"电视机前的日本人"预示着一个新的"黑暗山谷"。通过"发现日本"，评论家们感受到它的来临。大众传媒并不满足于塑造一种近乎不可逃避的城市化的"日常性"，还创造出一种后续产品来对初始产品加以补充和延长它的保质期。这种后续产品即一种精心策划的"在乡村挣脱束缚"的概念。初始产品往往关乎视觉和听觉——杂志和音乐、电影和电视剧；新的产品则在常被忽视的第三种感官上大做文章。要真正以一种真实的方式体验某件事物，你必须去到那里，伸手触摸它。

事实上生活在日本农村地区的人，直到战争开始，甚至是战争结束后，都占到了人口的大多数。他们偶尔会觉得，在某种程度上被自己关于城市的幻想利用了，这在明治时代的周期性抗议中体现得十分清晰，之后又体现在许多人愿以军人作为其捍卫者——以对抗令人不安的资源密集型城市的堕落，大多

PART FIVE　扭曲的愿景

数日本农村居民的生活在战后迅速改善，这要归功于土地再分配、政客们热衷于扶持有利于选票的农村票仓，以及农业生产资料和技术的进步。到了20世纪70年代，在相对宽敞的农村住宅中，那些标志着中产阶级存在方式的东西，与更紧凑的城市住宅中的并无不同。冬天的夜晚，同样地在房间里打开彩电消磨时间，靠空调、暖桌（下面带有加热器并配有毯子的矮桌子）和清酒取暖。在外面黑暗的某处，有一种比城里人的小家电还具有革命性的省力装置：动力耕整机。1955年，约有8.9万台这样的机器投入使用；1970年，已经增加到了350万台。

然而，如果没有电视的声音，20世纪70年代的许多乡村家庭会比前一代人更为安静。在20世纪五六十年代的大部分时间里，尽管有多次城市移民大潮，日本兴旺的人口数量还是足以保证农村的劳动力储备。但是，从20世纪60年代末开始，这种人潮流动趋势很难不被看作是年轻人从乡村地区的流失，到1975年，只有四分之一的人口家在乡村。日本乡村，对很多人而言，正在变成从新干线车窗中看到的由稻田和破屋构成的一片模糊景象。夏天，可以乘坐速度更慢的火车，利用盂兰盆节去探访小镇上的亲戚、祭奠祖先。但一年中的大部分时间，这些地方不得不自谋生路：复兴甚至发明新的节日和食物，以求能让自己出现在游客的旅行地图中。

413

宫崎骏1994年完成了漫画《风之谷的娜乌西卡》。在结局中，他对人类试图改造自然时所发生的事表示出一种深深的悲观情绪。他幻想着有一天："开发商破产，日本变得更穷，野草接管一切"，而东京和曼哈顿最终被海水淹没。几个世纪以来，在日本，"自然"总是与人类的欲望和种种干预紧密相连。樱花树被移植和杂交，以便在合适的时间、合适的地点盛放。金鱼的繁殖是为了美丽而不是为了生存。文学盛赞高度格式化的四季风景。现在，对宫崎骏这样的人来说，大自然以一种不同的方式被想象，提供了一种不同的慰藉。"自然"是存在于所有人类施为之外的东西，只有听之任之方有真正的繁盛。这一想法，以及《风之谷的娜乌西卡》的动画结局到漫画结局的转变，似乎反映了日本人对未来愿景的一种趋势。至少，在光谱一般多姿多彩的故事中，这是更具广泛性的结局。这是一种变化：从希望世界能够得到救赎到坚信世界必须被毁灭，从寻求救赎到欢迎某种形式的天灾来临。

*

《风之谷的娜乌西卡》的众多粉丝之一是20多岁的松本智津夫，他是一位榻榻米制作师的儿子，生来一只眼是瞎的，另一只眼视力严重受损。在日本，有这种身体缺陷的人从事医疗

PART FIVE　扭曲的愿景

行业并不少见，松本就是其中一员，他为病人提供针灸、艾灸和草药医疗建议。后来，他对像占卜之类的日本民间习俗以及（与更具个人特色的"精神世界运动"并驾齐驱的）日本数百种"新"宗教和"新新"宗教中五花八门的精神观念和行为方法产生了兴趣。与西方"新世纪"相关的书籍和研讨会，涵盖了从瑜伽、冥想、心理治疗到炼金术、濒死体验、转世等各个方面的内容。

20世纪七八十年代的时代潮流，从相信宏大的形而上学主张变成治疗和净化，以之作为个人救赎和世界复兴的一种手段。电通公司"发现日本"活动的策划人深谙此道，他们很好地理解了"心"这一概念在一个复杂世界中的力量。把它和"故乡"结合起来，你就会得到一句具有强大感染力的口号："踏上旅途，心中的故乡潜滋暗长。"

所有这些愿望——关于家庭，关于冒险，关于意义，关于变革——结合在一起，最初把松本导向日本的一种新宗教。阿含宗提供了一种复兴的日本佛教精神，它根植于与藏传佛教的接触，承诺拥有通灵能力以及对科学技术的正确使用。这场运动反对在科学把方法论（科学的）与意识形态（非科学的）混为一谈时，给世界所带来的冷酷的、破坏性的超理性主义。相反，他们认为，科学的成就——从计算机到电视、录像——应该被用于通过某种方式让世界走出目前的物质主义死胡同。

1984年,也就是《风之谷的娜乌西卡》上映的那一年,松本离开了阿含宗,在东京繁忙的涩谷区开办了一个由大约15名成员构成的瑜伽和冥想小组。两年后,他们成立了"山岳修行者协会",并开始购置乡村土地,包括富士山脚下的一大块土地,在此基础上,他们建立了教团。许多来在这里生活的都是学生和年轻的职业人士。他们被松本的教义和个人魅力吸引,就像他们厌恶刻板、竞争和腐败的日常世界一样——尽管迄今为止,他们在其中取得了世俗的成功。随着其"使命"的不断推进,松本决定为自己和组织换个名字。于是,他成了麻原彰晃。而他的组织将以"奥姆真理教"[1]为名在某一天为世界所知。

那些远道而来加入奥姆真理教的人——截至20世纪80年代末有4000人——或者交出自己的世俗财物来换取教团中麻原彰晃旁边一席之地的人,认为他们已经看透了日本未来的样子。他们的父亲加入了管理严格的工薪族大军,跋山涉水、做牛做马,在强制性的晚间应酬时假装享受与老板的相处。母亲们针

---

[1] 成立于1984年的一个鼓吹世界末日论的日本极端宗教团体,被联合国认定为恐怖组织。——编注

对有着危险性缺陷的产品、掺假的果汁和定价过高的燃料起诉企业，从而在厌倦的家庭生活中找到一点解脱。

当池田首相的继任者佐藤荣作在"尼克松冲击"的影响下被推翻，田中角荣接替了他的位子，但任职两年后，就在1974年被迫辞职。

不过，田中角荣仍然很有影响力。但当美国洛克希德公司副总裁1976年承认，在"大飞机争夺战"（他的公司与波音公司和麦克唐纳·道格拉斯公司相互竞争）期间行贿几百万美元，才让日本航空公司和日本国防机构向其购买了价值十几亿美元的飞机时，田中本人还是被卷了进去。

此时，自民党对日本的长期统治也即将结束。选民们认识到，不管自民党有怎样的失败之处，它的确在日本30年的经济增长中发挥了重要作用，将日本的国际形象从一个贫穷且因傲慢而受到惩罚的国家变成了一个极其富裕的国家。但是，临近20世纪80年代末，一项不受欢迎的"3％消费税"政策开始实施，它的目的在于平衡随着人口老龄化而不断下降的国家税收。该项举措再加上新曝光的一起企业向国会议员和官员行贿的丑闻，使得自民党的支持率降至灾难性的27％，仅比日本社会党领先1个百分点。

支持率短暂回升仅仅几年后，即1992年，就被一件更大的腐败丑闻打压下去了。一家名为"佐川急便"的公司被曝与黑帮稻川会有关联，并向大约200名政客行贿数十亿日元。一次，东京一套豪华公寓被突击搜查，它属于自民党副总裁金丸信[绰号："教父"（The Don）]。这位推定受益人眼前的情形就像电视剧中的场景：藏在衣柜和书桌抽屉里的现金、债券甚至金条大约值5000万美元，堆得如山高。民众后来听说，有人曾推着一辆装有400万美元现金的推车进入金丸信的办公室。

当法院要求金丸信只交纳1600美元的罚金时，这个国家的民众爆发了对其政治现状的激烈抗议。金丸信对缓和现状没有帮上什么忙，除了就朋友的重要性给出了一些人生忠告之外，他只有一句话的道歉之辞。"我的政治哲学，"他宣称，"是对救了一个溺水孩子的人表示赞赏，哪怕那个人碰巧来自一个犯罪集团。"

对日本的长远前景来说，更严重的是20世纪80年代末的股市和土地价格的危险的螺旋式上升。诱因之一是1985年订立于纽约广场酒店的"广场协议"。在该协议中，美国、日本、法国、联邦德国和英国同意通过外汇市场干预来让美元贬值，以实现全球贸易的"再平衡"并扩大对日出口。日本还同意努力刺激国内对外国商品的需求。随后日本政府在国内大规模支出，导致严重的房地产泡沫。房贷开始延续到三代人身上，1989年

PART FIVE　扭曲的愿景

有传言称，东京房地产综合价值已经超过了整个美国。

1989年末，主管财政的大藏省的官员提高了贷款利率，希望逐步减少泡沫。然而，泡沫却突然破裂了。东京证券交易所的日经指数在1989年末至1990年秋暴跌近半。房地产市场由于贷款坏账而全盘崩溃。1992年，日本进入一个经济衰退期，这个阶段后来被称为"失去的十年"。似乎没有人能够重振经济。利率再次仓促下调，但大多数银行或是缺乏资金，或是缺乏对潜在借款人的信任，或两者兼而有之。1992年开始的美元贬值使日本著名的出口产业陷入危机，因为日本商品的价格突然之间让美国消费者觉得贵得让人望而却步。

腐败令人沮丧，但无能更让人无法容忍。1993年夏，对自民党内阁的不信任投票得到通过。虽然他们在随后的选举中仍为最大的党派，却失掉了多数席位，不得不由几个反对党构成的联盟组建一个新政府。自创建起的近40年来，自民党首次失去权力。

日本似乎处在剧变的潮头浪尖：从一个经济目的强烈到连最狂热的西方资本家都认为其粗野或咄咄逼人的国家，到一个迷失方向的国家；从一个以创新性的技术、商业实践和劳资关系为典型特色的地方，到一个国内外评论员越来越多地从文化和心理怪癖方面（其中大多数是负面的）来寻求对其理解的地方。

利用财政赤字把这个国家拉出低迷境况的种种尝试，使得日本在海外形成了一系列新形象：日本是一个对自然的态度摇摆不定的国家，他们赞美自然，却用化学药品和混凝土扼杀自然。到1993年，整个国家预算的40%以上都投入建设中了，多达600万个工作岗位依赖其上。这些工作岗位分布在50多万家建筑公司中，其中大多数都是小分包商。日本很快作为"建筑大国"被人们谈及：因其雄心勃勃地驯服多山地形的项目而闻名，也因其利润丰厚、广为人知的操纵投标而闻名，这意味着每条新道路的成本是德国的4倍之多，或者说，是美国的9倍之多。

日本政客很难说是世界上第一个推行政治分肥的。他们的确插手了许多必要的且令人印象深刻的土木工程，包括世界最长海底隧道：1988年建成的青函隧道，全长近54公里，其中有23公里位于津轻海峡下面，连接本州岛和北海道。但是，批评者抱怨自己所看到的是有缺陷的逻辑、不诚实的借口和令人咋舌的成本。金丸信在1989年提供了一个最为生动的例子，作为建设大臣，他为自己的家乡山梨县赢得磁悬浮列车测试项目的合同，然而山梨县多为山地，意味着85%的测试轨道都不得不通过隧道通行。

整个20世纪90年代的许多新项目都是通往无名之地的道

PART FIVE　扭曲的愿景

路或者通往荒岛的桥梁。天然河流由于混凝土堤坝而变得笔直，在奔流途中不时有水坝出现，而海岸线上四处都是毫无生气、让人郁闷的浅褐色和灰色的混凝土四脚体。然而，日本并没有面临迫在眉睫的水资源短缺或海岸侵蚀危机，根本找不到理由对自然水道进行如此大力度的改造。远离人口密集地区的山坡，即使人们不太可能受到山体滑坡的威胁，仍然被炸毁或者浇上一层混凝土。山脉被积极地从内陆地区移向大海，为填海造港提供原料，开发出可以在上面修建机场、办公楼或主题公园的人工岛。

1995年1月17日，有20秒钟之久，地球似乎对这一切作出了反抗。达到里氏7.2级[1]的地震袭击了离神户市不远的地方，震动一直持续，使得40万幢建筑被毁，无数道路和桥梁被撕裂或倾覆，运输管道和线路被切断，数百起火灾被引发。约6400人在这场被称为"阪神—淡路大地震"的地震中丧生。

在全国人民的观望下，这个国家的公务员显得应对无章。赈灾中心被证明缺乏预案。尽管提出过请求，日本自卫队和美国军队却不被准许参与救援。黑帮的厨房已经建好并开始运作，

---

[1] 2000年，日本气象厅将数据修正为里氏7.3级。——编注

官方的紧急食品供应才开始进场。

几周后，当这个国家还处于灾难创伤以及对其领导人失能的震惊中，五名麻原彰晃的追随者则拿上雨伞和包裹在报纸里的袋装液体前往东京的霞关。过去的几年里，奥姆真理教的成员数量一直在增长，野心也一直在膨胀。麻原彰晃成了宗师般的角色，通过该组织内部的漫画艺术家大肆宣传自己各种各样的"特异功能"，包括预见世界末日的能力。在他的一些"布道"中，末日被描绘成一场核灾难。随着该组织的敌人名单越来越长——美国中央情报局、梵蒂冈、日本政界人士和娱乐界人士，甚至还有日本皇室成员等——末日的日期也逐渐"临近"。多次的俄罗斯之行帮助这个组织做好了准备，不仅带来了成千上万的新信徒，还带来了武器、机械甚至一架军用直升机。有传言称，他们还去过一次扎伊尔，试图获取埃博拉病毒。

地震被解读为会导致世界末日的战争的开端。麻原声称地震是由美国这个日本的大敌研制的地震机造成的。他的"替代性政府"（由奥姆真理教成员组成）已经就位，准备好了在日本领导人屈服时接管政权。

3月20日，周一，前往东京的五个人要执行对日本政府心脏地带进行先行打击的任务，因为据推测警方可能对奥姆真理教采取一系列突击行动（组织最近越来越受到媒体的密切关注，

PART FIVE　扭曲的愿景

怀疑其有暴力行为。事实上，为了保护利益，它还犯下了多起谋杀。他们瞄准了霞关，自明治时代以来，这里一直是日本政府的中心，20世纪30年代中期揭幕的帝国议会议事堂就坐落在这里，这个国家的中央各部门和警察厅也在这里。大约上午8时30分，正值交通高峰期，这五名奥姆真理教成员把他们的包放在了五列不同地铁的车厢地板上，并用被磨尖的金属伞尖扎破包装。液体沙林汽化并在列车上弥漫开来。

这次袭击造成12人丧生，数千人受伤。如果沙林纯度更高，伤亡会更严重。然而，日本还是得到了一项尴尬的"荣誉"：世界上第一次由私人组织部署大规模毁灭性武器的袭击。

麻原彰晃1995年5月被捕，不久便开始了漫长的死刑等待。与此同时，耸人听闻的媒体报道加剧了人们的焦虑情绪，既强调"邪教"的力量和影响，又事无巨细地报道了对该组织剩余成员的追捕。其中许多细节，当它们浮出水面时，确实令人不安：先进的计算机技术和化学武器技术被掩藏在教团据点内；这种异端生活就在距离普通社会只有几尺远的地方；更重要的是，奥姆真理教对日本以及更广阔的现代世界的核心批判，引起了很多人的共鸣——身陷物质主义泥潭，受困于僵化的教育和就业体系，让大多数人丧失了更为高远的目标。

当数以百万计的日本电视观众反复观看通勤者如何努力应

423

对上班途中遭受毒气袭击所带来的后遗症时，他们受到的更大的冲击是一个国家何以迅速又绝望地开始沉沦。他们眼睁睁看着一种广受称赞且看上去无懈可击的经济和社会模式正在崩溃。世界上十分之一的地震活动都发生在日本，面对这种破坏，它从来不企求幸免。但是，关键时刻有力指导的缺位就是雪上加霜了，这个国家的领导人中，很大一部分被证明是要么贪婪，要么无能，要么既贪婪又无能。现在，这个国家里一部分最杰出的人狂热且残忍地抛弃掉人们眼中日本一度所代表的一切。

从这里开始，这个国家去哪里才能找到一种自我证明，能够让困顿的国民具有活力呢？随着这个国家战败和帝国终结50周年纪念日的到来，答案似乎是"回归"——回到尚未得到充分探索的刚过去的这段历史，回到尚未得到充分修复的种种区域关系。

PART SIX

第六部分

振奋精神

20 世纪 90 年代至 21 世纪 10 年代

⑰

讲故事

  1995年9月4日,一辆车沿着道路艰难而行,途经甘蔗地。后座上是一个年轻女孩。她的手脚被胶带捆绑。她的眼睛和嘴巴被蒙了起来……

  这发生在群岛南端,群岛从极北的冻土和冰晶岩层到比这更南地带的亚热带雨林,绵延2000余公里。成千上万个岛屿,其中一些人迹所至、为人所知已经几万年。关于它们的故事讲过很多,关于它们的记忆层峦叠嶂。

  一条起伏的岩脊纵贯群岛中最大的这座岛屿,使得最早定居的群落大都靠近海岸。他们身披树皮、麻类植物和兽皮,住在半地穴式、围成环形的茅草房子里,捕猎打鱼,在早期陶器中烹煮和储藏橡子和坚果。

通往附近大陆那些森林覆盖的陆桥很快就被淹没，但邻居们仍然前来造访。中国人的记载——上溯至公元前几个世纪——讲述了生活在这些岛屿上的"倭人"，他们分为大约100个氏族小国；男人会在身上文身，以便潜水寻找海洋食物时避开危险生物；巫女烘烤动物骨头以占吉凶，拍手让神祇知道他们的位置。

几个世纪以来，这些人以陶器以及有着丰满胸部和圆鼓鼓肚皮的小雕像讲述着自己的故事；后来，他们又把故事融入武器、工具以及铁、铜和丝绸制成的珍贵物件里。当大和这个氏族小国开始统治其邻国时，其最强大家族所讲述的故事开始在一个新生国家中胜出：这是一个关于神裔天皇的故事，这个故事极为重要，以至于挖掘了一吨又一吨的泥土，堆砌出被壕沟包围的史诗般规模的墓葬群。这些统治者被埋在地下的石室里，周围是象征他们生平和权力的物件：镜、刀和手镯。在墓穴的顶部是成千上万个几英尺高的故事性埴轮[①]——狗、马、萨满、少女和全副武装的战士，排列成一个圆圈，标志着这块圣地的边界。两个世纪后，即公元7世纪初，这些故事最终被变成文

[①] 日本古坟时代的素陶器殉葬品的总称。——编注

PART SIX　振奋精神

字，写进了《古事记》和《日本书纪》。

……车里的女孩当时从文具店走路回家，带着新买的笔记本。一个男人靠上来问路。突然，另一个男人从后面抓住她的脖子，第一个人一拳打在她的脸上。两个人胡乱把她塞进汽车后座，打她，然后和第三个人带着她一道开车离开……

长期以来，生活在群岛南端的人已经习惯在其他人的故事中充当无足轻重的角色——对更为强大的邻居来说，自己就是罗盘上的一个点罢了。他们居住在中国记述中位于东方的琉球，或者日本所谓的其南部的琉球。琉球的国王向这两个国家进贡了一段时间，最后走进了第三个国家的"天命"故事。第三个国家即不断扩张的美国。1853年，海军准将马修·佩里用来对付日本人的威吓性仲夏海滩盛况——海军陆战队队形严整，枪炮齐鸣，《万岁！哥伦比亚》的旋律响彻海空——几周前就是在这里进行了排练，当时，佩里要求琉球将一个港口用于其燃煤补给和安全停泊。

佩里帮助点燃的日本革命，以一个渴望标出并捍卫其边界的新国家为体现形式，很快蔓延到了南方。1879年，日本将琉球以"冲绳县"之名强行并入日本，一场旨在同化其土地与人民的浩大工程开始启动，跨越数百公里向南延伸的，有节日、日元硬币和刑事法条，有邮局和天皇夫妇的肖像，有商人和产业家，有警察和医生，有柔道和剑道，有日本式姓名和各式服装。从前大部分公有的土地被私有化了。甘蔗种植发展开来。

美国曾经同意东京吞并这些岛屿。但短短几十年后，美国军舰返回，希望把冲绳作为一个跳板，朝着他们从前的朋友发起进攻。作为回应，日本本土的士兵被派往南方，然而与其说是保卫群岛上的人民，不如说是挟人民以守岛：把他们当作人肉盾牌，拿走他们的食物，把他们的家变成驻扎点，把学校变成兵营。有些人惨遭强奸，另外一些人被当作间谍枪杀，最后他们被迫从悬崖跳下集体自杀。在这些悬崖附近建起的一个和平资料馆后来声称，10万人——多达该岛人口的三分之一——在冲绳战役期间（1945年4月至6月）死去，被美国人或日本人所杀，或者饿死、病死。

1972年美国把岛屿的行政权给日本以后，仍有数量基本不变的美国军人留在岛上。他们的基地占据了主岛的五分之一，剩下的大部分也不打算为当地人所用。开车穿过那个岛时，人们会看到左右两边长长的带刺铁丝网，铁丝网里面是飘扬在维护良好的草坪上的美日国旗和外观普通的军事设施。那里有复古的美式风格：破旧的酒吧和餐馆，停满锈迹斑斑的福特和雪佛兰的前院。那里也有熠熠生辉的新酒店和度假村，员工和投资人都是日本主岛人，他们对岛上空气、水、海洋生物、土壤

PART SIX 振奋精神

和海岸线造成的破坏可与这些基地一较高下。

……汽车停在一条安静的农场道路上。从车窗望去，除了甘蔗和天空，几乎什么也看不见。三名男子均为美国军人，他们爬进车的后座，轮番强奸那位冲绳女学生。事情完了，他们把半昏迷的她扔出车外，开车扬长而去。他们把三条带血的内裤和一本尚未用过的笔记本扔在了附近的垃圾箱里。

冲绳爆发了。8.5万人涌上街头愤怒抗议，这是该岛历史上规模最大的一次集会，人们要求结束对这个地方及其人民的虐待。女人们挺身而出，说自己也曾被美国军人侵犯。由一位本地政治家和一位美国传教士联合领导的一个名为"反基地·军队女性行动会"的组织鼓励女性大声说出自己的遭遇。该组织的一个代表团刚去北京参加了1995年联合国世界妇女大会的一个非政府组织论坛，回到家就听说了最新的这起攻击性事件。

美国人的回应毫不得体，这充分说明这些岛屿上的人们在他们眼中的分量。美国太平洋司令部司令在新闻发布会上说，这三名士兵太蠢了——租汽车的钱完全可以拿去嫖娼。他被迫提前退役。美国总统比尔·克林顿推迟了原定对日本的访问，以避免受此事牵连。而就在几天前，美国第一夫人希拉里·克林顿在北京的会议上表示"女权即人权"，军事强奸是战争犯罪。美日计划第二年将普天间海军陆战队基地转移到一个不那么中心的位置，这样，老师们不再需要因为头顶的飞机噪声而大声喊叫着授课，发射的大炮也不会越过民用道路。

虽然冲绳的生活有时让人感觉像是被困在冷战博物馆里，到了20世纪90年代中期，该群岛北部的人们还是对其世纪中期那些战争的分量有了新的感受。本以为已休眠的"幽灵"——人们希望它们长眠不醒——似乎要挣脱锁链而起。日本的其他人对于未来的担忧远胜过对于过去的担忧。如果中国继续崛起，而美国对其战后的太平洋盟友不再那么依赖，可能让日本的命运发生倒退的危险：慢慢变得不那么繁荣，在战略意义上不那么重要，或许最终又一次作为一个位于世界"远东"边缘的怪异、封闭的怪物告终。

*

关于战争，周恩来有过这样的话语："我们应该让它过去，"他说，"历史不要再重演。"[①]

当然，这并非宽恕。这是政治。中国希望将日本从美国及其亚洲盟友——韩国和菲律宾——阵营中剥离出去，促进双边

[①] 原话出自周恩来1954年10月11日同日本国会议员访华团和日本学术文化访华团的谈话，谈话全文参见《中日关系的关键是和平共处》，中华人民共和国外交部、中共中央文献研究室编《周恩来外交文选》，中央文献出版社1990年版，第87—93页。——编注

贸易和投资。在这一点上，日本执政的自民党内部意见不一。但在接下来的30年里，合作多于矛盾。双方签署了促进经济合作的协议，数千名被俘的日本战犯最终得以归国。

终于，在1972年9月，就在尼克松总统具有划时代意义的访华之旅的几个月后，日本首相田中角荣登上了飞往北京的专机。事情并非一帆风顺。在一次宴会上，田中用日语表示对战争的歉意，而东道主听了翻译后，认为这句话更适合用来在不小心把水溅到别人裙子上时表示歉意，而不是向一场残酷而悲惨的战争致歉①（周恩来后来对他说，他的话引起了中国人民的强烈反感）。尽管如此，双方还是签署了《中日联合声明》，正式建立了中华人民共和国和日本之间的外交关系，结束了到当时为止——至少是名义上——一直持续着的斗争状态。

田中和毛泽东见面时谈到了理查德·尼克松、亨利·基辛格以及苏联。但是，他们也讨论了佛教、孔子、香火和祈祷。这提醒我们，把两个国家系在一起的远远不止是近几十年的暴力。而且对于日本而言，这正是战后模式的一个组成部分：它如何认识自己，又如何向世界展现自己，在历史和文化之间，它总是来来回回——这边是充斥着政治、充满悲痛记忆的、有

---

① 原表述为"……我国给中国国民添了很大的麻烦……"——编注

时限的故事，那边是更为纯粹的、想当然的、超越了时间的故事。

文化在整个现代都有着它的吸引力。明治时代的思想家为了国内的信心和向海外的推广，将他们的民族遗产改造成一个独特的、具有全球竞争力的"日本"——众神之地、武士之道、茶之艺术——外国的狂热者和批评家用了一个半世纪试图弄明白这个国家的本质。19世纪90年代，作家、"日本通"拉夫卡迪奥·赫恩（小泉八云）看到的是"亲切的""童话般"的人住在微缩景观般的国土上。维多利亚时代的设计师克里斯托夫·德莱赛觉得明治时期的日本人"和蔼""有爱心"，但暗藏着一种"野蛮的残忍"，这体现在他们的烹饪中，尤其是"生鱼片"：一条活鱼被片成还在抖动的、可食用的肉块。

几十年后，美国政府聘请英国人类学家杰弗里·戈尔和他的美国同事鲁思·本尼迪克特展开研究，想要搞清楚这个他们最终在战争中打败的民族，到底有什么不同的心理。戈尔采取的是推测性研究路数：从严格的如厕训练开始，经过压抑和内疚感，最终形成在战场上既极守纪律又野蛮暴力的矛盾特质。本尼迪克特描述了一种更宏观的"耻感"文化，它绝非纯然的、无可救药的恶，它受表现、认可和人情债务之类考虑所驱动，而不是不可动摇的原则或内心自由的感觉——这些是"罪感"

PART SIX 振奋精神

文化的特征，在西方普遍存在。

本尼迪克特1946年的著作《菊与刀》就讲到基于美国人与日本人不同之处而产生的诸如此类思考和其他想法，但在日本国内外也因为显著的概略化而受到批评。这个国家的多样性——时间与地区、战争与和平、财富与贫穷、年龄与性别、种族与个性，这些之间的种种跨度——似乎都被忽略了。结果，无论是此书还是后来几十年中的类似作品，所呈现出的都是一个令人难以置信的同质化的地方。为此，作者不得不用上"令人费解""矛盾重重"的修饰语来勉强对明显存在的多样性证据作出解释。

尽管如此，《菊与刀》还是成了一本颇具影响力的畅销书，不仅驻日盟军总司令部人员将其作为关于日本的首选读物，而且在后半个世纪中有200万日本人购买了它的日语译本，甚至被日本教科书引用。诚然，对一些拥护者而言，看到一个美国人系统地表述日本文化，而非如其战时同代人只是简单地将其妖魔化，总是让人感到欣慰的。而这里还有一个比任何单单一本书更为广泛的范式问题：在日本国内外，尤其是从20世纪60年代开始，对于所谓"日本人论"这类作品，产生出一种普遍的喜好。

这些对日本人的说法包括：风土和世系在塑造一个极具合

作性的社会和心灵方面的重要性；讨厌对抗；偏爱非语言交流（与西方人的直率和夸夸其谈大相径庭）；坚定而低调的日本"精神"；理性与感性之间的平衡；最后，是一种循环式看法，即如果你不是日本人，你就无法完全理解——或者，所以你就无法令人信服地驳斥——这些观点中的任意一个。社会学家和人类学家（包括日本国内的）逐点反驳这些观点，只不过把这些"理论"从陈词滥调降级为成见或模糊直觉而已，在整个日本和越来越亲近日本的西方国家中均是如此。

这些文化方面的说法何以经久不衰，对此的解释之一是，尽管它们的动机是意识形态性的、推理是有错误的、表达是过于夸张的，但它们某些部分的确具有原始观察真相的要点。而同样重要的是，对于日本读者来说，文化可以有效地分散他们对历史的注意力。本尼迪克特的作品对刚过去的这场战争及其对日本的意义极为关注。然而，在它之后的许多作品——如精神分析家土居健郎关于"娇宠"（甘え）这个概念的著述、社会人类学家中根千枝关于日本"纵式社会"（タテ社会）的著述、傅高义 1979 年的著作《日本第一：对美国的启示》（*Japan As Number One：Lessons for America*）——则认为日本人具有一种独具特色且经久不衰的自我意识，就此看来，20 世纪中期的诸多大事似乎并不特别体现其个性。

PART SIX　振奋精神

对于日本的战后领导来说，说服民众相信一个避免冲突并理解不平等社会关系对双方都有益的社会是正确且美好的，且这样观念可追溯到古代，这在政治上具有明显用处。在国外宣传推广这一形象，是帮助自己把国内安稳下来的一种有效方式，因此，日本媒体密切关注国外关于自己国家的种种讨论。正是出于这个目的，中根关于日本社会的作品，被制作成简明版分发给世界各地的日本大使馆。同时，宣扬等级中的和谐主张成了日本文化外交中的一大要素，此外还有茶道表演、呈现富士山完美轮廓的绘画、插花艺术的公共展示，后来还把优秀的寿司厨师也安排到较为重要的外交使团之中。武士刀则被长久地搁置一旁，等候更具全球化的新一代以幻想或讽刺的方式，在一个不同的场合去欣赏它们。

这些努力对日本国际运势所具有的更为广泛的重要性形象而生动地在1962年体现出来。当时，《经济学人》描述说，日本正在发生"经济奇迹"。这个说法很受欢迎，影响很大，只不过，法国总统夏尔·戴高乐对之不以为然，把日本首相池田勇人叫作"那个晶体管推销员"。摆脱——至少是在世界上的某些地方——"亚洲机械屠夫和奴隶主"这个名声是一个很大的成就。但是，取而代之的无非是"模仿者""微型化技术者"和"贸易平衡破坏者"这样的名声，如此的发展前景，于哲理上是平庸的，而且是显然不利于商业的。

同时，根据1951年的《旧金山对日和平条约》，日本给东南亚国家的赔款主要采取的是商品和服务，以及技术合作和海外志愿服务的形式。其中大部分，以及日本"政府发展援助"——作为一种刺激国内经济的政府行为和打开海外市场的手段——明显会给日本带去经济利益，这并非未被日本的前侵略对象注意到。尽管日本成为世界上最大的海外援助提供国，但20世纪80年代的民意调查显示，70%的泰国人认为日本的经济活动基本上是"帝国主义式的"。在日本资本不被普遍信任的地方，日本期待的是其文化能够伸进去一只脚。

日本的文化外交在进入21世纪后取得了显著的成功，并随着时代变迁而不断自我更新，以至于每一代对日本感兴趣的人喜欢上的都是一个稍有不同的国家。然而文化无法抹灭过去。到1995年，历史似乎带着报复回归：在学校和书店中，在报纸和议会中，尤其是在日本的国际关系中。东亚正在进入一个由道歉和辩解构成的时代。

日本领导人长期以来一直担忧国内教育动向。美国人在战场上遇到了日本战前和战时高度民族主义教育体系下的毕业生后，下定决心要"拆除"它。从1945年夏开始，一些老师被当着孩子的面拖走,而另一些则在学生的帮助下,把教科书上那些被认为"不民主"的部分用墨水涂掉。道德教育、日本历史和地理的教学完全被搁置,因为这些曾是向青年灌输军国主义思想的主要手段。

包括《教育基本法》在内的各种新措施取代了从前的《教育敕语》(学生从前每日必须对之鞠躬),并且为所有能力水平的男女学童确立了一种单轨教育模式:小学六年,初中三年,再加可选性的高中三年。选举产生的地方教育委员会被授予监督教学人员和课程设置的权力。课堂提问和辩论现在得到了大力倡导。

日本剩下的教师中许多为在战争中失去生命的学生深感悲恸,在很大程度上认同新政权。通过日本教职员工会(JTU)与日本社会党结盟,他们成为这个国家最为坚定的左翼专业人员选区之一。他们一贯反对保守派对新体系的批评。保守派声称,一种摒弃了对国家的旧有自豪感的教育,不过是强加给日本的错误的、外国的战后解决方案,是削弱日本的又一战争遗产。此外,对恢复日本战前的国旗和国歌的企图,教师们也针锋相对。

有些战斗失败了。20世纪50年代中期,选举产生本地教育委员会的模式被取消,取而代之的是都道府县知事和市长的任命。大约与此同时，学校被要求每周留出一小时进行道德教育，以求扎根于这个国家的"独特文化"。标准课程被重新引入，文部省官员们开始审查教科书，委员会有权从审查通过的教科书中作出选择。

最后这一点，对于那些认为早期的战后教科书对日本士兵的战时行为给予过度且片面关注的日本人来说，意义重大。他们说，这一切始于占领时期美国人企图用负罪感（或者可能是羞耻感）来麻痹日本人的一场完美风暴，左翼教师对区分爱国主义和法西斯主义不感兴趣，出版商则热衷于迎合使用他们书籍的教师。现在，文部省官员能够推迟对教材样稿的批准，直到作出他们想要的改动，还可以建议出版商避免他们不想看到的用语甚至整个话题。把"侵略"一词用在中国问题上是被制止的。关于南京大屠杀的表述在20世纪70年代之前是完全找不到的。包括家永三郎在内的历史学家们走上法庭，控告这一审查过程不合乎宪法。然而，尽管家永赢得了关于个别修订的争论，这个审查过程本身的合法性却得到了认可。

从20世纪80年代初开始，日本教科书争议就成了国际性新闻事件，其所引起的关注程度与实际使用有争议性教材的学校数量完全不成比例。20世纪90年代开始，这种状况愈演愈烈。长期以来，日本对于深入和公开讨论20世纪30年代末和

PART SIX　振奋精神

40年代初的历史一直极度缄默，近乎一种禁忌。这成了一个困难而痛苦的话题，而当批评家表示，从长远观点看来，回避并非可取之道，无疑是有道理的。但是，通过聚焦新民族主义者和修正主义者对于那个时期的评论——从石原慎太郎在《花花公子》这本杂志中否认南京大屠杀，到小林善纪在漫画《傲慢主义宣言》和《新傲慢主义宣言》中讽刺现代日本向西方意识形态投降——国际媒体冒险地把整个日本描绘成不大情愿接受严肃的历史和道德盘点的国家，用来与联邦德国表现出来的"榜样性"的自我反省进行对比。

事实上，日本帝国陆军前成员对1984年的《南京大屠杀的虚构》——松井石根的一位前任秘书所著——之类著作充满愤怒，曾说服一些同伴拿出自己当兵期间的日记材料，这些材料记载了他们的言行。1989年，他们的前任指挥官裕仁天皇逝世，使得这样做变得更为容易一些了。出自日本战俘之手的回忆录增加了新的信息，涉及不少臭名昭著的战时事件，譬如动用6万多名盟军战俘和更多当地抓来的苦力修建泰缅"死亡铁路"之类。

20世纪90年代，一系列诉讼——包括许多由非日本籍的战争受害者提起的——使得日本法院也被牵涉进来，对强调正视历史者所质疑的一些战时事件进行确认。南京的确有过一场大屠杀。朝鲜半岛及其他亚洲地区的"慰安妇"的确被强迫在军队慰安所中遭受性奴役。细菌战实验（包括人类活体解剖）的确发生在731部队。

擅长诡辩或者只关注其支持基础的政治家竭力淡化这些事实。而1995年8月15日，村山富市——日本近半个世纪里的第一位社会党首相——发表的纪念战争结束50周年的电视讲话，由于内阁的一致支持而具有相当的政治分量，几乎不容任何曲解：

> 在不久前的一段时期，日本按照错误国策走上了战争的道路，结果却让国民陷入生死存亡的危机之中，并且，通过殖民统治和侵略，给许多国家尤其是亚洲国家的人民造成了巨大的伤害和苦难。
>
> 为避免重蹈覆辙，我们应谦卑地接受历史事实，在此再次表达我的深切悔恨之情，并表示我诚挚的歉意。也请允许我向在这段历史中国内与国外所有受害者表示深切哀悼之情。

但是，就在村山富市发表声明的几天前，文部大臣岛村宜伸在其上任的第一天宣称，"侵略"或"非侵略"取决于"你对它怎么想"。然后，在声明发表当天，不少于8名内阁成员参拜了东京的靖国神社，自从人们得知14名甲级战犯被秘密加入已经供奉在此的246万名之列，这个地方在东亚就一直备受争议。持"日本从未为自己的过去道歉"或者"不是真正道歉"这类坚定看法的人认为，村山富市的表态实际上完全代表个人。

日本昔日对手的态度现在也一百八十度转变。这主要和当代政治有关。从20世纪80年代末至90年代，许多美国人对日本的态度比上一代人更不友好。他们受够了日本汽车和资本涌入自己国家，最典型的例子就是索尼收购哥伦比亚电影公司和三菱控股洛克菲勒集团这两件都发生在1989年末的事。"日本买下了纽约的中心地带。"《纽约时报》宣称。而更偏激的作家们则有这样的远虑：一个好斗成性的民族把刺刀换成了笔挺的西装，把坦克换成了丰田卡罗拉。在底特律和其他地方出现了一种新的"游乐场娱乐"形式：用棒球棒或长柄大锤砸烂日本汽车，砸一次一美元。

对日本强行实施贸易配额制，斥责日本在1991年海湾战争中130亿美元军费到账太迟，而且在金额上和道义上都做得不到位，让美国政客们得到了充分的民众支持。"他们用日元支付，我们用鲜血支付。"老调重弹，有人忘记了是谁把和平条款写进日本新宪法里的。战争结束后，当科威特政府在《纽约时报》上发文，对那些帮助把他们从萨达姆·侯赛因手中解放出来的国家表示感谢，日本却根本就没有被提到。对日本领导人来说，这是一个灾难性时刻，是自己提高税收，才帮助解决了账单中的大头。第二年，自卫队开始为联合国维和行动效力，这是第二次世界大战结束后它第一次获准独立境外部署。这发生在第二次海湾战争结束之后不久，大约 600 名陆上自卫队队员于 2004 年至 2006 年被派往伊拉克南部协助重建工作。

最重要的是，20 世纪 90 年代中期，中国对日本的态度日益强硬。回顾过去，邓小平 1978 年对日本的历史性访问——在两个国家长达两千多年的交往中，首次由中国领导人进行的访问——看上去像是战后中日关系的高潮。邓小平参观汽车制造厂，观摩工业机器人技术，在新干线车厢里微笑示意。同年，两国签署了《中日和平友好条约》。日本的电视剧——包括 1983 年至 1984 年制作的《阿信》在内的经典晨间连续剧——登上了中国的电视屏幕，受到喜爱。

*

在 20 世纪 90 年代和 21 世纪初的大多数时间里，国外对日本及其领导人的复杂情绪与国内对国家正在迷失方向的担忧形

PART SIX 振奋精神

成呼应。这在自私自利且——至少在外部人士看来——相当令人困惑的政党政治操作中表现得最为明显，这种操作导致了高层领导的频繁更替，就像走马灯一样。比尔·克林顿总统任期即将结束之际，美国国务卿马德琳·奥尔布赖特、国家安全顾问桑迪·伯杰及几位助理相互传递一张纸，邀请彼此——按正确顺序——说出克林顿执政期间（1993年至2001年）打过交道的全部七位日本首相姓名。他们中无一人可以做到。

从2006年到2012年，日本还经历另外六位首相，大概每年换一位。但在2001年至2006年，有一位首相成功任职五年半，最后根据自民党规则离开，而非不光彩地下台或者选举失败。小泉纯一郎——被民众亲切地称为"小纯"——除了他政治上的长寿、直率的讲话风格和一头标志性的长卷发外，在许多方面都是独一无二的。

小泉纯一郎每年参拜靖国神社，丝毫无助于东亚关系。然而，他与乔治·布什的友谊——建立于"9·11"事件之后，并在五年之后于"猫王"故居雅园得以加深〔当时，这位日本最著名的"猫王"模仿者突然唱起了《温柔地爱我》（Love me tender）这首歌〕——在很大程度上让美日关系走出了冰冻状态。在国内，小泉纯一郎用"痛苦"来换取小幅度的收获。在经济衰退后，他采取行动应对令日本银行痛苦不堪的烂账，并

445

削减政府在公共工程方面的开支——此举激怒了自民党内部那些因建筑合同而获得职位的所谓"道路关系四公团"成员。他推动了日本邮政储蓄和保险系统的私有化（小泉认为，这是数以万亿计日元的投资被浪费并常常与腐败牵连不清的渊薮），并着手放宽劳动力市场。

公司在按照短期合同或通过中介雇用员工方面有着更大的灵活性，这被认为可以提高竞争力，但很快，人们指责这种做法在福利和就业保障方面较之前的岗位待遇有所削弱。当2007年至2008年的全球金融危机让日本五年的可观经济增长——年均增长率约2%——走向终结，企业纷纷大量裁减临时工。

2009年是以电视上播放搭建在东京日比谷公园内的帐篷、防水油布棚和粥棚这些萧条的电视画面开始的。公园对面就是厚生劳动省。这个"村庄"被讽刺地称为"跨年派遣村"，在民间社团和媒体发起的一场通过让日本政界和商界觉得尴尬从而有所反思的运动中，它取得了部分成功。针对那些还没有资格获得救济的人，失业救济金的领取条件有所放宽，从交费满一年降到了交费满六个月。未投入使用的公共住房暂时开放。一些日本公司也撤销了裁员计划。

然而，就业无保障仍然是生活中的一个事实，分析家们很快将其与日本不断下降的人口联系起来，因为有能力组建家庭

PART SIX 振奋精神

的人现在越来越少了。一些社会批评家更是推测性地把矛头指向他们所声称的这个国家普遍的萎靡不振，尤其是在年轻人中间。人们的情感生活、行为方式或心理悲伤体验，一直在日本被用作分析现代性对这个国家所具影响的标志——从19世纪70年代开始，作为个体病例和压力巨大的现代标志，神经衰弱患者翻了一番。在20世纪90年代末和21世纪初，通过一系列引人注目的新分类和流行词语，这种痛苦与社会学两相交织的状况加快了步伐。

"飞特族"（freeters）是指那些只从事临时性、兼职性工作的人。"单身寄生族"（parasite singles）通常指年轻女性，她们被指责一方面享受高端消费，另一方面却在父母身上刮油。"蛰居族"（引きこもり）把自己关在房间或家里，数月甚至数年不与外人见面。"尼特族"（NEET）语出英文"not in education, employment or training"的首字母缩写，指当下既不接受教育，也不就业或参加培训的人。"草食男"（Sōshokukei-danshi）哪怕以牺牲恋爱关系或工作为代价，也要优先注重爱好或个人打扮。与此同时，日本年轻人普遍表现出一种内向、缺乏冒险精神的倾向，这一点，从21世纪日本出国留学人数的急剧下降中就可以看得出来。

如同真实经济状况与日本人民对过去的感受，对这些的认知——国内的和世界的——似乎至少和证据一样重要。关于这些流行词语可以讲出截然不同的故事来，所有的都是真实的，但大多数都被国内外媒体耸人听闻和大肆渲染的做法放大和扭曲了。一些评论家倾向于把许多潮流归咎于自私、意志薄弱或不愿恰当地参与到社会中来，而社会，尽管存在着种种问题，从根本意义上说，还是善良的、体贴的、宽容的、安全的。这让人回想起记者德富苏峰，几十年前，他曾对明治晚期青年对国家建设计划明显缺乏信心深感遗憾。

更多持同情态度的评论家则将此归咎于不断恶化的生活环境，质问21世纪初的日本是什么使得如此多的年轻人反感，转而选择了蜗居卧室、沉迷爱好、追逐名牌、坚持独身主义或者投身某种小众亚文化圈。草食系的优雅，或者暂时脱离这个世界，可以被解读成对社会持有异议甚至反感的一种合法表达。"蛰居族"之所以待在家里，是因为他们知道，外面并没有什么东西在等待着他们。

外国游客很难像他们那样对日本的未来持悲观的看法。他们看到的，是充满活力、几乎没有犯罪的城市公共空间，到处都是穿着考究、佩戴奢华饰品的人在菜品琳琅满目的餐馆里吃饭，开着新车，在一个比英美更平等的社会中享有世界最长寿命（平均寿命从1947年的约52岁上升到2005年的80多岁），

PART SIX 振奋精神

并且还一直享用着丰富的高科技产品和高质量的娱乐内容，从能剧到侦探小说再到夜总会。"如果这就是衰退，"一位英国议员在访问东京时说，"那么我也想要。"

在日本长期居住的外国人，一般会有一种更为混杂的体验。他们给日本说不清道不明的现代病单子上添上了一种所谓的"外国病"（*gaijin*-itis）：一种由文化冲击、适应以及新的文化冲击构成的循环，还羼杂了几分并未得到充分认可的思乡之情，以及总是感觉当地人刻意地与自己保持距离，甚至受到其主动的歧视。关于病因在每个患者心中扎得如何深入，它们在日本如何得以发现，没有得出一致的结论。在这样一个衰退中的社会和官僚体系中，好客和排外总是微妙地交织在一起。

尽管长期居住在日本的外国人在日本人眼中常有爱抱怨、爱把日本拿来与自己出生国相比（至少是隐晦地，并且通常让日本不爽地）这一名声，他们却并不是唯一担心日本这个移居国发展道路的人。许多日本人也十分焦虑，自己停滞不前，东亚的政治和经济主动权正在向一衣带水的邻国流失。除去热点新闻和历史上的战争，中国不断增长的经济也在日本从"失去的十年"复苏中扮演了一个重要角色，中国取代美国在2004年成了日本最大的贸易伙伴。2010年，中国成为世界第二大经济体，把日本推至第三的位置。位置的改变是大家早有预料的，但它的如期而至还是成了批评家们描绘的黯淡画卷上的点睛之笔。

这种黯淡的一个重要方面是，尽管近年来，关于"政治家、官僚和商界人士紧密协同，成功掌控日本的命运"这个战后故事受到了关键性重创，这些总体布局却依然存在。重创之一可以追溯到1985年，当时，日本航空公司的123号航班在群马县山区坠毁，导致520人死亡，这是有史以来的单机坠毁事故中死亡人数最多的一次。除了对这家日本旗舰公司失去信任，人们更指责当局反应迟钝，导致了灾难性后果：虽然救下了4个人，但人们想，即使灾难现场距离遥远而且到达不易，但如果没有拒绝美国人在空难发生之后马上提出的援助请求，且如果不是日本救援队花了近15个小时才抵达，救下的人是否会更多一点。十年后，阪神—淡路大地震的应对措施和奥姆真理教的袭击，使得人们心中"国家难以保障其国民安全"的感觉加重了。

自1988年的新"非营利组织法"为志愿活动提供制度框架以来，日本的权力天平出现了微妙倾斜——从志愿工作的复兴到政府透明度的增加。"跨年派遣村"正是聪明的行动者可以取得成就的最新证据。但选举产生的官员（尤其是自民党官员）、非选举产生的公务员和大企业这三方组成的"铁三角"体系仍牢不可破。

PART SIX 振奋精神

此类行动的其中一例——当时并未被广泛报道——发生在2011年3月7日。当天,东京电力公司(TEPCO)向日本核监管机构原子力保安院(NISA)提交了三年前针对沿海核电的安全性的研究结果。报告结论是,现有的防波堤不足以在巨大海啸来临时保护核电站不受损害,但是修建更高的防波堤,相比"千年一遇的海啸"即将发生的可能性而言,花费过于高昂。

自明治时代以来,关于原子能安全性的承诺在日本就耳熟能详,当时的物理学家长冈半太郎在《读卖新闻》上写了一篇文章畅想将来有一天"通过裂解微量物质释放原子能,而不是燃烧数千吨的煤"来开动蒸汽轮船的革命性前景。自20世纪20年代起,原子能(还包括原子炮弹和原子子弹)就成为日本科幻小说的主题,而镭元素温泉则因为人们认定其对健康有益而大受欢迎。

日本军方也很早就对核战争的可能性感兴趣。但是,"二战"后期的种种说法,譬如日本拥有原子弹,或者从日本山中洞穴里可以发射一道雾状光束一举摧毁华盛顿,不过是给疲惫不堪民众的"暖心话语"罢了。实际上,日本的核武器计划始终落后于美国。《朝日新闻》在1945年8月20日宣称:"我们败给了敌人的科学。"几周后,敌人追踪而至,废止了日本从事原子能研究的能力,五个回旋加速器被拆成片,零件也被扔进了东京湾。

最后，是通用电器这家英国公司在20世纪60年代早期为日本在东海村建立了第一个核反应堆。它的建造以当时正在苏格兰艾尔郡建造的一处设施的设计作为基础，但重心更低，以便降低受到地震损害的危险。对1954年"第五福龙丸号"事件的记忆成为地方性抗议的导火索，这些抗议标志着双方水火不容的开端，一方是政府与核工业，另一方是"公民核信息中心"等团体。来自通产省（2001年改为经济、贸易和工业部，METI）的官员专门走访生活在拟建核电站附近的社区，并就核能对于国家的重要性进行宣传。从东海村开始，官员们表示愿意为当地基础设施升级换代。这些举措得到了建筑公司的欢迎，批评者却称之为"空箱政治"，因为他们搞不清那些人数不多而且老人占大多数的农村社区到底能用足球馆来干什么。

到东京电力公司的2011年报告出台之时，日本将近三分之一的能源都来自54个核反应堆，其中15个位于早就获得"核街"这一绰号的东海村。此时的一个流行词语是"核能村"，用来形容政府、企业、银行、学术界和媒体中支持核能者联合起来的非凡影响力。尽管进行了广泛而昂贵的宣传，但是，在20世纪90年代末接受调查的人口中，大约有四分之三仍然对核能充满忧虑。然而，这并不重要。政策变化的可能性微乎其微，而监管机构与核工业界因关系密切而臭名昭著，因此，对于东

PART SIX　振奋精神

京电力公司3月7日发布的那份姗姗来迟的、态度傲慢的报告，机构的反应也不会过于严厉或者咄咄逼人。

谁会料到，在报告提交的四天之后，报告中所描述的极为不可能、为之规划将花费极为高昂的那一幕，竟然真的上演了。

18

碎片

满目疮痍。死掉的树。有毒的苹果。愁眉苦脸的人群。然而以最出人意料的方式,复苏开始了。故事中,一个以苹果为头的男孩,与一个以红豆馅面包为头的男人,一起坐在星空下。

"你为什么会如此善良?"苹果男孩问道。

"每当我看到有人遇到麻烦,心里就想着要去帮他们。"面包超人说。

苹果男孩认真听着。他想在未来的某一天成为一名英雄。但目前为止,他却自私、易怒、容易沮丧,他一心渴望大冒险,因为不想在苹果岛的果园里干活

PART SIX　振奋精神

而疏远了家人和朋友。

而另一位则是货真价实的英雄，拥有斗篷、腰带和靴子。在艰难时刻，他并非人们所希望看到的那种英雄。超人的软肋是敌人难以获取的氪石。面包超人的克星却是让人烦恼的无处不在的水。他的头号劲敌"细菌人"得意地大笑，因为他只需要控制那小飞艇上的水炮，朝面包超人的脸上洒上一点水，面包超人就会从天上掉下来。面包超人的朋友们——吐司超人、咖喱超人、蜜瓜超人等——必须挺身而出，冲上去营救他。果酱爷爷花了大量时间忙着为面包超人烤制新的脑袋来替换他那被水浸湿的头。

容易受伤却从来不曾减损的善良，这就是面包超人的超能力。苹果男孩学习得很快，他重返果园，把爱心与耐心倾注在一株小树苗上。当灾难来临，家乡被毁灭，庄稼被毒害，这棵唯一幸存的树上长出的苹果的能量扭转了周围的一切。破裂地壳的巨大碎片回到了原处；"巨石七巧板"奇迹般地聚合，自我封印在连接处。世界回到其天然的状态：晴朗的天空，繁茂的树木，微笑的人们。

面包超人的作者柳濑嵩在战争临近结束前达到服役年龄，曾被派往中国服役。他看到过村民们饿到奄奄一息；同伴身形憔悴，走路跟跟跄跄，再也跟不上行军队伍。一场标榜为"正义"的战争竟然会变成这样，这让柳濑嵩成为一名和平主义者，对传统英雄主义变得充满怀疑。唯一可靠的正义，他认为，是对饥饿者胸怀同情并为之提供食物。他想，这应该对超级英雄也是适用的——他们太多时候像是虚无缥缈的人物，与人们的生活几乎没有接触。

由此产生的"面包超人"这个角色，最初让老师们和批评家们大为吃惊。这样一个"英雄"，为了安慰伤心的孩子，会从自己脸上撕下一块并笑着递给他们。"拜托，再也不要写这样的东西了。"一个人说。"这种书我们有一本就够了。"另一个人说。"太残忍了。"第三个人表示。但是孩子们自身给出的决断却全然不同，很快，后续漫画面世，还有了舞台剧和系列动画片。

最大的荣誉紧随 2011 年 3 月 11 日的地震而来。地震袭击了日本东北部海岸，强度之大，使得日本陆地向着美国靠近了 2.5 米。一道黑暗、震耳欲聋、腐臭的水墙向陆地压了过来，有些地方高达近 40 米。建筑物、桥梁、汽车和人都被卷入大海。男女老幼被一道足以将城市建筑从地图上抹去的湍急海浪高高卷起，又抛落四方。其他人被围困在洪水中，水势起初显得平静，

PART SIX　振奋精神

后来却不住地上涨、喧嚣起伏。

当从直升机带回的新闻胶片中看到那些曾经熟悉的景象突然被大片泥泞湖泊所取代,幸存者们疯狂地尝试用电话联系亲人。有消息称,福岛第一核电站发生爆炸并可能泄漏。没有人知道这场灾难会有多惨烈,要死多少人,放射性沉淀物的危害到何种地步,东北地区那些乡村就算能够恢复,时间又会是多久。

在所有悲剧与深深的不确定性中,有关当地小孩如何面对这一切的报道开始出现。他们在唱歌。歌里唱到,活着多么美好,即使是在巨大痛苦中活着。歌里唱到,存在最珍贵——所有的一切都在飞逝,哪怕是闪亮的星星也会在某一天消失。歌里唱到,有一个英雄,他的头是面包做的,他始终守护着人们,永不放弃。

这首歌就是《面包超人进行曲》:激昂的鼓声和长笛,欢快的童声合唱,动人的冒险意识和人类最深切关怀相互交织而成的诸多情感。柳濑嵩对他的读者群一直有着高度评价,认为他们能够处理各种想法和情绪。91岁时,他考虑不再写了。但此时,当他听到关于孩子们在东北地区唱歌的报道,并且收到信件——其中一封来自一个灾区女孩,她写道:"我不害怕,面包超人会赶来救我们。"——他开始写最后三个故事。

柳濑嵩创作的前两个主题是"复兴"与"希望"。第三个也是最后一个，是"思乡和拯救家园"。东北地区长期种植苹果，现在因为来自福岛的核落尘而让人们心存疑虑，这启发了他把自己的故事放在"苹果岛"这个地方。孩子和父母都从中看到了复苏的有力画面：被悉心照料的一粒种子和各种鲜花；一棵树甚至在一台可怕的杀人机器舌头上发芽；一个充满雄心壮志的英雄，抛开自己的孤僻，与家重新连为一体。这一刻，通过面包超人与苹果男孩在星空下谈心这种形式，柳濑嵩把自己放在读者身边，告诉他们，"善良"并非陈词滥调，也不是空洞的虔诚。它是唯一持久的力量之源。

一些阅读和观看柳濑嵩顶峰之作的孩子，将在未来某一天，用面包超人碗吃面包超人咖喱，用面包超人牙刷刷牙，用面包超人杯子漱口，然后穿上面包超人睡衣，钻进面包超人羽绒被里。柳濑嵩的世界是一个商业现象，但它所揭示的，不仅仅是日本在媒体营销方面的天赋。近年来，因其明显的衰退和目标的迷失，这个国家在全世界都具有新闻性——经济停滞不前，就业保障不足，工作条件恶化，加班过多，令人忧心的生育意愿低迷。然而，因为对其最年轻成员所给予关注的质量是反映社会潜在健康状况的一个有意义指标，就此而言，日本长期以

PART SIX 振奋精神

来——现在依然如此——在基本形态方面,要比国内或国际批评家们倾向于认为的更具有活力。

幼儿从生动且富于活力的书籍和电视节目那里得到教育和娱乐。NHK的节目《和妈妈一道》1959年开播,为孩子们介绍了他们将会继承到的数量巨大而且内容不拘一格的文化宝库:民歌、童谣、古典乐器、考脑筋的数学和字谜、芭蕾舞和歌舞伎。一个以一只小老虎"巧虎"为特色的函授课程,提供了经过细致分级的书籍、DVD和玩具,陪伴孩子们度过孩提时代——从如厕训练到照顾弟弟妹妹,再到应对日本复杂的书写体系和理解火车旅行的礼仪,这些都可以通过"礼貌忍者"学到,他的技能组合包括静止宛如雕像,如同一位体贴的通勤者。

大一点的孩子的选择更丰富,因为有太多种类的漫画、动画和游戏。《蜡笔小新》讲述一个心智早熟、直言不讳、毫不害羞地露出屁股的五岁孩子的喜剧冒险故事,这个孩子叫作野原新之助,昵称"小新"。《哆啦A梦》的主角是一只蓝色的机器猫,他被从未来派来与一个艰难成长的小男孩交朋友。《海贼王》讲述了少年路飞和他的草帽海贼团寻找终极宝藏的奇妙之旅。与此同时,一家1889年从制造扑克起步的京都公司与田尻智这位狂热的昆虫收集者合作,创造了历史上光临人数最多的奇幻世界之一。在任天堂的"宝可梦"这个世界中——最初出现在掌上游戏机"GAME BOY"上，后来又出现在书籍和动画中——有数百种宝可梦，玩家可以收集、训练它们，然后让它们在与其他玩家的战斗中上场。

到2011年，无数角色已经走进全世界千家万户。日本人的童年已走向世界。如果说1995年是日本的恐怖之年——地震、奥姆真理教袭击、历史争议、国内经济波诡云谲——那么，回首看去，1996年似乎开启了一个新时代。这一年，第一款《宝可梦》游戏上市，电子宠物掀起热潮，迪士尼和宫崎骏的吉卜力工作室签订推广协议，使得后者在全球范围内新兴的日本繁荣中扮演着一个核心的、有口皆碑的角色。

一位美国制片人向吉卜力建议，为了让故事更易于为美国观众接受，对作品加以剪辑或许是可取的做法，这让这份协议一度陷入了危机。有传言称该制片人在邮件中收到了一把武士刀，刀刃上附了一张便条："不要剪辑。"撇开传递信息的媒介不论，这条建议显然是有道理的：外国批评家很感兴趣的是这样一种文化，在这种文化中，儿童娱乐与成人娱乐——以及更广义的"童年"与"成人"——被允许相互渗透，这是如此让人激动并具有挑战性。宫崎骏的《千与千寻》在2003年获得奥斯卡最佳动画长片奖。《哆啦A梦》很快因其影响力过大而在印度和巴基斯坦被指控教坏了孩子。20世纪10年代，《海贼王》

成了有史以来最为成功的漫画，畅销程度仅次于《哈利·波特》系列图书。

除了宫崎骏，小说家村上春树的作品也是局外人借以了解日本和日本生活的一道重要的想象之门。20世纪90年代，村上春树的作品在国际上已然是日本文学的同义词，但在国内却被指责既不是真正日本味道，也不真正具有文学性，他的作品之所以引起注意，是因为它们以一种吸引而非吓跑外国读者的方式，揭示出当代日本的怀疑和悲恸。

《挪威的森林》等小说中的许多年轻角色都孤独、迷茫、缺乏乐观精神，而且没有兴趣（或者没有能力）规划未来。他们在维持关系甚至是连贯的对话方面都感到困难。然而，他们对周围世界的沮丧失望中，有着一种审美上的吸引力和哲学上的深度，国外读者发现其中许多东西能让自己产生共鸣。村上的写作以及更广义的"日本热潮"，似乎代表日本在过去一个世纪或更长时间以来赠予世界的一份最新也最容易接触到的礼物：以智慧且审慎的目光审视现代性及其对人的影响，并提供替代性的生活方式愿景。村上本人兴奋地想要看到在1995年的觉醒召唤之后，自己的国家将去向何方。他觉察到，一个更加自由的社会正在初露峥嵘，小型创业者和创意产业正在从因经济灾难而声名狼藉、自满且以企业为主导的旧日本的外壳中破茧而出。

日本的政客们早就习惯了声名狼藉或名誉扫地，很快看到这种转变中全新的潜力。跳上"酷日本"的大车，日本外务省2008年任命卡通形象"哆啦Ａ梦"为代表国家的"动漫大使"。当日本首相出现在里约热内卢2016年奥运会闭幕式，宣传2020年东京奥运会时，他被劝说扮成任天堂的游戏角色"超级马里奥"出场。

然而，21世纪初这种从经济强国向文化强国的转变，对于日本在国际上的地位，尤其是在意义重大的地区，究竟意味着什么，还远非清楚明了。中国青年成群结队地去电影院看《哆啦Ａ梦》，或者踏上日本各地著名动漫景点之旅，但是，到目前为止，很难有迹象表明，中国人总体上因此就对日本更有好感了。

韩国也是这样。20世纪90年代，韩国逐步解禁日本流行文化，然而民意调查显示多数韩国人仍对其近邻持有负面看法。让东京方面大受打击的是，日本在朝鲜半岛的过去，包括日本军队对妇女和少女的性奴役，在韩国政治和媒体中仍然显眼。文化和历史，"酷日本"和"慰安妇"，似乎在他们的心中完全能够并存。

PART SIX 振奋精神

*

日本的娱乐与政治的明显脱节因为2011年3月的三重灾难——地震、海啸和核泄漏而愈发凸显。这场灾难在接下来的长达数周和数月里变成了对日本关键机构的一次严峻的、非常公开的考验。近2万人死亡，27万个家庭支离破碎。福岛的三座反应堆发生泄漏，向空气中"喷发"辐射尘，污染周边的土地、地下水和河流，11万人被迫离开家园。与此同时，政客和明星被召集起来，当众吃当地农产品，这是为了提振民心而做的一次糟糕的且不成熟的尝试，因为此时，关于这场悲剧的毒害规模和范围，人们知之甚少，而东京电力公司和政府官员愿意承认的更是少之又少。

皇室经历了这场艰难的考验，声誉得到了提升。明仁天皇向民众广播了一条安抚诏书，这是继他父亲在"二战"结束时发表讲话后的首次。他和美智子皇后身着便装访问了避难所，跪坐着和人们聊天，对这些人来说，几平方米的天蓝色体操垫，加上周围的纸板和塑料隔板，便是住所的一切。

在经历了其历史上规模最大的一次派遣后，日本自卫队在国家中的地位也有所提高。地震发生几分钟后，就启动了侦察飞行并开始空运紧急救援物资。民众看到，大约10万名自卫队队员——许多人的制服或头盔上贴着"坚强！东北地区！"口号的贴纸——在救人、清理道路和港口、搭建临时设施。

大约2.4万名美国军人作为"友达作战"的一部分，提供了支援，为在日本长期不受普遍欢迎的"美国客人"换来了感激和赞扬。但关于他们遭遇的危险也不乏争议。罗纳德·里根号航空母舰上的机组人员回忆说，在似乎穿越辐射羽流时，甲板上的空气中满是金属的味道。他们用取自东北地区海湾、经过脱盐的海水洗澡、煮饭。许多人很快就开始出现重大的健康问题——从白血病到肿瘤再到甲状腺机能障碍。其中，数百人通过美国法院系统起诉东京电力公司，要求赔偿，声称它没有告知日本当局辐射泄漏的严重性。当法律方面的你来我往还在继续，前首相小泉纯一郎设立了一个私人基金帮助受核辐射影响的美国军人，在日本境内募集捐款来帮助支付他们的医疗费用。

报纸的民意调查显示，自卫队应对危机的能力得到了82％的好评，政府却只得到6％。一个主要因素是"信任"：人们普遍认为，部门长官们在掩盖过去的无能（他们自己的无能和其产业界盟友们的无能），同时又在尽量弱化福岛核电站持续性危险的程度。整个日本政界都发出呼吁，要求首相菅直人在政治、道德、情感几个方面起到领导作用。国际社会也急切要求日本

PART SIX 振奋精神

更透明地公布形势的严重性以及会恶化到何种地步。

除了含混不清和反应迟缓之外，国会中还出现了一些不合时宜的、投机的花招。菅直人曾秘密地精心策划在东京（位于福岛核电站以南仅241公里处）实施戒严并疏散5000万人——但他很快就遭到了他所在日本民主党左派同僚的背弃。最终他被迫辞职，民主党的野田佳彦成为日本两年内的第三位首相。仅仅过了一年多的时间，野田也下台了。重新崛起的自民党在前首相安倍晋三的领导下把民主党赶下了权力宝座。

从2012年12月开始，安倍晋三第二次出任首相，正如之前的小泉一样，体现出一位长期担任首相的人会为政府带来多么大的影响力。"安倍经济学"包括政府以巨额资金刺激消费（仅仅2013年一年就达到了1000亿美元），日本银行的资金涌入经济领域，以及伴随鼓励更多女性就业，让劳动力市场进一步自由化。到2017年年中，国际货币基金组织准备宣布这一切取得了成功，举出的证据是经济温和增长，失业率仅为2.8%，这是20多年来的最低值。

但安倍的野心并不止步于逐渐复苏的经济，其支持者告诉记者，安倍经济学的灵感来自明治时代"富国强兵"的口号。首相似乎对这两件事都很认真，努力要为军事上更强大也更自信的日本打下基础。他建立了"国家安全委员会"，把安全政策作为重中之重，并使之摆脱国会监督。他宣布了一项五年计划，要扩充军队并发展无人机和两栖作战能力。他还在2013年助推通过了极具争议的《特定秘密保护法》，根据该法律，政府可以在没有外部或司法监督的情况下，将它希望的任何东西设为机密，从而防止其暴露。调查记者现在有可能，至少在理论上，因为"搜集秘密信息"而被监禁，不管他们是否意识到其机密性。

《特定秘密保护法》可能使现在已经很糟糕的形势更加恶化：新闻媒体口碑下滑。其原因既有大型广告商所施加的压力，又有沉瀣一气的新闻俱乐部文化，在这种文化中，记者之间以及记者与官员之间交往密切。互联网新闻和舆论网站相对不受制于媒体的这些传统束缚。但是，一个显著的趋势是，日本极右分子或互联网极端民族主义分子大军利用了这种自由，他们花了大量时间对20世纪中期的各种争端进行重新包装，散播关于所谓韩国人在日本犯罪的各种想法和"统计数据"，并讥笑"小安"（一般用作对首相安倍的爱称，但在此种情况下是一种嘲弄性叫法）在其政策方面不够有力。

最具政治敏感性的是自民党计划修改日本战后宪法，该计划旨在法律上使日本军队的存在正常化，并且——有一些规划者希望——重新思考宪法权利，重新强调日本的"独特文化"，

PART SIX 振奋精神

恢复天皇作为国家元首的地位。2015年，日本解禁集体自卫权（在日本自身未处于危险状态下也可以为阻止针对他国的攻击而行使武力），被视作为这些变化中的某些方面铺平了道路。该法案在众议院通过时引发了混乱的场面，让人想起1960年5月的议院混战。大楼外再次发生抗议活动，吸引了成千上万的示威者。

宪法修改必须在全民公投中得到日本公众的同意，总体上，他们当时仍然以微弱优势反对这一想法。日本先是遭到美国总统唐纳德·特朗普的大声嘲弄，称其在美国的安全保护伞下"吃白食"，然后又在2018年被完全抛弃。

*

安倍把自己为日本做的规划包装为"伟大重生"的一个组成部分，在时间上想和2020年的奥运会和残奥会保持步调一致。然而，尽管安倍作为自民党领袖的前途看似不确定——他的内阁丑闻不断，支持率持续低迷，还不时受到小泉纯一郎（坚决反核、反安倍人士）的发言抨击——但当时没什么迹象表明这个国家的基本格局会即刻发生变动。2020年是自民党成立65周年，65年间自民党几乎是连续执政。迄今为止，短暂的中断与其说是助长了对手的选举势头，倒不如说是让对手丢了脸。自民党内部虽有分歧，有其颇为"传奇"的派系斗争，但战后的日本并没有发展出可靠的两党制或三党制。

日本影响力巨大的官僚制度甚至根基更稳了。明治时代管理主义的遗产，其共识保守主义以及广泛而具有塑造作用的影响力，时常鼓动政治家和观察家之流将国家意志与国民意志混为一谈；将家长式统治，有时是充满野心的干涉主义式的政治和社会经济领导权，与想象中团结统一又目标明确的民众意志混淆。

一个半世纪以来，国外言论——大多数在日本都得到了阅读和反思——在强化这些看法方面发挥了作用。作为以"现代西方模式"第一个"走向世界"的亚洲国家，日本经常被视为西方社会的镜像：它被引为这种模式适合输出的引人注目的证据和引以为戒的实例——尤其是从20世纪90年代开始——如果管理不当，这种模式会出现什么样的问题。这种具有深刻自我参照性的"追寻日本"，在西方对韩国或中国的研究中不多见，其反面是关于西方与日本生活差别的干瘪描述，就像鲁思·本尼迪克特的作品和大部分"日本人论"类型作品中能够找到的那样。"日本的"这个形容词逐渐暗示了一种时间上更为连贯也更为持久的东西——与难以触及的传统和根深蒂固的心理特质紧密相连——相比之下，"美国的"或"德国的"让人联

PART SIX　振奋精神

想到的东西则更为复杂也更容易升级换代。

对于日本人民而言，的确有过一些时刻，他们把这个国家当作一个有意义的整体来思考，将自己的身份认同深深地投入其中。1945年8月是这样的时刻。2011年3月是另一个这样的时刻。但大多数时候，"现代日本"的出现和延续只是作为生活的副产品，人们更多的是把家庭、社群，以及对知识、愉悦、成功的追求当作可以理解也更具吸引力的指导理念，而非日本领导人一厢情愿、宏伟壮丽想象中的"国家"。

这种区别——国家被视为一个单独、不断展开的故事，与无数个小故事的差异——正在2020年奥运会前夕东京以东约80公里处上演。常被誉为"日本门户"的成田机场正在升级设施，准备像漏斗一样把运动员和观众带到一个超级现代而环保的国家首都，这里到处都是崭新的节能建筑、低碳区、可爱的寄语和吉祥物。届时将出现氢动力汽车、无人驾驶出租车和增强体育场安全性的面部识别技术。比赛奖牌将采用从废弃智能手机中回收的贵金属制作。日本甚至还计划通过卫星向夜空喷射发光微粒来制造人工流星雨。就像1964年一样，2020年奥运会也试图通过软实力和高科技来重新定义国家形象。为了留下好的第一印象，成田机场耗资50亿日元，将米黄色的老厕所设施以色彩鲜艳的新设施取而代之，并且完备配置声控系统和加热座椅。

然而，就在从机场出来的那个拐角处，有另一个完全不同的"日本门户"。每年7月，成田这座小城都会举办成田祇园祭。小小的临时摊位沿路排开，温暖的傍晚夜色中，悬挂的串串灯泡照亮了摊位上的商品：撒有盐、辣椒，抹了芥末和厚厚一层棕色甜酱的烤鸡串滋滋作响，还有炒面和章鱼烧，棉花糖和拔丝苹果，成人喜欢的酒，孩子们热衷的捞金鱼游戏和玩具。

这些摊位和成千上万摩肩接踵的顾客共同创造出一条临时大街，华丽的"花车"在大街上缓慢行驶，非常热闹。晃晃悠悠站在顶部和并排坐在靠边台子上的，是精心打扮的舞者、歌者、鼓手和笛手；用巨绳拉着车的，是系着发带、身穿五颜六色薄薄节日外衣的男女青年。神明在"神舆"里，穿行其间。男人们似乎把神舆举得高高的，但实际上他们只是勉强抓稳：他们踢腿、微笑、狂热地喊叫，是心中的神祇给了他们活力。

成田的祇园祭迄今已经有300年的历史，名字来源于比它还早上数百年的京都祇园祭。在这珍贵的几个小时中，现代国家及其统治的现代民族体现出彻底的偶然性。交通信号灯熄灭了。踩在柏油路上的是木屐与草鞋，这种像凉鞋一样的东西在江户时代乃至更早就有了。人们脱下职业装，穿上色彩缤纷的夏日和服。之所以请警察来，只是为了保护这一切。他们戴着白手套，拿着橙色的指挥棒，不让小车和公共汽车进入。这里的东西，不仅比政府、职业政客或奥运公关古老得多，而且在根本意义上更贴近人类的本质。生活充满热忱，摒弃了生活的烦琐和虚伪。这是超脱于时间的时间。

然而事实并非如此。成田一年一度的节日是其支持者每年与当地政府厮磨的结果。路线是什么？交通管制持续多久？组织者能保证事情不会失控吗？其他地方的祭祀活动往往是历史和政治催生或剥夺的对象：一些是应对乡村人口缩减的无奈之举，另一些则是受到1970年大阪世博会等活动成功鼓舞而来的更为乐观的市政创新。传统的纸灯笼挂在高高的线上或者陈列在木框中，上面写着赞助商的名字。每天的社会政治活动因为幕后讨论而热火朝天：哪些角色应该落在哪个年轻人或老人、男人或女人、这个人或那个人头上；游行中谁应该坐或站在什么位置；谁会为花车付钱，又该付多少钱。

那些觉得日本"官方版2020年故事"出奇地乏味的奥运游客，会在诸如成田的节日中瞥见打造出这个现代国家的真正原料：一边是具有丰富性、复杂性的民间社会，另一边是通常相当遥远又被动的信奉管理主义的国家，二者之中以及彼此之间有着一种永无止境的推拉关系，不论是在对日常生活的持久关注方面，还是在新的观念和态度方面。这些新观念和新态度自国外舶来或自国内萌发，跨越动荡的一个半世纪，承诺或威胁要对这种生活加以改造。

操纵政治或行政权力的艺术在于把这些压力分成两大类：一类是可以被描述成国家认同和目标核心的边缘事物，另一类是能够或必须与之合作的，且最终会随着时间推移而被允许纳入核心。1945年以前，在不同时间点上，前一类有女权主义、自由主义、基督教，妇女投票权和激进的工会主义；战后岁月中，进入第二类的有合作性劳资关系、国际事务中的"和平立场"、对自然环境的关注以及世界一流的科技与娱乐多样性。

对于寻求改变的日本人来说，这意味着"自上而下"不太可能是一个现实的努力方向。更可能的是，用渐进的、自下而上的创新得到当权者迟来的认可和支持。然而道险且阻。满足于现状的人乐于鼓励人们集体遗忘现代日本的变革天赋，集体遗忘日本目前的社会和文化场景——特别是在有记录的1500年的历史背景下——是多么新颖，多么具有实验性。

到21世纪10年代末期，"太阳旗"的多重含义清楚表明，国家层面的拉扯和互动在改变人们思想和维系多种观点方面可以取得多大成果。在整个东亚，甚至对一些日本人来说，白色背景上的圆形红日仍然强有力地让人联想到日本的帝国主义过往及其在当今政治中的痕迹。它曾经在南京上空升起，现在，在东京西部的新宿和涩谷，它在极端民族主义分子的黑色宣传

PART SIX 振奋精神

车车窗上飘扬,震耳欲聋的军乐(伴随着对这个国家"卖国政客"的愤怒指责)让购物者感到些许尴尬。1999年,日本教师最后输掉了一场旷日持久的战斗,这场战争的目的是不让太阳旗成为正式国旗,不让《君之代》成为国歌。东京一些人把学校集会上面对国旗唱国歌看作有新民族主义和极权主义色彩的命令,为此走上法庭抗议。但最终他们输掉了这场官司。

但同样是这面旗帜,在1964年东京奥运会上却得到了具有"艺术歧义"的使用,与富于和平意味的竞技国际主义联系在了一起。21世纪初,日本超级明星摄影师蜷川实花将它引入时尚和流行文化:她让一个模特在旗帜面前摆出造型,模特身穿比基尼和透明的深红色上衣,金色牛仔帽向下盖在脸上,肩上挎着武士刀。到21世纪10年代,日本的奥运会组织者们在设计上已经炉火纯青,将红圆用作会徽中的"东京"和"2020"之间的醒目分隔符[①]。

类似的情形也发生在精神疾病上,尤其是抑郁症。这个概念,以前大多数日本人都不知道,直到20世纪90年代末和21世纪初,公共宣传和制药行业推广活动鼓励人们将其当作"灵魂的感冒"来思考:任何人都可能患上它,这没什么好羞耻的,

---

[①] 此处指日本申奥会徽"樱之环"。——编注

而且药物可以对其做有效的治疗。在日本，被诊断患有情绪障碍的人数在短短四年里就翻了一倍，抗抑郁药物的市场迅速蓬勃发展：2006年——这一年通过了《自杀对策基本法》，旨在帮助解决日本居高不下的自杀率——抗抑郁药物的市场规模是8年前的6倍。有关"心灵关怀"的讨论开始改变人们对心理健康护理的看法，从令人恐惧、让人羞耻的机构干预，转向在某种程度上每个人都不时需要的情感和人际关系方面的帮助。

在工作场所，抑郁症从不为人知的概念演变为个人问题，再被认定为是过度工作所造成的结果——企业要为之负责，政府则被迫规定实施强制性的工作压力检查——最后变成员工愤怒质疑的对象，因为他们的同事因病休假，导致他们要做额外的工作。到21世纪10年代中期，日本的自杀率终于开始下降，但也有了"假抑郁症"的说法，同时又突发若干起引人注目的"过劳自杀"事件。这表明许多公司在处理这个国家的"加班文化"方面仍然拖拖拉拉。其中一个事件涉及一名年轻的建筑工人，他于2017年3月结束了自己的生命，此前在2020年奥运会体育场建设过程中一个月内加班了190个小时。

日本太阳旗和抑郁症的历史表明，辩论、灵活性和多元主义是建构在日本基因中的东西。尽管有时领导人倾向于淡化这三者，认为其与民族性格相悖，但危机和机遇总会使其凸显。

PART SIX 振奋精神

因此，可以想象，在2011年3月地震与海啸带来的挥之不去的创伤和对2020年东京奥运会的期许之间，那些竭力推动日本走向新方向的人或许会找到某种途径。自民党及其盟友对日本在2020年及以后应该是什么样子有一个愿景。但是，还有什么其他的愿景？他们又如何才能获得一些支持呢？

*

日本三重灾难发生的几周后，一段视频被上传到视频网站上。一个男子，穿着牛仔裤、衬衫，戴着太阳镜、帽子，走进一个光线昏暗的小房间。他坐在凳子上，拿起一把黑色原声吉他弹奏起一段略显业余的布鲁斯音乐。很快，人们听出，这是对创作型歌手齐藤和义的《我一直爱着你》的翻唱。它是不久前一个化妆品广告的主题曲。但翻唱版有所不同。不同于原作的浪漫，翻唱歌词中包含的是对日本54座核反应堆的激烈讨论，它说，电视广告多年来一直在说它们是安全的，而现在我们都知道它们并不安全。

这位歌手渐渐进入主题。他的嗓音逐渐高亢起来，演奏也似乎更顺畅。最终，他唱到了副歌部分：

从头到尾都是一个谎言！

现在真相大白。

从头到尾都是这样一个谎言！

"核能很安全"……

齐藤和义无疑会咨询他的律师。若有人通过这样的方式篡改他的音乐，连带着他的名誉也会受损，因为这个行业中对于什么行为可以被接受是有明确规则的。完全由政府说了算的音乐审查制度已经随着占领时代结束了，但是，20世纪50年代初就被采用的"道德准则"——在一定程度上是为了回应对年轻灵魂堕落的担忧——现今仍然具有很大的约束力。负责监督这项工作的机构，"唱片伦理审查会"（RECORIN），对任何扰乱国家或公共秩序、不尊重生命或正义、表现出纵容犯罪或反社会行为、具有淫秽或歧视特点的作品，时刻保持警惕。唱片公司对自己的责任和旗下艺人的公众形象小心翼翼，会在歌曲发行之前检查所有歌词。之前被拒绝的歌词会作为反面教材在制作人之间流传，以求避免最终不得不重新录制音乐、重新印刷包装的情况。

在庞大又具有影响力的广告商压力下，商业广播公司实施严格的限制：这首翻唱歌曲将不会在收音机或电视中出现——

PART SIX 振奋精神

这一点很明确。"辐射在风中飘散,"这名男子唱道,双膝因为愤怒而抖动碰击,"政府什么时候才会醒来?!"

不管怎么说,很少有人会对这类内容感兴趣。通常的看法是,日本年轻人从小到大都希望艺人们友好、有同情心、善解人意。他们不需要传教士或鼓动者。

然而,真的不需要吗?这首视频网站上的翻唱歌曲最终就像病毒一般在全网疯传,分享和重新上传的速度比抓狂的齐藤所在的唱片公司撤下它的速度还要快。"终于,有一首抗议歌出现了!"一位粉丝在社交媒体上感叹道。"他的勇气正是我们所需要的东西。"另外一个粉丝说。齐藤本人却完全没有受到这一切的困扰。他是不会采取任何法律行动的——他就是视频中那个男子。

这种做法少见又危险。日本的娱乐与政治之间明显脱节,其部分原因是,抗议活动与主流流行音乐之间彼此没什么关联。多亏了像 SMAP 和 AKB48 这样代表日本流行音乐的偶像团体,日本自诩拥有美国以外全球最大的音乐产业。音乐和时尚亚文化与大企业支持者之间的不断交流,催生了令人惊叹的国际"成功案例",比如"金属宝贝"(Babymetal)——这是一支将偶像文化、日本哥特式和朋克风洛丽塔洋装以及超高速重金属熔为一炉的备受称道的乐队。但这种创造性和商业性兼具的开拓，是与舞台上下强大管理公司对艺人的严密控制结合在一起的。

日本地下市场庞大——朋克、流行音乐、重金属、民谣和电子舞曲等多种类型——音乐家们在其中受到的阻碍较少。但如果他们开始制造麻烦，音乐节赞助商和场馆业主总是能够将其封杀。"九是一个美丽的数字。"一个朋克歌手在东京高丹寺附近唱道。这个地方以其 livehouse（小型音乐演出场馆）、唱片店和高档服装店而闻名。他的作品并非以微妙的暗示而闻名的那一类。这是政治暗码。任何人都很难反对它的歌词，但是粉丝们会品出其中韵味：宪法中的和平条款正是第九条，并且，可以进而指向安倍的宏大计划。

齐藤和义在视频网站上的公开冒险是一个时代标志。2011 年 3 月的灾难是毁灭性的，而有关安全漏洞和掩盖真相的指控又如此具有煽动性，以至于一段时间里，人们认为日本可能正在进入一个真正的转型期。齐藤和义开始在演唱会上唱这首翻唱歌曲，尽管最初他的管理团队试图阻止他。坂本龙一——影响力巨大的黄色魔术交响乐团（Yellow Magic Orchestra）的成员，因为《末代皇帝》的配乐获得奥斯卡金像奖——和小说家大江健三郎于 2012 年 7 月在东京代代木公园组织了一个名为"再见吧！核能"的集会。参与者还有濑户内寂听，一名小说

PART SIX　振奋精神

家，后来成了古泽平作的客户，当下，在她的追随者眼里，她简直可谓现代日本的良心。她揭露了日本"低俗"政治阶层所造成的心理和道德伤害。像这样的集会吸引了成千上万的人，人数之多，是自1960年"安保斗争"以来从未有过的。作为经历过早期抗议活动的资深人士，坂本告诉集会群众，看到日本人民再次发出自己的声音，他感到非常自豪。

许多其他人在东北地区行动了起来。当地官员和该地区的应急服务人员疲惫不堪，这正是他们毫无停歇、不休不眠地为社区工作的最好证明。公民社会表现出了目标性和灵活性，这些正是中央政府在灾难发生后关键的最初几小时和几天里似乎又一次缺少的东西。一些人向该地区汇款，还有一些人亲自到那里清理变干的泥巴和碎片瓦砾，帮助受灾家庭住进临时住房。博客作者、推特用户和Safecast等众包式公民科学网站填补了政府和东京电力公司所造成的信息空白，分享了他们自己（通过放置在学校顶部等地点的设备所得到的）的辐射测量数据，以及对于不安全食品及其非法供应的担忧。后来，重建进程开始，农产品测试表明公众持续的担忧与实际情况是不相称的——对于东北大部分地区而言，危险性是非常低的，而且会逐年下降。非营利组织帮助农民重新建立起了因为官方信息不足而减弱的大众信任。

为系统性变革造势的困难，很快变得清晰起来了。坂本龙一在核问题上的直言不讳最终使他失去了赞助和在电视上露面的机会。人们批评他，要求他心无旁骛地做自己作为音乐家的分内之事。《产经新闻》嘲讽说，一位"时尚的文化人"住在纽约价格不菲的公寓里，却认为自己配得上教导身在日本的人民该在哪里去获得自己的电。尽管公众普遍反对，并且抗议者用了从广播车到"声音云"软件在内的各种设备来传达自己的信息，然而核设施的重启仍在继续，而自民党的做法在国会竟然没有异议。与此同时，一些人希望东北地区的重建或许会劝说中央政府向地方当局——不仅在东北，还包括其各个地方——作出早就该做的权力让渡，但他们却尚未看到这一点变为现实。

在 21 世纪 10 年代后半期，福岛核事故后一直就存在的机遇开始与奥运机遇融合。就像之于 1964 年的东京，之于 2020 年的东京也是如此，奥运会为日本提供了一个在国际观众面前讲述新的国家故事的平台，但如果它所讲的东西空洞无物，便是在全球面前丢脸。这种双重可能性最终可能会被浪费。日本可能会进入一种"后奥运低迷"，唯有通过更不受欢迎的另一系列事件，才能让这个国家的 21 世纪挑战找到清晰的解决方案。但是，在奥运会之前、期间和之后的短时期里，日本领导层会容易受到国内舆论和压力的影响，而这些则是任何反对党或政治运动本身都没有能力产生的。

PART SIX 振奋精神

*

多样中的统一

我们生活在一个多样而非同质的世界,我们之间的差异跨越广泛的领域,种族、肤色、性别、性取向、语言、宗教、政治或其他见解、民族或社会渊源、财产、出身、能力水平或其他种种。坦然接受这些差异并且相互尊重,方可让和平得以维系,让社会得以继续发展和繁荣。2020年东京奥运会将营造一个友好的环境,提升全世界关于"多样中的统一"的意识。

——2020年东京奥运会基础方案

在其漫长历史中,日本几乎在所有方面都称得上"多样中的统一"。但是,致力于现代化的日本领导人已经习惯性地将差异视为一个国家的安全问题:它削弱或破坏一个国家的意志,而一旦失去这种意志,这个国家将迅速沦为西方军事、经济或意识形态上的牺牲品。2005年,针对批评家将日本称为"同质性神话",外相麻生太郎作出了质朴的解释,他说,日本是"一个国家、一个文明、一种语言、一种文化、一个种族——如此种种，别无二致"。如果真有多样性，那么它必须归入娱乐世界——归入人们探索和坚持各种各样生活方式和身份的欲望，它们被安全地封闭在私人或共同的幻想之中，以及受到严密管理的消费主义之中。

麻生是少有的几个善于发表笨拙或有争议评论的日本政客之一，他疑似赞美过纳粹，还曾建议日本的老年人应该"快点去死"。很少有日本人像他这么表述，但"同质"，在有着共同的根底和共同的理想这一意义上，正是现代日本最成功故事之一：它既是一个在字面意思上表示"不真实"的神话，也是一个强大到足以开创出新的社会和文化事实的神话，通过塑造若干代人的常识性假设、思想和行为来实现。

在这种情况下，人们可能会对"多样中的统一"这样的短语感到非比寻常的绝望。这种怀疑是有道理的。"多样中的统一"并非是对旧的叙事（本质上是"统一与多样对立"）的简单替代。这并不是日本可能很快会变成什么样子的一种愿景——对许多人来说，这会招惹上"集体性迷失"这个幽灵。相反，"多样中的统一"作为一个谜题和一个及时的挑战倒可能是有用的，有助于在日本再次激发起关于国家应当如何建立和维系这类问题，正是这些问题推动了19世纪50年代以来关键时刻那些惊人的进步。

PART SIX 振奋精神

到 21 世纪 10 年代末，思考探索性问题的时机显然已经来临。日本的劳动年龄人口呈抛物线式急剧下降。预测者估算，到 2040 年，正在迅速减少的人口结构中，整整三分之一会在 65 岁以上。这个国家的生育率早在 1974 年就开始低于人口维持所需要的水平。经济衰退和放松管制之后这一问题更为严峻，明显越来越少的日本年轻人觉得自己有足够的财产或安全感去承担组建家庭的风险。

女性在就业市场上继续遭受不平等，而且还担心成为母亲很可能会终结自己进一步学习或开创事业的机会。虽然早在 1985 年就通过了《男女雇用机会均等法》，禁止在培训、福利、解雇和退休等事情上搞性别歧视，还鼓励公司在其招聘方面作出改进，但是，30 多年后的一份报告表明，日本在经合组织国家中，管理职位上的女性比例极低，女性政治参与度最低，性别工资差距也几乎垫底。

日本领导人在寻找并实施可接受的解决方案上正面临困境。调查显示，民众仍未被说服相信移民带来的好处。早在 20 世纪 80 年代就出现过一波规模不大的移民潮，引发了日本国内有关"外籍劳工问题"的焦虑。2001 年有消息称，这一"问题"波及皇室：那一年，明仁天皇公开谈到自己家族的朝鲜半岛血统。尽管从那之后情况有所缓和，但人们仍然担心，从低犯罪率

483

（即使是在经济最困难的时期）到传统的行为模式和标准，诸种被珍视的社会美德会遭到淡化或危及。人们认为，这些东西，外来人口要努力才能适应，或者他们根本就懒得去学习。不愿冒险就移民问题展开严肃公开讨论的政界人士被指责为外国工人打开了进入日本的后门。早在20世纪90年代就出台的技术实习生培训计划，即通过有时间限制的实习把技能输送到发展中国家，之后却变成了某种类似于"客工计划"的东西，待遇和条件都很差劲。

无论如何，自民党中的一些人希望通过其他方式来满足国家的需要：让更多女性和退休者重返劳动力市场；以某种方式提高出生率。然而在这方面也是有障碍的。政府制定的陪产假制度堪称世界上最大方的之一：时间最长可达一年，薪资发放全薪的60％。但是，只有不到3％的父亲履行，因为他们担心这会显得自己对事业漫不经心，又或者当他们回到办公室时发现自己前途渺茫。兴建更多日托中心的资金得到了保证，这一步之所以得以实施，要归功于一篇广为流传的博客文章——《日本去死吧！》，文章由一位因找不到托儿服务而差点丢掉工作的母亲撰写。但是居民组织总以噪声和交通拥堵为由阻碍日托中心的修建。

人太难对付。机器人至少是顺从的。21世纪10年代，日本

PART SIX　振奋精神

的科技公司相互竞争，创造出长相可爱的"护理机器人"Robear，它们可以搀扶和帮助老人和弱者，引导他们进行轻度的日常锻炼，并且，随着人工智能研究的发展，还能与之进行更多的互动。除了有助于让人们可以更长时间待在自己家里、缓解劳动力市场的压力（对外国护工的需求量降低；越来越多的日本人从家庭责任中解脱出来回到有偿工作岗位），护理机器人和诸如此类的创造还为日本工业提供了一种重获世界领先技术创新声誉的方式，这一美誉近年来似乎已经越过太平洋，到了加利福尼亚州北部的硅谷，而且有着巨大的出口潜力。

与其说技术是解决日本人口问题的一种直截了当的方法，不如说是一个根本性质疑过程的组成部分——关于21世纪这个国家会变成什么样子成为正在进行并逐渐升温的全国性拉锯战。在20世纪，家庭一直是综合国力和民族认同的核心，它是一个扎根在合作、关怀和角色互补中的社会单位，是自我认知的基础。这些角色和关系的性质随着时间而变化，但是家庭的基本定义，随着日本从代际模式过渡到夫妻模式，在整个现代却大体上保持不变。

现在的问题是：随着家庭形式的日益多样化，"家庭"的这一定义能否——或者说应该——作为共同的文化核心而继续存在？自从20世纪70年代以来，夫妻模式家庭一直在减少。现在，越来越多的家庭由独居者、丁克、单亲或者因为条件而被迫与年迈父母住在一起的成年人构成。对护理机器人的需求一直在上升之中。志愿者组织机构在为老年人提供照顾和陪伴，但越来越多的老年人则宁肯自杀，也不愿在孤独或贫困中苟延残喘或者冒险成为亲人的负担。由于很少有政客愿意倡导LGBT（性少数群体）的权利，日本各地越来越多的地方政府——2015年，从东京的涩谷区开始——主动给予同性伴侣民事结合认证，以便他们获得共同租用公寓或者医疗签字权。在日本，人们仍然想用独特的"日本的"家庭模式来思考吗？如果是这样，"合作""关怀""互补性"这些核心理念能否奏效、填平鸿沟，甚至延伸到"人类—机器人家庭"的时代？

"共同体"，现代日本的另一个支柱，又如何呢？传统观念是将共同体视为紧密联系和排外的：邻里关系，工作关系，扎根于历史、习俗、血缘、精神和国际冲突的结合之中并随着时间推移而变迁的族群。这之中的哪种核心理念或许可以帮助职场女性、想要获得陪产假的父亲或需要托儿设施的父母？

如果"多样中的统一"这个难题的一部分是如何将日本人在成长过程中对统一的高度重视与如今接纳多样性的需求相协调，那么，日本的资源可谓丰富得令人羡慕。这个国家中形形色色的人大部分在整个现代化进程中都生活在日本主流叙事的

PART SIX　振奋精神

边缘，被迫去思考这个国家正在诘问自身的种种问题，投身与国家和整个社会之间的拉锯战之中。他们的经历是复杂的，他们的答案还不够完善，但其中有值得思考的东西，甚至可能有遥远未来日本故事的种子。

很长一段历史中，阿伊努人的疆土都被视为大陆极北边缘的蛮荒所在。据说，阿伊努人生活在山洞巢穴之中，茹毛饮血，脚下速度快得惊人。一些日本商人和屯垦者冒险穿越津轻海峡，寻找鲑鱼、兽皮和可耕种的土地，但大体上该岛只是各位领主用以威胁反抗武士的流放之地。

现代性改变了这一切。由于迫切希望保障新领土的安全并且行使——部分是为了给国际社会展示——自己对于穷人、粗人和文盲的教化责任，明治时代的领导人启动了大规模向北移民这一措施。他们夺取了阿伊努人的土地，摧毁他们的经济。到19、20世纪之交，阿伊努人仅占如今被称为"北海道"的人口的2%。许多阿伊努人深陷贫困和酗酒的泥潭，被认为是一个"自然消亡的种族"，而不是一个被积极消灭掉的种族。

《北海道旧土人保护法》在1899年通过，从该法案的名字就能够看出，日本同质性现代故事表面之下对统一性和多样性在一定程度上的混淆和矛盾。有人试图将阿伊努人同化到主岛人对"日本人"的定义中来：有限的土地分配（用窃取来的东

487

西充大方），将渔民和猎人变成农民；服饰装扮与南方保持一致；更改姓名；教育是用日语提供的，阿伊努人的文化则躺在了博物馆里。但分化和歧视也被证明是"很有吸引力"的。许多阿伊努儿童被送到特殊的"土著学校"，而那些上普通日本学校的孩子在战后很长一段时间里都饱受欺凌，连他们民族的名字也受到侮辱（阿伊努的发音是"ainu"，而侮辱他们的人故意把其叫作"Ah！Inu！"，意为"啊！狗！"）。

在过去的几十年里，对于如何更好推动其在现代日本的发展前景，阿伊努人之中有分歧。一些人拥护主岛人的"统一"观念，离开北海道，把阿伊努人的身份抛诸脑后；而那些更愿意维系自己族群意识的人则发现，在维系"多样性"的众多途径中，有些可能是有问题的。1903年，在大阪工业展上，约有430万游客经过"人类馆"，他们目瞪口呆地望着一个"土著阿伊努村"，而阿伊努成年人则被雇佣来在这里做戏：四下跺脚、喊叫、唱歌、叫卖肉食。1941年的一本政府旅游宣传册建议来北海道的游客去探寻两处阿伊努人村子。在其中一个村子里，如果他们愿意"支付召集费和清酒钱"，阿伊努人会为之献上歌舞。在另一个村子里，作者警告说，阿伊努人行事更为低调，"所以，看着他们的时候，请千万不要无缘无故地发笑，也不要摆出一副嘲弄的样子"。

PART SIX　振奋精神

自己的过去和现在如何在日本得到理解，只有当阿伊努人对此有一定的掌控力，他们的命运才会有所改善。1997年通过了《阿伊努文化振兴法》，取代了旧的保护法，这标志着日本首次在法律上承认了少数民族。关于其古地名的研究得以开展，残存的阿伊努口头文学和手工艺得到发掘和恢复。2008年，一项国会决议正式承认阿伊努人是日本原住民。虽然阿伊努人的资源和土地权利等重要问题需要很多年才能解决，但日本对"统一"的基本理解似乎受到了质疑，人们发现，"统一"是广阔而且鲜活的。

在这个国家的其他地方，情况更不乐观。自从1995年的强奸事件以及美军随后承诺搬迁普天间空军基地以来，近25年过去了，对冲绳人来说，几乎没有发生什么变化。搬迁安排仍然止步不前：没人希望军事基地开设在靠近自己生活的地方。同时，虽然新曝光了若干起美国军人和私人承包商针对冲绳妇女的性暴力事件，军事硬件的碎片偶尔会从天空落到下方的平民区，但是东京的政治家们所能做的只不过是公开对其美国盟友抗议罢了。冲绳人生活中的大祸害是不可能凭借愿望就能拔除掉的：它是美日安全关系中的关键，也是主要谈判筹码，哪一方都放不下。

20世纪90年代至今，音乐、食品和文学领域中阶段性的

489

"冲绳热潮"，至少帮助该地区在日本更广泛的文化融合中赢得了一个公认的位置。但其中有太多内容是就主岛人的条件而论的。1993年的热门歌曲《岛之歌》使用了冲绳的乐器，尤其是三味线，它既唱出了此地的美丽，也唱出了此地的困境。但这是The Boom乐队的作品，这支乐队来自离东京不远的山梨县。以冲绳为背景的电影和电视剧总是倾向于表现这些岛屿的乡村魅力和悠闲生活方式，将贫穷与质朴画等号，将发展落后与天真或者纯净画等号——冲绳仍然是日本最贫穷的县，靠"3K"为生：观光（$kank\bar{o}$）、为美军基地（$kichi$）提供服务以及开展公共工程建设（$k\bar{o}ky\bar{o}\ k\bar{o}ji$）。即使是Begin乐队和Orange Range乐队这些冲绳乐队也发现，在推广冲绳混合的音乐传统——民谣、摇滚和说唱，并融入了来自东南亚和美国的诸多影响——与将其进行商业包装以迎合主岛市场需求的"真实感"之间，有一条明确的界限。

美国军队在2016年短暂拘留过著名冲绳小说家目取真俊——当时他在抗议普天间搬迁——这可以被视为一个提醒：当其文化和一个不可忽视的政治言论相悖时，作为一个可存续的社会群体，要留存下来是多么艰难。生活在日本的移民自朝鲜半岛的人对这一点可谓再清楚不过了。自从20世纪90年代以来，韩国流行歌曲和电视剧构成的"韩流"席卷这个国家，没有任何消退的迹象。诸如身兼喜剧演员、演员和导演的北野武等文化大咖越来越愿意谈论自己的朝鲜半岛血统，并以此为荣。但是，正如阿伊努人在《北海道旧土人保护法》实施后模棱两可地生活了数十年一样，日本庞大的在日韩国人（总数在50万人以上）仍无法摆脱"在日"的身份困境。这个称呼主要用于指家庭根脉可以追溯到1945年以前，自朝鲜半岛移民而来（大部分是被迫而非自愿），现在拥有永住权却没有国籍的那些人。它代表着居住地而非归属——既不属于这个国家，也不属于这个民族。

21世纪初日本官方关于"多元文化共存"的豪言壮语，并没有缓解一些在日韩国人心中的无家可归之感，对其所面临的歧视也无甚帮助。"多元文化共存"努力与关于这个国家的其他不同想法竞争，这样的想法在街道上、网络上甚至偶尔在显赫政治家口中还存在：日本，作为单一民族的"家园"，欢迎任何能够拿出返程机票的游客，并且容忍——在经过默许并与之保持一定距离的情况下——非日本裔的或部分属于日本的少数民族长期存在。2014年，由于冲绳人和阿伊努人的代表们参加了首次由联合国支持的"土著人民世界大会"，政府不得不成立一个委员会，对针对在日中国人、东南亚人，尤其是韩国人的仇恨言论展开调查。就像冲绳人一样，这三个群体中的许多人发现自己的就业前景依旧局限在"3K"之中。这里的"3K",指的是没人愿意从事的那些工作,因为它们"费力"(kitsui)、"肮脏"(kitanai)且"危险"(kiken)。

然而,民众对真实性和根源的普遍兴趣是冲绳人和在日本的其他少数族群或可加以利用的某种东西——它就像黏合剂一样,把人们凝聚在一起。对于日本的未来而言,同样值得关注的现象是,冲绳年轻人中似乎有一种超越同化与异化之争——即做"日本人"还是"冲绳人"——的明显倾向。他们把自己视为二者兼具,而双重身份将他们与这个国家中诸如东北地区等在历史上被忽略的其他地区联系在了一起。

同时拥有几个身份有可能成为一种方式,让那些从根本上仍然认可"同质"这一想法(和理想)的人开始对其有所剖析。它让人们不是从主流及边缘这个方面,而是从每个人存在的多面性这个方面来思考"多样性"。日本的少数民族权利倡导者们觉得,让它得以实现有着迫在眉睫的必要。他们发现,要想在竞选中取得成功,有两件事是必不可少的:一是掌握自身群体及其诉求的叙事话语权,二是改变其他人看待和对待自身的方式。残疾人权利倡导者们很高兴看到,2014年,日本姗姗来迟地签署了《联合国残疾人权利公约》。这意味着,今后,如果公司和机构不能对其服务提供合理的调整——让残疾人能够在平

PART SIX　振奋精神

等的基础上享有基本的权利和自由——它们或将因歧视而受到惩罚。但是，身体或智力残疾仍然会因为社会认知而复杂化：关于残疾人在群体中的地位，人们一直以来都将之视作恳求者和心怀感激的接受者。

日本的前"贱民"面临着相关问题。他们一度被称为"非人"和"秽多"，在现代被称为"部落民"，这个词来自他们生活过的"部落"。但是，在约为120万的人口中，许多人根本就不想被贴上任何标签。他们的少数群体身份并不是基于民族或者他们引以为傲的历史，而是基于他们所从事的那些一度被视为不洁的职业带来的污名。一些人说，解决办法是让"部落民"这个概念和划分从此消失。21世纪初期，部落民权利运动中的一些人认为这已经达成：数十年来，政府为了消除其过去的污名，花在其家庭、学校和其他基础设施之上的"同化"开支，以及对部落儿童的补偿性教育和对普通民众的社会教育，已经使得很少有日本人还会再想起这个问题来。但发生在2016年的事为民权活动家们敲响了一记警钟：依靠他人来改变或忘记对自己的偏见是多么不可靠，必须出台新的法律来应对譬如为了审查应聘者或结婚对象而长期线上定位部落民的邮政地址等新型歧视。

在日本，一个人可能同时拥有多重身份，这并不稀奇。日本的"地域主义"仍有重焕生机的空间,从精心包装的当地农产品和美食(提到一个县,人们就可以说出一种特产,当地机场很有可能将其当作纪念品正在出售)到真正的权力移交。身份认同运动在全球范围内的兴起最终可能会对此有所影响:阶级、性别、性取向、宗教、亚文化爱好和习惯,甚至是共同的问题或医学诊断——抑郁症和癌症博客,以及网络后援团,在21世纪10年代的日本各地如雨后春笋般涌现。

即便是食物——在日本是一项严肃也极为多元的事业——也能提供灵感。日本有中式拉面,假道英国而来的印度咖喱饭(结合很早就从中国引进过来的糯米栽培技术),来自法国的可乐饼和炸猪排,源自葡萄牙的卡斯提拉蛋糕,还有汉堡包、比萨和意大利面。日本没有"核心的国家菜系"和"边缘的外来菜系"的分级,也没有所谓的"外国菜系问题"。各种各样的菜肴构成一个可辨的具有日本特色的整体,以尊重食物为共通的文化核心来运作,这体现在精选食材和装盘上,体现在专业性(甚至是烹饪传承谱系)和餐馆服务中,体现在围绕餐桌上的食物进行的餐间谈话中。

无论日本如何回答它在21世纪初所面临的问题,近现代历史表明,需要努力、巧思和时间共同发挥作用,方有可能达成结果,成为令人惊讶的——或许让人振奋的——海纳百川式民

PART SIX 振奋精神

族认同与核心的组成部分。正如走向"多样中的统一"的最好方式是将其当作一个谜题而不是一个口号或一条需要即刻实施的唬人建议，对于日本而言，2019年5月1日可能是一个比2020年夏天意义更为重大的时刻。

年号纪年和时代的变化在现代日本意味深长。前者可以当作国家故事的章节——以时间为序，但各有其主题。后者提供了一个回顾过去和展望未来的机会，让人们在持续的国家认同探索中重新振作。明治时期（1868—1912年）见证了一个国家经历改革，直到维新天皇逝世的举国悼念。大正时期（1912—1926年）与民主化、大众社会的兴起和失败的国际主义尝试密切相关。漫长而动荡的昭和时期（1926—1989年）历经了军国主义、毁灭而后奔向新目标。平成时期（1989—2019年）一直萦绕着前一个时代的野心和毁灭性的记忆，同时也看到那个时代所构建的许多事物的瓦解。但是，正如世界上大批喜欢日本的人坚持认为的那样，它也让这个国家比以往任何时候都更容易接近、更广受欢迎。

2019年5月1日，令和时代迎来了曙光。德仁亲王——明治天皇的玄孙——在其父明仁天皇长期计划的退位之后，登上了皇位。这个新时代和新统治终将承载其自身的强大意义。目前，人们可以从年号的选择中窥见现代日本最深层的动力。其中蕴含着自信：年号首次不是从中国古典诗歌中选取，而是来自日本的《万叶集》。它通过新旧结合展现了革新精神："和"（和平）在年号中第 20 次出现，而"令"则是首次。同时，它也带有不确定性。"令和"一词出自一首描绘春天梅花开放的诗。尽管在此语境中，"令"意味着"和谐"或"吉祥"，但大多数日本人更熟悉它在"命令"一词中的用法。在这个新时代，日本的领导人可能会对人民提出什么要求呢？2020 年新冠疫情的爆发打乱了安倍晋三为日本策划的奥运复兴计划[①]，这个新时代从一开始就充满了不确定性。

当日本准备找出答案，关于如何维系一个国家——作为一个既被发现又被创造的故事；一套我们同时编织和穿着的衣服——最有价值的反思蕴含在大人们对孩子们成长的期许之中。"生活中一切皆有可能，"面包超人对苹果男孩说道，"我们永远不知道接下来会发生什么。但是始终怀着希望，一起朝前走，最终定然能够'回家'。"

[①] 安倍晋三于 2022 年 7 月 8 日遇刺身亡，本书英文原版出版时其仍在世。——编注

后记　三个和尚，一个萨满，一个摇滚明星

初夏明月夜。薄雾飘浮在大海上，波浪拍打着海滩。福二看到两个人在漫步：一个女人，一个男人。他皱了皱眉。那个女人绝对是自己的妻子。

他跟着他们，他们走向附近海岬中的一处山坳，他喊出了妻子的名字。女人转过头，向他微笑。他认出了这个男人。福二与妻子结婚之前，这个男人就与妻子深深相爱了。而他，和她一样，死在了海啸之中。

福二的妻子大声回答福二："我现在结婚了，和他。""难道你不爱自己的孩子了吗？"福二呼喊道。她听了一怔，开始小声哭泣。福二悲伤地垂下头，女人和男人这时静静地飘向远方。

2011年3月的动荡和毁灭之后，六年多的时间里，太平洋的波浪一直在轻轻地拍打着东北的海岸线；灼目的阳光下，一顷碧蓝生机盎然。但是，福岛核电站周围的道路仍然在特定分段点设置了闪烁的标志。它们向驾驶者告知的，不是速度限制或天气状况，而是当前辐射程度，按照希沃特辐射单位标出。随着你驶入一个区域，这些数值会不断上升，如果你在那里抛锚，就必须待在车里。当你离开这个区域，进入相对安全和正常的环境时，数值又会逐渐下降。一些看上去像园艺DIY材料的东西高高地堆在道路两旁：装得满满当当的塑料袋堆成整齐的长方形。袋子里是放射性表层土，从地上被铲起来，为的是吸引从前的居民回来。但是，正如在日本没有任何人喜欢这些袋子，没有任何居民会在这里再次安家。小车和波纹钢屋顶在高高的野草丛中生锈，野草已经要遮住空荡荡的房子，房子的油漆正在慢慢剥落。

民俗学家柳田国男所讲的福二及其妻子的故事，是1910年出版的《远野物语》中的第99个故事。101年后，在新海啸之后，据说远野的人们再次看到、感受到"鬼魂"的存在。穿着冬季大衣的男男女女，漫步在盛夏的海滩。他们招呼出租车，打听自己所爱的人，或者询问"我死了吗"，随后在车的后排消失不见。一位获救者报告说，自己接到一个电话，铃声表明这是一位过世的亲人打来的。另一位看到，自己失踪孩子的玩具卡车在房间中开动起来了。

远野的作家们开始收集这些材料。他们是明天的民俗故事讲述人。短暂的相会，所爱的人未曾告别便已经离去，在这些新记录者看来是再自然不过了。当然，恐惧是没有的。正如某人所说："成千上万的人瞬间死去，还有什么可怕的呢？"另外一位思索，今天，就像在柳田时代一样，城市中的日本人或许需要这个地广人稀、崎岖陡峭、风光如画的地方一直所提供的东西：与自然接触，人们更细致地感受生命的来来去去。

谷山洋三是一位僧人，也是灾难关怀的先驱，他听说过许许多多的鬼魂故事。他还会根据人们的需要唱诵经文、捡拾碎石或者泡茶。"有可能有佛教徒没有听闻或见识过的事情，"他说，"我们应该倾听。"他的朋友金田谛应开了一家"僧侣咖啡馆"（Café de Monk）来做同样的事情。"僧侣咖啡馆"是开在受灾地的一辆客货两用车上的饮料摊子，它有三重含义：一位和尚（monk）放着塞隆尼斯·蒙克（Thelonious Monk）的唱片，倾听人们以自己的方式诉说对生活的抱怨（もんく，发音为monku）。

"抱怨"是一种温和而聪明的轻描淡写。金田看到过如此深重的痛苦，它让人完全迷失方向，不知道用什么语言或姿态去表达，在他看来，这正是他们心中钻石般纯粹和珍贵的东西——"比经文还要美好"，他回忆说。除了痛苦之外，东北地区还有许多其他的力量：悲伤；发自内心的愤怒，愤怒来得悄无声息，但不大可能快速消退；对权力的极端不信任；重建的活力和决心，不过不再是从前那种。一些慢慢向南渗透日本的大城市，这最终会给这个国家带来什么，完全是不可预测的。

在冲绳县胡差市举办的和平与爱摇滚艺术节上，太阳已经西沉，清爽的傍晚慢慢降临，大人和孩子汇成的人群在畅饮、吹风、用毛巾擦拭脸上的汗水。一个身形矮胖、秃顶的男子登上露天舞台，这是一位来自东京的IT咨询师。然而，有某种熟悉的东西，似乎来自另一个时间、另一个地点：紧身的白色裤子，白色背心，小胡子，夸张的步子，被摆弄的麦克风架。男子坐在钢琴旁边，聚光灯照着他，当他开始摇头晃脑地弹奏的时候，人群安静了下来。

> 我已经付出了代价，一次又一次……

这是皇后乐队的歌曲《我们是冠军》，唱这首歌的人在模仿主唱弗莱迪·摩克瑞的灵魂。他全身是汗。现在，随着调子变

后 记

化,乐队加入,他从座位上站了起来。他在闪亮的脑袋后方展开了一面英国国旗。旗帜翻转过来,人们狂热地欢呼起来:这一面是冲绳的旗帜。一个充满焦虑的岛国民族,向东越过广袤的大陆到另一个岛国民族,向南再到第三个岛国民族;琉球精神就在距离军事基地几米远的地方焕发起来。"我们是冠军,朋友……"

再向北,是清晨的平和。在东北地区的尽头,恐山高高耸立。曲曲折折地沿着它陡峭、密林森森的那一侧往上爬,最后会来到一片高原之上。空气中混合着硫黄和焚香的味道。这里,有一座活火山的火山口,就是日本传说中通往地下世界之门。一片平静、孤独的湖泊,周围环绕着崎岖起伏、月球景象一般的风化了的灰白色花岗岩。阵阵轻柔的水蒸气若隐若现,从岩石中的沟槽中升起。

附近一座防水篷布罩顶的简陋小屋背后,一个穿着简单白罩衫的女人坐着,手中摩挲捻动着一串磨得发亮的栗色珠子。她双眼紧闭,口中一直念念有词,仿佛在自言自语。

我很惊讶自己想要出院的时候竟然死在那里了,于是我就在这里醒来,我想去你的梦中找你,谢谢你找到了我。不要担心,我很好,我正在到处找你,天啊，然而我很惊讶自己已经死了，我在这里是多么地郁闷……

她的客人跪在她的面前，满眼的泪水。从帐篷向外，在庭院那边，还有一家又一家在依次排队等待，他们想要见到各自的奶奶、爷爷、父母、兄弟或是姐妹。

停车场里停着的是最新的车型：车身上带着露珠，挡风玻璃水汽弥漫，这时太阳从地平线上升起来了。一些人将与萨满的拜会使用录像机记录了下来。排队的人中有人在摆弄智能手机。但是，帐篷中这个女人所做的事情，让它所处的那座已经有1200年历史的佛教寺庙与之相比都显得更为年轻。

两种传统都延续下来了，因为它们懂得变通，一旦需要就会采取新的形式。一位年长的和尚也加入最近宗教自助书籍的出版潮流中来。但是，他并不相信书的永恒或者流线型车身的稳固，甚至也不相信寺庙的木头走廊，走廊晃晃悠悠地架在热腾腾的、散发出硫黄味的岩石之上约一尺处，周围的水流温热、黄浊。他说，今日的你并非昨日之你，明天也是如此。他还说，人们坚持对死亡的区分是毫无用处的——是真有鬼魂存在，还是纯粹出于悲恸；是我们会于某处再次现身，还是无法做到。因为从总体上说，他们都还是没有理解生命，它的真实，以及

后　记

它的虚幻。

远离寺庙，在水蒸气中，灰色和黑白的石头分几处堆积而成的石堆高一米，宽几米。一眼看上去，它们就像普通的碎石堆。实际上，它们是献祭给早夭之人的石冢。年轻夫妻会在四周转悠，几乎不说话。

插在石冢顶上的，除了孩子和旅行者的保护神地藏菩萨的像，还有塑料玩具风车，有粉红、蓝色、黄色、白色等各种明快而鲜亮的颜色。这是给彼岸的婴儿或幼童的玩具。

最轻柔的触摸，以饱满的感情，以对生命之丰富与活力的体悟，以一种被称为"可能"的天赋，纵使世界不可知。

轻风吹过，那些小小的五颜六色的风车作出回应：转啊转，吱吱地发声，打破了寂静。它们又该休息了，但不会休息得太久。

大事纪要

近代日本

1549年　弗朗西斯·哈维尔成为已知的第一位进入日本的基督教传教士。

15世纪50年代至90年代　日本在织田信长、丰臣秀吉以及德川家康的领导下再度统一。

1587年　丰臣秀吉下令驱逐在日传教士。

1597年　日本对基督徒的迫害达到顶峰，长崎"二十六圣人"被钉死在十字架上。

1600年　德川家康取得关原合战的胜利，成为近代力图统一日本的三位霸主中的最后一位。

1603年　天皇任命德川家康为征夷大将军。

17世纪10年代　日本基督徒开始遭受又一轮迫害。

17世纪40年代　荷兰成为幕府唯一愿意与之贸易往来的欧洲国家。

17世纪90年代　咖啡通过长崎的荷兰人首次进入日本。

1720年　幕府放宽进口西方书籍的限制；"兰学"开始发展。

1774年　杉田玄白的荷兰解剖学译本《解体新书》问世。

1787年　林子平的《海国兵谈》出版。

1804年　俄国大使尼古拉·列扎诺夫抵达长崎，寻求与日本展开贸易。

1808年　斐顿号事件。

1853年7月　美国海军准将马修·佩里抵达江户湾，递交总统米勒德·菲尔莫尔的信函。

1854年2—3月　佩里再次来到日本，签订《日美亲善条约》（又称《神奈川条约》）。

1858年7月　日本签订第一个不平等条约：《日美修好通商条约》。外国事务委员会成立。

1866年　害怕受到江户幕府的惩罚，长州藩与萨摩藩秘密签署互助协议。

现代日本

1868 年 1 月　主要来自萨摩藩和长州藩的倒幕势力攻占位于京都的皇居。少年明治天皇睦仁宣布"王政复古"。

1868 年 4 月　新政府颁布《五条誓文》作为施政纲领；开始实施"神佛分离"政策。

1868 年 5—10 月　江户被倒幕军占领，更名为"东京"。天皇的年号定为"明治"。

1869 年　东京成为首都，设"太政官"为最高权力机关。开始废除旧藩国体系，大名奉还版籍给天皇。旧式社会阶层被废除。德川的最后势力在日本北部投降，戊辰战争结束。在北海道设"开拓使"。国家第一部关于报刊的条例开始实施，鼓励兴办报纸杂志。

1870—1871 年　内务省、工部省和文部省成立。电报和邮政服务建立。日元成为国家货币。废藩置县。饱受诟病的"大教宣布运动"代表着让神道教政治化的初期尝试。

1872 年　银座被大火烧毁，之后以砖石结构进行了新式重建。新桥站在庆典中启用。银行体系形成。日本历法从天保历改为格里历（公历）。周日成为休息日。圣诞节成为全国性假日。《教育基本法》建立了大学以下的国民教育体系。

1873年　日本武士阶级（通过"血税"）被平民征募兵取代。推行货币地租制，奠定日本未来财政收入的基础。西乡隆盛和板垣退助因为对朝鲜半岛的军事主张而从政府辞职。"明六社"组建。

1874年　公众要求更多地参与政府事务。自由民权运动开始。日本入侵中国台湾。

1875年　新的《新闻纸条例》授予政府对印刷出版物有限的审查权。

1876年　废除武士俸禄。以炮舰外交强迫朝鲜签订不平等条约。三井银行（日本第一家私人银行）、三井物产成立。

1877年　西南战争爆发。东京大学建立，于1886年更名为"帝国大学"。1869年为了纪念戊辰战争中为天皇战死者而修建的"东京招魂社"更名为"靖国神社"。

1878年　日本建立由选举成立的府县和市议会制度。

1879年　最后一位琉球国王被迫逊位，"冲绳县"设立。

1881年　在自由民权运动的压力之下，政府承诺1890年颁布宪法。政党开始组建：1881年成立"自由党"；第二年成立"立宪改进党"。

1882年　《军人敕谕》强调军人忠于天皇且不干涉政治。

1883年　新闻管制加强。鹿鸣馆完建。

1884 年　秩父事件、群马事件。

1885 年　内阁体制取代太政官，让政、官联系更紧密——在整个 20 世纪，霞关都是官僚机构的代名词。伊藤博文成为日本第一任首相；井上馨成为第一任外相。大阪事件爆发。井上圆了放弃神职生涯。

1886 年　诺曼顿号事件。

1887 年　在伊藤博文家中举办的一次化装舞会因"跳舞内阁"的崇洋作风遭新闻界猛烈抨击。《明治女大学》出版。

1889 年　《大日本帝国宪法》颁布。

1890 年　日本历史上第一次普选。天皇的《教育敕语》颁布，固化了保守的日本价值观。妇女被禁止参与政治集会或加入政治组织。山县有朋以"主权线"和"利益线"作为基础，论述日本外交目标新方案。

1894—1895 年　日本在中日甲午战争中获胜。在俄、法、德三方干预之下放弃包括辽东半岛在内的一些利益。

1897 年　京都帝国大学建立。

1898 年　明治《民法典》正式施行，强调日本"家"制度。俄国获得辽东半岛的租借权。

1899 年　日本电影协会成立，第一次电影公映——以艺伎的舞蹈和歌舞伎表演录影为主要内容。《北海道旧土人保护法》通过。

1900年 为镇压工农运动而制定新的《日本治安警察法》；新渡户稻造的《武士道：日本的灵魂》出版。取消学费，男孩女孩上学比例超过90%。大学仍然只招收男生。

1901年 《家庭之快乐》出版。

1902年 英日同盟建立。

1903—1904年 桑原俊郎关于心灵治疗的畅销书《精神灵动》出版。

1904年 日本军队突然发动袭击，日俄战争开始，战争以划时代的日本胜利结束。尽管取得租借辽东半岛这一关键胜利，但对《朴茨茅斯条约》中条款的不满导致日本部分地方发生骚乱。

1906年 伊藤博文成为朝鲜的日本统监，迫使朝鲜国王于次年逊位并解散军队。南满洲铁道株式会社成立。释宗演的《说法集》（*Sermons of a Buddhist Abbot*）成为第一部被翻译成英语的禅宗著作。

1909年 伊藤博文在哈尔滨被朝鲜爱国义士刺杀。朝鲜在第二年被日本吞并。

1910年 社会主义者和无政府主义者被诬图谋刺杀天皇，后称之为"大逆事件"。柳田国男的《远野物语》出版。

1911年 菅野须贺与幸德秋水因参与"大逆事件"而被处

死。特别高等警察建立，部分原因是应对"大逆事件"。平冢雷鸟的杂志《青鞜》第一期出版。新的《工厂法》对工作安全规则和用工年龄作出规定，把工人最低年龄定为12岁。

1912年　明治天皇逝世，明治时代终结。皇太子嘉仁继位，大正时代开始。

1914年　日本对德宣战。英日联军进攻驻于青岛的德国基地。

1915年　日本向中国提出"二十一条"。

1918年　日本参加反布尔什维克的西伯利亚干涉行动。"米骚动"让原敬成为第一届政党内阁的首领。吴秀山谴责日本对精神病患处理方式的报告出版。

1920年　平冢雷鸟和市川房枝等人创办"新妇女联合会"。日本加入"国际联盟"。

1921年　山川菊荣等人成立"赤澜会"，关注女性劳工权益（当时工会由男性主导）。神户爆发大规模罢工运动，贺川丰彦在其中起着领导作用。

1922年　修改《治安警察法》，规定女性可以参加政治组织。日本共产党成立。

1923年　关东大地震。上一年签订的《华盛顿海军条约》得到批准。

1924 年　日本共产党解散。市川房枝等人成立"妇女参政同盟"。美国通过移民法案，总体上削弱了美日关系和日本对国际秩序的信任。

1925 年　男性公民获得普选权。《治安维持法》颁布。

1925—1926 年　日本无线电广播首次开播，NHK（日本广播协会）成立。

1926 年　出现多个新的政党：改革后的日本共产党、社会民众党以及日本劳农党。大正时代随着天皇逝世而走向终结。皇太子裕仁继位，昭和时代开始。

1927 年　芥川龙之介发表短篇小说《齿轮》。同年 7 月，芥川逝世。

1928 年　大规模逮捕左翼人士。

1929 年　纽约股市崩盘，发展为"大萧条"。

1930 年　《工薪族：焦虑年代》出版。《第一次伦敦海军条约》出台，其条款在日本受到严厉批评。

1931 年 9 月　"九一八"事变。

1932 年 3 月　伪满洲国建立。小津安二郎的电影《我出生了，但……》上映。

1932 年 5 月　首相犬养毅遇刺。

1933 年　日本退出"国际联盟"。精神分析学家古泽平作在东京开始私人执业。

1936年2月 "二二六"兵变。

1937年 《国体之本义》发布。

1937年7月 卢沟桥事变发生，战争全面爆发。战火于次月扩展到上海。

1937年12月 日本军队在南京开始大屠杀，暴行持续到1938年1月。

1938年 《国家总动员法》通过。近卫文麿宣布"东亚新秩序"的目标。

1940年 日本外相宣布政府计划建立"大东亚共荣圈"。美国对向日本的关键物资出口实施禁运。日本各政党自行解散。日本与意大利和德国签订三国同盟条约。"大政翼赞会"成立，旨在军政一体化。日本劳动总同盟自行解散。

1941年 与苏联签订《日苏中立条约》。日本占领法属印度支那。东条英机当选为首相。

1941年12月7日（当地时间） 日本偷袭珍珠港。

1942年 "近代的超克"研讨会举办。中途岛战役预示着与美国的太平洋战争处在一个转折点。

1944年7月 东条英机辞去首相职务。

1944年10月 神风特攻队对美国舰只发起首轮自杀式攻击。

1945 年 2 月　近卫文麿劝天皇尽早结束战争。

1945 年 3 月　东京遭燃烧弹轰炸。

1945 年 4—6 月　冲绳战役。

1945 年 7 月 26 日　《波茨坦公告》发布。

1945 年 8 月　8 月 6 日：广岛遭原子弹轰炸；8 月 8 日：苏联对日本宣战；8 月 9 日：长崎遭原子弹轰炸；8 月 15 日：裕仁天皇宣布日本投降；8 月 30 日：麦克阿瑟将军抵达日本，盟军占领开始。

1945 年 11 月　电影《和风》上映，掀起国民热潮。

1945 年 12 月　妇女获得选举权。

1946 年　日本进行战后第一次大选。远东国际军事法庭开庭审判战犯。盛田昭夫和井深大建立"东京通信工程株式会社"（东通工）。激进的《土地改革法案》通过。鲁思·本尼迪克特的《菊与刀》出版。

1947 年　麦克阿瑟叫停一次计划周密的大罢工。《教育基本法》以及《消除经济力量过度集中法》通过。日本新宪法生效。

1948 年　新的《民法典》生效。远东国际军事法庭作出裁决，前首相东条英机和其他六人被绞刑处决。夏季奥运会在伦敦举行——日本运动员未受邀请。

1949 年　"道奇路线"推行，日本通商产业省（MITI）成

513

立。盛田昭夫和朋友们研发自制卷盘式磁带。

1950年6月　朝鲜战争爆发，次月日本发出成立警察预备队的呼吁。

1951年　麦克阿瑟将军被杜鲁门总统免去在韩国的指挥权和驻日盟军最高司令职位。

1952年　《日美安全保障条约》生效。占领结束。日本重返国际舞台，加入国际货币基金组织和世界银行，在赫尔辛基奥运会上重回国际体育界。

1953年　小津安二郎的电影《东京物语》上映。

1954年　"第五福龙丸号"事件。电影《哥斯拉》上映。

1955年　政党重组：日本社会党成立、自民党成立。东通工向市场推出"世界上最小的晶体管收音机"。"砂川斗争"开始。石原慎太郎《太阳的季节》获得著名的芥川文学奖，引起父母们对全国青年道德标准下降的恐慌。

1956年　《苏日联合宣言》签署，结束了日本和苏联的战争状态，两国恢复正常外交关系。日本加入联合国。水俣病引起公众关注。

1958年　《月光假面》在电视上首播。

1959年　明仁太子与平民正田美智子举行婚礼；东京被宣布为1964年奥运会主办城市。

大事纪要

1960 年　"安保斗争"未能阻止《日美安全保障条约》续约。首相池田勇人宣布"国民收入翻番计划"。大岛渚《日本的夜与雾》在影院上映（仅三日）。日本社会党政治家浅沼稻次郎遇刺。

1961 年　大江健三郎的短篇小说《十七岁》发表。

1962 年　索尼公司在纽约第五大道开设展示厅。

1963 年　东京奥运会举办，日本新干线启动。Hi-Red 中心开始"保持干净！"活动以及"避难计划"。

1965 年　经过多年谈判，日韩签署《日韩基本条约》。武智铁二充满争议的电影《黑雪》上映。

1968 年　川端康成获诺贝尔文学奖。土方巽演出《土方巽和日本人——肉体的叛乱》。

1970 年　唐十郎推出戏剧《约翰·西尔弗：爱情的乞丐》。日本"公害国会"通过 14 项环保法案。大阪世博会和"发现日本"铁路广告活动启动。

1971 年　理查德·尼克松总统给日本带来了两次"震荡"：计划访问中华人民共和国；美国退出金本位制。

1972 年　冲绳的行政权从美国人手中回到日本。中美关系正常化。首相田中角荣访问北京，与中华人民共和国签署《中日联合声明》，两国实现邦交正常化。

1973 年　"石油危机"爆发。水俣病诉讼案宣判。

1974 年　肯德基推出"肯德基圣诞营销活动"。"7-11"连锁店开张：日本对圣诞炸鸡和便利店的热衷由此开始。

1976 年　洛克希德丑闻披露。

1978 年　《中日和平友好条约》签署。因抗议活动引起迟延的成田国际机场重新开启。邓小平访问日本。

1982 年　宫崎骏的漫画《风之谷的娜乌西卡》第一部出版。

1985 年　《男女雇佣机会均等法》通过。日本航空公司123 次航班发生空难。《广场协议》签署。

1989 年　昭和天皇去世；平成时代开始。利库路特贿赂丑闻曝光。

1990 年　日本股市暴跌。（第一个）"失去的十年"即将开始。

1992 年　明仁天皇成为第一位访问中国的日本天皇。

1993 年　自民党失去执政多数席位。

1994 年　大江健三郎获得诺贝尔文学奖。宫崎骏的漫画《风之谷的娜乌西卡》最后一部出版。

1995 年　阪神—淡路大地震。奥姆真理教袭击东京地铁；麻原彰晃被捕。美国士兵绑架和强奸一名冲绳女学生。首相村山富市为日本几十年前的"殖民统治"和"侵略行为"道歉。

1996年　第一款《宝可梦》游戏和第一款电子宠物发布。迪士尼和宫崎骏吉卜力工作室签订推广协议。

1997年　《阿伊努文化振兴法》通过。

1998年　《特定非营利活动促进法》通过。

1999年　《国旗国歌法》通过。

2003年　宫崎骏的《千与千寻》获奥斯卡最佳动画长片奖。

2004年　日本陆上自卫队被派往伊拉克南部帮助重建——自"二战"结束以来首次在日本境外独立部署军队。

2006年　《自杀对策基本法》通过。

2007—2008年　全球金融危机开始。

2008年　一项国会决议正式承认阿伊努人是日本原住民。

2009年　东京日比谷公园中由帐篷和防水布搭建的棚屋构成的"跨年派遣村"的画面在日本各地播出。

2010年　中国超过日本成为世界第二大经济体，仅次于美国。

2011年3月11日　日本发生"三重灾难"：地震、海啸和核泄漏。

2012年　日本各地举行一系列反核集会和抗议活动。

2013年　《特定秘密保护法》通过。东京被宣布成为2020年奥运会的主办城市。

2014年　冲绳人和阿伊努人代表首次参加联合国"土著人民世界大会"。政府成立委员会，对针对在日中国人、东南亚人，尤其是在日韩国人的仇恨言论展开调查。日本签署《联合国残疾人权利公约》。

2015年　护理机器人Robear亮相。东京涩谷区成为日本第一个通过"伴侣关系证明"证书为同性伴侣提供正式身份证明的地区。

2016年　《日本去死吧!》这篇流传广泛的博客文章揭示人们对日本托儿设施不足的愤怒。《消除部落歧视法案》通过。

2017年　安倍晋三在选举中的胜利让宪法修改提上日程。日本明仁天皇宣布计划于2019年4月正式退位。

2019年5月1日　明仁天皇退位，平成时代结束，令和时代开始。

致谢[1]

著书一事，看似是汲取他人慷慨与耐心的过程，却也不可避免地（但愿只是暂时）消磨着作者自身的这些品质。谨向所有帮助过我、包容过我的人致以谢意。以下仅列举众人为本书所作的无数贡献中的一小部分。

在学术引路方面，我永远感念 Martin Conway、Judith Brown 和 "Ptp" 三位师长树立的典范。Ann Waswo 将我引入日本研究的瑰丽殿堂，而帝京大学英国分校则让我第一次真正接触到真实的日本——与无比可爱的师生们共处，目睹他们娴熟操控先进的移动电话技术（同时忍受英国饮食中土豆的核心地位），这一切都极大点燃了一个年轻人对这个国家的好奇。

---

[1] 为英文原版的致谢，其中人名部分保留英文原文。——编注

若非2004年获得大和日英基金会的奖学金，这份好奇恐难走远。当时得以在日本生活学习两年，并且还能为此获得报酬，至今仍觉得是笔不可思议的好买卖。衷心感谢基金会的受托人，以及Kono-san与Marie Conte-Helm对我在日期间的照料，还有Jason James和Susan Meehan此后持续的关照。

近年来，爱丁堡大学历史、古典与考古系的师生们予我良多。特别感谢学生们——你们的活力与热忱，那些让我匆忙记下的提问与洞见，以及本质上教会我如何教学的一切。愿诸位前程似锦、远离是非。

了解一个新的国家必然会遇到诸多障碍，日本亦不例外。在屡屡碰壁跌倒后，我更加感激那些帮助我跨越障碍的人。庆应义塾大学的Akihito Suzuki一直不遗余力地鼓励后辈学者——感谢您请我吃昂贵的寿司、为我补全我本该知晓的人物名单，以及种种关照。同校的Junko Kitanaka在研究文化与心理健康领域树立了至高标杆，却始终以温暖慷慨提携后来者，谢谢您。Yorio Kosawa和Makoto Takeda助我开启日本宗教与心理科学研究，但愿目睹我初次面对那条被活剖尚颤动的鱼时瞠目结舌的模样，能稍慰其栽培之苦。关于心理健康及其在现代日本图景中的位置的讨论，我还要感谢Takashi Ikuta、Fumiaki Iwata、Setouchi Jakuchō、Takeshi Kanaseki、Toshihide Kuroki、Kunihi-

致谢

ro Matsuki、Yujiro Nagao、Yuji Sato、Shin'ichi Yoshinaga 等诸位。特别感激 Yorio 与 Makoto Kosawa、Nachiko 与 Atsushi Nagai 的信任，允许我查阅其家族成员的个人文件。

很少有学者仅为同僚写作。将思想传播给公众，往往需要多方助力。除了英国与日本出版机构那些耐心如鉴的编辑们，英国广播公司（BBC）与艺术人文研究委员会的"新一代思想家"计划让我得以开始一段长期的广播新闻学徒生涯，极大拓展了本书的范围。Mohit Bakaya、Matthew Dodd、Hugh Levinson 与 Robyn Read 给予我无数发展及分享日本见解的机会，而 Sheila Cook、Bob Howard、Luke Mulhall、Fiona McLean 和 Keith Moore 等制作人在文稿与纪录片创作中展现出圣人般的耐心。

感谢出版团队的大量工作。对于资助本书研究基础的机构，感谢英国国家学术院、苏格兰大学卡内基信托基金、大和日英基金会、日本国际交流基金会、日本学术振兴会、爱丁堡大学以及惠康基金会的支持。若您读至此处发现遗漏了本应出现的名字——请相信，自书稿付印后，这些疏忽必已让我夜不能寐。在此致上最诚挚的歉意与谢忱。

最后，致我的家人，尤其是我的妻子 Kae 和我们的三个孩子——Shoji、Yocchan 和 Hana：感谢你们为我做的一切，抱歉让你们久等。现在，我们去院子里玩耍吧。

参考文献注释[①]

序章：晴美与平作

The encounters of Heisaku with Harumi are based on Setouchi Jakuchō's autobiography (*Shishōsetsu*, 1985), an interview with Setouchi conducted by the author in October 2012, interviews with the son of Kosawa Heisaku, Kosawa Yorio (conducted 2007 – 2010), and on the private archives of the Kosawa family accessed by the author. On Denenchōfu, see K. T. Oshima, 'Denenchōfu: Building the Garden City in Japan', *The Journal of the Society of Architectural Historians*, 55: 2 (1996). On the persistence of the 'special Japan' story, see Harumi Befu, *Hegemony of Homogeneity: An Anthropological Analysis of 'Nihonjinron'* (Trans Pacific Press, 2001) and (for modern psychological speculations) Nancy Rosenberger (ed.), *Japanese Sense of Self* (Cambridge University Press, 1994). On Japanese modernity: Harry Harootunian, *Overcome by Modernity: History, Culture, and Community in Interwar Japan* (Princeton University Press, 2001); Susan Napier, *The Fantastic in Modern Japa-*

[①] 为更准确地呈现文献信息，便于读者进一步检索和查阅，参考文献注释保留英文原文。——编注

参考文献注释

nese Literature (Routledge, 1995); Roy Starrs, *Modernism and Japanese Culture* (Palgrave, 2011); and Kevin Doak, *Dreams of Difference: The Japan Romantic School and the Crisis of Modernity* (University of California Press, 1994); James Phillips, 'Time and Memory in Freud and Heidegger: An Unlikely Congruence', Paper given at the 7th International Conference on Philosophy, Psychiatry and Psychology, Heidelberg University, September 2004. Natsume Sōseki's quote comes from his novel *Kōjin* (1912) ('The Wayfarer'), and is reproduced in Susan Napier, *The Fantastic in Modern Japanese Literature* (Routledge, 1995). Kamei Katsuichirō's words are taken from Kamei Katsuichirō, 'A Note on Contemporary Spirit', translated in Richard F. Calichman (ed.), *Overcoming Modernity: Cultural Identity in Wartime Japan* (Columbia University Press, 2008).

1 日本走向世界

On Commodore Matthew C. Perry's expedition to Japan, see Commodore Matthew C. Perry (compiled by Francis L. Hawks), *Narrative of the Expedition of an American Squadron to the China Seas and Japan* (1856; abridged edition, Big Byte Books, 2014); Centre for East Asian Cultural Studies (ed.), *Meiji Japan Through Contemporary Sources, Volume Two: 1844 - 1882* (The Centre for East Asian Cultural Studies, 1970). On early modern Japan, see Marius B. Jansen, *The Making of Modern Japan* (Harvard University Press, 2002); James McClain, *Japan: A Modern History* (W. W. Norton & Company, 2002) and 'Japan's Pre-Modern Urbanism' in Peter Clark (ed.), *The Oxford Handbook of Cities in World History* (Oxford University Press, 2013). On Dejima and *Rangaku*, see Donald Keene, *The Japanese Discovery of Europe, 1720 - 1830* (revised edition, Stanford University Press, 1969); Marius Jansen, 'Rangaku and Westernization', *Modern Asian Studies*, 18 (4), 1984; Tatsushi Ueshima, 'Japan', in Robert William Thurston, Jonathan Morris and Shawn Steiman (eds), *Coffee: A Comprehensive Guide to the Bean, the Beverage, and the Industry* (Rowman & Littlefield Publishers, 2013). On the attack on Laurence Oliphant, see Margaret Oliphant, *Memoir of the Life of Laurence Oliphant and of Alice Oliphant, His Wife* (Harper & Brothers, 1891). On technological aspects of Japan's transition from Tokugawa into Meiji: Thomas C. Smith, *Native Sources of Japanese Industrialization*, 1750 – 1920 (University of California Press, 1988); D. Eleanor Westney, *Imitation and Innovation: The Transfer of Western Organizational Patterns to Meiji Japan* (Harvard University Press, 1987); David G. Wittner, 'The Mechanization of Japan's Silk Industry and the Quest for Progress and Civilization, 1870 – 1880', in Morris Low (ed.), *Building a Modern Japan: Science, Technology, and Medicine in the Meiji Era and Beyond* (Palgrave Macmillan, 2005); E. Patricia Tsurumi, *Factory Girls: Women in the Thread Mills of Meiji Japan* (Princeton University Press, 1990) and 'Problem Consciousness and Modern Japanese History: Female Textile Workers of Meiji and Taisho', *Bulletin of Concerned Asian Scholars* 18:4 (1986). On Japan's postal system, see Andrew Cobbing, *The Japanese Discovery of Victorian Britain: Early Travel Encounters in the Far West* (Routledge, 1998). On women workers in Britain's General Post Office, see 'Women in the Post Office', <http://www.postalmuseum.org>. 'Vast village community': the words of Itō Hirobumi himself, reproduced in Andrew Barshay, '"Doubly Cruel": Marxism and the Presence of the Past in Japanese Capitalism', in Stephen Vlastos (ed.), *Mirror of Modernity: Invented Traditions of Modern Japan* (University of California Press, 1998), p. 246. On self-definition and Japan's 'others', John Lie, *Multiethnic Japan* (Harvard University Press, 2004) and Richard M. Siddle, *Race, Resistance, and the Ainu of Japan* (Routledge, 2012). On Japan's search for an acceptable cultural inheritance, Robert Sharf, 'The Zen of Japanese Nationalism', *History of Religions* 33:1 (1993). On Japan's modern army, see Edward J. Drea, *Japan's Imperial Army: Its Rise and Fall*, 1853 – 1945 (University Press of Kansas, 2009). The Natsume Sōseki quote comes from Natsume Sōseki, *Wagahai wa neko de aru* ['I am a Cat'] (1905 – 1906), reproduced in P. N. Dale, *The Myth of Japanese Uniqueness* (Croom Helm, 1986). President Fillmore's letter is reproduced in Perry, *Narrative*.

2 血税

On radical and campaigning women in modern Japan, Sharon

参考文献注释

L. Sievers, *Flowers in Salt: the Beginnings of Feminist Consciousness in Modern Japan* (Stanford University Press, 1983); Fukuda Hideko's autobiography *Half of My Life*, translated excerpts from which appear in Mikiso Hane (trans. and ed.), *Reflections on the Way to the Gallows: Rebel Women in Prewar Japan* (University of California Press, 1993); Fumiko Horimoto, 'Pioneers of the Women's Movement in Japan: Hiratsuka Raichō and Fukuda Hideko seen Through their Journals, Seitō and Sekai Fujin', MA Thesis (University of Toronto, 1999); Sharlie Conroy Ushioda, 'Women and War in Meiji Japan: the Case of Fukuda Hideko (1865 – 1927)', *Peace & Change: A Journal of Peace Research*, 4:3 (October 1977). On Fukuzawa Yukichi and *jiyū* debates, see Douglas Howland, 'Translating Liberty in Nineteenth-Century Japan', in *Journal of the History of Ideas*, 62:1 (2001). On rural and violent discontent, Eiko Maruko Siniawer, *Ruffians, Yakuza, Nationalists: The Violent Politics of Modern Japan, 1860 – 1960* (Cornell University Press, 2008); Stephen Vlastos, 'Opposition Movements in Early Meiji, 1868 – 1885', in Marius B. Jansen et al. (eds), *The Cambridge History of Japan*, Volume 5: *The Nineteenth Century* (Cambridge University Press, 1989); R. W. Bowen, 'Rice-roots Democracy and Popular Rebellion in Meiji Japan', *Journal of Peasant Studies*, 6:1 (1978); Marius B. Jansen, 'Ōi Kentarō: Radicalism and Chauvinism', *The Far Eastern Quarterly*, 11:3 (1952); Daikichi Irokawa, 'Japan's Grass-roots Tradition: Current Issues in the Mirror of History', *Japan Quarterly*, 20:1 (1973). On samurai, Saigō Takamori and the Satsuma Rebellion: C. L. Yates, 'Saigō Takamori in the Emergence of Meiji Japan', *Modern Asian Studies*, 28:3 (1994); Oleg Benesch, *Inventing the Way of the Samurai* (Oxford University Press, 2014); John Rickman, 'Sunset of the Samurai', *Military History*, 20:3 (2003); Edward J. Drea, *Japan's Imperial Army: Its Rise and Fall, 1853 – 1945* (University Press of Kansas, 2016). On the Japanese press, see James L. Huffman, *Creating a Public: People and Press in Meiji Japan* (University of Hawaii Press, 1997). On Chiba Takusaburō, see Daikichi Irokawa, *The Culture of the Meiji Period* (1969; English trans. Princeton University Press, 1985); Marius B. Jansen, *The Making of Modern Japan* (Harvard University Press, 2002); and Daikichi Irokawa, 'Japan's Grass-roots

Tradition: Current Issues in the Mirror of History', *Japan Quarterly*, 20:1 (1973). The figures for government arms during the Satsuma Rebellion come from Rickman, 'Sunset of the Samurai' and Jansen, *The Making of Modern Japan*. The quote from the American captain comes from Elizabeth Tripler Nock, 'The Satsuma Rebellion of 1877: Letters of John Capen Hubbard', *The Far Eastern Quarterly*, 7:4 (1948). The words of Fukuzawa Yukichi and Itō Hirobumi on Japan's rural population are reproduced in Huffman, *Creating a Public: People and Press in Meiji Japan*. The Egypt comparison comes from Jansen, *The Making of Modern Japan*. 'Persimmon-coloured' comes from Fukuda Hideko's autobiography, *Half of My Life*, reproduced in Mikiso Hane, *Reflections on the Way to the Gallows*.

3 跳舞内阁

For the Rokumeikan, see Pat Barr, *The Deer Cry Pavilion: A Story of Westerners in Japan, 1868 – 1905* (Harcourt, Brace & World, 1968); Toshio Watanabe, 'Josiah Conder's Rokumeikan: Architecture and National Representation in Meiji Japan', *Art Journal*, 55:3 (1996); Dallas Finn, 'Reassessing the Rokumeikan', in Ellen P. Conant (ed.), *Challenging Past and Present: The Metamorphosis of Nineteenth-Century Japanese Art* (University of Hawaii Press, 2006); Mock Joya, 'Women of Japan: Introduction of Western Fashions', *Japan Times*, 3 March 1928. The venue for the infamous party (at which Itō was rumoured to have tried to seduce a young married woman) is disputed: some writers place it at the Rokumeikan (Barr, *The Deer Cry Pavilion*; Sievers, *Flowers in Salt*); others locate it at Ito's home (Finn, 'Reassessing the Rokumeikan'; Joya, 'Women of Japan'). On Tokyo, see Edward Seidensticker, *Low City, High City: Tokyo From Edo to the Earthquake* (Alfred A. Knopf, 1983). On Kanagaki Robun: Donald Keene, *A History of Japanese Literature: Volume 3: Dawn to the West: Japanese Literature of the Modern Era* (Holt, Rinehart and Winston, 1984). Also on Japanese literature, see Joshua S. Mostow, 'The Revival of Poetry in Traditional Forms', in Joshua S. Mostow (ed.), *The Columbia Companion to Modern East Asian Literature* (Columbia University Press, 2003). On new fashions of the age, see

James McClain, *Japan: A Modern History* (W. W. Norton & Company, 2002) and Seidensticker, *Low City, High City*. On early modern Japanese intellectual life, see Harry D. Harootunian, *Things Seen and Unseen: Discourse and Ideology in Tokugawa Nativism* (University of Chicago Press, 1988) and Marius B. Jansen, *The Making of Modern Japan* (Harvard University Press, 2002). For modern Japanese intellectuals: on Kuga Katsunan and Miyake Setsurei, see Bob T. Wakabayashi (ed.), *Modern Japanese Thought* (Cambridge University Press, 1998); on Nakamura Keiu, see E. H. Kinmonth, 'Nakamura Keiu and Samuel Smiles: A Victorian Confucian and a Confucian Victorian', in *The American Historical Review*, 85:3 (1980). On Home Ministry interventions in electoral politics, see Gordon M. Berger, 'Japan's Young Prince: Konoe Fumimaro's Early Political Career, 1916 – 1931', *Monumenta Nipponica*, 29:4 (1974). On saving the Imperial Rescript and portraits in times of crisis, see Linda K. Menton, *The Rise of Modern Japan* (University of Hawaii Press, 2003). On food culture, see Naomichi Ishige, *The History and Culture of Japanese Food* (Routledge, 2001). The Doodle San ditty is reproduced in Pat Barr, *The Deer Cry Pavilion*. 'A beautiful woman' is from *Jogaku Zasshi* magazine, reproduced in Donald Keene, *Emperor of Japan: Meiji and His World, 1852 – 1912* (Columbia University Press, 2002). 'Like luggage' is from the Tokyo *Nichi Nichi* newspaper, reproduced in James L. Huffman, *Creating a Public: People and Press in Meiji Japan* (University of Hawaii Press, 1997). For the 'fashionable crazes', see Basil Hall Chamberlain, *Things Japanese: Being Notes on Various Subjects Connected with Japan, For the Use of Travellers and Others* (John Murray, 1905). 'Rhymes too readily' is the observation of H. Paul Varley in *Japanese Culture* (University of Hawaii Press, 2000). 'Conducive to a spirit of bravery' is quoted in Mostow, 'The Revival of Poetry in Traditional Forms'. For an English translation of the Manyōshu, see *1000 Poems from the Manyōshu: The Complete Nippon Gakujutsu Shinkokai Translation* (Dover Publications Inc., 2005). 'Contemptible imitation' and 'indiscriminate mania' are quoted in Keene, *Emperor of Japan*. 'Their only values' is quoted in Jansen, *The Making of Modern Japan*. For the *waka* poem, note that in the Japanese original, the final line provides an example of *jiamari*: excess syllable(s), which were a feature of some *waka*.

4 幸福之家

On Hiratsuka Raichō, see Hiratsuka Raichō, *Genshi Josei wa Taiyō de atta*. An English translation is available: Hiratsuka Raichō and Teruko Craig (translation and notes), *In the Beginning, Woman Was the Sun: The Autobiography of a Japanese Feminist* (Columbia University Press, 2006); Hiroko Tomida, *Hiratsuka Raichō and Early Japanese Feminism* (Brill, Leiden, 2004); Sharon L. Sievers, *Flowers in Salt: the Beginnings of Feminist Consciousness in Modern Japan* (Stanford University Press, 1983). On women, the state and radicalism, see Sharon E. Nolte and Sally Ann Hastings, 'The Meiji State's Policy Toward Women, 1890 – 1910', in Gail Lee Bernstein (ed.), *Recreating Japanese Women, 1600 – 1945* (University of California Press, 1991); Vera Mackie, *Creating Socialist Women in Japan: Gender, Labour, and Activism* 1900 – 937 (Cambridge University Press, 1997); Sievers, *Flowers in Salt*; Tomoko Seto, 'Spectacular Socialism: Politics and Popular Performance in Shitamachi Tokyo, 1904 – 1918', PhD thesis (University of Chicago, 2014); Tomoko Seto, '"Anarchist Beauties" in Late Meiji Japan: Media Narratives of Police Violence in the Red Flag Incident', *Radical History Review* (October 2016); Helene Bowen Raddeker, *Treacherous Women of Imperial Japan: Patriarchal Fictions, Patricidal Fantasies* (Routledge, 1997). On Shimizu Shikin, see Leslie Winston, 'Beyond Modern: Shimizu Shikin and "Two Modern Girls"', *Critical Asian Studies*, 39:3 (2007); Rebecca L. Copeland, *Lost Leaves: Women Writers of Meiji Japan* (University of Hawaii Press, 2000); Fumiko Horimoto, 'Pioneers of the Women's Movement in Japan: Hiratsuka Raichō and Fukuda Hideko seen Through their Journals, Seitō and Sekai Fujin', MA Thesis (University of Toronto, 1999). For domesticity, Iwamoto Yoshiharu, and the account of the 'family meeting' see Jordan Sand, *House and Home in Modern Japan: Architecture, Domestic Space, and Bourgeois Culture,* 1880 – 1930 (Harvard University Press, 2005). The Kosawa family material is drawn from the private archives of the Kosawa family, accessed by the author, with thanks also to Ikuta Takashi and Takeda Makoto (see Takeda Makoto, *Seishin bunseki to bukkyō* ['Psychoanalysis and Buddhism'], Shinchōsha, 1990). On the Emperor, the imperial system, and its rituals and celebrations, see Takashi Fujitani, *Splendid Monarchy: Power and Pageantry in Modern Japan* (University of California Press, 1996); Norio Makihara, 'The Birth of Banzai', *Japan Forum*, 23:2 (2011); Donald Keene, *Emperor of Japan: Meiji and His World*, 1852 – 1912 (Columbia University Press, 2002). On Ebina Danjō, see the memoir of Ōsugi Sakae, reproduced in Wm. Theodore de Bary, Carol Gluck and Arthur E. Tiedemann (eds), *Sources of Japanese Tradition, 1600 to 2000*, Volume Two, 2nd edn (Cambridge University Press, 2001). On Christian socialists, see Bob T. Wakabayashi (ed.), *Modern Japanese Thought* (Cambridge University Press, 1998). 'The home is a public place', reproduced in Nolte and Hastings, 'The Meiji State's Policy Toward Women, 1890 – 1910'. 'The flesh of her thighs' is from Tanizaki Junichirō (translated by Paul McCarthy), *Childhood Years: A Memoir* (University of Michigan Press, 2017). 'Lord[ed] it over their wives and children' is from Shimizu Shikin's contribution to Ueki Emori's *Tōyō no fujō* (Women of the Orient, 1888), reproduced in Copeland, *Lost Leaves: Women Writers of Meiji Japan*. 'Ha!' is also reproduced in Copeland, *Lost Leaves: Women Writers of Meiji Japan*. 'The moment that any woman dies' is reproduced in Hiratsuka Raichō and Teruko Craig, *In the Beginning, Woman Was the Sun: The Autobiography of a Japanese Feminist*. 'The first enemy' is reproduced in Horimoto, 'Pioneers of the Women's Movement', MA Thesis. 'Terrible toothache' and 'Ah, you men' come from Sievers, *Flowers in Salt*. The speculation about a Japanese Emperor seeing Mount Fuji for the first time comes from Keene, *Emperor of Japan*. 'Is your objective anarchism', in the *Yomiuri Shinbun* newspaper, reproduced in Seto, 'Spectacular Socialism: Politics and Popular Performance in Shitamachi Tokyo, 1904 – 1918', PhD thesis. Kanno's evidence to prosecutors and writings to friends comes from Mikiso Hane (trans. and ed.), *Reflections on the Way to the Gallows: Rebel Women in Prewar Japan* (University of California Press, 1993).

5 争夺世界

On the 1465 'Kanshō Persecution', see Mark L. Blum and Shin'ya Yasutomi (eds), *Rennyo and the Roots of Modern Japanese Buddhism* (Oxford University Press, 2006), especially Chapter seven. On Buddhism, modernity and the state in Japan, see Helen Hardacre, 'Creating State Shinto: the Great Promulgation Campaign and the New Religions', *The Journal of Japanese Studies*, 12:1 (1986); Martin Collcutt, 'Buddhism: the Threat of Eradication', in Marius B. Jansen and Gilbert Rozman (eds), *Japan in Transition: Tokugawa to Meiji* (Princeton University Press, 1986); Christopher Ives, *Imperial Way Zen: Ichikawa Hakugen's Critique and Lingering Questions for Buddhist Ethics* (University of Hawaii Press, 2009); H. Paul Varley in *Japanese Culture* (University of Hawaii Press, 2000); Judith Snodgrass, *Presenting Japanese Buddhism to the West: Orientalism, Occidentalism, and the Columbian Exposition* (University of North Carolina Press, 2003); Jason Ananda Josephson, *The Invention of Religion in Japan* (University of Chicago Press, 2012); Gerard Clinton Godart, '"Philosophy" or "Religion"? The Confrontation with Categories in Late Nineteenth Century Japan', *Journal of the History of Ideas*, 69:1 (2008); James Edward Ketelaar, *Of Heretics and Martyrs in Meiji Japan: Buddhism and Its Persecution* (Princeton University Press, 1990) and 'Strategic Occidentalism: Meiji Buddhists at the World's Parliament of Religions', *Buddhist-Christian Studies*, 11 (1991); Winston Davis, 'Buddhism and the Modernization of Japan', *History of Religions*, 28:4 (1989). On Inoue Enryō, see Gerald A. Figal, *Civilization and Monsters: Spirits of Modernity in Meiji Japan* (Duke University Press, 1999); Miura Setsuo, 'Inoue Enryō's Mystery Studies', *International Inoue Enryō Research*, 2 (2014); Jason Ananda Josephson, 'When Buddhism Became a "Religion": Religion and Superstition in the Writings of Inoue Enryō', *Japanese Journal of Religious Studies*, 33:1 (2006); Gerard Clinton Godart, 'Tracing the Circle of Truth: Inoue Enryō on the History of Philosophy and Buddhism', *The Eastern Buddhist*, 36:1&2 (2004). On Christians in Japan, see Thomas W. Burkman, 'The Urakami Incidents and the Struggle for Religious

Toleration in Early Meiji Japan', *Japanese Journal of Religious Studies*, 1: 2 - 3 (1974); Mikiso Hane, *Pre-Modern Japan: A Historical Survey*, 2nd edn (Westview Press, 2014); Stephen Turnbull (ed.), *Japan's Hidden Christians* (Curzon Press, Surrey, 2000); Kiri Paramore, *Ideology and Christianity in Japan* (Taylor & Francis, 2009); James M. Hommes, 'Baptized Bushidō: Christian Converts and the Use of Bushidō in Meiji Japan', *Journal of the Southwest Conference on Asian Studies*, 7 (2011); John F. Howes, 'Japanese Christians and American Missionaries', in Marius B. Jansen (ed.), *Changing Japanese Attitudes Towards Modernization* (Princeton University Press, 1965); George M. Oshiro, 'Nitobe Inazō and the Sapporo Band: Reflections on the Dawn of Protestant Christianity in Early Meiji Japan', *Japanese Journal of Religious Studies*, 34: 1 (2007); George E. Moore, 'Samurai Conversion: the Case of Kumamoto', *Asian Studies*, 4:1 (1966); Tessa Morris-Suzuki, *Re-inventing Japan: Time, Space, Nation* (Routledge, 1997); Mark Mullins, *Christianity Made in Japan: A Study of Indigenous Movements* (University of Hawaii Press, 1998); Saburo Ozawa, *Bakumatsu Meiji Yasokyōshi Kenkyū* [Studies in the History of Christianity in the Bakumatsu and Meiji Periods] (Nihon Kirisuto-kyōdan Shuppankyoku, Tokyo, 1973); H. Byron Earhart, *Japanese Religion: Unity and Diversity*, 5th edn (Wadsworth Publishing, Boston, 2013); Emily Anderson, *Christianity and Imperialism in Modern Japan: Empire for God* (Bloomsbury, 2014). On the Russo-Japanese War, see Marius B. Jansen, *The Making of Modern Japan* (Harvard University Press, 2002); J. Victor Koschmann, *Authority and the Individual in Japan: Citizen Protest in Historical Perspective* (ISBS, 1978); Nobuya Bamba and John F. Howes (eds), *Pacifism in Japan: the Christian and Socialist Tradition* (University of British Columbia Press, 1978); David Wells and Sandra Wilson (eds), *The Russo-Japanese War in Cultural Perspective*, 1904 - 05 (Palgrave Macmillan, 1999). On Yosano Akiko, see Laurel Rasplica Rodd, 'The Taishō Debate over the "New Woman"', in Gail Lee Bernstein (ed.), *Recreating Japanese Women*, 1600 - 1945 (University of California Press, 1991). 'In matters of electricity' is reproduced in Hommes, 'Baptized Bushidō: Christian Converts and the Use of Bushidō in Meiji Japan'. 'Oh my brother . . .' is an excerpt from Yosano Akiko's poem '*Kimi, shinitamō koto nakare*' ['Brother, Do Not Offer Your Life'] (1904). The translation used here appears in Steve Rabson, 'Akiko on War: To Give One's Life or Not: A Question of Which War', *The Journal of the Association of Teachers of Japanese*, 25:1 (1991).

6 东方梦魇

On Saitō Mokichi, see Amy Heinrich, *Fragments of Rainbows: the Life and Poetry of Saitō Mokichi, 1882 - 1953* (Columbia University Press, 1983). On Akutagawa Ryūnosuke, see Seiji M. Lippit, *Topographies of Japanese Modernism* (Columbia University Press, 2012); Kevin M. Doak, 'The Last Word? Akutagawa Ryūnosuke's "The Man from the West"', in *Monumenta Nipponica*, 66:2 (2011); Akutagawa Ryūnosuke, Kevin M. Doak and J. Scott Matthews, '"The Man from the West" and "The Man from the West: the Sequel"', *Monumenta Nipponica*, 66:2 (2011); Rebecca Suter, 'Grand Demons and Little Devils: Akutagawa's *Kirishitan mono* as a Mirror of Modernity', *Journal of Japanese Studies*, 39:1 (2013); Murakami Haruki, 'Akutagawa Ryūnosuke: Downfall of the Chosen', in Akutagawa Ryūnosuke, *Rashomon and Seventeen Other Stories*, translated by Jay Rubin (Penguin Classics, 2006); G. H. Healey, 'Introduction', in Akutagawa Ryūnosuke, *Kappa*, translated by Geoffrey Bownas (Peter Owen Publishers, 1970). On Hayashi Fumiko, see Hayashi Fumiko, *Hōrōki* ['Diary of a Vagabond'] (1927); William O. Gardner, *Advertising Tower: Japanese Modernism and Modernity in the 1920s* (Harvard University Press, 2006). On the development of Tokyo's infrastructure and culture, see Elise Tipton, *Modern Japan: a Social and Political History*, 3rd edn (Routledge, 2015); Steven J. Ericson, *The Sound of the Whistle: Railroads and the State in Meiji Japan* (Harvard University Press, 1996); Hiromu Nagahara, *Tokyo Boogie-Woogie: Japan's Pop Era and its Discontents* (Harvard University Press, 2017); Alisa Freedman, *Tokyo in Transit: Japanese Culture on the Rails and Road* (Stanford University Press, 2010); E. Taylor Atkins, *Blue Nippon: Authenticating Jazz in Japan* (Duke University Press, 2011); Miriam Silverberg, *Erotic Grotesque Nonsense: The Mass Culture of Japanese Modern Times* (University of California Press, 2009); Christine R. Yano, 'Defining the Modern Nation in Japanese Popular Song', in Sharon Minichiello (ed.), *Japan's Competing Modernities: Issues in Culture and Democracy, 1900 – 1930* (University of Hawaii Press, 1998); Barbara Molony, 'Activism Among Women in the Taisho Cotton Textile Industry', in Gail Lee Bernstein (ed.), *Recreating Japanese Women, 1600 – 1945* (University of California Press, 1991); Gail Lee Bernstein, 'Women in the Silk-Reeling Industry in Nineteenth-Century Japan', in Gail Lee Bernstein and Haruhiro Fukui (eds), *Japan and the World: Essays on Japanese History and Politics* (Palgrave Macmillan, 1988); Chiyoko Kawakami, 'The Metropolitan Uncanny in the Works of Izumi Kyōka', *Harvard Journal of Asiatic Studies*, 59:2 (1999); Michael Crandol, 'Nightmares from the Past: "Kaiki Eiga" and the Dawn of Japanese Horror Cinema', PhD thesis (University of Minnesota, 2015). On the politics of the period, see Richard Sims, *Japanese Political History Since the Meiji Restoration, 1868 – 2000* (C. Hurst Publishers, London, 2001); William Craig, *The Fall of Japan: the Final Weeks of World War II in the Pacific* (reissued edn, Open Road Media, 2017); Haruhiro Fukui, *Party in Power: Japanese Liberal Democrats and Policy-Making* (Australian National University Press, 1970); William R. Nester, *The Foundations of Japanese Power: Continuities, Changes, Challenges* (Palgrave Macmillan, 1990); Marius B. Jansen, *The Making of Modern Japan* (Harvard University Press, 2002); Peter Duus, 'Yoshino Sakuzō: the Christian as Political Critic', *Journal of Japanese Studies*, 4:2 (1978); Bernard Silberman, 'The Political Theory and Program of Yoshino Sakuzō', *The Journal of Modern History*, 31:4 (1959). For insights into Japan's activities during the Great War, I am grateful for the advice of Ian Gow. On Edogawa Ranpo and crime fiction, see Edogawa Ranpo, '*Ningen Isu*' ['The Human Chair'], in *Kuraku* magazine, 1925; Edogawa Ranpo, *Japanese Tales of Mystery & Imagination* (Tuttle Publishing, Vermont, 1956; translations by James B. Harris); Mark Silver, *Purloined Letters: Cultural Borrowing and Japanese Crime Literature, 1868 – 1937* (University of Hawaii Press, 2008). 'As the night grew late' appears in Saitō Mokichi's collection *Tomoshibi* ['Lamplight'], reproduced in Amy Vladeck Heinrich, *Fragments of Rainbows: the Life and Poetry of Saitō*

Mokichi (Columbia University Press, 1983). 'Dancing to jazz' appears in Taylor Atkins, *Blue Nippon*. 'My family was poor' appears in Linda K. Menton, *The Rise of Modern Japan* (University of Hawaii Press, 2003). 'A girl in the hotel' is from Edogawa Ranpo, '*Ningen Isu*' (author's translation). 'Opposite me', 'I have no conscience' and 'I don't have the strength' come from Akutagawa Ryūnosuke, 'Spinning Gears', in Akutagawa, *Rashomon and Seventeen Other Stories*. 'Which modernity', 'Foxes' and 'Christ's life' come from Akutagawa Ryūnosuke, 'The Man from the West', translated by Kevin M. Doak and J. Scott Matthews, in Akutagawa, Doak and Matthews, '"The Man from the West" and "The Man from the West: the Sequel"'.

7 大逃亡

The details of Kosawa Heisaku's practice and correspondence are drawn from the private archives of the Kosawa family, accessed by the author, along with interviews with former clients of Kosawa, conducted by the author. Also see Kosawa Heisaku, '*Zaiaku Ishiki no Nisshu: Ajase Konpurekkusu*' ['Two Kinds of Guilt Feeling: the Ajase Complex'], in *Gonryō* magazine (1931); Kosawa Heisaku, *Seishin Bunsekigaku: Rikai no Tame ni* ['Understanding Psychoanalysis'] (Hiyoshi Byōin Seishin Bunsekigaku Kenkyūshitsu Shuppanbu, 1958); Christopher Harding, 'Japanese Psychoanalysis and Buddhism: The Making of a Relationship', *History of Psychiatry*, 25: 2 (June 2014); Christopher Harding, 'Religion and psychotherapy in modern Japan: a four-phase view', in Christopher Harding, Fumiaki Iwata and Shin'ichi Yoshinaga (eds), *Religion and Psychotherapy in Modern Japan* (Routledge, 2015); Fumiaki Iwata, 'The Dawning of Japanese Psychoanalysis: Kosawa Heisaku's Therapy and Faith', in Harding, Iwata and Yoshinaga (eds), *Religion and Psychotherapy in Modern Japan*; Fumiaki Iwata, *Kindaika no naka no dentōshūkyō to seishinundō: Kijunten toshite no Chikazumi Jōkan kenkyū* ['Traditional Religion and Spiritual Movements in the Context of Modernization: Research on Chikazumi Jōkan as a Point of Reference'] (Osaka Kyōiku University, 2011). Yujiro Nagao, Takashi Ikuta and Christopher Harding, *Bukkyō Seishin Bunseki* ['Buddhist Psychoanalysis'] (Kongo Shuppan, Tokyo,

参考文献注释

2016). On Japanese psychological distress and psychotherapy in general, see Yu-chuan Wu, 'A Disorder of Ki: Alternative Treatments for Neurasthenia in Japan, 1890 – 1945', PhD thesis (University College London, 2012); Akihito Suzuki, 'A Brain Hospital in Tokyo and its Private and Public Patients, 1926 – 45', *History of Psychiatry*, 14:3 (2003); Yasuo Okada, '110 Years of Psychiatric Care in Japan,' in Teizo Ogawa (ed.), *History of Psychiatry – Mental Illness and Its Treatments: Proceedings of the 4th International Symposium on the Comparative History of Medicine – East and West* (Shizuoka, 1982); Akira Hashimoto, 'Psychiatry and Religion in Modern Japan: Traditional Temple and Shrine Therapies', in Harding, Iwata and Yoshinaga (eds), *Religion and Psychotherapy in Modern Japan*; Junko Kitanaka, *Depression in Japan: Psychiatric Cures for a Society in Distress* (Princeton University Press, 2011); Yoshinaga Shin'ichi, *Nihonjin no Shin-Shin Rei* [Japanese 'Body', 'Mind', 'Spirit'], Volume 4 (Kuresu Shuppan, 2004); Shin'ichi Yoshinaga, 'The Birth of Japanese Mind Cure Methods', in Harding, Iwata and Yoshinaga (eds), *Religion and Psychotherapy in Modern Japan*; W-S. Tseng, S. C. Chang, M. Nishizono, 'Asian Culture and Psychotherapy: An Overview', in W-S. Tseng, S. C. Chang, M. Nishizono (eds), *Asian Culture and Psychotherapy: Implications for East and West* (University of Hawaii Press, 2005); Gerald A. Figal, *Civilization and Monsters: Spirits of Modernity in Meiji Japan* (Duke University Press, 1999); Harry Harootunian, *Overcome by Modernity: History, Culture, and Community in Interwar Japan* (Princeton University Press, 2001); H. D. Harootunian, 'Disciplinizing Native Knowledge and Producing Place: Yanagita Kunio, Origuchi Shinobu, Takata Yasuma', in J. Thomas Rimer (ed.), *Culture and Identity: Japanese Intellectuals During the Interwar Years* (Princeton University Press, 1990); William Lee Rand, 'What is the History of Reiki?' <http://www.reiki.org>. On Natsume Sōseki in London, see Sammy I. Tsunematsu, 'Introduction' in Natsume Sōseki, *Spring Miscellany and London Essays*, translated by Sammy I. Tsunematsu (Tuttle Publishing, Boston, 2002). On Yanagita Kunio, see Ronald A. Morse, 'Introduction' in Yanagita Kunio, *The Legends of Tono*, translated by Ronald A. Morse (Japan Foundation, 1975; new edition Rowman and Littlefield, 2008);

535

Figal, *Civilization and Monsters*; Takehiko Kojima, 'Diversity and Knowledge in the Age of Nation-Building: Space and Time in the Thought of Yanagita Kunio', PhD thesis (Florida International University, 2011); Shun'ichi Takayanagi, 'Yanagita Kunio', *Monumenta Nipponica*, 29:3 (1974). On Yanagita's insistence upon recounting stories 'just as I felt them', see Figal, *Civilization and Monsters*. On Watsuji Tetsurō, see Harootunian, *Overcome by Modernity*. On Heidegger, James Phillips, 'Time and Memory in Freud and Heidegger: An Unlikely Congruence', <https://www. klinikum. uni-heidelberg. de/fileadmin/zpm/psychatrie/ppp2004/manuskript/phillips. pdf>. 'Far beyond any femininity' is from Natsume Sōseki, 'The Boarding House', in Sōseki, *Spring Miscellany*. 'All of a sudden' is from Natsume Sōseki, 'A Sweet Dream', in Sōseki, *Spring Miscellany*. 'Glued-on peacock feathers' and Sōseki's words to his students feature in '*Watakushi no Kojinshugi*' ['My Individualism'] (1914), reproduced in Jay Rubin and Natsume Sōseki, 'Sōseki on Individualism: "Watakushi no Kojinshugi"', *Monumenta Nipponica*, 34:1 (1979). 'One day a whole family' is from Yanagita Kunio, *The Legends of Tono*. 'The smash of a plate' is from the author's translation of Kosawa Heisaku, '*Zaiaku Ishiki no Nisshu: Ajase Konpurekkesu*' ['Two Kinds of Guilt Feeling: the Ajase Complex'], *Gonryō* magazine (1931). See also Okonogi Keigo and Osamu Kitayama (eds), *Ajase Konpurekkesu* ['Ajase Complex'] (Sōgensha, 2001). Kai Wariko's poem features in Mark Unno (ed.), *Buddhism and Psychotherapy Across Cultures: Essays on Theories and Practices* (Wisdom Publications, Boston, 2006).

8 "自力"、"他力"、国家权力

For Kikugawa Ayako's story, and on picture brides in general, see Barbara Kawakami, *Picture Bride Stories* (University of Hawaii Press, 2016). See also Carol C. Fan, 'Asian Women in Hawai'i: Migration, Family, Work, and Identity', *NWSA Journal*, 8:1 (1996). On Pearl Harbor's vulnerability: J. J. Clark and Dwight H. Barnes, *Sea Power and its Meaning* (Franklin Watts, New York, 1966). On Japanese colonialism and relationships within East Asia, see Mark R. Peattie, 'The Japanese Colonial Empire, 1895 – 1945', in Peter Duus (ed.), *The Cambridge History of Japan*, Volume 6: *The Twentieth Century* (Cambridge University Press, 1989); Marius B. Jansen, *The Making of Modern Japan* (Harvard University Press, 2002); Kenneth B. Pyle, *The Making of Modern Japan*, 2nd revised edn (Houghton Mifflin, 1996); Aaron Stephen Moore, *Constructing East Asia: Technology, Ideology, and Empire in Japan's Wartime Era, 1931 – 45* (Stanford University Press, 2013); R. Siddle, *Race, Resistance, and the Ainu of Japan* (Routledge, 1996); Christopher Harding, 'State of Insecurity: Self-Defence and Self-Cultivation in the Genesis of Japanese Imperialism', in K. Nicolaidis, B. Sebe and G. Maas, *Echoes of Empire: Memory, Identity and Colonial Legacies* (I. B. Tauris, 2014); Sonia Ryang, 'The Great Kanto Earthquake and the Massacre of Koreans in 1923: Notes on Japan's Modern National Sovereignty', *Anthropological Quarterly*, 76:4 (2003); Joshua A. Hammer, *Yokohama Burning: The Deadly 1923 Earthquake and Fire That Helped Forge the Path to World War II* (Free Press, 2011). On American attitudes towards East Asian peoples, see Priscilla Long, 'Tacoma Expels the Entire Chinese Community on November 3, 1885', *History Link*, Essay 5063 (January 2003); Jansen, *The Making of Modern Japan*; Hammer, *Yokohama Burning*. On Bertrand Russell in Japan, see Bertrand Russell, *Uncertain Paths to Freedom: Russia and China, 1919 – 22* (Routledge, 2000). On Kagawa Toyohiko, see George B. Bikle, *The New Jerusalem: Aspects of Utopianism in the Thought of Kagawa Toyohiko* (University of Arizona Press, 1976); Robert D. Schildgen, *Toyohiko Kagawa: Apostle of Love and Social Justice* (Centenary Books, 1988); William Axling, *Kagawa*, revised edition (Harper & Brothers, 1946). On the Ashio Copper Mine and Japanese state power, see Robert Stolz, *Bad Water: Nature, Pollution, and Politics in Japan, 1870 – 1950* (Duke University Press, 2014); F. G. Notehelfer, 'Japan's First Pollution Incident', *Journal of Japanese Studies*, 1:2 (1975); Sheldon Garon, *State and Labor in Modern Japan* (University of California Press, 1990) and Garon, *Molding Japanese Minds: the State in Everyday Life* (Princeton University Press, 1997); Robert M. Spaulding Jr, 'The Bureaucracy as a Political Force, 1920 – 45', in James William Morley (ed.), *The Dilemmas of Growth in*

Prewar Japan (Princeton University Press, 1972); Bernard S. Silberman, 'The Bureaucratic Role in Japan, 1900 – 1934: the Bureaucrat as Politician', in Bernard S. Silberman and H. D. Harootunian (eds), *Japan in Crisis: Essays on Taishō Democracy* (Princeton University Press, 1974). On state – society relationships and cajolery, see Garon, *State and Labor in Modern Japan*; 'Rethinking Modernization and Modernity in Japanese History: A Focus on State – Society Relations', *Journal of Asian Studies*, 53:2 (1994); 'Women's Groups and the Japanese State: Contending Approaches to Political Integration, 1890 – 1945', *Journal of Japanese Studies*, 19:1 (1993); and especially Garon, *Molding Japanese Minds*. 'Extend the blessings' is quoted in Peattie, 'The Japanese Colonial Empire, 1895 – 1945'. 'Isn't it time' is from Bikle, *The New Jerusalem*. 'Busy, Busy!' is from Axling, *Kagawa*. 'Academic tramp' is from Andrew Gordon, *A Modern History of Japan*, 2nd edn (Oxford University Press, 2008). On the police, see Elise K. Tipton, *The Japanese Police State: Tokkō in Interwar Japan* (University of Hawaii Press, 1991); Shunsuke Tsurumi, *An Intellectual History of Wartime Japan*, 1931 – 1945 (Routledge, 1986); Patricia Steinhoff, 'Tenkō and Thought Control', in Gail Lee Bernstein and Haruhiro Fukui (eds), *Japan and the World: Essays on Japanese History and Politics* (Palgrave Macmillan, 1988); Patricia Steinhoff, 'Tenkō: Ideology and Societal Integration in Prewar Japan', PhD thesis (Harvard University, 1969).

9 粉墨登场

On the Mukden Incident, see Marius B. Jansen, *The Making of Modern Japan* (Harvard University Press, 2002). On Ishiwara Kanji, see (for his thoughts on Perry) Roger H. Brown, 'Ishiwara Kanji's "Argument for an East Asian League", 1940', in Sven Saaler and Christopher W. A. Szpilman (eds), *Pan-Asianism: A Documentary History*, Volume 2: 1920 – Present (Rowman & Littlefield, 2011); Mark R. Peattie, *Ishiwara Kenji and Japan's Confrontation with the West* (Princeton University Press, 1975). On Japan's armed forces, see Edward J. Drea, *Japan's Imperial Army: Its Rise and Fall*, 1853 – 1945 (University Press of Kansas, 2009) and 'The Japanese Army on the

Eve of War', in Mark Peattie et al. (eds), *The Battle for China: Essays on the Military History of the Sino-Japanese War of 1937 – 1945* (Stanford University Press, 2010); Theodore F. Cook, 'Making Soldiers: the Imperial Army and the Japanese Man in Meiji Society and State', in Barbara Molony and Kathleen Uno (eds), *Gendering Modern Japanese History* (Harvard University Press, 2005); Kawano Hitoshi, 'Japanese Combat Morale: A Case Study of the Thirty-Seventh Division', in Peattie et al. (eds), *The Battle for China*; Aaron William Moore, *Writing War: Soldiers Record the Japanese Empire* (Harvard University Press, 2013); Haruko Taya Cook and Theodore F. Cook, *Japan at War: An Oral History* (W. W. Norton & Company, 1992). On Japan and China, see Joshua A. Fogel, '"Shanghai-Japan": The Japanese Residents' Association of Shanghai', *Journal of Asian Studies*, 59:4 (2000); Rana Mitter, *China's War with Japan, 1937 – 1945: the Struggle for Survival* (Allen Lane, 2013); James McClain, *Japan: A Modern History* (W. W. Norton & Company, 2002); Peter Harmsen, *Shanghai 1937: Stalingrad on the Yangtze* (Casemate, 2013); Yang Tianshi, 'Chiang Kai-Shek and the Battles of Shanghai and Nanjing', in Peattie et al. (eds), *The Battle for China*. On discontent in rural and urban Japan, see Ann Waswo, 'The Transformation of Rural Society, 1900 – 1950', in Peter Duus (ed.), *The Cambridge History of Japan*, Volume 6: *The Twentieth Century* (Cambridge University Press, 1989); R. Dore and T. Ōuchi, 'The Rural Origins of Japanese Fascism', in James William Morley (ed.), *The Dilemmas of Growth in Prewar Japan* (Princeton University Press, 1972); McClain, *Japan: A Modern History*. On Japanese gangsterism, see Eiko Maruko Siniawer, *Ruffians, Yakuza, Nationalists: The Violent Politics of Modern Japan, 1860 – 1960* (Cornell University Press, 2008); Sven Saaler, 'The Kokuryūkai (Black Dragon Society) and the Rise of Nationalism, Pan-Asianism, and Militarism in Japan, 1901 – 1925', *International Journal of Asian Studies*, 11:2 (2014); John Wayne Sabey, 'The Gen'yōsha, the Kokuryūkai, and Japanese Expansionism', PhD thesis (University of Michigan, 1972). 'Of late' appears in Waswo, 'The Transformation'. 'Dad came to the 12 p.m. visiting hours', is quoted in Moore, *Writing War*. The testimony of Tominaga Shōzō features in Cook and Cook, *Ja-*

pan at War. 'Tough, long-haired' is the comment of a foreign journalist working in Shanghai, reproduced in Harmsen, *Shanghai 1937*. Ernest Satow's comments come from Sir Ernest Satow, *A Diplomat in Japan* (Seeley, Service & Co, 1921).

10 "神之咆哮"

On Nanjing in late 1937 and early 1938, see Hallett Abend in the *New York Times* ('Ultimatum by Japan', 10 December 1937; 'Nanking Entered by Japanese Army', 11 December; 'Japan in Three Drives on Chinese Lines', 17 December; 'Reign of Disorder Goes on in Nanking', 25 January 1938); [No byline], 'Tokyo is Celebrating Capture of Nanking', 12 December 1937; [No byline], 'Nanking Occupied', 14 December 1937; [No byline], 'Nanking's Silence Terrifies Shanghai, 15 December 1937; [No byline], 'March of Victory into Nanking Set', 16 December 1937; [No byline], 'Conquerors Enter City in Triumph', 18 December 1937; F. Tillman Durdin in the *New York Times* ('All Captives Slain', 18 December 1937; 'Japanese Atrocities Marked the Fall of Nanking After Chinese Command Fled', 9 January 1938); Aaron William Moore, *Writing War: Soldiers Record the Japanese Empire* (Harvard University Press, 2013); Herbert Bix, *Hirohito and the Making of Modern Japan* (Gerald Duckworth, 2001); Kasahara Tokushi, *Nankin Jiken* (Iwanami Shinsho, 1997). On the ideals and realities of 'Pan-Asianism', see Peter Duus, 'Imperialism Without Colonies: The Vision of a Greater East Asia Co - prosperity Sphere', *Diplomacy and Statecraft*, 7:1 (1996); Brian Victoria, 'War Remembrance in Japan's Buddhist Cemeteries, Part I: Kannon Hears the Cries of War', *The Asia-Pacific Journal*, 13:31 (2015). On Nishida Kitarō, D. T. Suzuki and the Kyoto School, see Robert Sharf, 'The Zen of Japanese Nationalism', *History of Religions* 33:1 (1993); Robert E. Carter, *The Kyoto School* (SUNY Press, 2013); James Heisig, *Much Ado about Nothingness: Essays on Nishida and Tanabe* (CreateSpace, 2015), Heisig, *Nothingness and Desire: An East - West Philosophical Antiphony* (University of Hawaii Press, 2013), Heisig, *Philosophers of Nothingness: An Essay on the Kyoto School* (University of Hawaii Press, 1996), James Heisig and John C. Maraldo (eds), *Rude Awaken-*

ings: *Zen, the Kyoto School, and the Question of Nationalism* (University of Hawaii Press, 1995); Brian Victoria, *Zen At War*, 2nd edn (Rowman and Littlefield, 2005); Kemmyō Taira Satō (translated in collaboration with Thomas Kirchner), 'D. T. Suzuki and the Question of War', in *The Eastern Buddhist*, 39:1 (2008). On Koji Zen, see Janine Tasca Sawada, *Practical Pursuits: Religion, Politics, and Personal Cultivation in Nineteenth-Century Japan* (University of Hawaii Press, 2004). On Uesugi Shinkichi and Kakehi Katsuhiko, see Walter Skya, *Japan's Holy War: The Ideology of Radical Shinto* (Duke University Press, 2009). On the assassination of Prime Minister Inukai Tsuyoshi, see Skya, *Japan's Holy War*, and Hugh Byas, *Government by Assassination* (Alfred A. Knopf, 1942). On *Kokutai No Hongi*, see Ito Enkichi et al. (translated by John Owen Gauntlett, with an Introduction by Robert King Hall), *Kokutai no Hongi: Cardinal Principles of the National Entity of Japan* (Harvard University Press, 1949). On the war, see Peter Duus, 'Imperialism Without Colonies'; Alvin D. Coox, 'The Pacific War', in Duus (ed.), *The Cambridge History of Japan*; Gordon W. Prange, *At Dawn We Slept: the Untold Story of Pearl Harbor*, new edn (Penguin, 1991). On the home front, during the war, see James McClain, *Japan: A Modern History* (W. W. Norton & Company, 2002); Robert D. Schildgen, *Toyohiko Kagawa: Apostle of Love and Social Justice* (Centenary Books, 1988); Sheldon Garon, 'Luxury is the Enemy: Mobilizing Savings and Popularizing Thrift in Wartime Japan', *Journal of Japanese Studies*, 26:1 (2000); Bix, *Hirohito*; 'Sensational Rumours, Seditious Graffiti, and the Nightmares of the Thought Police', in John Dower, *Japan in War and Peace: Essays on History, Race, and Culture* (HarperCollins, 1995); Ross Cohen, *Fu-Go: The Curious History of Japan's Balloon Bomb Attack on America* (University of Nebraska Press, 2014); Thomas R. Searle, 'It made a lot of sense to kill skilled workers: The Firebombing of Tokyo in March 1945', *Journal of Military History*, 66:1 (2002); Thomas Havens, *Valley of Darkness: The Japanese People and World War Two* (University Press of America, 1986). On Momotarō, see David A. Henry, 'Momotarō, or the Peach Boy: Japan's Best-Loved Folktale as National Allegory', PhD thesis (University of Michigan, 2009).

On Japan's kamikaze pilots, see Emiko Ohnuki-Tierney, *Kamikaze, Cherry Blossoms, and Nationalisms: The Militarization of Aesthetics in Japanese History* (University of Chicago Press, 2002) and Ohnuki-Tierney, *Kamikaze Diaries: Reflections of Japanese Student Soldiers* (University of Chicago Press, 2006); Albert Axell and Hideaki Kase, *Kamikaze: Japan's Suicide Gods* (Longman, 2002); Hatsuho Naitao, *Thunder Gods: The Kamikaze Pilots Tell Their Story* (Kodansha, 1989). 'We are fighting' is quoted in Jonathan Fenby, *Generalissimo: Chiang Kai-Shek and the China He Lost* (Free Press, 2003). Maeda Yoshihiko is quoted in Kasahara, *Nankin Jiken*. 'Atrocities of our army' is quoted in Bix, *Hirohito*. 'None of this' is paraphrased from a comment recorded in Sharf, 'The Zen of Japanese Nationalism'. The 'Crystallized superstition' and 'exceedingly filthy' is quoted in Jason Ananda Josephson, 'When Buddhism Became a "Religion": Religion and Superstition in the Writings of Inoue Enryō', *Japanese Journal of Religious Studies*, 33:1 (2006). 'Doffing caps, clasping hands' is Byas, *Government By Assassination*. 'Coercion sphere' is reported in Heisig and Maraldo (eds), *Rude Awakenings*. 'Patiently have We . . .' was printed in every Japanese newspaper on 8 December 1941. Hayashi Ichizō's testimony is from Ohnuki-Tierney, *Kamikaze Diaries* and *Kamikaze, Cherry Blossoms*.

11 新生

On Ando Akira, Kodama Yoshio, and the Japanese underworld in general, see Mark Gayn, *Japan Diary* (1948; new edition Charles E. Tuttle Publishing Company, 1981); Richard Sims, *Japanese Political History Since the Meiji Restoration, 1868 – 2000* (C. Hurst Publishers, London, 2001); David E. Kaplan and Alec Dubro, *Yakuza: Japan's Criminal Underworld* (University of California Press, 2003); Eiko Maruko Siniawer, *Ruffians, Yakuza, Nationalists: The Violent Politics of Modern Japan, 1860 – 1960* (Cornell University Press, 2008). On Morita Akio, see Morita Akio, *Made in Japan* (Dutton, 1986); John Nathan, *Sony: the Private Life* (HarperCollins, 1999). On Japanese politics in the wake of defeat, see Herbert Bix, *Hirohito and the Making of Modern Japan* (Gerald Duckworth, 2001);

John Dower, *Empire and Aftermath: Yoshida Shigeru and the Japanese Experience*, 1878 – 1954 (Harvard University Press, 1988); James McClain, *Japan: A Modern History* (W. W. Norton & Company, 2002); Gayn, *Japan Diary*; J. Victor Koschmann, *Revolution and Subjectivity in Postwar Japan* (University of Chicago Press, 1996) and 'Intellectuals and Politics', in Andrew Gordon (ed.), *Postwar Japan as History* (University of California Press, 1993). On Sakaguchi Ango, see James Dorsey, 'Culture, Nationalism, and Sakaguchi Ango', *Journal of Japanese Studies*, 27:2 (2001). On army stockpiling and looting, see Theodore Cohen, *Remaking Japan: the American Occupation as New Deal* (Free Press, 1987). On black markets before and after the war, see Owen Griffiths, 'Need, Greed, and Protest in Japan's Black Market, 1938 – 1949', *Journal of Social History*, 35:4 (2002); Kaplan and Dubro, *Yakuza*; Siniawer, *Ruffians, Yakuza, Nationalists*; Edward Seidensticker, *Tokyo Rising: The City Since the Earthquake* (Harvard University Press, 1991). On women after the war, see 'Citizens', in Vera Mackie, *Feminism in Modern Japan: Citizenship, Embodiment and Sexuality* (Cambridge University Press, 2003); Mire Koikari, 'Exporting Democracy? American Women, "Feminist Reforms", and Politics of Imperialism in the U.S. Occupation of Japan, 1945 – 1952', *Frontiers: A Journal of Women Studies*, 23:1 (2002); Bix, *Hirohito*; Gayn, *Japan Diary*. For the broader post-war picture within Japan, see John Dower, *Embracing Defeat: Japan in the Aftermath of World War II*, new edn (Penguin, 2000). On first-hand experiences of the Hiroshima bomb, see Mikio Kanda (ed.), *Widows of Hiroshima: The Life Stories of Nineteen Peasant Wives* (St Martin's Press, 1989). On Koreans who died as a result of the Hiroshima bomb, see Michael Weiner, 'The Representation of Absence and the Absence of Representation: Korean Victims of the Atomic Bomb', in Michael Weiner (ed.), *Japan's Minorities: The Illusion of Homogeneity* (Routledge, 1997).

12 蓝色音符

On jazz in Japan, see Hampton Hawes (with Don Asher), *Raise Up Off Me: A Portrait of Hampton Hawes* (1974; new edn Da Capo Press, 2001); Akiyoshi Toshiko, *Jazu to ikiru* (Iwanami Shoten, 1996); E. Taylor Atkins, *Blue Nippon: Authenticating Jazz in Japan* (Duke University Press, 2011); Yusuke Torii, 'Swing Ideology and Its Cold War Discontents in US‐Japan Relations, 1944‐1968', PhD thesis (George Washington University, 2007); Kevin Fellezs, 'Deracinated Flower: Toshiko Akkyoshi's "Trace in Jazz History"', *Jazz Perspectives*, 4:1 (2010); Leonard Feather, 'Toshiko Akiyoshi: Contemporary Sculptress of Sound', *Down Beat* magazine (October 1977) and 'East Meets West, or Never the Twain Shall Cease, *Down Beat* (June 1976); Steven Moore, 'The Art of Becoming a Jazz Musician: An Interview with Toshiko Akiyoshi', *Michigan Quarterly Review*, XLIII: 3 (2004); Rachel M. Peterson, 'Toshiko Akiyoshi's Development of a New Jazz Fusion', Masters Dissertation (University of Arizona, 2010); Interview with Akiyoshi Toshiko, conducted by the author, June 2017. On casualty projections for a land war on Japan's main islands, see D. M. Giangreco, *Hell to Pay: Operation Downfall and the Invasion of Japan*, 1945‐1947 (Naval Institute Press, 2009) and James McClain, *Japan: A Modern History* (W. W. Norton & Company, 2002). It was suggested that up to a million Americans might die in the assault, but such figures have tended to be regarded by historians as based on little evidence. On Beate Sirota, see Beate Sirota, *The Only Woman in the Room: A Memoir*, new edition (University of Chicago Press, 2014); Nassrine Azimi and Michel Wasserman, *Last Boat to Yokohama: The Life and Legacy of Beate Sirota Gordon* (Three Rooms Press, 2015); John Dower, *Embracing Defeat: Japan in the Aftermath of World War II*, new edn (Penguin, 2000). On life, politics, and censorship in Japan after August 1945, see Dower, *Embracing Defeat*; Elise Tipton, *Modern Japan: a Social and Political History*, 3rd edn (Routledge, 2015); McClain, *Japan: A Modern History*; Mark Gayn, *Japan Diary* (1948; new edition Charles E. Tuttle Publishing Company, 1981); Stephen Large, *Emperor Hirohito and Showa Japan: A Political Biography* (Routledge, 1992); Kyōko Hirano, *Mr Smith Goes to Tokyo: Japanese Cinema Under the American Occupation*, 1945‐1952 (Smithsonian Books, new edition 1992); Mark Sandler, *The Confusion Era: Art and Culture in Japan During the Allied Occupation*, 1945‐1952 (University of Washington Press, 1996); Donald Richie, *A Hundred Years of Japanese Film*, revised and updated edition (Kodansha America, 2012). On the musical accompaniment to the opening of Shimbashi Station, and on pre-war music in Japan more generally, see E. W. Pope, 'Songs of the Empire: Continental Asia in Japanese Wartime Popular Music', PhD thesis (University of Washington, 2003). On popular music and protest, see Christine Yano, *Tears of Longing: Nostalgia and the Nation in Japanese Popular Song* (Harvard University Press, 2002); E. Patricia Tsurumi, *Factory Girls: Women in the Thread Mills of Meiji Japan* (Princeton University Press, 1990); Taylor, *Blue Nippon*; Hiromu Nagahara, *Tokyo Boogie-Woogie: Japan's Pop Era and its Discontents* (Harvard University Press, 2017). On the Paris and Vienna expos, see Yasuko Tsukahara, 'State Ceremony and Music in Meiji-era Japan', *Nineteenth-Century Music Review*, 10:2 (2014). On music and the broader Cold War context, see Penny Von Eschen, *Satchmo Blows Up the World: Jazz Ambassadors Play the Cold War* (Harvard University Press, 2006); Torii, 'Swing Ideology'. For an assessment of land reform by someone who witnessed it at first hand, see R. P. Dore, 'The Japanese Land Reform in Retrospect', *Far Eastern Survey*, 27:12 (1958). MacArthur's February note is reproduced in Dower, *Embracing Defeat*. 'Everybody is talking', is from Hirano, *Mr Smith Goes to Tokyo*. 'One of those cracker Texas colonels' is Hampton Hawes, in *Raise Up Off Me*. Segawa Masahiko recollections are based on interview with the author, July 2017. 'Our interracial group' is from Von Eschen, *Satchmo Blows Up the World*. 'We are starving!' reported in Gayn, *Japan Diary*.

13 光明生活

On the promulgation of the new constitution, see John Dower, *Embracing Defeat: Japan in the Aftermath of World War II*, new edn (Penguin, 2000). On the Occupation in general, see Dower, *Embracing Defeat* and *Empire and Aftermath: Yoshida Shigeru and the Japanese Experience, 1878 – 1954* (Harvard University Press, 1988); James McClain, *Japan: A Modern History* (W. W. Norton & Company, 2002). On Morita Akio and Tokyo Tsūshin Kōgyō/Sony, see Morita Akio, *Made in Japan*

(Dutton, 1986); John Nathan, *Sony: the Private Life* (Harper-Collins, 1999); Mark J. Stefik and Barbara Stefik, *Breakthrough: Stories and Strategies of Radical Innovation* (MIT Press, 2004). On Mitsubishi and the *zaibatsu*, see Hiroyuki Odagiri, 'Shipbuilding and Aircraft', in Hiroyuki Odagiri and Akira Goto (eds), *Technology and Industrial Development in Japan: Building Capabilities by Learning, Innovation, and Public Policy* (Oxford University Press, 1996); Eleanor M. Hadley (with Patricia Hagan Kuwayama), *Memoir of a Trustbuster: A Lifelong Adventure with Japan* (University of Hawaii Press, 2002). On the Japanese economy, see Chalmers Johnson, *MITI and the Japanese Miracle: The Growth of Industrial Policy, 1925 - 1975* (Stanford University Press, 1982); David Flath, *The Japanese Economy*, 3rd edn (Oxford University Press, 2014); Yutaka Kosai, 'The Postwar Japanese Economy', in Peter Duus (ed.), *The Cambridge History of Japan*, Volume 6: *The Twentieth Century* (Cambridge University Press, 1989); James McClain, *Japan: A Modern History* (W. W. Norton & Company, 2002). On the SDF, see Akihiro Sadō, *The Self-Defense Forces and Postwar Politics in Japan* (JPIC, 2017); Dower, *Empire and Aftermath*; Thomas Alan Drohan, *American-Japanese Security Arrangements, Past and Present*, pbk edn (McFarland & Co., North Carolina, 2007). On Nissan and the automotive industry, see Hiroyuki Odagiri, 'Automobiles', in Odagiri and Goto (eds), *Technology and Industrial Development in Japan*. On Japan's Olympic history, see Christian Tagsold, 'Modernity and the Carnivalesque (Tokyo 1964)', in Vida Bajc (ed.), *Surveilling and Securing the Olympics: From Tokyo 1964 to London 2012 and Beyond* (Palgrave Macmillan, 2015), 'Modernity, Space, and National Representation at the Tokyo Olympics 1964', *Urban History*, 37:2 (2010), and - particularly on controversies concerning national symbols - 'The Tokyo Olympics as a Token of Renationalization', in Andreas Niehaus and Max Seinsch (eds), *Olympic Japan: Ideals and Realities of (Inter) Nationalism* (Ergon Verlag, Würzburg, 2007); Sandra Collins, *The 1940 Tokyo Games: The Missing Olympics: Japan, the Asian Olympics, and the Olympic Movement* (Routledge, 2008), 'Mediated Modernities and Mythologies in the Opening Ceremonies of 1964 Tokyo, 1988 Seoul, and 2008 Beijing Olympics Games', *The In-*

ternational Journal of the History of Sport, 29:16 (2012), and 'East Asian Olympic Desires: Identity on the Global Stage in the 1964 Tokyo, 1988 Seoul, and 2008 Beijing Games', *The International Journal of the History of Sport* 28/16 (2011); Allen Guttmann and Lee Thompson, *Japanese Sports: A History* (University of Hawaii Press, 1998); Paul Droubie, 'Phoenix Arisen: Japan as Peaceful Internationalist at the 1964 Tokyo Summer Olympics', *The International Journal of the History of Sport*, 28:16 (2011) and Droubie, 'Playing the Nation: 1964 Summer Olympics and Japanese Identity', PhD thesis (University of Illinois at Urbana-Champaign, 2009); Christopher Brasher, *Tokyo 1964: A Diary of the XVIIIth Olympiad* (Stanley Paul, 1964); John Bryant, *Chris Brasher: The Man Who Made the London Marathon* (Aurum Press, 2012); Jessamyn R. Abel, 'Japan's Sporting Diplomacy: the 1964 Tokyo Olympiad', *The International History Review*, 34:2 (2012); The Organizing Committee for the Games of the XVIII Olympiad, *The Games of the XVIII Olympiad, Tokyo 1964: The Official Report of the Organizing Committee* (1964). See also Ichikawa Kon's documentary film about the games: *Tōkyō Orinpikku [Tokyo Olympiad]* (1965). On the shinkansen, see Christopher P. Hood, *Shinkansen: From Bullet Train to Symbol of Modern Japan* (Routledge, 2006); Droubie, 'Playing the Nation'. 'There's something rather fishy' is reproduced in Theodore Cohen, *Remaking Japan: the American Occupation as New Deal* (Free Press, 1987). A 'weapon that flashed and shone' is from Morita, *Made in Japan*. 'Laughed out of the room' is from Nathan, *Sony*. 'Height of madness' and 'I felt a surge' are reproduced in Hood, *Shinkansen*. Note that 'divine wind' was a phrase in use during the early years of aircraft technology in Japan, distinct from the 'Special Attack Unit' formed towards the end of the Second World War (see Collins, *The 1940 Tokyo Games*).

14 展示癖

On Japanese public opinion concerning the San Francisco Peace Treaty, see James McClain, *Japan: A Modern History* (W. W. Norton & Company, 2002). On the *Lucky Dragon* 5 incident, military bases and the US – Japan relationship, see Aya

Homei, 'The Contentious Death of Mr Kuboyama: Science as Politics in the 1954 *Lucky Dragon* Incident', *Japan Forum*, 25:2 (2013); J. M. Miller, 'Fractured Alliance: Anti-Base Protests and Postwar US - Japanese Relations', *Diplomatic History*, 38:5 (2014); Andrew Gordon, *A Modern History of Japan*, 2nd edn (Oxford University Press, 2008); Donald Eugene Shoop, 'Sunagawa Incident', PhD thesis (University of Denver, 1985). On Kishi Nobusuke, see Mark Driscoll, *Absolute Erotic, Absolute Grotesque: The Living, Dead, and Undead in Japan's Imperialism, 1895 - 1945* (Duke University Press, 2010); Richard J. Samuels, 'Kishi and Corruption: An Anatomy of the 1955 System', Japan Policy Research Institute Working Paper 83 (2001). On post-war Japanese art movements, see Alexandra Munroe, *Japanese Art After 1945: Scream Against the Sky* (Harry N. Abrams, 1994); Linda Hoaglund (introduction by John Dower), 'Protest Art in 1950s Japan: The Forgotten Reportage Painters', *The Asia-Pacific Journal*, 12:43 (2014) and 'ANPO: Art X War - In Havoc's Wake', *The Asia-Pacific Journal*, 9:41 (2011); Peter Eckersall, *Theorizing the Angura Space: Avant-garde Performance and Politics in Japan, 1960 - 2000* (Brill, Leiden, 2006); David Elliott, *Reconstructions: Avant-Garde Art in Japan, 1945 - 1965* (Universe Pub, 1987). On protest, see Stuart J. Dowsey (ed.), *Zengakuren: Japan's Revolutionary Students* (The Ishi Press, California, 1970); Eiko Maruko Siniawer, *Ruffians, Yakuza, Nationalists: The Violent Politics of Modern Japan, 1860 - 1960* (Cornell University Press, 2008); McClain, *Japan*; Jansen, *The Making of Modern Japan*; David E. Kaplan and Alec Dubro, *Yakuza: Japan's Criminal Underworld* (University of California Press, 2003); Rikki Kersten, 'The Intellectual Culture of Postwar Japan and the 1968 - 1969 University of Tokyo Struggles: Repositioning the Self in Postwar Thought', *Social Science Japan Journal*, 12:2 (2009); Takemas Ando, 'Transforming "Everydayness": Japanese New Left Movements and the Meaning of their Direct Action', *Japanese Studies*, 33:1 (2013). On pop and TV culture in Japan, see Jonathan E. Abel, 'Masked Justice: Allegories of the Superhero in Cold War Japan', *Japan Forum*, 26:2 (2014); Jayson Makoto Chun, *A Nation of a Hundred Million Idiots? A Social History of Japanese Television, 1953 - 1973* (Routledge,

2006); Hiromu Nagahara, *Tokyo Boogie-Woogie: Japan's Pop Era and its Discontents* (Harvard University Press, 2017); Carolyn Stevens, *Japanese Popular Music: Culture, Authenticity, and Power* (Routledge, 2008); Ian F. Martin, *Quit Your Band! Musical Notes from the Japanese Underground* (Awai Books, 2016); Deborah Shamoon, 'Sun Tribe: Cultural Production and Popular Culture in Post-War Japan', *E-ASPAC* (*An Electronic Journal of Asian Studies on the Pacific Coast*), 1(2002); Michael K. Bourdaghs, *Sayonara Amerika, Sayonara Nippon: A Geopolitical Pre-History of J*-Pop (Columbia University Press, 2012). On film, see Donald Richie, *A Hundred Years of Japanese Film*, revised and updated edition (Kodansha America, 2012); David Dresser, *Eros Plus Massacre: An Introduction to the Japanese New Wave Cinema* (Indiana University Press, 1988); Isolde Standish, *Politics, Porn and Protest: Japanese Avant-Garde Cinema in the 1960s and 1970s* (Continuum, 2011); David Dresser (ed.), *Ozu's Tokyo Story* (Cambridge University Press, 2010); Woojeong Joo, 'I Was Born Middle Class But...: Ozu Yasujiro's Shōshimin Eiga in the Early 1930s', *Journal of Japanese & Korean Cinema*, 4:2 (2012). 'Nation of 100 million idiots' and 'waddling like a child with polio' are reproduced in Chun, *A Nation of a Hundred Million Idiots?*. 'Masterpiece of colonial literature' is from Nagahara, *Tokyo Boogie-Woogie*. 'A picture is no good' is quoted in Richie, *A Hundred Years of Japanese Film*. 'World around' is Masumara Yasuzo, quoted in Dresser, *Eros Plus Massacre*. On Japanese consumption patterns, see Andrew Gordon, 'Consumption, Consumerism, and Japanese Modernity', in Frank Trentmann (ed.), *Oxford Handbook of the History of Consumption* (Oxford University Press, 2012); Penelope Francks, 'Inconspicuous Consumption: *Sake*, Beer and the Birth of the Consumer in Japan', *Journal of Asian Studies*, 68:1 (February 2009); Richard Ronald and Allison Alexy (eds), *Home and Family in Japan: Continuity and Transformation* (Routledge, 2011). On Japanese art and cultural diplomacy, see Noriko Aso, 'Sumptuous Re-past: The 1964 Tokyo Olympics Arts Festival', *Positions: East Asia Cultures Critique*, 10:1 (2002); Reiko Tomii, 'How *Gendai Bijutsu* Stole the "Museum": An Institutional Observation of the Vanguard 1960s', in Thomas J. Rimer (ed.), *Since Meiji: Per-*

spectives on the Japanese Visual Arts, 1868 – 2000 (University of Hawaii Press, 2011). On Okamoto Tarō, see Elliott, *Reconstructions*. On avant-garde art more generally in post-war Japan, see Munroe, *Japanese Art After 1945*; William Marotti, *Money, Trains and Guillotines: Art and Revolution in 1960s Japan* (Duke University Press, 2013); Beth Noble, '"This is not art": An Investigation into Explorations of Democracy and the Politics of Space in the Yomiuri Indépendant 1949 – 1963', MSc dissertation (University of Edinburgh, 2017). On Japanese theatre, see Brian Powell, *Japan's Modern Theatre: A Century of Change and Continuity* (Japan Library, 2002); Benito Ortolani, *The Japanese Theatre: From Shamanistic Ritual to Contemporary Pluralism*, revised edn (Princeton University Press, 1995); Eckersall, *Theorizing the Angura Space*; Miryam Sas, *Experimental Arts in Postwar Japan: Moments of Encounter, Engagement, and Imagined Return* (Harvard University Press, 2011); Carol Fisher Sorgenfrei, *Unspeakable Acts: The Avant-Garde Theatre of Terayama Shūji and Postwar Japan* (University of Hawaii Press, 2005); Ian Buruma, *A Tokyo Romance: A Memoir* (Penguin Press, 2018). On Ōe Kenzaburo and Mishima Yukio, see Yumiko Iida, *Rethinking Identity in Modern Japan: Nationalism as Aesthetics* (Routledge, 2002); Donald Keene, *A History of Japanese Literature*: Volume 3: *Dawn to the West: Japanese Literature of the Modern Era* (Holt, Rinehart and Winston, 1984); Susan J. Napier, *Escape from the Wasteland: Romanticism and Realism in the Fiction of Mishima Yukio and Oe Kenzaburo* (Harvard University Press, 1991); Gwenn Boardman Petersen, *The Moon in the Water: Understanding Tanizaki, Kawabata, and Mishima* (University of Hawaii Press, 1979); Ōe Kenzaburō (translated by Luk Van Haute; introduction by Masao Miyoshi), *Seventeen & J: Two Novels* (electronic edition Foxrock Books/Evergreen Review, 2015). On protest and resistance, see Ando, 'Transforming "Everydayness": Japanese New Left Movements and the Meaning of their Direct Action'; William Andrews, *Dissenting Japan: A History of Japanese Radicalism and Counterculture from 1945 to Fukushima* (C. Hurst & Co Publishers, 2015); Mark Schreiber, *Shocking Crimes of Postwar Japan* (Yenbooks, 1996); Eiji Oguma, 'Japan's 1968: A Collective Reaction to Rapid Economic Growth in an Age of Turmoil', *Asia-Pacific Journal*, 13:12 (2015). 'A naked human being' is quoted in Munroe, *Japanese Art After 1945*. 'Postwar Japanese' is quoted in Iida, *Rethinking Identity in Modern Japan*.

15 拉动引线

On Minamata disease and Japan's post-war environmental crisis, see Mami Aoyama, 'Minamata: Disability and the Sea of Sorrow', in P. Block et al. (eds), *Occupying Disability: Critical Approaches to Community, Justice, and Decolonizing Disability* (Springer, 2016); Norie Huddle, Michael Reich, and Nahum Stiskin, *Island of Dreams: Environmental Crisis in Japan* (Schenkman Pub Co., 1987); Frank K. Upham, *Law and Social Change in Postwar Japan* (Harvard University Press, 1989): Timothy S. George, *Minamata: Pollution and the Struggle for Democracy in Postwar Japan*, pbk edn (Harvard University Press, 2002); Jeffrey Broadbent, *Environmental Politics in Japan: Networks of Power and Protest* (Cambridge University Press, 1998). On citizenship, protest and the law, see Upham, *Law and Social Change in Postwar Japan*; Simon Andrew Avenell, *Making Japanese Citizens: Civil Society and the Mythology of the Shimin in Postwar Japan* (University of California Press, 2010); Hiroshi Oda, *Japanese Law*, 3rd edn (Oxford University Press, 2011); Patricia G. Steinhoff (ed.), *Going to Court to Change Japan: Social Movements and the Law in Contemporary Japan* (University of Michigan Center for Japanese Studies, 2014); William Andrews, *Dissenting Japan: A History of Japanese Radicalism and Counterculture from 1945 to Fukushima* (C. Hurst & Co Publishers, 2015). On urban population, see T. Ito, 'Tōkaidō – Megalopolis of Japan', *GeoJournal*, 4:3 (1980). On women and women's rights, see Yusuke Torii, 'Swing Ideology and Its Cold War Discontents in US – Japan Relations, 1944 – 1968', PhD thesis (George Washington University, 2007); Mire Koikari, 'Exporting Democracy? American Women, "Feminist Reforms", and Politics of Imperialism in the U.S. Occupation of Japan, 1945 – 1952', *Frontiers: A Journal of Women Studies*, 23:1 (2002); and Koikare, 'Rethinking Gender and Power in the US Occupation of Japan, 1945 – 1952',

Gender & History, 11:2 (1999). On Japanese politics, see Richard Sims, *Japanese Political History Since the Meiji Restoration, 1868 – 2000* (C. Hurst Publishers, London, 2001); Morita Akio, *Made in Japan* (Dutton, 1986). On Minobe Ryōkichi, see Andrew Gordon, *A Modern History of Japan*, 2nd edn (Oxford University Press, 2008), and Avenell, *Making Japanese Citizens*. 'You're a parent, too' features in Upham, *Law*.

16 涌动的群山

On manga, see Brigitte Koyama-Richard, *One Thousand Years of Manga* (Flammarion-Pere Castor, 2014); Toni Johnson-Woods (ed.), *Manga: An Anthology of Global and Cultural Perspectives*, reprint edn (Continuum, 2009); J. B. Thomas, *Drawing on Tradition: Manga, Anime, and Religion in Contemporary Japan* (University of Hawaii Press, 2012). On Miyazaki Hayao and Nausicaä, see Shigemi Inaga, 'Miyazaki Hayao's Epic Comic Series: "Nausicaä in the Valley of the Wind": An Attempt at Interpretation', *Japan Review*, 11 (1999); Marc Hairston, 'The Reluctant Messiah: Miyazaki Hayao's *Nausicaä of the Valley of the Wind* Manga', in Johnson-Woods (ed.), *Manga*; Thomas, *Drawing on Tradition*. On Japan in the 1970s, see Andrew Gordon, *A Modern History of Japan*, 2nd edn (Oxford University Press, 2008); James McClain, *Japan: A Modern History* (W. W. Norton & Company, 2002); Morita Akio, *Made in Japan* (Dutton, 1986). On volunteerism, see Simon Andrew Avenell, *Making Japanese Citizens: Civil Society and the Mythology of the Shimin in Postwar Japan* (University of California Press, 2010). On Sino-Japanese relations, see June Teufel Dreyer, *Middle Kingdom and Empire of the Rising Sun* (Oxford University Press, 2016); Richard McGregor, *Asia's Reckoning: The Struggle for Global Dominance* (Allen Lane, 2017); Patricia G. Steinhoff (ed.), *Going to Court to Change Japan: Social Movements and the Law in Contemporary Japan* (University of Michigan Center for Japanese Studies, 2014). On the 'Discover Japan' campaign, see Marilyn Ivy, *Discourses of the Vanishing: Modernity, Phantasm, Japan* (University of Chicago Press, 1995). On 'new' and 'new new' religions, see Susumu Shimazono, *From Salvation to Spirituality: Popular Religious*

Movements in Modern Japan (Trans Pacific Press, 2004). On Aum Shinrikyō, see Ian Reader, *Religious Violence in Contemporary Japan: The Case of Aum Shinrikyō* (Curzon Press, Surrey, 2000). On Japanese politics, see Richard Sims, *Japanese Political History Since the Meiji Restoration, 1868 – 2000* (C. Hurst Publishers, London, 2001); David E. Kaplan and Alec Dubro, *Yakuza: Japan's Criminal Underworld* (University of California Press, 2003); Jeff Kingston, *Japan's Quiet Transformation: Social change and civil society in the twenty-first century* (Routledge, 2004); Jacob M. Schlesinger, *Shadow Shoguns: The Rise and Fall of Japan's Postwar Political Machine* (Simon & Schuster, 1997). On Japan as a 'construction state', see Gavan McCormack, 'Growth, Construction, and the Environment: Japan's Construction State', *Japanese Studies*, 15:1 (1995); *The Emptiness of Japanese Affluence* (M. E. Sharpe, 1996), and McCormack, 'Japan: Prime Minister Abe Shinzō's Agenda', in *Asia-Pacific Journal*, 14:24 (2016); Alex Kerr, *Dogs and Demons: Tales from the Dark Side of Modern Japan* (Hill & Wang, 2001). On the Japanese government's response to the Kobe earthquake, see David Pilling, *Bending Adversity: Japan and the Art of Survival* (Allen Lane, 2014). 'My political philosophy' and 'Every city, town, and village' are quoted in Schlesinger, *Shadow Shoguns*.

17 讲故事

On Japan's pre-history, see Conrad Schirokauer, David Lurie and Suzanne Gay, *A Brief History of Japanese Civilization*, 4th edn (Wadsworth Publishing, Boston, 2012); Conrad Totman, *A History of Japan*, 2nd edn (Wiley-Blackwell, 2005). On Okinawa's history, see George H. Kerr, *Okinawa: The History of an Island People*, revised edn (Tuttle Publishing, 2000); Masahide Ota, 'Re-Examining the History of the Battle of Okinawa' and Koji Taira, 'The Battle of Okinawa in Japanese History Books', in Chalmers Johnson (ed.), *Okinawa: Cold War Island* (Japan Policy Research Institute, 1999); Richard McGregor, *Asia's Reckoning: The Struggle for Global Dominance* (Allen Lane, 2017); Laura Hein and Mark Selden (eds), *Islands of Discontent: Okinawan Responses to Japanese and American Pow-*

er (Rowman & Littlefield Publishers, 2003); Yoko Fukumura and Martha Matsuoka, 'Redefining Security: Okinawa Women's Resistance to US Militarism', in Nancy A. Naples and Manisha Desai (eds), *Women's Activism and Globalization: Linking Local Struggles and Transnational Politics* (Routledge, 2002). On the 1995 rape incident, see 'The Rape of a Schoolgirl', in Hein and Selden, *Islands of Discontent*; Carolyn Francis, 'Women and Military Violence', in Johnson (ed.), *Okinawa: Cold War Island*; Kevin Sullivan, '3 Servicemen Admit Roles in Rape of Okinawa Girl', *Washington Post*, 8 November 1995; Andrew Pollack, 'One Pleads Guilty to Okinawa Rape; 2 Others Admit Role', *New York Times*, 8 November 1995; [Associated Press], 'Sailor Testifies About Raping Japanese Girl', *Los Angeles Times*, 28 December 1995; Michael A. Lev, '3 GIs Convicted in Okinawa Rape, *Chicago Tribune*, 7 March 1996. On Japan's foreign relations, see June Teufel Dreyer, *Middle Kingdom and Empire of the Rising Sun* (Oxford University Press, 2016); McGregor, *Asia's Reckoning*; for the 1995 Murayama statement, see the website of Japan's Ministry of Foreign Affairs (<http://www.mofa.go.jp/announce/press/pm/murayama/9508.html>); for Education Minister Shimamura Yoshinobu's comment, see Ryuji Mukac, 'Japan's Diet Resolution on World War Two: Keeping History at Bay', in Edward R. Beauchamp (ed.), *History of Contemporary Japan, 1945 - 1998* (Garland Publishing, 1998); Tina Ottman, Zane Ritchie, Hugh Palmer and Daniel Warchulski (eds), *Peace as a Global Language: Peace and Welfare in the Global and Local Community* (iUniverse, Indiana, 2017); for SDF deployments, see Wilhelm Vosse, Reinhard Drifte and Verena Blechinger-Talcott (eds), *Governing Insecurity in Japan: The Domestic Discourse and Policy Response* (Routledge, 2014). On arguments over wartime history, see Peter Duus, 'Introduction', in Michael Lewis (ed.), *'History Wars' and Reconciliation in Japan and Korea: The Roles of Historians, Artists, and Activists* (Palgrave Macmillan, 2017); Takashi Yoshida, *The Making of the 'Rape of Nanking': History and Memory in Japan, China, and the United States* (Oxford University Press, 2006); Ian Buruma, *Wages of Guilt: Memories of War in Germany and Japan* (Jonathan Cape, 1991); Matthew Penney, 'Manga from Right to Left', in *Mangatopia: Essays on*

参考文献注释

Manga and Anime in the Modern World, pbk edn (Libraries Unlimited, California, 2011). On education in Japan, see Kenneth B. Pyle, *The Making of Modern Japan*, 2nd revised edn (Houghton Mifflin, 1996); Leonard J. Schoppa, *Education Reform in Japan: A Case of Immobilist Politics* (Routledge, 1991); Hiro Saito, 'Cosmopolitan Nation-Building: the Institutional Contradiction and Politics of Postwar Japanese Education', *Social Science Japan Journal*, 14:2 (2011); Roger Goodman, Yuki Imoto, and Tuukka Toivonen (eds), *A Sociology of Japanese Youth: From Returnees to NEETs* (Routledge, 2012). On theorizing about Japan and the Japanese, see Sonia Ryang, '*Chrysanthemum*'s Strange Life: Ruth Benedict in Postwar Japan', *Asian Anthropology*, 1:1 (2002); P. N. Dale, *The Myth of Japanese Uniqueness* (Croom Helm, 1986); Harumi Befu, *Hegemony of Homogeneity: An Anthropological Analysis of 'Nihonjinron'* (Trans Pacific Press, 2001); Arthur Stockwin, 'Japanese Politics: Mainstream or Exotic?', in Jeff Kingston (ed.), *Critical Issues in Contemporary Japan* (Routledge, 2014). On the Japan Foundation, see Utpal Vyas, 'The Japan Foundation in China: An Agent of Japan's Soft Power?', *Electronic Journal of Contemporary Japanese Studies*, 5 (2008). On social problems in Japan, see Jeff Kingston, *Contemporary Japan: History, Politics, and Social Change Since the* 1980s (John Wiley & Sons, 2010); Anne Allison, *Precarious Japan* (Duke University Press, 2013). On Koizumi Junichirō, see Andrew Gordon, *A Modern History of Japan*, 2nd edn (Oxford University Press, 2008) and David Pilling, *Bending Adversity: Japan and the Art of Survival* (Allen Lane, 2014). On young people in Japan, see Roger Goodman, *Children of the Japanese State: The Changing Role of Child Protection Institutions in Contemporary Japan* (Oxford University Press, 2000); Sachiko Horiguchi, 'How Private Isolation Caught the Public Eye', in Roger Goodman, Yuki Imoto and Tuukka Toivonen (eds), *A Sociology of Japanese Youth: From Returnees to NEETs* (Routledge, 2012); Nicolas Tajan, 'Japanese Post-Modern Social Renouncers: An Exploratory Study of the Narratives of Hikikomori Subjects', *Subjectivity*, 8:283 (2015). On mental healthcare after the 1995 earthquake, see Timothy O. Benedict, 'Heart Care in Japan: Before and After the 1995 Great Hanshin-Awaji Earthquake', *Ino-*

chi no Mirai: The Future of Life, 1 (2016). On Japan's relationships with nuclear technology, see Maika Nakao, 'The Image of the Atomic Bomb in Japan Before Hiroshima', Historia Scientiarum, 19:2 (2009) and Nakao, Kaku no Yūwaku: Senzen Nihon no Kagaku Bunka to 'Genshiryoku no Yūtopia' no Shutsugen ['Nuclear Temptations: Pre-war Japanese Scientific Culture and the Birth of "Atomic Energy Utopia"'] (Keiso Shobo, 2015); John W. Dower, 'The Bombed: Hiroshimas and Nagasakis in Japanese Memory', in Michael J. Hogan (ed.), Hiroshima in History and Memory (Cambridge University Press, 1996); Charles Weiner, 'Retroactive Saber Rattling?', Bulletin of the Atomic Scientists (March 1978); Weiner, 'Japan's First Nuclear Power Station', The Engineer (6 March 1959); Daniel P. Aldrich, 'Revisiting the Limits of Flexible and Adaptive Institutions: the Japanese Government's Role in Nuclear Power Plant Siting over the Post-war Period', in Kingston (ed.), Critical Issues, and 'Networks of Power', in Jeff Kingston (ed.), Natural Disaster and Nuclear Crisis in Japan (Routledge, 2012); William Breuer, Secret Weapons of World War II (Castle Books, 2008); Jeff Kingston, 'Japan's Nuclear Village: Power and Resilience', Asia-Pacific Journal, 19:37 (2012). 'They pay in yen, we pay in blood', is from Penney, 'Manga from Right to Left', in Mangatopia. 'If this is a recession' is quoted in Pilling, Bending Adversity.

18 碎片

On the tsunami of 2011, see Andrew Gordon, A Modern History of Japan, 2nd edn (Oxford University Press, 2008); Richard Lloyd-Parry, Ghosts of the Tsunami: Death and Life in Japan's Disaster Zone (Jonathan Cape, 2017); author interviews with survivors and families of victims (October 2017). On Yanase Takashi, see Nakamura Keiko, Yanase Takashi, Meruhen no majutsushi: Kyūjyū nen no kiseki ['Yanase Takashi, Wizard of Fairytales: A Ninety-Year Journey'] (Kawadeshoboshinsha, 2009); Yanase Takashi, Jinsei nante yume dakedo ['Life is But a Dream'] (Fureberukan, 2005) and Anpanman Densetsu ['Anpanman Legend'] (Fureberukan, 1997); '1945 nen natsu o tazuneru (3) - Yanase Takashi san: Anpanman kometa omoi'

参考文献注释

['Enquiring after the Summer of 1945 (3) – Yanase Takashi: Thoughts on Anpanman'] in *Asahi Shimbun*, 15 July 2015; 'Jidai no shogensha (8)', *Yomiuri bukkuretto* (48) (2005); Fukuda Ikehiro, 'Itadakimaasu! Anpanman – nihonteki na inshoku no kansei o taigen suru hīrō'; Kuresawa Takemi, 'Bunshin to shite no kyarakutā'; Yokota Masao, 'Minna daisuki "Soreike! Anpanman" no shinrigaku'; and 'Interview: Yanase Takashi: subete wa un ni michibikarete – hīrō' no shōzō': all in *Yuriika: Yanase Takashi Anpanman no kokoro* [*Eureka* Special Edition: 'Takashi Yanase: the Heart of Anpanman'] (Seidosha, 2013); 'Yanase Takashi-san shibō: "Anpanman" sakusha, 94 sai', in *Asahi Shimbun*, 16 October 2013; 'Yanase Takashi-san shibō – 94 sai' in *Yomiuri Shimbun*, 16 October, 2013; 'Anpanman ni takushita yume – ningen – Yanase Takashi', NHK website, 30 October 2013. On Japanese pop culture, see Roland Kelts, *Japanamerica: How Japanese Pop Culture Has Invaded the US* (Palgrave Macmillan, 2006); Yasushi Watanabe and David L. McConnell, *Soft Power Superpowers: Cultural and National Assets of Japan and the United States* (Routledge, 2008); Douglas McGray, 'Japan's Gross National Cool', *Foreign Policy*, 130 (2002). On the SDF during the 2011 crisis, see Giuseppe A. Stavale, 'The GSDF During the Post-Cold War Years, 1989 – 2015', in Robert D. Eldridge and Paul Midford (eds), *The Japanese Ground Self-Defense Force: Search for Legitimacy* (Palgrave Macmillan, 2017); Yezi Yeo, 'De-Militarizing Military: Confirming Japan's Self-Defense Forces' Identity as a Disaster Relief Agency in the 2011 Tohoku Triple Crisis', *Asia Journal of Global Studies*, 5:2 (2013). On Operation Tomodachi and its aftermath, see Juan Carlos Rodriguez, '9th Circ. Agrees to Speed Up Sailors' $1B Fukushima Suit', *Law* 360 (5 April 2016); Yuri Kageyama, 'Sick US Sailors and Marines Who Blame Radiation Get Support From Japan's Ex-Leader', *Navy Times*, 7 September 2016; Julian Ryall, 'US Sailors Who "Fell Sick From Fukushima Radiation" Allowed to Sue Japan, Nuclear Plant Operator', *The Telegraph*, 23 June 2017; Bianca Bruno, 'Judge: Sailors' Fukushima Radiation Case Doesn't Belong in US', *Courthouse News Service*, 5 January 2018. On the Fukushima disaster, see Gordon, *A Modern History of Japan*; Alexis Dudden, 'The Ongoing Disaster', *Journal of Asian Studies*, 71:2 (2012); Richard J. Samuels,

557

'Japan's Rhetoric of Crisis: Prospects for Change After 3.11', *Journal of Japanese Studies*, 39:1 (2013); Daniel P. Aldrich, 'Trust Deficit: Japanese Communities and the Challenge of Rebuilding Tohoku', *Japan Forum*, 29:1 (2017); Martin J. Frid, 'Food Safety: Addressing Radiation in Japan's Northeast After 3.11', *Asia-Pacific Journal*, 31:3 (August 2011) and 'Food Safety in Japan: One Year After the Nuclear Disaster', *Asia-Pacific Journal*, 12:1 (March 2012); Hrabrin Bachev and Fusao Ito, 'Agricultural Impacts of the Great East Japan Earthquake – Six Years Later', *Munich Personal RePEc Archive*, April 2017; (on plans to evacuate Tokyo during the 2011 crisis:) Andrew Gilligan, 'Fukushima: Tokyo was on the Brink of Nuclear Catastrophe, Admits Former Prime Minister', *The Telegraph*, 4 March 2016. On the progress of Abenomics by mid-2017, see 'The Quiet but Substantial Successes of Abenomics', *Financial Times*, 1 May 2017. On Abe's strategic plans for Japan, see Lawrence Repeta, 'Japan's Democracy at Risk', *Asia-Pacific Journal*, 28:3 (July 2013); Carl F. Goodman, 'Contemplated Amendments to Japan's 1947 Constitution', *Washington International Law Journal*, 26:1 (2016); 'Abe's Master Plan', *The Economist*, 18 May 2013; Gavan McCormack, 'Japan: Prime Minister Abe Shinzō's Agenda', in *Asia-Pacific Journal*, 14:24 (2016); Mina Pollmann, 'Japan's Controversial State Secrets Law: One Year Later', *The Diplomat*, 9 December 2015. On plans for the 2020 Olympics, see < https://tokyo2020.org/en/>; Yukari Easton, 'Tokyo 2020 and Japan's Soft Power', *The Diplomat*, 31 August 2016; Danielle Muoio, 'Tokyo is Getting Ready to Host the Most Advanced Olympics Ever', *UK Business Insider*, 23 March 2016. On Japan's *matsuri* tradition, see Helen Hardacre, *Shinto: A History* (Oxford University Press, 2017). On depression in Japan, see Junko Kitanaka, *Depression in Japan: Psychiatric Cures for a Society in Distress* (Princeton University Press, 2011); Hiroshi Ihara, 'A Cold of the Soul: A Japanese Case of Disease Mongering in Psychiatry', *International Journal of Risk and Safety in Medicine*, 24 (2012); Christopher Harding, 'How Japan Came to Believe in Depression', *BBC News Magazine*, 20 July 2016. On the media and music, see David McNeill, 'Japan's Contemporary Media', in Jeff Kingston (ed.), *Critical Issues in Contemporary Japan* (Routledge, 2014); (especially on Saitō

参考文献注释

Kazuyoshi) Noriko Manabe, *The Revolution Will Not be Televised: Protest Music After Fukushima* (Oxford University Press, 2016) and Manabe, 'Uprising: Music, Youth, and Protest Against the Policies of the Abe Shinzō Government', *Asia-Pacific Journal*, 12:32 (2014); Ian F. Martin, *Quit Your Band! Musical Notes from the Japanese Underground* (Awai Books, 2016); Carolyn Stevens, *Japanese Popular Music: Culture, Authenticity, and Power* (Routledge, 2008). On Japan's demographic time-bomb and associated attitudes, see Richard Ronald and Allison Alexy (eds), *Home and Family in Japan: Continuity and Transformation* (Routledge, 2011); 'How Does Japan Compare?', in *The Pursuit of Gender Equality: An Uphill Battle*, OECD Publications, 4 October 2017; Hirano Yūko, 'Foreign Care Workers in Japan: A Plan Without a Vision', Nippon.com, 13 February 2017; Hiroyuki Nakata, 'Attitudes Towards Immigration in an Ageing Society' (RIETI Discussion paper series 17-E-095, June 2017); Emma Jacobs, 'Out of Office: the Fathers Bringing up Baby', *Financial Times*, 13 March 2016. On 'care-bot' technology: Jon Emont, 'Japan Prefers Robot Bears to Foreign Nurses', *Foreign Policy*, March 2017; Leo Lewis, 'Can Robots Make Up for Japan's Care Home Shortfall?', *Financial Times*, 18 October 2017. On the history of LGBT rights in Japan, see Jeffrey Angles, *Writing the Love of Boys: Origins of Bishōnen Culture in Modernist Japanese Literature* (University of Minnesota Press, 2011). On Ainu history and culture, see Brett L. Walker, *The Conquest of Ainu Lands: Ecology and Culture in Japanese Expansion, 1590 – 1800* (University of California Press, 2001); Richard M. Siddle, 'The Ainu: Indigenous People of Japan', in Michael Weiner (ed.), *Japan's Minorities: The Illusion of Homogeneity* (Routledge, 1997); Katarina Sjöberg, *The Return of the Ainu: Cultural Mobilization and the Practice of Ethnicity in Japan* (Psychology Press, Abingdon, 1993); Kyosuke Kindaiti, *Ainu Life and Legends* (Board of Tourist Industry, Japanese Government Railways, 1941); Yoichi Tanaka, 'Ainu People Today', in *Focus*, 36 (Asia-Pacific Human Rights Information Center, 2004); Tessa Morris-Suzuki, 'Still a Way to Go for Japanese Minorities', *East Asia Forum*, 11 May 2015. On Okinawan history and culture, see 'Introduction' in Glen D. Hook and Richard Siddle (eds), *Japan and Okinawa: Structure*

559

and Subjectivity (Routledge, 2002); Matt Gillan, *Songs from the Edge of Japan: Music-making in Yaeyama and Okinawa* (Routledge, 2012); Ina Hein, 'Constructing Difference in Japan: Literary Counter-Images of the Okinawa Boom', *Contemporary Japan*, 22:1 – 2 (2010); D. L. Bhowmik and Steve Rabson (eds), *Islands of Protest: Japanese Literature from Okinawa* (University of Hawaii Press, 2016); Steve Rabson, 'Being Okinawan in Japan: the Diaspora Experience', *The Asia-Pacific Journal*, 10: 12 (2012). On Zainichi Koreans, see John Lie, *Multiethnic Japan* (Harvard University Press, 2004); Martin Fackler, 'New Dissent in Japan is Loudly Anti-Foreign', *New York Times*, 28 August 2010; Sonia Ryang & John Lie (eds), *Diaspora Without Homeland: Being Korean in Japan* (Global, Area, and International Archive, University of California Press, 2009). On the history of disability rights in Japan, see Carolyn Stevens, *Disability in Japan* (Routledge, 2013); Katharina Heyer, *Rights Enabled: The Disability Revolution, from the US, to Germany and Japan, to the United Nations* (University of Michigan Press, 2015); Shirasawa Mayumi, 'The Long Road to Disability Rights in Japan', Nippon.com, October 2014. On the Burakumin, see Christopher Bondy, *Voice, Silence, and Self: Negotiations of Buraku Identity in Contemporary Japan* (Harvard University Press, 2015); Ian Neary, 'Burakumin in Contemporary Japan', in Michael Weiner (ed.), *Japan's Minorities* (Routledge, 1997); 'New law to fight bias against "burakumin" seen falling short', *Japan Times*, 19 December 2016. Vulgar' is from an interview with Setouchi Jakuchō conducted by the author in October 2012. 'Defray the expenses' and 'You are therefore requested' are from Kindaiti, *Ainu Life and Legends*. 'Homeless at home' is from Nicolas Tajan in personal correspondence with the author.

后记 三个和尚，一个萨满，一个摇滚明星

On ghostly phenomena in the wake of the 2011 disasters in Japan, see Kiyoshi Kanebishi, 'Religious Layers of History Opened Up by the "Apparition Phenomena" After the 2011 Tōhoku Earthquake and Tsunami Disaster: Utilizing the Theory of the Gift Relationships of the Deceased Becoming Intimate' (working paper), in Kanebishi (ed.) *Yobisamaseru reisei-no shin-*

saigaku [' Studying the Awakened Spirituality of the 2011 Tōhoku Disaster'] (Shin-yo-sha, 2016); Richard Lloyd-Parry, 'Ghosts of the Tsunami', *London Review of Books*, 36:3 (February 2014) and *Richard Lloyd-Parry, Ghosts of the Tsunami: Death and Life in Japan's Disaster Zone (Jonathan Cape,* 2017); Okuno Shuji, *Tamashii demo ii kara soba ni ite* [' Stay With Me, Even as a Spirit'] (Shinchosha, 2017). On religion and distress in contemporary Japan more broadly, see Christopher Harding, Fumiaki Iwata and Shin'ichi Yoshinaga (eds), *Religion and Psychotherapy in Modern Japan* (Routledge, 2015). This chapter also draws on interviews conducted in Japan in October 2017 with Taniyama Yōzō, Kaneta Taiō, Kiyoshi Kanebishi, Okuno Shuji, Ioannis Gaitinidis, Murakami Aki, Kuroki Aruji and Matsuda Hiroko. ' It was a moonlit night' is the author's translation of ' Story 99 ' in Yanagita Kunio, *Tōno no Monogatari* (1910) [translated by Ronald A. Morse as *The Legends of Tōno* (The Japan Foundation, 1975; new edition Rowman and Littlefield, 2008)]. ' Thousands of people had just died' is from Kuroki Aruji, interview with the author, October 2017.